古典文獻研究輯刊

四 編

潘美月・杜潔祥 主編

第 **4** 冊

明代的蘇州藏書——藏書家的藏書活動與藏書生活

陳 冠 至 著

國家圖書館出版品預行編目資料

明代的蘇州藏書——藏書家的藏書活動與藏書生活／陳冠至
著 — 初版 — 台北縣永和市：花木蘭文化出版社，2007〔民
96〕

目 2+252 面：19×26 公分（古典文獻研究輯刊 四編：第 4 冊）

ISBN：978-986-6831-23-2（全套精裝）
ISBN：978-986-7128-97-3（精裝）
1. 私家藏書 – 中國 – 明（1368-1644）
029.76   96004385

ISBN - 9867128973

9 789867 128973

古典文獻研究輯刊
四 編 第四冊   ISBN：978-986-7128-97-3

明代的蘇州藏書—藏書家的藏書活動與藏書生活

作　者　陳冠至
主　編　潘美月　杜潔祥
企劃出版　北京大學文化資源研究中心
出　版　花木蘭文化出版社
發 行 所　花木蘭文化出版社
發 行 人　高小娟
聯絡地址　台北縣永和市中正路五九五號七樓之三
　　　　　電話：02-2923-1455／傳眞：02-2923-1452
電子信箱　sut81518@ms59.hinet.net
初　版　2007 年 3 月
定　價　四編 30 冊（精裝）新台幣 46,500 元

明代的蘇州藏書—藏書家的藏書活動與藏書生活

陳冠至　著

作者簡介

　　陳冠至，西元一九六九年生，台北市人。一九九六年，獲私立輔仁大學圖書資訊學系文學士學位。一九九九年，續獲私立中國文化大學史學研究所文學碩士學位。二〇〇六年，再獲本所文學博士學位。主修明代史，學術專長為明史、中國藏書史、歷史文獻學、古籍整理學、地域文人集團與私人藏書文化等主題。曾任經國管理暨健康學院共同科兼任講師，現為新生醫護管理專科學校專任助理教授，並致力於古代生活文化史研究。

　　陳君碩士、博士階段，十年間專攻明代文人藏書生活文化，對於史料的掌握與應用，頗有心得。除探討傳統圖書文物與中國史部目錄學外，並創新研究取向，結合社會史學，另闢明代文風鼎盛，藏書活動、藏書生活極為多姿多采的江南六府地區（蘇州府、松江府、常州府、杭州府、嘉興府、湖州府）為研究議題。其中涉及文人活動、生活方式、文會結社、藏書專題、圖書流通與文化傳播、圖書鑑賞等等，研究領域至為寬廣。著作有《明代的蘇州藏書——藏書家的藏書活動與藏書生活》，探索明代蘇州文人藏書生活的型態與文化；而《明代的江南藏書——五府藏書家的藏書活動與藏書生活》一書，乃前書之展延，將地域範圍擴充至明代長江下游太湖流域的松江、常州、杭州、嘉興、湖州等五府地區，繼續探究本區的私人藏書事業與文化風尚。此外，尚有〈明代的巡茶御史〉（刊載於《明史研究專刊》，第 14 期，2003 年 8 月）、〈明代江南五府地區藏書家的書畫收藏風尚〉（刊載於《故宮學術季刊》，第 23 卷第 4 期，2006 年夏季號）等學術性論文若干篇。

提　　要

　　中國古代的私人藏書風氣到了明朝突然大放異彩，且是以蘇州為中心而向外擴展的。直到清代，蘇州藏書之風仍然屹立不衰，不但承襲明代吳地藏書家的特殊藏書嗜好與藏書理論，甚至促成了中國版本目錄學等藏書相關專門學問的成熟與壯大。值得注意的是，明代蘇州藏書事業的發達除仰賴地緣、政治、經濟與社會等因素以外，藏書家的集團性質與他們的生活文化，也都是促成本地私人藏書事業發達以及文人生活文化成形的主要原因。所以，藏書家對明代「吳中文苑」的生活文化，正可說是扮演著相當重要的主導角色。

　　本文的研究重點與主旨，除著眼於明代蘇州地區藏書家之間集團性的分析與界定外，並透過探究出他們日常生活的類型與特色，期盼可以瞭解明代吳地藏書事業之所以能夠振衰起弊、承先啟後的一些人文因素。

目錄

第一章　緒　論

題旨的緣起

　　明代江南的藏書家大都兼爲文人雅士，他們共同的地方便是學識淵博且將藏書活動融入自己的生活當中。其中不少是大學問家、大政治家，對明代社會有過很大的影響。若沒有這些藏書家之搜採異本、整理校刊、妥善保存、梓印刊刻，甚至在戰亂兵燹中冒生命危險竭力護書，中國的古籍恐非有如今日之宏富甲於寰宇。

　　明代私人藏書風氣特勝，遠遠超越宋元時期。據統計，明代著名藏書家共有四百二十七人，〔註 1〕且其中大多集中在蘇州一府及浙江一省。江浙地區自宋代以來即是中國經濟和文化的重鎮，尤其在版刻技術興起之後，私人藏書之風更是大盛。而蘇州地區歷來亦爲人文薈萃之地，不少文人兼具藏書家的身份，以藏書爲終身職志，所以便發展出蘇州地區文人藏書的特色與文化。特別是到了明代，在江南六府之中，尤以蘇州地區的文人集團因爲發展出揉合南北且深具地域特色之文學風氣，〔註 2〕所以藏書家在文人集團中所扮演的角色，更是值得研究與探討。此外，藏書家對文化的影響，也是可以透過集團性的研究方式入手，而從中看出一些端倪。例如藏書家的家族集團和文化研究的關係，據學者指出：「在中國的歷史上，家族一直在社會的發展中占著非常重要的地位，要弄清楚某一地區的文化發展情況，就必須弄清楚這一地區的一些代表性家族的情況，兩者是分不開的。」〔註 3〕家族如此，以師承、文會社集、姻親等關係爲基礎的集團，更是如此。所以，藏書家集團的生活方式、思想特質、學術貢獻以及在當時環境中的一切活動與影響，都將是筆者所

〔註 1〕吳楓，《中國古典文獻學》（濟南：齊魯書社，1982 年 10 月初版），頁 210。
〔註 2〕有關「蘇州文苑」的集團性文學發展，可參見簡錦松著，《明代文學批評研究》（台北：台灣學生書局，1989 年 2 月初版），第三章，〈蘇州文苑〉，頁 85～183。
〔註 3〕吳大琨，〈筆談吳文化〉（《文史知識》，1990 年第一一期），頁 10。

感到興趣且渴望得到更為深入瞭解的課題。

值得注意的是，文化學研究近年來無論在海峽兩岸，都已漸為學者們所重視，是繼政治史、經濟史等領域之後逐漸擅揚的熱門科目。此正如學者所指稱：「我們一直在探討文化。尤其是近些年，在『交叉科學』的旗幟下，與文化『聯姻』的學科紛紛湧現：文化人類學、文化生態學、文化經濟學、文化地理學等等。形式的媾和不排除牽強的因素，但其主體卻反映了時代學術的趨向。它既承認傳統學科存在的合理性，又拓寬和豐富了人類的認識視野，為文化學研究帶來一片生機。」〔註4〕

本文即是以生活文化的角度為出發點，來著手進行針對一個區域文化的部分認識工作，主旨在於探討明代蘇州藏書家集團與生活文化對於蘇州文苑（或稱吳中文苑）的影響，以及藏書家對於學術文化或是在其他方面的貢獻；並藉由文人生活圈中的藏書風氣及藏書活動，來理解明代蘇州文苑性靈生活文化當中的藏書生活部份，進而追尋藏書生活文化對當下學術及環境的貢獻。總之，一個地域文化的成形，主要有二個因素：一是自然環境，二是社會結構。〔註5〕所以對於蘇州的藏書環境（包含天然與人文）對藏書風氣的有利背景，以及藏書家集團性的綜合分析，都是想要瞭解明代吳地藏書生活文化的必經途徑。

資料的處理

本文所指的蘇州，乃指明代的蘇州一府，包括吳縣、長洲縣、吳江縣、常熟縣、崑山縣、嘉定縣、崇明縣、太倉州等七縣一州，當然，所探討的對象便是以在此一地區進行藏書活動的文士為主。而對於明代蘇州藏書家的掌握，近人的研究成果目前可供參考者主要有袁同禮的〈明代私家藏書概略〉〔註6〕、汪閬的《明清蟫林輯傳》〔註7〕、吳晗的《江浙藏書家史略》〔註8〕、楊立誠、金步瀛合編的《中國藏書家考略》〔註9〕、李玉安、陳傳藝合編的《中國藏書家辭典》〔註10〕、蔡金重的《藏書紀事詩引得》〔註11〕、蔣鏡寰的〈吳中藏書先哲考略〉〔註12〕、瞿冕良〈常熟先

〔註4〕張荷，《吳越文化》（瀋陽：遼寧教育出版社，1995年4月第一版第二刷），頁1。
〔註5〕邵曼珣，〈明代中期蘇州文人尚趣之研究〉（《古典文學》，第一二期，1992年10月），頁178。
〔註6〕袁同禮，〈明代私家藏書概略〉，收入洪有豐等，《清代藏書家考》（香港：中山圖書公司，1973年1月版），頁73～80。
〔註7〕汪閬，《明清蟫林輯傳》（香港：中山圖書公司，1972年12月港初版）。
〔註8〕吳晗，《江浙藏書家史略》（台北：文史哲出版社，1982年五月初版）。
〔註9〕楊立誠・金步瀛等，《中國藏書家考略》（台北：文海出版社，1971年10月初版）。
〔註10〕李玉安・陳傳藝等，《中國藏書家辭典》（武漢：湖北教育出版社，1989年9月初版）。
〔註11〕蔡金重，《藏書紀事詩引得》（北平：哈佛燕京學社，1937年9月初版）。
〔註12〕蔣鏡寰，〈吳中藏書先哲考略〉（《江蘇省立蘇州圖書館館刊》，第二號，1930年七月版），

哲藏書考略〉〔註13〕等。筆者先由這些著作中過濾出明代蘇州的藏書家，再由史料中續行補充，共計列出明朝吳地的藏書家一百八十五位。接著再透過明人文集、部份清人文集、傳記資料、明清地方志、明清筆記小說、書目題跋等史料，發掘這些明代蘇州藏書家的具體藏書事蹟、藏書生活紀錄、傳記資料等，將這些史料做分析整理，然後歸納出藏書家的集團性與藏書生活特色，做為地域文化形成的重要依據。

　　明代江南文人的文集或著作是本文參考的主要依據，因為江南文人之文會社集常是跨越地域限制而互通聲息的，不過仍以江南地區為主要盟社範圍。在他們的文集裡頭，對文會結社之情形和事蹟並且多有提述，所以在這個部分資料的蒐集上，不能僅限於明代蘇州文人的文集而已，必須以整個江南地區為範圍，然後再從這些資料中找出文人中具藏書家身份者，以及文會社集活動對促進學界聯繫並且推動文學進步的證據。此外，明代蘇州的地方志也提供了不少文學盟社的資料，從中可以疏理出當時藏書家們對該地區學術及學風之鼓舞貢獻的事證。至於蘇州文苑的文學成就，由於文學史的領域並非本文的研究重點，加上近人的研究成果頗富，如鄭利華之《明代中期文學演進與城市型態》〔註14〕、費振鍾的《江南士風與江蘇文學》〔註15〕、陳萬益的《晚明小品與明季文人生活》〔註16〕等論著，已對明代蘇州地區的文學演進、文人特質和文學環境及背景等方面的研究皆有深論，故於本文不贅。不過，這些論著仍然可以做為本文關於明代蘇州文人與文學、環境及背景等概念的主要參考依據，由此出發並證之於史料，甚至書目題跋等，以確立明朝蘇州文人集團中藏書家對當代學術及環境的貢獻。

研究的目標

　　本文期望能盡量將史料中記載之明代蘇州藏書家的身份加以確認後羅列出來，然後再透過針對他們的時代集團性分析，把明代蘇州文苑中藏書家的集團關係畫分清楚，冀望能因此瞭解藏書家的種種集團關係，以及在地域文化的形成上所扮演的角色。此外，明代蘇州藏書興盛的原因、藏書家的生活文化特色以及藏書家對學術文化或其他方面的貢獻，都將是本文希望可以獲致的成果。

　　　頁 1～44。

〔註13〕瞿冕良，〈常熟藏書先哲考略〉，收入徐雁、王燕均等，《中國歷史藏書論著讀本》（成都：四川大學出版社，1989年10月初版），頁 674～750。

〔註14〕鄭利華，《明代中期文學演進與城市型態》（上海：復旦大學出版社，1995年版）。

〔註15〕費振鍾，《江南士風與江蘇文學》（長沙：湖南教育出版社，1995年8月初版）。

〔註16〕陳萬益，《晚明小品與明季文人生活》（台北：大安出版社，1992年5月第二版第二刷）。

第二章　蘇州的藏書家

第一節　洪武至天順時期（1368～1464）

這一個時期的藏書家計有：顧阿瑛、唐元、虞子賢、馬麐、陳汝秩、陳汝言、陳繼、錢紳、沈遇、俞貞木、朱永安、朱夏、杜瓊、沈方、沈愚、王鏊、劉珏、陳鑑、伊侃、葉春、葉盛、孫俊、劉昌、伊彤、虞堪、虞鏞、虞湜、鄒亮、謝希顏、陳芳、陳璇、虞震等。

明初吳地的藏書家當首推崑山顧阿瑛（1310～1369），《列朝詩集小傳》載顧阿瑛：

> 字仲英，別名阿英，崑山人，四姓之後。輕財結客，年三十始折節讀書，師友名碩。購古書名畫、三代以來彝器祕玩，集錄鑑賞。舉茂才，署會稽教諭，力辭不就。年四十，以家產付其子元臣，卜築玉山草堂，園池亭榭，餼館聲妓之盛，甲於天下。日夜與高人俊流，置酒賦詩，觴詠倡和，都爲一集，曰：《玉山名勝》；又會萃其所得詩歌，曰：《草堂雅集》。〔註1〕

可知顧氏藉其豐厚之資，三十歲後開始進入收藏生活。由於家富圖籍，顧阿瑛爲了鑑別眞贋與優劣，必須和別人交換意見，於是「築別業於茜涇西，曰：『玉山』，日夜與客置酒賦詩其中」，〔註2〕當時凡一時名士，咸主其家；且「其園池亭榭之盛，圖史之富，與夫餼館聲伎，並鼎甲一時」，〔註3〕時號「風流文雅著稱東南。」〔註4〕

〔註1〕清・錢謙益，《列朝詩集小傳》（台北：世界書局，1985年2月三版），〈甲乾集・顧錢塘德輝〉，頁26。

〔註2〕明・焦竑，《國朝獻徵錄》（台北：臺灣學生書局，1965年1月初版，據中央圖書館藏善本影印），卷一一五，〈顧仲英瑛傳〉，頁13。

〔註3〕同前引。

〔註4〕同前引。

這種書畫品題的性靈生活方式，不但影響了當時整個蘇州的文人圈，也為後來之文人及藏書家所效法，如後來的藏書家劉鳳便說：

> 顧仲英（阿瑛）者，崑山人。少為輕俠，通賓客，豪於郡邑。三十始折節讀書，家故饒財，益購古圖籍彝器，既吳人嗜好，多以贗往，英自謂能辨瑜瑕，風起，然不能不寄耳目談者。鑒益精，則益工為偽，遂堅不可破，流至今。〔註5〕

吳地風俗本嗜好收藏古書名畫彝鼎秘玩，因供不應求，作偽之風大起。於是收藏家便開始鑒賞精研，杜絕作偽之風。然一己之力與學識、資訊條件有限，便須徵求他人的意見。而文人較為通古，且學識飽滿，閱歷豐富，因此文人與收藏家便須要文會社集，互相交流，並演變成後來文人與收藏家之結合，進而成為文人與文人間之社交生活模式。蓋有明一代，吳人之文會過從，品騭今古，鑒別真偽之風，當首開於顧阿瑛，也就是說，明代吳地藏書家的生活文化與風格，顧阿瑛可說是開山祖師爺。〔註6〕

當時顧阿瑛有一個朋友叫唐元（生卒年不詳），為吳縣人，「讀書博雅，嘗以所乘舟號『一葦航』，載圖書古玩，列置左右，浮游江湖，哦詩其中，因號葦航子。」〔註7〕唐元之舟「每過顧阿瑛溪上，必繫舟柳下，終日譚笑。」〔註8〕吳地為水鄉澤國，將書藏於船上，沿江訪友，是為明代吳地風雅好事的另一個開端。虞子賢（生卒年不詳），明初吳縣人。子賢諱某，以字行，「世居支塘。家藏書史及古今法書名畫，甲於三吳。後又得朱子《城南雜詠》真蹟，建堂貯之，顏曰：『城南佳趣』。」〔註9〕馬麐（生卒年不詳），字公振，崑山人。「世居婁東，遷南鍾巷里。築室鑿池，有田園花木之趣。左經右史，遇佳客往來，則觴詠不輟，與世泊如也。」〔註10〕陳汝秩（1329～1385），吳縣人，「性嗜古，每購書畫，傾貲弗惜。與人揚摧今古人物，

〔註5〕 明·劉鳳，《續吳先賢讚》（《四庫全書存目叢書》史部九五冊，台南：莊嚴文化事業有限公司，1996年8月初版，據中國科學院藏明萬曆刻本影印），卷八，〈顧仲英〉，頁13。

〔註6〕 顧阿瑛所創的文會生活方式，有學者稱之為「玉山風」，影響後世吳地文士的生活方式甚鉅，見嚴迪昌，〈「市隱」心態與吳中明清文化世族〉（《蘇州大學學報》哲學社會科學版，1991年第一期），頁89；又見嚴氏作，〈文化氏族與吳中文苑〉（《文史知識》，1990年第一一期），頁14。

〔註7〕 明·牛若麟等，《崇禎·吳縣志》（《天一閣藏明代方志選刊續編》之一九，上海：上海書店，1990年12月初版，據明崇禎刻本影印），卷五○，頁10上。

〔註8〕《列朝詩集小傳》，〈甲前集·唐元〉，頁58。

〔註9〕 清·鄭鍾祥等，《常昭合志稿》（台北：中央研究院藏清光緒甲辰三十年活字本），卷三二，〈藏書家〉，頁22。

〔註10〕明·周世昌，《重修崑山縣志》（台北：成文出版社，1983年3月臺一版，據明萬曆四年刊本影印），卷七，頁469。

治亂興廢，窮昏且弗怠。」〔註11〕汝秩之弟陳汝言（？～1371），字惟允，吳縣人，與其兄汝秩並有雋才，而汝言尤其倜儻知兵。汝言爲陳繼（1370～1434）之父，「繼生十月，汝言坐事死，母吳攜歸蘇，家具蕭然，惟存書二萬卷」；〔註12〕當時陳家號稱「廬山陳氏」。同時有錢紳（生卒年不詳），也是吳縣人，爲陳繼的表弟。字孟書，其先自泰州徙吳，讀書修行，與其表兄陳繼連居，「紳平生無世情，與人無童畦；家藏書甚富，多手自抄錄」；〔註13〕錢謙益曰：「孟書（錢紳）質醇行端，所藏書皆手自繕寫。」〔註14〕沈遇（1377～1448），明初永樂前後吳縣人。字公濟，號朧樵，吳縣人。「家有『雅趣堂』，多列國史，優游其間。吳寬謂其衣冠古雅，有晉唐風致，以高年終。」〔註15〕沈遇藏書「雅趣堂」，以史籍爲主，過著有如古人一般的藏書生活。

俞貞木（1331～1401），初名楨，以字行，別字有立，吳縣人。貞木祖琰（一作琬，1258～1314），元末老儒，邃易學，著書百卷。俞琰，「隱居吳之『南園』，老屋數椽，古書金石充牣其中，傳四世皆讀書修行，號南園俞氏云」，〔註16〕是故貞木之藏書乃自元時即有，乃承繼其祖俞琰之所遺。明代蘇州自顧阿瑛開啓了文人藏書的性靈生活風格後，當時的藏書以俞氏、虞氏、陳氏三家爲多，爲此錢謙益曾述及明初吳地的藏書大家云：

> 自元季迄國初，博雅好古之儒，總萃於中吳，南園俞氏（俞貞木及其祖琰）、笠澤虞氏（虞堪）、廬山陳氏（陳繼之伯汝秩及父汝言），書籍金石之富，甲於海內。〔註17〕

不過，俞氏藏書僅歷三傳，至貞木後因沒有子嗣，藏書遂散去。朱永安（生卒年不詳），字士常，永樂間崑山人，爲朱夏之父。永安「好蓄古今書籍，工行草，出入晉唐間。」〔註18〕朱夏（生卒年不詳），字日南，崑山人。「家藏法書名畫及先世手澤，

〔註11〕《崇禎・吳縣志》，卷四八，頁 42 上。

〔註12〕《崇禎・吳縣志》，卷五二，頁 18 上。

〔註13〕《崇禎・吳縣志》，卷五四，頁 36。

〔註14〕《列朝詩集小傳》，〈乙集・錢廣文紳〉，頁 203。

〔註15〕清・潘介祉，《明詩人小傳稿》（台北：國家圖書館，1986 年版），卷七，頁 244。

〔註16〕清・楊紹和，《楹書隅錄續錄》（《書目叢編》，台北：廣文書局，1989 年 5 月再版），卷一，〈宋本張先生校正楊寶學易傳二十卷十冊〉，頁 7。

〔註17〕《列朝詩集小傳》，〈丙集・朱處士存理〉，頁 303。中吳本指潤州，按俞氏等人皆爲蘇州人，故此中吳似爲吳中之誤，應指蘇州。

〔註18〕明・張大復，《吳郡張大復先生明人列傳稿》（《中國史學叢書第三編》第三輯，台北：臺灣學生書局，1987 年 3 月初版，據國家圖書館藏方氏清稿本清康熙間編者手稿本影印），〈朱吉子定安泰安永安傳〉，頁 72。

多散佚，夏力購完之。」〔註19〕永安與夏，父子二世皆好藏書，風範相傳，誠爲美談。

杜瓊（1396～1474），吳縣人，家吳城樂圃里。王鏊曰：「樂圃里在吳城西，其東有原焉，故世稱東原先生。先生好著鹿皮冠，故又稱鹿冠道人。」〔註20〕錢謙益敘述明代中葉蘇州的藏書家說道：「景、天以後，俊民秀才，汲古多藏，繼杜東原（瓊）、邢蠹齋（量）之後者，則性甫（朱存理）、堯民（朱凱）兩朱先生，其尤也。」〔註21〕沈方（生卒年不詳），崑山人。字孟舟，號趣菴。「嘗搆隱居數椽，積書千卷，皆親點校，以訓子孫。酷好陶靖節（淵明）詩，尤喜法書名畫，視世務澹如也。」〔註22〕而沈方之子沈愚（生卒年不詳），「自號崆峒生。好學，積書數千卷，皆親點校」，〔註23〕也是承繼乃父衣缽，篤好藏書之業而不疲。王鏊（1450～1524），吳縣人。「早際全盛，儲輔清華；編摹讎校，勒成一家。濟濟乎天祿石渠之彥，炳炳乎蘭臺金匱之菂。」〔註24〕致仕後，「日惟勘書著文，精奧演迤，極作者之趣而止。」〔註25〕其好書之狀，據說：「耽研書史不輟，作謫解以自嘲；嘗手題其像云：『嘻嘻！先生何如其人？窮年劬書，結髮勵行，白首於道，茫然無聞者乎！』」〔註26〕觀此，我們不難從其中瞭解到藏書家致仕家居後的心情，乃是一種因懷才不遇而埋首於書堆中的無力感，以及一種藉由博籍群經來塡補無法學以致用的遺憾與空虛。《天祿琳瑯書目》跋宋版《玉臺新詠》中有云：「明王鏊藏本，有濟之印。」〔註27〕劉珏（1410～1472），字廷美，號完菴，長洲人。「博古精鑒，晉宋以來法書名畫，多能購藏。」〔註28〕陳鑑（1415～？），字緝熙，長

〔註19〕《明詩人小傳稿》，卷一三，頁484。

〔註20〕明‧王鏊，《王文恪公集》（台北：中央研究院藏明萬曆間震澤王氏三槐堂刊本），卷一〇，〈東原詩集序〉，頁2。

〔註21〕《列朝詩集小傳》，〈丙集‧朱處士存理〉，頁303。

〔註22〕《重修崑山縣志》，卷七，頁475。

〔註23〕《明詩人小傳稿》，卷一，頁45。

〔註24〕明‧王同祖，《五龍山人集》（台北：國家圖書館藏明嘉靖末年崑山王氏德安刊本），卷一〇，〈祭守溪王閣老文〉，頁6。

〔註25〕明‧嚴嵩，《鈐山堂集》（《四庫全書存目叢書‧集部五六》，台南：莊嚴文化事業有限公司，1997年6月初版，據北京大學圖書館藏明嘉靖二十四年刻增修本影印），卷一九，〈贈王子儀序〉，頁10。

〔註26〕明‧鄧球，《皇明泳化類編‧列傳》（《明代傳記叢刊》，台北：明文書局，1991年1月初版），卷五二，頁248。

〔註27〕清‧彭元瑞，《欽定天祿琳瑯書目‧續目》（《書目續編》，台北：廣文書局，1991年2月再版），卷三，〈玉臺新詠〉，頁242。

〔註28〕明‧張昶，《吳中人物志》（《四庫全書存目叢書》史部九七冊，台南：莊嚴文化事業有限公司，1996年8月初版，據浙江圖書館藏明隆慶四年張鳳翼等刻本影印），卷七，頁35。

洲人。正統十三年（1448）賜進士及第，授翰林院編修。陳鑑「平居無聲色之好，止藏書，並古書畫器物而已。善筆札，至臨橅古人眞蹟，殆不可辨。」〔註29〕《正德姑蘇志》也載：「鑑平生無聲色之奉，多藏法書名畫。」〔註30〕不過陳鑑在當時算是比較特別的藏書家，劉鳳嘗述陳鑑的藏書云：

　　　　鑑操行無所汙，特好古，嗜書，多蓄之。或爲累，且爲居室，侈之，

　　未及獻焉，而弔者在門，迄不能定也，至今甀皆流入他室。〔註31〕

因爲藏書本來就必須講究經濟的資助，一般的藏書家多願不惜一切築樓以藏，而陳鑑雖有藏書之嗜，卻無不計代價之勇氣，以致身後，藏書散佚殆盡，徒增感傷。伊侃（1417～1448），吳縣人。字士剛，吳縣人，正統元年（1436）進士，「年僅三十二竟卒，生平所著，多燼于火。」〔註32〕吳寬說：

　　　　伊氏自沭陽徙吳中，歲久遂爲著姓，其居城西之通波坊，吾幼猶及見

　　其盛也。家喜藏書，多延接郡中儒流。正統初，有曰：侃，字士剛者，更

　　擢甲科，給事禁中，一時賓客登其門者不絕。未幾士剛卒，而家遂落。〔註33〕

伊氏藏書，至侃卒後式微，且極可能燼於火。

　　葉春（生卒年不詳），字景春，崑山人。「喜積書，建家塾，延師教諸子及里中子弟。」〔註34〕其次子葉盛（1420～1474），字與中，登正統十年（1445）進士，仕至吏部左侍郎，卒諡文莊，爲明代有名的藏書家之一。葉盛馳騁中外，備邊防、振鹽馬、興屯田，不遑寧居，〔註35〕「每見異書，雖殘編蠹簡，必依格繕寫，儲藏之目，爲卷止二萬餘。多奇祕者，亞於冊府」，〔註36〕其聚書之勤與藏書之富，可見一斑。且每因公外出，亦不忘其藏書之事，《明名臣言行錄》中有述及其勤勉之狀，云其「旌節所至，輒訪求古碑刻摹搨之，雖文字漫滅破碎者，亦收拾補綴不忍遺。

〔註29〕明·張萱，《西園聞見錄》（《明代傳記叢刊》，台北：明文書局，1991年1月初版），卷八，〈好學〉，頁697。

〔註30〕明·王鏊，《正德·姑蘇志》（《天一閣藏明代方志選刊續編》之一四，上海：上海書店，1990年12月初版，據明崇禎刻本影印），卷五二，頁35。

〔註31〕《續吳先賢讚》，卷二，〈陳鑑〉，頁21。

〔註32〕《崇禎·吳縣志》，卷四八，頁45上。

〔註33〕明·吳寬，《家藏集》（《景印文淵閣四庫全書》集部，台北：臺灣商務印書館，1986年七月初版），卷四二，〈伊氏重修族譜序〉，頁4下～5上。

〔註34〕《明詩人小傳稿》，卷一三，頁484。

〔註35〕有關葉盛的文章德業與武功，史料記載頗多，近人研究亦詳，於此不做贅述，可參見鄭俊彬，〈強諫幹練文武兼備的一代奇才——葉盛〉（《明史研究專刊》，第五期，1982年12月），頁83～123。

〔註36〕《明詩人小傳稿》，卷一，頁41。

久而集成三巨冊，題其首簡曰：《五嶺奇觀》。」〔註37〕葉盛不僅雅好藏書，並且勤
於讀書，每遇「公暇，典籍左右進呈，手披不釋。」〔註38〕以故吳寬曾稱讚葉盛曰：
「劬書矻矻，窮年手不停披，以考以研，碑文鼎銘，竹簡韋編，酈侯之富，歐公之
全。」〔註39〕清代吳人張棟云：「吾里籤軸之富，首推文莊（葉盛），自公歿後，百
十有餘年，而其圖書府局鑰未疏，蓋先賢遺澤，人人不忍其拋散，非獨爲之。」〔註
40〕葉氏子孫，代代皆有著名的藏書家，雖令人稱羨，然葉氏藏書後來仍然難逃合久
必分的宿命。清人朱彝尊（1629～1709）便曾歎息地說道葉氏「菉竹堂」藏書「二
百年來，子姓蕃衍，瓜分豆剖，難以復聚。」〔註41〕葉氏藏書自葉春始而至清初散
亡，雖令人感到惋惜，不過葉氏圖籍之富，傳承之久，幾乎與明代國祚相埒，亦可
說是明朝之冠，足爲後世藏書家所嚮往，以故王世貞說：

> 文莊公（葉盛）之遺書百年而愈益拓其副，所名堂歷五世而耀愈益顯，
> 固爲公後者之才而賢，毋亦公不盡取天地之有，以使可繼；不遽爲一時之
> 滿，以使可加益耶？〔註42〕

同時有孫俊（生卒年不詳），字叔英，崑山磧澳村人。「家有『映雪齋』、『南溪草堂』，
好蓄古書畫。而其園亭樹石，尤多奇品。」〔註43〕因爲如此，當時孫俊深受葉盛的
敬重。劉昌（1424～1480），字欽謨，號椶園，吳縣人。《蘇材小纂》載劉昌「一志
文藝，肆綜絺綌，畜積甚盛，闇記當朝故實尤富。」〔註44〕由於劉昌勤於讀書，以
故「習知當代典章，前輩故實，叩之與談，疊疊不休。」〔註45〕伊彤（生卒年不詳），
字庸俎，吳縣人。「嘗建『清溪書舍』，藏經史典籍，以至律呂、曆數、天文、地理、

〔註37〕 清‧徐開任，《明名臣言行錄》（《明代傳記叢刊》，台北：明文書局，1991 年 1 月初版），
　　　　卷二五，頁 149～150。
〔註38〕 明‧文林，《文溫州集》（《四庫全書存目叢書》集部四〇冊，台南：莊嚴文化事業有限
　　　　公司，1997 年 6 月初版，據北京圖書館藏明刻本影印），卷一〇，〈祭葉文莊公文〉，頁
　　　　10。
〔註39〕 《匏翁家藏集》（《四部叢刊初編》集部二五五冊，上海：上海書店，1989 年 3 月版，
　　　　據商務印書館 1926 年版重印），卷五六，〈祭葉侍郎文〉，頁 2。
〔註40〕 清‧瞿鏞，《鐵琴銅劍樓藏書目錄》（《書目叢編》，台北：廣文書局，1989 年七月再版），
　　　　卷六，〈論語一卷〉，頁 362。
〔註41〕 清‧朱竹垞，《靜志居詩話》（《明代傳記叢刊》，台北：明文書局，1991 年 1 月初版），
　　　　卷七，頁 614。
〔註42〕 明‧王世貞，《弇州山人四部稿》（《明代論著叢刊》，台北：偉文圖書出版社，1965 年 6
　　　　月初版，據中央研究院藏善本影印），卷七五，〈菉竹堂記〉，頁 14～15。
〔註43〕 《吳中人物志》，卷九，頁 23～24。
〔註44〕 明‧祝允明，《蘇材小纂》（《叢書集成續編》，上海：上海書店，不注出版年，據明刻本
　　　　影印），〈劉大參先生〉，頁 26。
〔註45〕 《吳中人物志》，卷七，頁 34。

醫藥等書，日討論其間。」〔註46〕虞堪（生卒年不詳），字克用，一字勝伯，長洲
人。劉鳳曰：

> 虞堪者，宋宰相允文（1110～1174）後也。徙家長洲，家富，其所藏
> 書，多雍公（虞允文，封雍國公）遺，又行重購。校讎日夜不休，自稱僻
> 焉。爲詩頗清潤，兼好吮朱設色，圖畫樹石，盤礴睥睨，故爲賞好。所移
> 盡費其産。從祖伯生嘗愛重之，其書乃亦賴之傳。〔註47〕

且虞堪「家藏書甚富，多手自編緝。」〔註48〕子虞鏞（生卒年不詳）〔註49〕、孫虞
湜（生卒年不詳），俱藏書不廢，「諸宋元人辭翰累百軸，古書殆千卷，藏於家。」
〔註50〕其實虞堪死後，其藏書日漸衰微，四傳至其曾孫虞權，終究散亡無遺，我們
可由錢謙益之敘述來瞭解虞堪死後，虞氏藏書的散佚過程：

> （虞堪）子鏞，教授里中。孫湜，始去儒。湜之子權，家益貧，盡斥
> 賣先世故物，以供衣食。權死時，勝伯（虞堪）所藏詞翰，無慮數篋，妻
> 子以一魚賈裹置屋梁。久之，併其賈亡矣。吳中故世儒家，虞氏與南園俞
> 氏（俞貞木及其祖琰）爲最。兩家人，本朝至永樂中而微，至弘治初而絕。
> 徵文獻者，爲三嘆焉。〔註51〕

鄒亮（1406～1454），字克明，自號梅崖、藻菴居士，長洲人。「爲人謙謹，酷嗜書，
積至千餘卷，手自鈔錄讎校。」〔註52〕謝希顔（生卒年不詳），吳縣人。明人商輅
（1414～1486）述其藏書生活云：

> 大江東南百里，至姑蘇，距城十里許，其地介虎丘、天池間，處士謝
> 君希顔居焉。作樓其旁，以爲游息之所。群山屹立，環擁前後，而層巒疊
> 嶂之秀，凝入窗戶，映照几席，如圖畫然。樓之外蒼松偃蹇，循竹千挺，
> 森森鬱鬱，其翠可挽而入也。樓之中，積書數百卷，有琴一張，酒一壺，
> 左右布席，容客可數十輩，主人與客日飲于此。時值溪雨初霽，嵐風襲人，
> 清氣可掬，足以舒暢情懷，超然出乎埃氛之外者，而禽鳥上下，雲霞出沒
> 同一光景中，誠佳致也。予友吏科給事中崑陵毛君良器玉，（1411～1452）

〔註46〕《崇禎・吳縣志》，卷四九，頁6下～7上。
〔註47〕《續吳先賢讚》，卷一〇，〈虞堪〉，頁1。
〔註48〕《正德・姑蘇志》，卷五四，頁34下。
〔註49〕虞鏞雖無明顯藏書事蹟可尋，然由其子湜仍有其祖父先世故物來看，仍應爲藏書家，故
　　　列入。
〔註50〕明・朱存理，《樓居雜著》（《景印文淵閣四庫全書》集部，台北：臺灣商務印書館），〈記
　　　虞氏書冊〉，頁9。
〔註51〕《列朝詩集小傳》，〈甲乾集・虞廣文堪〉，頁29。
〔註52〕《正德・姑蘇志》，卷五四，頁三七下。

嘗過希顏所，飲酒樂甚，主人以樓請名，因爲扁曰：「凝翠」，縉紳士夫各
賦詩以紀其勝。〔註53〕

「凝翠樓」爲希顏藏書之所，書籍圖史與琴酒張具齊備，出則秀麗明媚，入則恬澹
閒趣。而由此略窺明初藏書家的藏書生活，其人宛如身在圖畫中神仙之境，那種只
存在傳說中才有的清悠與眞趣之福地洞天。陳芳（生卒年不詳），字繼芳，常熟人。
「嘗作重屋，積書其中，顏曰：『崇善』，日游息其間。」〔註54〕陳氏藏書始於陳芳，
庋藏所名曰：「崇善」。而陳芳子陳璇（生卒年不詳），字叔維，常熟人。林俊（1452
～1527）述其藏書生活云：

> 所居邑治之陽，一筠簾自隔群喧爲寂。又厭夫藏之未深，行一徑若幽
> 谷然，轉而樓以出。風氣臨雲水，閱古書而主之於靜，爲佳子弟、良父兄。
> 晚歲鄉望隆重，爲太平逸民。〔註55〕

可知陳璇守其父之遺書而讀之。虞震（生卒年不詳），字啓東，別號常春，崑山人。
「家有藏書，手自勘校，雖老，兩眼摩挲，亦無一日離書案間。」〔註56〕

　　以上所列明初之藏書家共計三十二位，自顧仲瑛而後，在在顯示出文人藏書性
靈生活的逐漸萌芽。明初，吳地承受元末兵亂，能夠在一開始就從戰火中脫穎而出，
獨創爲清雅脫俗的藏書世界，著實難能可貴，且爲後來蘇州文人集團的形成與生活
方式的樹立，譜出完美的序曲。

第二節　成化至正德時期（1465～1521）

　　明成化至正德間，承前期之啓萌，加上政治、經濟、物質、學術等各種條件的
相互配合，藏書家數量漸增。蘇州的文人隨著第一次文學復古運動的高潮所趨，好
古之風大興，影響所及，吳地藏書習氣也隨之大盛。此一時期的藏書家計有：徐澄、
姜昂、沈周、史鑑、張翼、吳寬、陸容、陸伸、趙同魯、戴冠、朱存理、朱凱、邢
量、邢參、文林、陳稷、沈雲鴻、孫艾、陸完、楊循吉、都穆、劉嘉緒、劉穉孫、

〔註53〕明・商輅，《商文毅公集》（《四庫全書存目叢書》集部三五冊，台南：莊嚴文化事業有
限公司，1997年6月初版，據中國人民大學圖書館藏明萬曆三十年劉體元刻本影印），
卷五，〈凝翠樓詩序〉，頁17～18。
〔註54〕明・章懋，《楓山章先生集》（《叢書集成初編》，上海：商務印書館，1935年12月初版），
卷六，〈陳府君繼芳墓表〉，頁201。
〔註55〕明・林俊，《見素續集》（《景印文淵閣四庫全書》，台北：臺灣商務印書館），卷一〇，〈明
琴川處士陳清隱公墓表〉，頁7。
〔註56〕《重修崑山縣志》，卷七，頁475。

祝允明、顧潛、顧夢川、蔡羽、王寵、文徵明、朱良育、柳僉、顧道隆、唐寅、錢同愛、袁翼、閻起山、張安甫、張寰、沈世麟、黃魯曾、顧元慶、吳中英、文彭、王延喆、王延素、王延陵、黃省曾、陸粲、陸延枝、張滂、張鳳翼、陸采、王穀祥、袁表、袁褧、袁褒、葉夢淇、葉良才、葉恭煥、楊舫、瞿俊、龔琚等人。

　　徐澄（生卒年不詳），字季止，長洲人。吳寬曾經言及徐澄之藏書處，云其「家夾浦之南，瓜涇之上，而松江、陳湖皆在其目睫間。蓋嘗聚書數千卷，築室而藏之，因題曰：『望洋書堂』。」〔註57〕徐澄藏書於「望洋書堂」，而書堂因風景秀美之地而建，蓋徐澄亦崇慕藏書生活甚矣。姜昂（生卒年不詳），字恒頎，成化八年（1472）進士，崑山人。「所居僅蔽風雨，積書千卷自繞，水竹蕭然。」〔註58〕沈周（1427～1509），字啓南，晚更號白石翁，長洲人。「所居有水竹亭館之勝，圖書鼎彝，充牣錯列」，〔註59〕客至則出所藏，「撫翫品題，談笑移日。」〔註60〕錢謙益謂沈周「有圖書子史充棟溢杅，以資其誦讀；有金石彝鼎法書名畫，以博其見聞。」〔註61〕更由於藏書的充裕，沈周家中竟至「所蓄僮僕，悉通文史」，〔註62〕此亦不啻爲藏書可提升家庭文化素質之最佳寫照。沈周的藏書生活，可從文徵明之敘述得知：

　　　　先生（沈周）去所居里餘，爲別業曰：「有竹居」，耕讀其間。佳時勝日，必具酒肴合近局從容談笑，出所蓄古圖書器物，相與撫玩品題以爲樂。晚歲名益盛，客至亦益多，戶屨常滿。先生既老而聰明不衰，酬對終日不少厭怠，風流文物照映一時，百年來東南文物之盛，蓋莫有過之者。〔註63〕

沈周也曾經做過一首詩來描述自己的藏書活動，其中有句云：「酒醉又移花下席，書多別起竹間樓。」〔註64〕史鑑（1434～1496），字明古，號西村，玡（1414～1467）

〔註57〕《家藏集》，卷三二，〈望洋書堂記〉，頁16上～下。
〔註58〕《重修崑山縣志》，卷六，頁426～427。
〔註59〕清‧王鴻緒，《明史稿‧列傳》（《明代傳記叢刊》，台北：明文書局，1991年1月初版），卷一七四，頁536。
〔註60〕《列朝詩集小傳》，〈丙集‧石田先生沈周〉，頁290。
〔註61〕清‧錢謙益，《牧齋初學集》（《四部叢刊初編》集部，上海：商務印書館，1929年版，據明崇禎癸未刊本影印），卷四○，〈石田詩鈔序〉，頁438。
〔註62〕清‧查繼佐，《罪惟錄‧列傳》（《明代傳記叢刊》，台北：明文書局，1991年1月初版），卷二七，〈藝術列傳〉，頁638。
〔註63〕明‧文徵明，《甫田集》（《景印文淵閣四庫全書》，台北：臺灣商務印書館），卷二五，〈沈先生行狀〉，頁16。
〔註64〕《靜志居詩話》，卷九，頁734。

子，吳江穆溪里人。史鑑家貲溫厚，「池館宮室，占水地勝，供張甚盛，古圖籍雜器，
陳之西序」；〔註65〕且「家居水竹之勝，尤好藏三代秦漢器物、唐宋書畫。晚歲築
『小雅堂』，益務清曠。」〔註66〕史鑑相當好事，據《西園聞見錄》載：

　　（史鑑）家居甚勝，水竹幽茂，亭館相通，如入顧辟疆（顧宸）之園。

　　客至陳三代、秦、漢器物及唐、宋以來書畫各品，相與鑒賞。〔註67〕

史鑑的好事精神，一時為人所津津樂道。張翼（1434～1512），字南伯，吳縣人。「深
藏好書，不浮沉閭里。日局一室，左右筐篋而較摩之。假易所無，輒手自謄寫。」
〔註68〕吳寬（1435～1504），字原博，號匏菴，長洲人，官至禮部尚書，諡文定。
吳寬藏書有特殊嗜好，「所藏書多手鈔，有自署吏部東廂書者，六十以後筆也。」〔註
69〕朱彝尊也說：「余嘗見公（吳寬）家遺書偶有流傳者，悉公手錄，以私印記之，
前輩風流，不可及也。」〔註70〕

　　陸容（1436～1497），字文量，號式齋，崑山人。「平生無它嗜好，惟聚書數
千卷，老猶自課不厭，勤劇且樂焉。」〔註71〕而吳寬亦謂陸容「性喜聚書，政事
之餘，手不釋卷。」〔註72〕《太倉州志》亦載陸容「平生無他好愛，唯耽嗜書籍」，
〔註73〕且其「家藏萬餘卷，皆手自讎勘」，〔註74〕故其圖籍之富，考校之勤，為當
代一般藏書家的典範。陸容與張泰（1436～1480）、陸釴（1439～1489）文名彰盛，
號「婁東三鳳」。然朱彝尊嘗批評此三人詩皆不佳，不過「若其藏書之富，見聞之
周洽，似非亨父（張泰）、鼎儀（陸釴）所能及也」，〔註75〕則此當為藏書家以博
雅見勝一般文人之處。而陸容子陸伸（？～1508），字安甫，本應為崑山人，弘治
十年（1497）崑山悉地改隸太倉州，陸容卒於該年，應為崑山人，而伸遂為太倉
州人。在當時藏書家之中，陸伸算是較有計畫的去管理其藏書的藏書家，並且樂
此不疲。據《太倉州志》載：

〔註65〕《續吳先賢讚》，卷一一，〈史明古〉，頁10。
〔註66〕《吳中人物志》，卷九，頁25。
〔註67〕《西園聞見錄》，卷二二，〈畸人〉，頁525。
〔註68〕《崇禎・吳縣志》，卷四九，頁13上。
〔註69〕《明詩人小傳稿》，卷二，頁52。
〔註70〕《靜志居詩話》，卷八，頁七○二～七○三。
〔註71〕《文溫州集》，卷九，〈故浙江布政使司右參政陸公墓誌銘〉，頁10。
〔註72〕明・周士佐等，《太倉州志》（《天一閣藏明代方志選刊續編》之二○，上海：上海書店，
　　　　1990年12月初版，據明崇禎二年重刻本影印），卷七，頁10下。
〔註73〕《明詩人小傳稿》，卷二，頁五一。
〔註74〕《靜志居詩話》，卷八，頁694～695。
〔註75〕《靜志居詩話》，卷八，頁694～695。

縱覽群籍，過目不忘，日以修學著書爲事。自先世積書數萬卷，悉按
鄭（樵，1104～1160）、馬（端臨）二氏例類分四部，編爲目錄。每書必
書其概，下方間有考計，亦隨筆之。人以書惠，必記諸籍籍名嘉惠，蓋以
表其所好在此，雖車馬金玉弗嘉也。〔註76〕

王鏊嘗言陸伸：「於父之書，無少散佚」，〔註77〕稱讚其善守父書。祝允明也認爲陸
容平生積書甚富，身後，「其子鄉貢進士安甫（陸伸）彙列其目，并已所得者通繫之，
凡爲經史子集，合若干卷。」〔註78〕陸伸不但善守父書，並且將其編目，以方便管
理，是一位相當專業的藏書家。

趙同魯（1422～1503），字與哲，吳縣人。戴冠（1442～1512），字章甫，長洲
人。錢謙益在敘述有明一代吳地之藏書家時曾經說過，繼朱存理、朱凱之後，〔註79〕
「則又有邢量用文、錢同愛孔周、閻起山秀卿、戴冠章甫、趙同魯與哲之流，皆專
勤績學，與沈啓南（周）、文徵仲（徵明）諸公相頡頏吳中，文獻於斯爲盛。」〔註
80〕可見趙、戴二人，俱爲大藏書家。朱存理（1444～1513），字性父，號野航，長
洲人。其藏書事蹟見《靜志居詩話》：

朱存理，字性甫，長洲人。少嗜學，亦工篆籀，不爲章句，而於書無
所不通，故時多長者遊。持風素以雅道自貴，居常無他過從，惟聞人有奇
書輒從以求，以必得爲志；或手自繕錄，動盈筐篋，群經諸史，下逮稗官
小說、山經地志，無所不有，亦無所不窺，而悉資以爲詩。其詩精工雅潔，
務出新意，得意處追躅古人。尤精楷法，手錄前輩詩文積百餘家。……成、
弘間，存理暨朱堯民凱皆博學高隱，名奕奕望於郡城之東，人以其所居相
接，稱之曰：「兩朱先生」云。〔註81〕

而《江南通志》亦載：

朱存理，字性甫，長洲人。少從杜瓊遊，汲古不倦，聞人有異書，必
欲訪求，手自鈔錄。其所纂輯，有《鐵網珊瑚》等書。元季明初，中吳南
園何氏〔註82〕、笠澤虞氏、盧山陳氏，書籍金石之富，甲於海內。繼其後

〔註76〕《太倉州志》，卷七，頁39。

〔註77〕《王文恪公集》，卷一〇，〈東原詩集序〉，頁10。

〔註78〕明·祝允明，《祝氏詩文集》（《明代藝術家集彙刊續集》，台北：國立中央圖書館，1971
年6月初版），卷二七，〈甘泉陸氏藏書目錄序〉，頁1664。

〔註79〕按趙同魯、戴冠皆較朱存理、朱凱稍早，此當爲謙益之誤。

〔註80〕《列朝詩集小傳》，〈丙集·朱處士存理〉，頁303～304。

〔註81〕明·過庭訓，《明分省人物考》（《明代傳記叢刊》，台北：明文書局，1991年1月初版），
卷二二，〈南直隸蘇州府五〉，頁45～46。

〔註82〕中吳南園何氏應爲吳中南園俞氏，按錢謙益所言：「自元季迄國初，博雅好古之儒，總

者，則存理與朱凱其尤也，時稱：「兩朱先生」。〔註83〕

朱存理聚書、校讀的藏書生活，文徵明嘗作銘讚曰：

> 有嗟性甫，少也則勤；枕經籍書，窮終其身。抉摘雕鎪，既揚亦摧；
>
> 豈無利途，弗易其樂。其髮蒼蒼，其視茫茫；歸視其家，其書滿床。〔註84〕

然而朱存理的藏書，到他老年的時候，因篤於書癖而不善營生，「坐貧，無以自資，其書旋亦散去，每撫之歎息。」〔註85〕故其藏書，未能終其身即已散亡。而朱凱（？～1512），字堯民，長洲人，與朱存理齊名，鄉人稱爲：「兩朱先生」。「自兩人死，吳中故實，往往無所於考，而求其遺書亦難得矣。」〔註86〕據《江南通志》載：

> 朱凱，字堯民，長洲人。與朱存理齊名，日挾策呻吟，求昔人理言遺
>
> 事而識之，對客舉似，如引繩貫珠，纏纏不能休，吳中故實，往往藉以考
>
> 焉。正德中卒，遺書散軼。〔註87〕

朱凱死後，遺書散佚無存，一生所積，化爲烏有，誠然可悲。邢量（約1413～1491），字用理，長洲人。「室中臥榻之外皆藏書，並手自校定，或扣之，乃信手舉示，不事翻檢。文章古簡，亦不苟作。」〔註88〕邢量爲貧窮而又嗜書的藏書家，縱然無藏書樓以儲書，卻不因此而荒廢學業。劉鳳便曾讚賞邢量「於學無不通，壁下盡列圖史，枕籍其間。」〔註89〕是故人稱邢量「畜書頗富，學亦邃博。」〔註90〕而其孫邢參（生卒年不詳），字麗文，長洲人，亦喜藏書。邢參與朱存理等人，「嗜好之勤，互以鈔書爲風流罪過，亦藝林美談也。」〔註91〕邢參嗜書之蹟，於此可尋。文林（1445～1499），字宗儒，文洪（1426～1479）子，長洲人，爲文徵明之父。文林宅中有「停雲館」，蓋爲其藏書、讀書之所，徵明嘗重葺之，曰：「比先人堆床，更有圖書，在

萃於中吳，南園俞氏（俞貞木及其祖琰）、笠澤虞氏（虞堪）、廬山陳氏（陳繼之伯汝秩
及父汝言），書籍金石之富，甲於海內。」見《列朝詩集小傳》，〈丙集·朱處士存理〉，
頁303。

〔註83〕清·黃之雋等，《江南通志》（《中國省志彙編》之一，台北：華文書局，1967年8月初
版，據清乾隆二年重修本影印），卷一六五，頁31下～32上。

〔註84〕《甫田集》，卷二九，〈朱性甫先生墓志銘〉，頁9～10。

〔註85〕《靜志居詩話》，卷八，頁677。

〔註86〕《靜志居詩話》，卷八，頁678。

〔註87〕《江南通志》，卷一六五，頁32。

〔註88〕《西園聞見錄》，卷二二，〈畸人〉，頁509。

〔註89〕《續吳先賢讚》，卷一二，〈邢量〉，頁16。

〔註90〕《蘇材小纂》，〈邢子〉，頁33。

〔註91〕清·錢曾，《讀書敏求記》（上海：商務印書館，1936年6月初版），卷四，《韻語陽秋
二十卷》，頁165～166。

歲晚相看，不厭貧。」〔註92〕蓋文氏藏書不始於文徵明，其父文林便已建有書樓。
陳穆（1448～1494），字允材，號復清居士。祖陳芳、父陳璇亦好藏書，事蹟見前。
陳穆承父祖遺書，亦「好書史，不事事。」〔註93〕家中落，「極力幹蠱，日篤家人
耕作以奉母，夜則抱遺書以自讀。」〔註94〕子孫善守祖父遺書，誠為蟬林佳話。沈
雲鴻（1450～1502），字維時，長洲人，為沈周子。文徵明敘其藏書事蹟曰：

> 既操其家，去治於別業，訾省鮮暇，曾不離圖史。其學長於考訂，或
> 舉一事，必深竟顛末，斷斷不厭。為詩工用事而不苟於命意。特好古遺器
> 物書畫，遇名品摩挲諦翫，喜見顏色，往往傾囊購之，菑畬所入，足以裕
> 慾，而惟用以資是，縹囊緗帙，爛然充室。而襲藏惟謹，對客手自展列，
> 不欲一示非其人。嘗曰：「米南宮願作畫書魚，遊金蹄玉躞而不為害，余
> 之癖，殆是類邪！」至尋核歲月，甄品精駁，又歷歷咸有據依，江以南論
> 鑑賞家，蓋莫不推之也。又喜積書，讐勘勤劇，曰：「後人視非貨財，必
> 不易散；萬一能讀，則吾所遺厚矣！」念奕世充盛而嗣承之艱，因命其居
> 曰：「保堂」，而教其子若弟懇惻周至，意圖有以振之也。〔註95〕

沈雲鴻浸淫於藏書之癖中，校書鑑賞，自得其樂；且以遺書子孫為最妥當的傳家
法寶，一時吳地之藏書家亦多有此見解。孫艾（1452～1526），字世節，號西川先
生，常熟人，為沈周高足。如同史鑑，孫艾除了喜歡藏書以外，也相當好事，據
《常熟縣志》載：

> 孫艾，字世節，號西川。酣情墳典，風雅襲人，不可嬰以世務。嗜古
> 彝鼎塼罍、名畫法書，傾囊購之。復嗜客，客至留其所，終歲不厭。故舊
> 履厄，極力紓援。宅故近虞麓，發其幽蔽，劚剔崖石，亭其上曰：「大石
> 山房」；導泉供茗，曰：「殻茶泉」，家亦有園亭水石之勝。中歲產落，而
> 營搆不已，遂以好事聞于東南。〔註96〕

孫艾所築園，名為「大石山房」，《常熟縣志》卷四〈敘宅〉中載：「大石山房在山
南麓，封公孫艾鑿石築室，以待遊客」，〔註97〕孫艾之好事竟至如此。陸完（1458

〔註92〕清・李銘皖等修、馮桂芬等纂，《蘇州府志》（《中國方志叢書》華中地方第五號，台北：
　　　　成文出版社，1970 年 5 月臺一版，據清光緒九年刊本影印），卷四五，頁 25 上。
〔註93〕《見素續集》，卷一○，〈明琴川陳母譚太孺人墓碣〉，頁 7。
〔註94〕明・徐縉，《徐文敏公集》（台北：國家圖書館藏明隆慶二年吳都徐氏家刊本），卷五，〈明
　　　　故贈湖廣道監察御史復清陳公配太孺人譚氏行狀〉，頁 15。
〔註95〕《甫田集》，卷二九，〈沈維時墓志銘〉，頁 2。
〔註96〕明・姚宗儀，《常熟縣志》（台北：中央研究院藏明萬曆間刊本），卷一五，頁 1。
〔註97〕《常熟縣志》，卷四，頁 38 下。

～1526），長洲人，從弟陸粲。陸完官至太子少保，兵部尚書，因受寧王朱宸濠以鉅金賄賂以求復護衛之事，為人詬病，改吏部尚書，後又因宸濠叛亂而丟官謫戍。然而陸完「頗讀書，通曉文事，好集法書名畫之類，其功名雖不終，尚為後進喜事者所稱。」〔註98〕以致錢謙益也稱讚陸完「博雅好古，精於鑒賞。」〔註99〕

楊循吉（1458～1546），字君謙，吳縣人。「讀書不善記，又不能遠自引，日怔怔然。行己頗近怪，事皆類可笑。所撰者亦時雜誾諧，獨購書甚富。」〔註100〕且「性嗜異書，每節口食以購，晚歲異貧。」〔註101〕喜鈔異書，嘗作〈鈔書詩〉云：

> 沈疾已在躬，嗜書猶不廢。每聞有奇籍，多方必羅致。手錄兼貿人，恆輟衣食費。往來遠案行，點盡勞指視。成編亦艱難，把玩自珍貴。家人怪我癖，既宜安用是。自知身有病，不作長久計。偏好固莫捐，聊爾從吾意。〔註102〕

藏書是文人性命的一種，乃無怨無悔的付出。此外，藏書還需要依靠經濟條件支持，楊循吉因嗜書如命，因此將偌大的家產變賣殆盡，以為度日之資，他說：「築室支硎山下，修葺舊聞，名：《雲峰廣要》。檢書既多，稍譜典故。然以筆耕度日，不作生業，有負郭田百畝，悉賣不存。」〔註103〕因迷戀藏書而由富轉貧，這在明代吳地藏書家中，屢見不鮮。楊循吉雖有二子，但因其子不好藏書，一遊一死，故每自歎其書無人繼承，他嘗自述其子孫云：「生子二人，一從北上惑僕遨外未歸，一喪京口舟中，今停柩在殯所。庶生二胤尚幼，頗賴應門，不得肆學，書無紹焉。」〔註104〕以故「晚藏書俱散。」〔註105〕都穆（1459～1525），字元敬，又字玄敬，吳縣人。「尤長於鑒古，圖籍甚富，而秦漢石刻尤多，其或魚魯，輒就竄正。」〔註106〕都穆不僅喜歡藏書，並且頗為好事，《皇明詞林人物考》載：

> 先生（都穆）為郎，數奉使必游，游必凌幽險，探奇勝，攷究掌故，迺金石古文，摹搨抄錄，亡少挂漏。歸老之日，門無雜賓，灶不突煙，意

〔註98〕明・王世貞，《弇州山人續稿碑傳》（《明代傳記叢刊》，台北：明文書局，1991年1月初版），卷一四七，〈吳中往哲像贊有序〉，頁674。
〔註99〕《列朝詩集小傳》，〈丙集・陸少保完〉，頁260。
〔註100〕《罪惟錄・列傳》，卷一八，〈文史諸臣列傳〉，頁414。
〔註101〕《崇禎・吳縣志》，卷四八，頁48上。
〔註102〕《靜志居詩話》，卷八，頁721～722。
〔註103〕《國朝獻徵錄》，卷三五，〈禮部郎中楊循吉生壙碑〉，頁67。
〔註104〕《國朝獻徵錄》，卷三五，〈禮部郎中楊循吉生壙碑〉，頁68。
〔註105〕《崇禎・吳縣志》，卷四八，頁48下。
〔註106〕《崇禎・吳縣志》，卷四一，頁25下。

澹如也，惟日以讎討著述爲事。卒之日，家唯藏書數十卷。〔註107〕

觀此，則都穆之藏書，當以金石碑版刻文爲主。劉嘉緒（1468～1491），字協中，吳縣人。「父積書充棟，歿時，嘉緒纔十五，哀毀過情，絕而復甦。」〔註108〕劉嘉緒之藏書，乃因其父遺而守之。更重要的是，他不僅能夠善守其父所藏，甚至「盡讀其遺書。」〔註109〕其子劉穉孫（生卒年不詳），亦世其家風。據《崇禎·吳縣志》載劉穉孫闢「修竹館」，種竹數十株，讀書其中，蓋「修竹館」爲其藏書室。且其「性嗜古，得東坡（蘇東坡，1036～1101）鳳味硯，寶藏於家；嘗典衣購先賢翰墨。」〔註110〕祝允明（1461～1527），字希哲，長洲人。家本溫厚，因「日張酒呼與宴歌爲壽，故又好蓄古法書名籍。或欸客亡所得酒，比初直什一二，輒授之宦，橐可千金，不兩年都盡。」〔註111〕文人好事之代價，往往因其癖好而至傾家蕩產；而我們也可由此見得祝允明之好事更甚於藏書，他藏書僅爲一時之興緻或追求時尚風流，不同於一般藏書家之視書如命，絕不輕易出讓自己之所藏。顧潛（1471～1534），字孔昭，號桴齊，晚號西巖，崑山人；子顧夢川（生卒年不詳），字禹祥。父子兩人俱喜藏書。顧夢川本來就喜好讀書，「父遺書萬卷，夢川取大白置兩楹間，客至則沃之，抽架上書，相與揚摧古今，考訂訛謬，焚膏繼晷不少倦」，〔註112〕頗能續其父親的藏書事業。蔡羽（？～1541），字九逵，自號林屋山人，吳縣人。「年十二，操筆爲文有奇氣。稍長，盡發家所藏書，自諸經子史而下，悉讀而通之。」〔註113〕蔡羽好藏書，亦喜讀書爲學。王寵（1494～1533），字履仁，更字履吉，別號雅宜山人，吳縣人。王寵嘗自稱：「生平無他好，頗耽文詞，登臨少倦，則左圖右書，與古人晤。」〔註114〕王寵嗜書，「於書無所不窺，而尤詳於經學，手鈔經書皆再過。」〔註115〕其藏書有「王印履吉」、「銕研齋」二朱印記。〔註116〕葉昌熾曰：「雅宜（王寵）遺書，身後盡歸竹塢（文徵明），〔註

〔註107〕明·王兆雲，《皇明詞林人物考》（《明代傳記叢刊》，台北：明文書局，1991年1月初版），卷九，頁371～372。

〔註108〕《崇禎·吳縣志》，卷四七，頁45下～46上。

〔註109〕《江南通志》，卷一六五，頁27上。

〔註110〕《崇禎·吳縣志》，卷四七，頁四九上。

〔註111〕明·尹守衡，《明史竊·列傳》（《明代傳記叢刊》，台北：明文書局，1991年1月初版），卷九五，頁385。

〔註112〕《江南通志》，卷一六五，頁38上。

〔註113〕《崇禎·吳縣志》，卷四八，頁54下。

〔註114〕《西園聞見錄》，卷二二，〈高尚〉，頁473。

〔註115〕《崇禎·吳縣志》，卷四七，頁47下。

〔註116〕清·潘祖蔭，《滂喜齋藏書記》（《書目叢編》，台北：廣文書局，1988年12月再版），卷二，〈宋刻雲齋廣錄八卷後集一卷〉，頁一二三。

117〕想必是王寵死後，子孫不能守其遺書，故其藏書盡為文徵明所有。」

　　文徵明（1470～1559），初名璧，以字行，更字徵仲，別號衡山，長洲人。其子文嘉（1501～1583）曰：「公（文徵明）讀書甚精博，家藏亦富，惟陽陰方技等書，一不經覽。」〔註118〕清人葉昌熾（1847～1917）稱其「所見待詔（文徵明）藏書，引首皆用江左二字長方印，或用竹塢，或用停雲圓印。」〔註119〕文徵明好藏書，並講究藏書印的印文使用於藏書上的感覺。王世貞述文徵明的日常生活云：

> （文徵明）先生暇則一出，游近地佳山水，所至奉迎恐後。居間客過從，焚香煮茗，談古書畫彝鼎，品水石，道吳中耆舊，使人忘返，如是者餘三十年。〔註120〕

藏書既富，文會又多，自然善於鑒賞。劉鳳嘗言文徵明「尤稱善鑒，古宗彝醆斝三代器及縑素品不一，吳善以贋售，得其一言輒價翔，故以文史玩弄，聲重於王公間。」〔註121〕我們可由何良俊（1506～1573）述其與文徵明品鑒書畫的過程來瞭解文氏品鑒之大概情形，何良俊曰：

> 衡山（文徵明）最喜評校書畫，余每見，必挾所藏以往，先生披覽盡日，先生亦盡出所蓄。常自書房中捧四卷而出，展過復捧而入更換四卷，雖數反不倦。〔註122〕

然文徵明雖善鑑，在鑒賞上卻具有相當仁慈的性格。《明名臣言行錄》載：

> 凡吳中博古之家有以書畫求先生鑒定者，雖贋物必曰此真蹟也。人問其故，先生曰：「凡買書畫者，必有餘之家。此人貧而賣物，待以舉火，若因我一言而不成，必舉家受困矣，我何忍取一時之名而使人舉家受困哉？」同時有假先生之畫求先生題欵者，亦即隨手書與之，略無難色，其厚德如此。〔註123〕

故《國雅品》記文徵明云：「吳中往哲，如公之博鑒，雅步藝苑者，宜冠林壑矣」，〔註124〕給予其人格及學術上最高的評價。朱良育（生卒年不詳），吳縣人。與文徵

〔註117〕清·葉昌熾，《藏書紀事詩等五種》（《中國目錄學名著》第一集，台北：世界書局，1980年10月四版），卷二，頁107。
〔註118〕《甫田集》，卷三六，〈先君行略〉，頁6。
〔註119〕《藏書紀事詩等五種》，卷二，頁100。
〔註120〕《弇州山人續稿碑傳》，卷一四八，〈吳中往哲像贊有序〉，頁695。
〔註121〕《續吳先賢讚》，卷一一，〈文璧〉，頁13。
〔註122〕明·何良俊，《四友齋叢說》（《元明史料筆記叢刊》，北京：中華書局，1997年11月版），卷二六，頁238。
〔註123〕《明名臣言行錄》，卷四九，頁531。
〔註124〕明·顧起綸，《國雅品》（《明代傳記叢刊》，台北：明文書局，1991年1月初版），卷一，

明善，兩人俱「卓雅通古。」〔註125〕朱良育有跋《楊萬里誠齋易傳》文，後署曰：
「正德十一年丙子（1516）夏四月三日，吳都朱良育叔英書於『西崦草堂』」〔註126〕
故朱氏約爲正德時人。清人顧廣圻（1766～1835）注宋本《殘本迂齋先生標注崇古
文訣》間有載朱良育之藏書事蹟云：「有一印文曰『吳郡西崦朱卞榮書畫印』，又有
『卞榮』、『西崦』各一印，吾郡明初之藏書者也，」〔註127〕而卞榮、西崦即爲朱良
育。柳僉（生卒年不詳），字大中，號味茶居士，吳縣人。葉昌熾曰：「安愚亦大中
別號。」〔註128〕柳僉跋《錄異記》云此書：「得于友人家，假歸錄出，仍鈔別本，
總計七十翻。時正德己卯十四年，（1519）三月望後一日，吳門柳僉大中錄畢于『桐
涇別墅』之『清遠樓』中。」〔註129〕故柳僉亦爲正德時人。錢曾跋《沈雲卿集》曰：
「此爲吳門柳氏藏書，柳君名僉，字大中，別號味茶居士，摹寫宋本唐人書數十種。」
〔註130〕而朱良育「惜書之癖，不減安愚（柳僉）」，〔註131〕兩人並爲當時著名之藏
書家。顧道隆（生卒年不詳），字號俱不詳，長洲人，孫顧世峻，爲明季藏書家，見
述於後。顧世峻藏書之業，乃始於其祖父顧道隆。錢謙益謂顧道隆「爲名士，藏書
萬餘卷。」〔註132〕唐寅（1470～1523），字伯虎，號六如居士，吳縣人。「喜翫古書，
多所博通。」〔註133〕文徵明有詩述唐寅藏書曰：

　　　　今日解馳逐，投閒傍高廬。君家在皋橋，諠闐井市區。何以掩市聲？
　　充樓古今書。左陳四五冊，右傾兩三壺。我飲良有限，伴子聊相娛。與子
　　故深密，奔忙坐闊疏。旬月一會面，意勤情有餘。蒼煙薄城首，振袖復躊
　　躇。〔註134〕

此詩道盡了當時藏書家對於文會過從的深情回味，並且描繪出文會時的部份實況。

　　　　〈士品四〉，頁164。
〔註125〕明‧徐禎卿，《新倩籍》（《叢書集成初編》，上海：商務印書館，1937年6月初版），頁
　　　　5。
〔註126〕《楹書偶錄‧續錄》，卷一，〈宋本張先生校正楊寶學易傳二十卷十冊〉，頁42。
〔註127〕清‧顧廣圻，《百宋一廛賦》（《中國目錄學名著》第一集，台北：世界書局，1980年
　　　　10月四版），〈殘本迂齋先生標注崇古文訣〉，頁19。
〔註128〕《藏書紀事詩等五種》，卷二，頁105。
〔註129〕清‧黃丕烈，《士禮居藏書題跋記》（北京：書目文獻出版社，1989年8月第一版），卷
　　　　四，〈錄異記八卷〉，頁168。
〔註130〕《讀書敏求記》，卷四，〈沈雲卿集二卷〉，頁143。
〔註131〕《藏書紀事詩等五種》，卷二，頁102。
〔註132〕清‧錢謙益，《牧齋有學集》（《四部叢刊初編》集部上海：商務印書館，1929年版，據
　　　　康熙甲辰初刻本縮印），卷三二，〈顧君升墓誌銘〉，頁321。
〔註133〕《新倩籍》，頁3。
〔註134〕明‧文徵明，《文徵明集》（上海：上海古籍出版社，1987年版），卷一，〈飲子畏小樓〉，
　　　　頁4。

錢同愛（1475～1549），字孔周，號野亭，長洲人。《國朝獻徵錄》述其藏書云：

> （錢同愛）家本溫厚，室廬靚深，嘉木秀野，足以遊適。肆陳圖籍，
> 時時招集奇勝滿座中，酒壺列前，棋局傍臨，握槊呼盧，憑陵翔擲，含醺
> 賦詩，負軒而歌，逸然高奇，不知古人何如也。……性喜蓄書，每併金懸
> 購，故所積甚富，諸經子史之外，山經地志，稗室小說，無所不有，而亦
> 無所不窺。尤喜左氏及司馬班楊之書，讀之殆遍，偶有所得，隨手箚記，
> 積數巨秩；至所不喜，雖世指以系切要，而君未始而注目也。〔註135〕

錢同愛不但好藏書、讀書，甚至選書而讀，極為率性。袁翼（1481～1541），字飛卿，
吳縣人。文徵明謂袁翼之於「奇文秘記，多所探閱，聞有未見書輒奔走求之，往往
併金懸購，以必得為快。手披口吟，窮日夕不厭。」〔註136〕閻起山（1484～1507），
吳縣人。為文徵明友，文徵明述其藏書云：

> （閻起山）喜積書，見書必力購求。家惟一僮，日走從友人家所未讀
> 書，手抄口吟，窮日夜不休。所獲學俸，盡廢為書資。家甚貧，或時不能
> 炊，至質衣以食，而靦其書不忍棄，竟以積勞得羸疾，家用重困。余以其
> 貧且病數諷止之，雖時領余言，然終不能改也。〔註137〕

張安甫（1454～1537），字汝勉，崑山人。「先生鑿方池，築亭其上，因自號天方。
環植卉竹，左圖右書，吟哦其間，意壑如也。」〔註138〕其子張寰（1486～1561），
字允清，別號石川，崑山人。張寰致仕後，據《明分省人物考》載：

> 則日以圖史自娛，臨摹法書，揮翰竟日不倦。而好游名山，凡東南
> 有佳勝處，展齒屨遍。置義田以贍宗族，少年有善，推獎逾分，人多依
> 歸之。〔註139〕

張氏藏書始於張安甫，其子張寰更為尚趣好事，除繼續其父藏書之癖與藏書生活以
外，也非常喜歡旅遊，並且輕財尚義，有恩於閭黨之間。沈世麟（1487～1528），本
名金馬，字天行，後更諱世麟，字明用，而自號玄朗，崑山人，為沈愚之孫。歸有
光曰：「玄朗於書強記，其後絕不觀，而架上書數千卷，指謂純甫（吳中英）曰：『吾
神遊其間矣！』其寄興清遠如此。」〔註140〕黃魯曾（1487～1561），字得之，吳縣

〔註135〕《國朝獻徵錄》，卷一一五，〈錢孔周同愛墓志銘〉，頁84。

〔註136〕《甫田集》，卷三二，〈袁飛卿墓志銘〉，頁3。

〔註137〕《甫田集》，卷二九，〈亡友閻起山墓志銘〉，頁4。

〔註138〕《弇州山人續稿碑傳》，卷一四八，〈吳中往哲像贊有序〉，頁684。

〔註139〕《明分省人物考》，卷二三，〈南直隸蘇州府六〉，頁166～167。

〔註140〕明・葉恭煥，《吳下冢墓遺文續編》（台北：臺灣學生書局，1969年12月初版，據國家
圖書館藏善本影印），〈玄朗先生墓碣〉，頁360。

人。父授產千金，悉以置書。父親頗不悅，黃魯曾卻說：「昔人謂黃金滿籯，不如一經，矧五車乎！與其饒於財，孰若饒於學乎？」〔註141〕於是其父不再過問。黃魯曾劬書甚勤，「白首牖下，誦覽不輟，鉛槧日操，多所校輯」，〔註142〕「產千金，悉衾以買書，於書鮮所不窺。習古文辭。」〔註143〕

顧元慶（1487～1565），字大有，號大石先生，長洲人。錢謙益稱其：「獨以圖書自娛。」〔註144〕《明詩人小傳稿》記有顧元慶藏書事蹟云：

> （顧元慶）所居曰：「顧家青山」，在大石左麓山中，自號大石山人。
> 有勝蹟八，自爲之記。名其堂曰：「夷白」；藏書萬卷，擇其善本刊之，署
> 曰：「陽山顧氏文房」。〔註145〕

顧氏藏書之富，可見一斑。而顧元慶除了喜好聚書以外，也嗜好刻書。清人黃丕烈（1763～1825）述其善藏好刻之狀云：

> 陽山顧氏名元慶者，在吳中爲藏書前輩，非特善藏，而又善刻。其標
> 題「顧氏文房小說」者，皆取古書刊行，知急所先務矣！〔註146〕

且《蘇州府志》載：「顧家青山，在大石左麓，顧元慶貯書所也，山中名勝有八」，〔註147〕顧元慶即以「顧家青山」爲其藏書生活之所。吳中英（1488～1538），字秀甫，一字純甫，崑山人。「生而奇穎，好讀書，父爲置書千卷，恣所欲觀。」〔註148〕歸有光稱其：「與其徒考古論學，庭宇灑掃清潔，圖史盈几，觴酒相對，劇談不休，雖先儒已有成說，必反覆其所以，不爲苟同」，〔註149〕藏書論學，也是一種好學的生活態度。

文彭（1489～1573），字壽承，號三橋，長洲人，文徵明長子。以明經廷試第一，爲國子博士。工詩、書畫、篆刻，一如其父之博學精鑒。《姑蘇名賢後紀》載：

> （文彭）坐中有叩及古今書史者，應答如響；至鼎彝款識，法書眞贋，
> 入手輒辨。……又喜篆刻印章，即置在漢人中莫辨，此又好古之餘事

〔註141〕《西園聞見錄》，卷八，〈好學〉，頁706。
〔註142〕明‧皇甫汸，《皇甫司勳集》（《四庫全書珍本》三集，台北：臺灣商務印書館，1972年版），卷五四，〈黃先生墓誌銘〉，頁9。
〔註143〕明‧鄧元錫，《皇明書》（《續修四庫全書》史部‧別史類三一六冊，上海：上海古籍出版社，1997年版，據明萬曆34年刻本影印），卷三九，〈文學〉，頁5。
〔註144〕《列朝詩集小傳》，〈丁集中‧大石山人顧元慶〉，頁478。
〔註145〕《明詩人小傳稿》，卷七，頁251。
〔註146〕《士禮居藏書題跋記》，卷四，頁149。
〔註147〕《蘇州府志》，卷四六，頁10下。
〔註148〕《明詩人小傳稿》，卷一三，頁493。
〔註149〕《吳下冢墓遺文續編》，〈明吳秀甫先生墓表〉，頁355。

云。……卒之先日，猶爲友人作細書，展所藏書帖縱觀之，談笑如常。〔註150〕
文彭承繼其父所遺留的書籍，細心閱讀，並運用在各項藝能及生活之中；而其對收
藏之無法忘情，更可謂爲至死不渝。王延喆（生卒年不詳），吳縣人，王鏊長子。「性
奢豪，治大第，多蓄伎妾子女，出從群奴數十，皆華服盛裝。珠玉寶玩，尊彝窯器，
法書名畫，價值數十萬元。」〔註151〕公卿子弟盛具高貲，用來藏書本是一件雅事，
相信延喆的藏書樓內，一定有不少奇文珍祕。不過，通常在這種環境下之藏書，很
容易走入玩物喪志之途。故雖富垺封君，然異書祕本若得來太過容易，就失去了費
盡千辛萬苦而始獲甘飴之趣，較無義意。王延素（1492～1562），字子儀，別號雲屋，
吳縣人，王鏊次子。雖同爲鉅宦子弟，其個性和王延喆卻有天迥之異。王延喆奢侈
浪費，而王延素沉靜寡欲，折節讀父所藏之書。他不喜爲官，嘗說：

> 吾有先人之廬，足以託處；具區之田，足以自給；桑麻橘柚之饒，足
> 以比戶封；而鄴架之書，可以委懷；湖山之勝，可以展眺。人生行樂，豈
> 在一麾五馬間哉？〔註152〕

的確，宦途容易迷失自我，而萬般皆下品，惟有讀書高，藏書生活本爲明代蘇州文
人性靈生活之一部份，王延素的藏書寓志，比起王延喆之紙醉金迷與玩物好事，感
覺上總是多了那麼一種眞趣與恬適。王延陵（生卒年不詳），字子永，吳縣人，王鏊
季子。「延陵爲人溫厚醇謹，舉動壹稟文恪家訓，讀父遺書，娛情緗素。」〔註153〕
一如王延素，王延陵受其父之遺書而勤讀，亦爲善守先世典籍之藏書家。

黃省曾（1490～1540），字勉之，吳縣人，魯曾弟。蔡羽曰：「黃子勉之，天資
過人，刻苦好學，傾貲倒廩，訪求遺書。」〔註154〕性好遊，但好遊乃爲了增廣見聞，
並蒐訪遺書，以故藏書家之遊，有寓徵集奇書祕文於旅遊之意。朱彝尊說：「叔禾（田
汝成）挾黃勉之遍游武林諸山，互相酬和。撰《西湖遊覽志》及《志餘》，亦稱好事。」
〔註155〕除了藏書之外，黃省曾亦「喜讀書，每誡人曰：『三日不觀書，即不能作文。』
故其嗜書也，遇朔望必陳五經而拜之。」〔註156〕黃省曾素負高貲，因篤於聚書，「遂

〔註150〕清·褚亨奭，《姑蘇名賢後紀》（《叢書集成續編》二八冊，上海：上海書店，1994年版），
　　　　頁17～18。
〔註151〕明·李紹文，《皇明世說新語》（台北：國家圖書館藏明萬曆庚戌雲間李氏原刊本），卷
　　　　八，頁11下。
〔註152〕《皇甫司勳集》，卷五三，〈明中順大夫思南府知府王公墓誌銘〉，頁4。
〔註153〕《崇禎·吳縣志》，卷四八，頁52下。
〔註154〕明·梅鼎祚，《鹿裘石室集》（台北：中央研究院藏明天啓三年刻本），卷一七，〈送遊
　　　　五嶽序〉，頁2。
〔註155〕《靜志居詩話》，卷一二，頁160。
〔註156〕《崇禎·吳縣志》，卷四七，頁48上。

散金罄橐，購緗充架，覃精藝藻，鬱志儒林。」〔註157〕由於積書太富，常有劬讀不完之憾，人稱：「所積萬卷，皆折貲捐產，不惜重購，讀用未周，常以為恨。」〔註158〕陸粲（1494～1551），字子餘，一字浚明，長洲人，為陸完弟。正直敢言，得罪當朝，故宦途多舛。歷工部給事中，以永新知縣致仕歸，而歸里後開始其藏書生活，《皇明詞林人物考》記陸粲致仕歸里後之情形云：

> 杜門無事，多購異書，習讀之。於劉向所謂《七略》者，其校讎幾遍，以至老釋、方技、黃衣、稗官之書，無不通曉。尤精先朝（元朝）掌故家言，與客談，纚纚若冠珠。〔註159〕

其子陸延枝（生卒年不詳），能讀父書。「尤習知國朝典故，客有訊及者，洒洒談如貫珠。獨坐小樓，置萬卷其中，日手一編不釋。」〔註160〕張滂（1496～1569），字應霖，長洲人，張鳳翼之伯父。家本業賈，自張滂始折節讀書。以尚書古文舉於順天，卻十上春官而不第，遂興林壑山居之意。其墓誌載：

> 卷志長林，躬理家事，稍治第宅，茸園圃，地僅一區，而池館島嶼之勝備其中，花木禽鳥亦相稱，自號青陽居士。杜門掃軌以謝貴人，為二三密友，時為開徑。食不重味，酒繞三行輒罷去，乃出所藏書籍、圖畫、彝鼎、邿彞、劍匕、鐸咏，咸千百年物。賞鑒之暇，則延師訓課其子而已。〔註161〕

當然其園居生活仍脫離不了藏書活動。其後復拜台州理官，自號天台仙吏，旋又請罷歸，「抵家發裝圖書之外，惟鵑蕉蘭蕙數種而已。閒居兼屏紛雜，闢園濬池，崇臺綺閣，覽衛生之經，談緩齡之術。」〔註162〕再下公車，張滂仍回歸其鍾情一世的藏書生活，可見藏書對藏書家而言，永遠是一種無法言喻的吸引力。張滂從子張鳳翼（1527～1613），亦雅好積書，他曾說：

> 《淳化帖》自閣本而下，千蹊萬徑，種種不一，要之惟古刻則多佳。若近時泉州及蘇、松諸刻，則每失真矣！予弱冠即有此嗜，得片楮隻字，凡係古刻，即珍之篋笥，歷嘉、隆以來三十年間，始成完帙。〔註163〕

〔註157〕《皇甫司勳集》，卷三六，〈五岳黃山人集序〉，頁10。

〔註158〕明·何喬遠，《名山藏》（揚州：江蘇廣陵古籍刻印社，1993年11月第一版），卷缺，〈高道記〉，頁5757。

〔註159〕《皇明詞林人物考》，卷七，頁181～182。

〔註160〕《姑蘇名賢後紀》，頁4。

〔註161〕《皇甫司勳集》，卷五三，〈明文林郎浙江台州府推官張公墓誌銘〉，頁6。

〔註162〕《皇甫司勳集》，卷五三，〈明文林郎浙江台州府推官張公墓誌銘〉，頁8～9。

〔註163〕明·張鳳翼，《處實堂集》（《四庫全書存目叢書》集部一三七冊，臺南：莊嚴文化事業有限公司，1997年6月初版，據北京圖書館藏明萬曆刻本影印），卷七，〈跋淳化帖〉，頁50。

張鳳翼自少年時期便喜藏帖，爲了要完成一帙古刻本《淳化帖》，花費了三十年的時間，藏書家蒐殘補缺的韌性果然深不可測。陸采（1497～1537），名灼，更名采，字子玄，號天池山人，長洲人，爲陸粲弟。陸粲述其藏書事蹟曰：

> （陸采）獨好聞國朝故實，所至延訪勤切，黠者或譌言以中其意，君亦傾聽弗疑。他如幽冥物恠，黃冶變化之言，靡不采獲，著之編錄，多至數十百卷，藏于家。聞有奇人異書，不遠數百里走求之，其篤好如此。余與君少俱侍吾伯兄子徵學，議論下上，自相師友，而嗜好略同。〔註164〕

陸采與陸粲兄弟皆好藏書，家庭之內，意氣相同，自相師友，皆以好學博雅見重於後世。

王穀祥（1501～1568），字祿之，長洲人。好藏書，「手錄古文集至數百千卷，咸精好不忍觸手。以詞翰徵者不輒應，杜門卻掃，焚香而坐，一室之內，琳瑯金薤，謐如也。」〔註165〕《皇明詞林人物考》亦載：「先生（王穀祥）有書癖，所抄錄古文籍至數百千卷，咸精好，令人不忍觸手。」〔註166〕袁表（生卒年不詳），字邦正，吳縣人；袁褧（生卒年不詳），字尙之，晚號謝湖居士，吳縣人。「褧性亢潔，復博雅，所藏宋刻書甚富」，〔註167〕且因屢試不利，遂「專意汲古，家有『石磬齋』，藏宋刻書，裝潢讎勘，並稱善本，摹刊行世。」〔註168〕袁裘（1502～1547），字永之，號胥臺，吳縣人。「盛年林居，築『列岫樓』於橫塘，臨湖山之盛，群經子史，無不該覽。」〔註169〕錢謙益嘗述袁氏兄弟之藏書事蹟，他說袁裘「歸田後，讀書橫山別業，著《皇明獻實》、《吳中人物志》，甫脫稿而卒。伯兄表、仲兄褧，皆博學多藏書。」〔註170〕袁氏後世子孫至清代乾、嘉年間尚有袁廷檮（1764～1810），仍然是大藏書家。字又凱，一字壽階，號綏階，吳縣人，「蓄書萬卷，皆宋元槧刻，及金石牌版、法書名畫之屬。」〔註171〕袁氏子孫之善守先世藏書，於此更見其偉。故文徵明嘗言袁氏：「至君（裘）昆弟數人，藻發競秀，突起閭閻，聲生勢長，隱然爲文獻之族」，〔註172〕而表、褧、

〔註164〕《國朝獻徵錄》，卷一一五，〈天池山人陸采墓志銘〉，頁95。
〔註165〕　明・文震孟，《姑蘇名賢小記》（台北：中央研究院藏光緒八年長洲蔣氏心矩齋校刊本），卷下，〈王吏部先生〉，頁15。
〔註166〕《皇明詞林人物考》，卷九，頁376。
〔註167〕《崇禎・吳縣志》，卷四八，頁55下～56上。
〔註168〕《明詩人小傳稿》，卷七，頁251。
〔註169〕《崇禎・吳縣志》，卷四六，頁36下。
〔註170〕《列朝詩集小傳》，〈丁集上・袁僉事　〉，頁397。
〔註171〕清・李元度，《清朝先正事略》（《清代傳記叢刊》，台北：明文書局，1985年5月初版），卷三六，〈經學〉，頁435。
〔註172〕《甫田集》，卷三三，〈廣西提學僉事袁君墓志銘〉，頁8。

袁三兄弟，更爲袁氏藏書之奠基者。

　　葉夢淇（生卒年不詳），崑山人，爲葉盛之孫，亦好藏書。「好收刻先世遺書，傾囊不倦，君子以爲不愧文莊（葉盛）後也。」〔註173〕葉氏之藏書，三傳至葉夢淇，仍不見其衰。而葉盛之曾孫葉良才（生卒年不詳），字世德。「不復別治生，坐起室中，不能名室所有。而以歲時啓文莊公書閣，校藏遺經藉，毫髮無誤。」〔註174〕葉氏藏書至此已歷四傳，子孫仍以善守爲第一要務，甚至葉良才將死之時，仍召其二子，含恨地說：

> 吾愧負書，夫葉氏自先文莊而來，四世矣，即亡過中壽者，何也？且
> 吾顯不及先人，吾欲以所不及而私其餘，乃今竟已矣，嗟哉！〔註175〕

再傳葉良才之子葉恭煥（生卒年不詳），葉氏聚書之業益加恢宏。葉氏藏書，以「菉竹堂」聞名後世，而葉恭煥實爲葉氏「菉竹堂」之創建者。葉盛一生嗜書博古是毋庸置疑的，但葉盛在世之時，並無「菉竹堂」之建。王世貞嘗述其創建的過程曰：

> 故吏部侍郎崑山葉文莊公（盛），以學行政術高英、憲間，爲世名臣。
> 公生平無他嗜好，顧獨篤于書，手抄讎至數萬卷，將爲堂以藏之。意取衛
> 風淇澳問學自脩之義，名之曰：「菉竹」。而公故潔廉，鮮羨裝足潤，又家
> 於官以歿。公之諸子孫曾教諭郡丞某某輩，雖代□（史料原闕）公書，至
> 稱聞人；有官秩而守公之清白，力不能任搆。天下之士，因公書而望公之
> 堂，比於魯孔氏之壁，其菉竹比於召伯之陰，時想見其爽塏窈密，青蔥峭
> 蒨之狀，流潤涵碧於笈縢緗素間，而不知公之所謂堂與菉竹固無有也。蓋
> 公歿踰百年，而其玄孫鄉進士伯寅（葉恭煥），乃始因故居地，而拓其右
> 爲堂，以居公之書，用公之舊署以榜之，獨所謂竹者尚未及樹。而前軒後
> 廡，其陽可以承日，其陰可以避風雨，蓋至是而公之所遺書，始翼然得其
> 職，而不入於帷房側庫之地。伯寅益旁購古文奇帙，得數百千卷副之，意
> 未已也。諸與伯寅善者，登公堂而親於其所謂爽塏窈密者，其青蔥峭蒨，
> 雖不可遽得，然賭榜署而思勁節栗色，至讀其所遺書，則又未嘗不若承公
> 之磬咳而窺其寄也。〔註176〕

葉氏藏書之名，因「菉竹堂」而益增其光，而「菉竹堂」之建，則又爲後代孝子賢

〔註173〕明・張大復，《梅花草堂集》（《四庫全書存目叢書》史部九五冊，台南：莊嚴文化
　　　　事業有限公司，1997年6月初版，據明刻本影印），卷四，〈皇明崑山人物傳〉，頁9。
〔註174〕《弇州山人四部稿》，卷八四，〈葉君傳〉，頁3980。
〔註175〕《弇州山人四部稿》，卷八四，〈葉君傳〉，頁3980。
〔註176〕《弇州山人四部稿》，卷七五，〈菉竹堂記〉，頁13～14。

孫繼志述事而終底於成，因此葉恭煥對於葉氏藏書，不可不謂貢獻卓越，而葉氏藏書亦即在家風的傳承下屹立不搖，幾與明祚相埒。所以歸有光曾經讚美葉氏子孫之賢能而說道：

> 景泰、天順之間，有名臣曰：「葉文莊公（葉盛）」，其事具國史。而其敦孝悌，厚風俗，以施於鄉者，崑山之父老類能言之。公之歿至於今且百年，縣人無不曰：「文莊公」者。蓋邑之為公卿顯人多矣，久乃莫能知其子孫；而公門第無改，子孫不廢儒學，所傳圖書數千卷，猶閣藏之，部帙宛然，封鐍如故，可以見公之所以貽於後世者。然非其子孫之賢，亦沒能然也。〔註177〕

楊魴（生卒年不詳），字弘載，常熟人。「魴有弟五人，聚居有恩，老無間言。喜蓄書，校讎不倦。」〔註178〕瞿俊（生卒年不詳），字世用，常熟人。「以病乞致仕，詔允其請。家徒壁立，有圖書數百卷而已。」〔註179〕龔珚（生卒年不詳），字彥中，崑山人。其藏書事蹟據其傳記所載：

> （龔珚）性好藏書，周急為務，賓從戚友至者如歸。或有遇病瘓死喪憂患，雖倒廩傾篋，無吝於懷。有以書售者，即費金必購之。人或高其價以相給，亦無所問，故一時藏書之家，能先屈人指。而公婆娑萬卷中，能盡通其說，亦復能了然於手，其視一切世味泊如也。〔註180〕

龔珚聚書之勤與嗜書之篤，眼中盡有圖書，而不問世間財貨利祿，誠為明代吳地藏書家之表徵與典型之一。

在這一時期，藏書家的好事精神，較之前期已顯得更加突兀，而藏書家的數量也添增了許多。藏書本來就是好事精神的一種表現，在明代蘇州文人的生活圈當中，無論品茶論泉、山水遊憩、書畫品題、文會社集……等等各式各樣的生活內涵，在在都表露出文人好事的時代性格特徵。其實在日常生活裡，也惟有好事才能使生命更加豐富，如藏書就是一個顯例，它使人性純真的一面互相接觸，交迸出更高層次的生活品質與審美意境。此一時期的藏書家不但吸收了前一時期藏書家的好事精神，並且確立這種好事精神在藏書生活中的應用性，也使得下一個時期的藏書家能夠據此而開創出更為講究、意境更高的藏書生活文化品質與地域風氣。關於這樣的

〔註177〕明・歸有光，《震川先生集》（台北：源流出版社，1983年4月初版），卷一九，〈太學生葉君墓誌銘〉，頁469～470。
〔註178〕明・姚宗儀，《常熟縣志》，卷一五，頁14上。
〔註179〕《廣東通志》，卷五○，頁22上。
〔註180〕《吳郡張大復先生明人列傳稿》，〈龔珚孫震傳〉，頁155。

情形，將於第五章裡再行討論。

第三節　嘉靖至萬曆時期（1522～1620）

　　嘉、萬之際，政治雖愈趨腐敗，然文壇上第二次的文學復古運動卻進入了高潮。蘇州文苑在承襲前期藏書風氣，以及復古主張的持續要求影響之下，藏書好古者更顯所在多有。此一時期的藏書家計有：魏希明、顧德育、楊儀、歸有光、沈果、周孺允、錢穀、錢允治、黃姬水、黃河水、陸師道、周天球、孫七政、孫樓、劉鳳、王有壬、何鈁、何錞、秦四麟、孫胤伽、王世貞、文元發、王錫爵、王叔承、王世懋、王士騏、趙宧光、顧天埈、趙琦美、繆國維、何德潤、馮復京、文震孟、何允泓、何大成、吳岫、張應文、沈與文、吳元恭。

　　魏希明（1502～1540），字誠甫，崑山人，歸有光之妹婿。歸有光論其藏書事蹟曰：

> 獨購書數千卷，及古法書名畫，苟欲得之，輒費不貲。……君既補太學生，三試京闈不第，以疾自廢。居家猶日衰聚圖史，……客至，出所藏繙閱，比罷，未嘗有倦容，終已至死，不改其所好。〔註181〕

魏希明傾資購書，於購書不計所償。且如同一般的藏書家一樣，亦勤於繙閱，並喜好與人交換意見，一承早期的藏書遺風。顧德育（1503～？），字克成，一字可求，號安雅生、少潛，吳縣人。文震孟言：「克成尤好讀書，家貧無所得書，則手自抄錄。手所錄書幾百千卷，自號曰：『少潛』。」〔註182〕顧德育為喜好抄書的藏書家，當然其藏本也以手抄居多，且宥於經濟因素，其藏書之中，宋元刻本或者較為奇祕珍貴的典籍，數量必然有限。楊儀（1488～？），字夢羽，號五川，常熟人，為楊舫之子。《常熟縣志》載：

> 家有「萬卷樓」，而所蓄法書名畫稱是。第性高亢，為時所嫉，一朝搆禍，而同邑縉紳某為下石，所蓄蕩然，儀亦尋卒。有女適雲間莫如忠（1509～1589），而甥雲卿（莫是龍），多攜儀藏書去。〔註183〕

楊儀家富藏書，有「萬卷樓」可供庋藏。後來因故，盡歸其外孫莫是龍，於是藏書由蘇州常熟，外流至松江華亭，其父所遺加上畢生心血之聚，遂轉易他氏，成為江南地區藏書家之間典籍流通的一個例子。此外，還有人說楊儀的藏書，其實後來為

〔註181〕《吳下冢墓遺文續編》，〈魏誠甫行狀〉，頁361～364。
〔註182〕《國朝獻徵錄》，卷一一六，〈世隱顧子武先生祖辰傳〉，頁54。
〔註183〕明・姚宗儀，《常熟縣志》，卷一五，頁14下～15上。

錢謙益所有，詳見下文謙益條。楊儀耽嗜古書，「多聚宋元舊本及法書名畫，彝鼎古器，江左推爲博雅。」〔註184〕故其藏書之名，於江南人所共知。其藏書室除「萬卷樓」外，尚有「七檜山房」。〔註185〕

歸有光（1506～1571），字熙甫，一字開甫，號震川，崑山人。嘉靖四十四年（1565）進士，歷官南京太僕寺丞。歸有光藏書室名「世美堂」，嘗謂：「余好書，故家有零落篇牘，輒令里嫗訪求，遂置書無慮數千卷。」〔註186〕又自稱於家中所藏，尤「不憚讐校，卷帙垢壞，必命童子重寫，蓋余之篤好于書如此。」〔註187〕此外，有光讀書亦相當積極，終其一生，惟「沈酣六籍，牢落公車前後不下四十餘年，未嘗一日釋卷帙。」〔註188〕其爲人「沉潛簡默，與俗寡合，日惟閉門啜茗，取群經子史讀之。」〔註189〕故品格之高雅，於此可見。陳文燭（1535～約1594）謂歸有光之嗜書，「如饑渴之飲食也，寒暑之裘葛也。家四壁立，不問生產。」〔註190〕這點正如同其妹婿魏希明，以及其妻之妹夫沈果一般，皆以藏書事業爲終生職志，絕不計生財之業；而此亦爲多數藏書家所共有的特徵之一。沈果（1521～1562），字貞甫，崑山人，亦雅好藏書。歸有光論沈果藏書云：

> 尤好觀古書，必之名山及浮屠老子之宮。所至掃地焚香，圖書充几。
> 聞人有書，多方求之，手自抄寫，至數百卷。〔註191〕

同時有周孺允（生卒年不詳），也好藏書。孺允或爲其名，或爲其字，亦崑山人。爲歸有光之友，稱云：「余友周孺允，家多藏書。」〔註192〕又曰：

> 「杏花書屋」，余友周孺允所構讀書之室也。孺允自言其先大夫玉嚴公爲御史，謫沅、湘時嘗夢居一室，室旁杏花爛漫，諸子讀書其間，聲琅然出戶外。嘉靖初，起官陝憲使，乃從故居遷縣之東門，今所居宅是也。公指其後隙地，謂孺允曰：「他日當建一室，名之爲『杏花書屋』，以志吾

〔註184〕《常昭合志稿》，卷三二，〈藏書家〉，頁22。

〔註185〕《士禮居藏書題跋記》載：「『七檜山房』者，海虞楊夢羽（儀）家書齋名也。其藏書所曰：『萬卷樓』，人所共知，『七檜山房』則人罕知矣。」見《士禮居藏書題跋記》，卷四，頁136。

〔註186〕《震川先生集》，卷一七，〈世美堂後記〉，頁424。

〔註187〕《震川先生集》，卷五，《題星槎勝覽》，頁115。

〔註188〕《吳郡張大復先生明人列傳稿》，〈歸有光傳〉，頁176。

〔註189〕《重修崑山縣志》，卷六，頁457。

〔註190〕明·陳文燭，《二酉園續集》（《四庫全書存目叢書》集部一三九冊，台南：莊嚴文化事業有限公司，1997年6月初版，據北京大學圖書館藏明萬曆刻本影印），卷一九，〈歸震川先生墓表〉，頁20。

〔註191〕《震川先生集》，卷一九，〈沈貞甫墓誌銘〉，頁473。

〔註192〕《震川先生集》，卷五，〈題瀛涯勝覽〉，頁115。

夢云！」公後遷南京刑部右侍郎，不及歸而沒於金陵。孺允兄弟數見侵侮，
不免有風雨飄搖之患。如是數年，始獲安居。至嘉靖二十年（1541），孺
允葺公所居堂，因於園中構屋五楹，貯書萬卷，以公所命名，揭之楣間，
週環藝以花果竹木。方春時，杏花粲發，恍如公昔年夢中矣！而回思洞庭
木葉，芳洲杜若之間，可謂覺之所見者妄，而夢之所爲者實矣。登其堂，
思其人，能不慨然矣乎？〔註193〕

可知周孺允之藏書，乃因先人的志向而爲之。然聚書萬卷，甚至建造「杏花書屋」
以儲藏，實不可不稱其藏書之富。此外，周孺允因其先人之志而藏，乃爲竭盡孝思，
本身並不以藏書爲志向，以故不具校書、讀書之雅興，此又當爲藏書家之另類。

　　錢穀（1508～1572），字叔寶，長洲人。錢穀少時，因爲家境貧苦，並無藏書行
爲。王世貞曰：「錢先生（穀）少孤，即好讀書，家貧無所蓄書，多從邑子游貸且讀。」
〔註194〕錢氏之有藏書，實自穀始。《明分省人物考》載：

　　　　錢穀，字叔寶，世爲吳人。少孤，能自勵；喜讀書，家貧無所得書，
　　則遍謁藏書家，就而讀之。且以餘能習繪事，遂心通神解，超入逸品，於
　　是聲日益起，戶屨時時滿。其喜讀書益甚，手錄古文金石書幾數千卷，讎
　　校至丙夜不休。〔註195〕

錢穀少時貧而無書，後來才以手抄之法蓄書，此爲經濟情況不好的藏書家最爲常見
的聚書方法。至於其抄書之勤，除上文所述之外，《明詩人小傳稿》中也有記載：

　　　　晚葺故廬，題曰：「懸磬室」，讀書其中。聞有異書，雖病必強起借觀，
　　手自抄錄，幾如充棟。日夜校勘，焚香洗研，悠然日得，至老不衰。〔註196〕

其藏書事蹟，《江南通志》亦有所載：「晚葺故廬，讀書其中，日夕校勘，至老不衰。
手錄古文金石書數千卷。」〔註197〕此外，明代蘇州藏書家劉鳳亦曾提及錢穀的藏書
事蹟云：

　　　　其居故貧，而深沉好書。家所藏多，予得從之寓觀。見有名書，即手
　　自削方墨筆，或不惜重購，即古人之電勉不已，疊疊焉不以耄及之者乎。〔註198〕

劉鳳不但指出錢穀所藏甚多，並且透露出他曾向錢穀借閱圖書，於是蘇州藏書

〔註193〕《震川先生集》，卷一五，〈杏花書屋記〉，頁389。
〔註194〕《弇州山人四部稿》，卷八四，〈錢穀先生小傳〉，頁3972。
〔註195〕《明分省人物考》，卷二四，〈南直隸蘇州府七〉，頁254。
〔註196〕《明詩人小傳稿》，卷三，頁117。
〔註197〕《江南通志》，卷一六五，頁23上。
〔註198〕明·劉鳳，《劉子威集》（台北：國家圖書館藏明萬曆初年原刊本），卷四一，〈贈錢磬
　　　　室七十〉，頁19。

家之間的藏書流通情形，於此又可略窺。劉鳳還說：

> 錢君少則窶於養，獨以繪事給，亦僅僅無乏。又嗜書，益市以充。暇
> 則盡發其篋中，陳於前，取其高行貞孤，介勵絕俗者慕尚之。〔註199〕

蓋錢穀壯年之後，經濟情況稍有改善，卻益加以購書來充其「懸磬室」之藏，且不改其抄書之法以蓄書。此種不畏窮苦而竟志積書之習性，自鄒亮、閻起山、顧德育、邢量等人起，以至錢穀，已漸開吳地貧士藏書之典型。王世貞曰：

> 錢先生故無家，乃又愈不爲家，徒四壁立。待詔（文徵明）過而題其
> 楣曰：「懸磬」，志貧也。錢先生貧士哉！其所手錄古文金石書幾萬卷，校
> 讎至丙夜不置。〔註200〕

錢穀不以一己之貧爲藏書之限，反而愈發臻彰其藏書之志，所積竟幾達萬卷，較之其他家境富裕之收藏者，毫不遜色，更突顯出明代蘇州清貧藏書家的風格典型，所以錢謙益稱其「有吳中先民之風。」〔註201〕錢穀死，「有子允治，繼其風」，〔註202〕此風正是明代蘇州地區盛行於文人間的藏書好古習氣。錢允治（1541～？），字功甫（或作功父），初名府，別號少室山人。其藏書事蹟見《姑蘇名賢後紀》載：

> 逮年齊不惑，依然布衣，始絕意仕進，益發憤汎覽諸集，盡出先人所
> 藏，日夜讀不輟，釋部玄笯，靡不通曉。……家無恆產，賣文爲活，惟終
> 日掃地焚香啜茗自娛，即瓶粟之罄，泊然不以介意。聞人有書，必多方覓
> 至，或手鈔成帙，凡古今制度、典章、事類、人物、山川、風俗，隨叩響
> 應，若儲以備預問者。〔註203〕

而《續名賢小紀》亦載錢允治：「喜鈔書卷，凡古今制度、文章、人物、山川，隨叩隨響，若豫儲以備者。坐臥一小樓，其所鈔累累然也。」〔註204〕綜合以上兩段引文，可知錢允治四十歲以前，僅徒守其父之書而已，從四十歲以後，才開始進入眞正的藏書生活當中。只是一仍其父之貧士性格，在聚書的方法上，也以手抄爲主。錢氏父子，風範相襲，同樣嗜書，亦同喜抄書，爲蟬林所稱美。然錢氏藏書自允治歿後，因爲沒有子嗣可以承繼，所藏遂隨之散去。錢謙益論云：

〔註199〕明·劉鳳，《劉侍御集》（《叢書集成三編》，台北：成文出版社，1997年版），卷一五，〈懸磬室記〉，頁17至18。

〔註200〕《弇州山人四部稿》，卷八四，〈錢穀先生小傳〉，頁3973。

〔註201〕《列朝詩集小傳》，〈丁集中·錢處士穀〉，頁487。

〔註202〕《姑蘇名賢小記》，卷下，〈錢叔寶陸叔平兩先生〉，頁22。

〔註203〕《姑蘇名賢後紀》，頁5。

〔註204〕不注撰人，《續名賢小紀》（《叢書集成續編》，上海：上海書店，不注出版年，據明刻本影印），頁28。

（錢允治）貧而好學，酷似其父。年八十餘，隆冬病瘍，映日鈔書，薄暮不止。功甫歿，無子，其遺書皆散去，自是吳中文獻，無可訪問，先輩讀書種子絕矣。〔註205〕

此正所謂藏書家之末路窮途，悲哀莫甚於此；而藏書家之亡故，亦為文壇之痛，往往被人比喻為一方讀書種子之滅絕，可見藏書家在當地學術地位之崇高以及影響力之大，絕不容小覷。

黃姬水（1509～1574），字淳父，或作淳甫，號質山，吳縣人，黃省曾子。王世貞論黃姬水云：

生而嗜古，負遺世之僻，不與俗諧；其辨識書畫器物，稱賞鑒家。顧多謝客，客至而雅者始見延，然不能具五簋，而酒茗脯炙必精旨，雅語竟日不倦。〔註206〕

黃姬水之好書實有淵源，乃因其父之篤嗜藏書，自幼耳濡目染，身處藏書之家，優游於藏書生活，故有此癖。家藏既富，乃益加善鑒，聲名頗著。黃省曾卒後，黃姬水因襲其父之流風餘韻，「謝青衿，結野侶，絕不與貴人游。環堵列奇卉異石，獨坐焚香，蕭然世外」，〔註207〕過了一段與世無爭且令人稱羨的藏書退隱生活。然而好景不常，嘉靖中葉，倭寇犯境，黃姬水因攜妻子避居金陵，其家所藏散佚無數。直到六年之後，「島夷平，先生還故里，雖家四壁立，而愈益喜法書名畫，極力市易，或遇窘則復斥以資。」〔註208〕黃姬水急欲恢復家中舊藏之心，於此表露無遺。然自金陵歸里後，囊橐漸罄，家境「貧甚，衣食不能卒歲，而所蓄敦彝法帖名畫極富。」〔註209〕憚心竭慮，不計破家之狀，正是藏書之志與藏書之癖的最佳寫照。黃河水（1539～1581），初名德水，字清父，為黃魯曾子，卒年僅四十三。亦秉其父之好而愈益光大之，兩世藏書，堪為藝林盛事。據《崇禎·吳縣志》載：

（黃河水）少不屑事生產，父卒，家益落，日坐空樓讀書，雖為縣學弟子，樂與山林之士遊。行必挾書，每過深雲曲流，亦攜兩袖。遇鬻書者，不得直，即解衣質之。〔註210〕

藏書家子孫之賢丕取決於其藏書之志是否堅決，河水不因其父之歿與家道中落而動搖其志，其樓雖空，卻仍有書可讀；身處貧窮之中，非但沒有鬻其父所藏以度日，

〔註205〕《列朝詩集小傳》，〈丁集中·錢處士穀〉，頁487。
〔註206〕《弇州山人續稿碑傳》，卷一五〇，〈吳中往哲像贊有序〉，頁776。
〔註207〕《崇禎·吳縣志》，卷四七，頁50下。
〔註208〕《西園聞見錄》，卷二二，〈畸人〉，頁529。
〔註209〕《明詩人小傳稿》，卷三，頁120。
〔註210〕《崇禎·吳縣志》，卷四八，頁60下。

仍克紹箕裘，復增益其家之藏書，而不改變先人之志，誠屬難能可貴。陸師道（1511～1574），字子傳，始號元洲，歸田後，別稱五湖道人，長洲人。嘉靖十七年（1538）進士，歷官尚寶少卿。爲文徵明弟子，善書畫。其藏書活動始於致仕歸家以後，乃「益肆力於學，其學自九流、《七略》、稗官、黃衣之屬，亡所不窺。手抄典籍，後先積數百千卷，丹鉛儼然。」〔註211〕亦雅好藏抄，其博學可想而知。周天球（1514～1595），字公瑕，號幼海，本太倉州籍，徙吳縣，亦爲文徵明弟子。急公好義，有恩於親黨，旁及友朋，往往仗義援之。性不治生業，「而又好治精舍，疊石樹竹木，斥買書畫古翫，以故所得隨手輒散去。」〔註212〕劉鳳謂周天球之藏書生活云：

> 目所居園曰：「止」，示此區區者，無以爲也。……觀於其堂，顯隉以達卿，設几席尊洗，皆華而整。宴豆有踐，康塿在列，左廂置圖籍，容謂之防，則將和墨恬筆乎？〔註213〕

周天球雅好庋藏圖書，且將書籍置於所辟「止園」之左廂房內。不料死後無子，其「田園廬舍及圖書珍玩，所積覆蕩如洗，不知所歸。」〔註214〕

孫七政（1528～1600），字齊之，號三川先生，常熟人，爲孫艾之孫。有藏書癖，亦有潔癖。王士騏曰：

> 齊之家故萬卷，所居有亭，亭下有池，非與談詩文者弗得入。一日，俗子突入池上遺溺焉，旦日呼田夫桔橰〔註215〕盡引水去，且涸，猶汲井滌也。偶鮮衣入市，復苦一俗子摩其袖，立呼侍者斷袖棄衢側。所蓄古蹟，如唐貫休《阿羅漢像》、宋本隸式、犧、樽諸物，俱棄膏腴產累千金置之。及親故以急告，則即推向所置物質金，飽其欲去。獨惜貫休蹟甚，汪伯玉（道昆，1525～1593）知齊之貧，令其鄉大賈挾千金售之，齊之弗與。俄一故人謂云此千年物，不裝潢恐蠹，遂欣然不受直質其家。趙少宰（用賢）嘗稱齊之癡絕以此。〔註216〕

孫七政承其祖父遺書，家故萬卷，益傾囊以購。然不同於一般藏書家之視書如命，不但質之以濟親故，甚且舉以贈人，又爲明代蘇州藏書家的另一種典型。然其贈人

〔註211〕《皇明詞林人物考》，卷八，頁342。

〔註212〕明·王世貞，《弇州山人續稿》（《明人文集叢刊》一期，台北：文海出版社），卷三九，〈周公瑕先生七十壽序〉，頁2131。

〔註213〕《劉侍御集》，卷一二，〈立春日集周公瑕止園序〉，頁21～23。

〔註214〕明·申時行，《賜閒堂集》（《四庫全書存目叢書》集部一三四冊，台南：莊嚴文化事業有限公司，1997年6月初版，據北京大學圖書館藏明萬曆刻本影印），卷一六，〈周公瑕祠堂記〉，頁28。

〔註215〕桔橰乃井上所設汲水桶之架。

〔註216〕《常熟縣志》，卷一五，頁3下～4上。

乃因護書，故仍不失藏書家愛書之心。孫樓（1516～1584），字子虛，為孫七政族子。
《明常熟先賢事略》載：

> （孫樓）性好書，杜門校讎，晝夜不輟。所藏踰萬卷，略無脫誤。命
工編簡冊，則躬自臨視，其日雖貴客往來，例不酬接。〔註217〕

孫樓視藏書為第一要事，雖有貴客光臨，仍不能阻礙其藏書活動之進行，其篤好藏
書，竟至於此。以是致仕歸里後，其家已「有書逾萬卷，手自校讎。多祕本，構藏
書之所，比弇州（王世貞）『萬卷樓』，名曰：『丌冊庋』。」〔註218〕《江南通志》亦
載孫樓致仕後，「杜門校訂，藏書萬卷。」〔註219〕書樓名「丌冊庋」，藏書甚富，竟
日惟考校閱讀，絕不過問世事。

　　劉鳳（1517～1600），字子威，長洲人。「超絕有奇質，家多藏書，學勤博記。」
〔註220〕劉鳳不止藏書多，而終身所至，亦往往隨手搜訪纂錄。他曾經自稱其好錄
金石書云：「余嘗游四方，每所遇必錄，散遺不可讀者，亦補緝綴之，故所載雖無
復往古之盛，其在於今庶幾哉！」〔註221〕基於這個癖好，劉鳳致仕後，遂「絕意
仕進，日馳騁典墳，以文章自娛，而間從諸賓客徜徉佳山水。」〔註222〕劉鳳這種
隨遇而錄的蒐訪習慣，累其終身所積，庋藏甚富。長洲人徐顯卿（？～1602）稱
讚劉鳳藏書之富云：「其書滿家，即未及惠子之五車，亦不啻如曼倩所奏者。」〔註
223〕總之，蒐羅奇祕的風氣到了這個時期已逐漸成為蘇州藏書家的一種時興，而隨
著藏書家收藏崇尚之改變，為了尋訪奇文祕冊，也使得旅游融入成為藏書文化的
一環，劉鳳正可謂為此一類型藏書家之典範。王有壬（1518～1583），字克大，別
號文峰，吳縣人，為王延喆之子，王鏊之孫。因祖蔭為官，顧念其母年事已高，
意戀戀不自得，乃具疏請得歸養，終得以如其所願。承祖父二世收藏之業，貯書
甚富。其父收藏之多，財力之雄厚，購置之奢華，已見前述。然一改其父財大氣
粗，揮金若塵之收藏與生活習慣，僅獨好蓄聚書籍圖史，並且勤於校讎閱讀。據

〔註217〕明・馮復京，《明常熟先賢事略》（《明代傳記叢刊》，台北：明文書局，1991年1月初
　　　　版），卷一三，〈文苑〉，頁163。

〔註218〕《常昭合志稿》，卷三二，〈藏書家〉，頁23。

〔註219〕《江南通志》，卷一六五，頁37上。

〔註220〕明・魏學禮，〈劉子威文集序〉，收入明・劉鳳，《劉侍御集》，卷首，頁2。

〔註221〕《劉侍御集》，卷一五，〈樅廥記〉，頁16。

〔註222〕明・徐學謨，《歸有園稿》（《四庫全書存目叢書》集部一二五冊，台南：莊嚴文化事業
　　　　有限公司，1997年6月初版，據天津圖書館藏明萬曆21年張汝濟刻40年徐元嘏重修
　　　　本影印），卷八，〈劉子威室顧宜人墓表〉，頁34。

〔註223〕明・徐顯卿，《天遠樓集》（台北：國家圖書館藏明萬曆間刊本），卷九，〈劉子威禪悅
　　　　三草序〉，頁22。

《松石齋文集》載：

> （王有壬）家故饒蓄古彝鼎圖籍，悉掊不置目，曰：「古蹟自具簡策
> 中，蓄此徒炫人志耳。」自解組歸，絕不干時事，顧獨嗜書，尤湛好史學，
> 常日杜門下鍵，手自編寫者累數十家言，即大寒暑不廢。〔註224〕

觀此，或許會讓人覺得王有壬並不類於其他收藏家之具備強烈的好事性格，但事實上這只是在整個收藏生活中展現出個人的收藏偏好而已，並非不好收藏，只不過他偏好聚書，而不喜蓄買古彝鼎書畫，因為他認為古玩只會使人玩物喪志，附庸風雅的作風尤不足取，他相信古道自在書籍之中。這點正是其父所缺少的觀念，王有壬能跳出奢靡的生活環境而有此體會，實王氏之幸。

何鈁（1525～1603），字子宣，人稱左泉先生，常熟人。弟何鐈（生卒年不詳），子何允泓，皆好藏書。《常昭合志稿》載何氏一門之篤嗜藏書云：

> 何鐈，字子端，鈁弟；太學生。好聚古書，得即校鈔，朱黃不去手，
> 與兄鈁及從子允泓、大成並以藏書著聞。〔註225〕

何鈁、何鐈兄弟二人並以藏書名世。至於何允泓與何大成，二人藏書之蹟見於後文。秦四麟（生卒年不詳），字季公，號酉巖；或作字景暘，號季公，常熟人，萬曆時諸生。好藏書，且好抄書。由於善於書法，以故「手鈔甚富，筆法流逸。」〔註226〕馮復京曰：「何鐈，字子端；秦四麟，字季公，兩人皆邑諸生也。性皆好書，得即鈔校，朱黃兩毫，不省去手。」〔註227〕秦四麟「夙喜藏書，從人得祕本多用行書好寫，籌鐙校勘，老而不倦。」〔註228〕孫胤伽（生卒年不詳），字唐卿，一字伏生，常熟人。為孫樓之孫，秦四麟之婿，兩人皆讀書嫺古之士。克承祖父之書樓「丌冊庋」而增益之，本身「亦好異書，手自繕寫，更於『丌冊庋』，增碎金斷璧之秘。所藏書有『孫唐卿氏』諸朱印。」〔註229〕孫氏藏書自孫樓而下，子孫皆能善守先世所藏而不失片楮，至明末清初依然燦然完好。於此，明末清初吳郡藏書家馮舒曾經稱道：「（胤伽）所藏書亦多異本，今尚存于家。」〔註230〕

〔註224〕明·趙用賢，《松石齋文集》（台北：中央研究院藏清光緒28年趙氏承啓堂重刊本），卷一七，〈太常寺少卿文峰王公行狀〉，頁23。

〔註225〕《常昭合志稿》，卷三二，〈藏書家〉，頁23。

〔註226〕清·李放，《皇清書史》（《清代傳記叢刊》，台北：明文書局，1985年5月初版），〈附錄〉，頁581。

〔註227〕《明常熟先賢事略》，卷一三，〈文苑〉，頁164。

〔註228〕《常昭合志稿》，卷三二，〈藏書家〉，頁24。

〔註229〕《常昭合志稿》，卷三二，〈藏書家〉，頁23。

〔註230〕清·馮舒，《懷舊集》（《清代傳記叢刊》，台北：明文書局，1985年5月初版），卷下，頁353。

王世貞（1526～1590），字元美，太倉州人。世貞為文壇領袖，主張復古。罷歸後，「拂衣弇州，茂林修竹，左圖右書，泥金刻玉，宵絃夜囀，繁絲競肉，公望日起。」〔註231〕其藏書處曰：「弇園」，《十賚堂甲集文部》嘗記云：

> 卜築「弇園」。芳池瀰瀰，竹木萋萋；酒醴盈罍，肘屨錯門。日考鐘
> 鼓，以樂我員；墳典是討，詩書是娛。窮日殫旻，耽情著書；述作四庫，
> 綜覽五車。〔註232〕

從中可以想見王世貞於「弇園」的藏書之富與生活之趣，徜徉其中，令人稱羨。而謝肇淛（1567～1624）也說：「王元美先生藏書最富，二典之外，尚有三萬餘。其它即墓銘、朝報，積之如山。其考覈該博，固有自來。」〔註233〕時人唐時升（生卒年不詳）曾親往「弇園」觀覽藏書，他描述當時的情形道：

> 時升童稚之歲，知誦公文，河漢無極，望洋徒勤。大匠之側，尋尺紛
> 紜；不鄙謂余，獨行是敦。不求人知，高覽方聞；出其藏書，俾以討論。
> 縱橫翰墨，傾倒壺尊；江左之士，謂登龍門。〔註234〕

其實「弇園」並不輕易讓一般人進入參觀，這與吳地部份藏書家的習慣略同。一般而言，因為他們所藏的圖籍大多極為珍貴，得之不易；加上自古以來，藏書家們往往視自己所藏的書籍如性命髮膚，為一生心力之所聚；同時，他們更以獲得異文祕冊而驕矜於他人。所以，基於護惜、誇示與自私、封閉等各種外在與內在的考量因素，他們大都不願輕易地出示自家所藏。如此一來，便造成了古代典籍流通上的滯礙，這是藏書家的千古通病，不特王世貞如此而已。且王世貞又狎主文壇，因此，江左士人將能夠進入「弇園」品書文會，比喻為躍登龍門，確實很有道理。王世貞對於藏書活動相當熱衷，李維楨（1547～1626）嘗敘述其好書之狀，甚至不計書值以求。他說：「先生家三世為九卿，八座鉅富，而斥之供客及置圖史、山園殆盡，衣表裏恒差池不一。」〔註235〕王世貞寧將鉅金盡散於維持藏書與文人性靈式的風雅生活之中，而不顧世俗的日常生活所需，如同人稱：「憑其先

〔註231〕明·顧起元，《嬾眞草堂集》（台北：文海出版社，1970年3月初版），卷二九，〈弇州先生誄有序〉，頁3970。

〔註232〕明·茅維，《十賚堂甲集文部》（台北：國家圖書館藏明萬曆末年吳興茅氏刊本），卷五，〈大司寇王元美先生誄有序〉，頁17。

〔註233〕明·謝肇淛，《五雜俎》（台北：新興書局，1971年5月版，據明萬曆間刻本影印），卷一三，〈事部一〉，頁1096。

〔註234〕明·唐時升，《三易集》（《明代論著叢刊》第三輯，台北：偉文圖書出版社，1977年9月版，據國家圖書館藏明崇禎間刊本影印），卷一三，〈祭大司寇王弇州先生文〉，頁2。

〔註235〕明·李維楨，《大泌山房集》（台北：中央研究院藏明萬曆金陵刻本），卷一一，〈弇州集序〉，頁2。

貲，身據素封之名，而外散之客，內散之園池圖史之玩，室無參奉，囊無餘鏹。」
〔註236〕於此，則又見明代吳地藏書家所具備的好事風格之另一例證。此外，王世
貞手操當代文柄，又喜散金聚書，自當爲明代吳地文人的性格與文壇風氣樹立典
範，對於蘇州地區文人藏書風氣的鼓舞，起著重要的社會、文化與歷史作用。

文元發（1529～1602），字子悱，號清涼居士、湘南老人，長洲人，爲文彭之子。
「固文獻家，門地清峻，然自其少時，濡染家訓，即努力爲學問。」〔註237〕他承繼
文氏藏書，深受家風薰染，亦喜觀書。嘗記家藏《資治通鑑》說：

> 家中書籍散亡，此書幸存，老年無事，時一觀覽，遂至再四。然心神
> 耗減，不能記憶，障目而已。萬曆辛丑（二十九年，1601）四月朔日，湘
> 南老人記，時年七十有三。〔註238〕

蓋文氏所藏，自文林、文徵明、文彭三世而尚稱完全，然四傳至文元發時已多散佚，
雖然如此，他仍恪守其緒餘，並時時觀覽，不敢自廢。王錫爵（1534～1610），字元
馭，號荊石，太倉州人。官運亨通，至吏部尙書，爲內閣首輔。王錫爵藏書，實始
於晚年。是時因其孫王時敏之出世，天性聰穎，頗得王錫爵鍾愛，欲廣其教，乃築
園以藏書，供其恣意悠遊觀覽。《國朝書畫家筆錄》載云：

> 文肅公（王錫爵）以暮年抱孫，鍾愛彌甚，居之別墅，以優裕其好古
> 之心，故所得有深焉者。家本富於收藏，及遇名蹟，不惜多金購之，如李
> 營邱（即北宋李成）《山陰泛雪圖》，費至二十鎰。〔註239〕

王錫爵藏書之動機竟奠基於此，然收藏以法書名畫爲主，兼收書籍，所費不貲。王
錫爵晚年既然進入藏書生活，於是「園居蒔花種菊，間臨晉唐帖，批評古書。客至
欵語移日，絕口不談時事。」〔註240〕據王時敏言其祖父里居時的藏書生活云：

> 余親見祖父家庭燕問之狀，非擁爐剪燭，對論墳典，即辯證書法，抵
> 掌古今；或蒿目慨時事而已，未嘗一言及於榮進浮華、生產瑣屑也。〔註241〕

〔註236〕明·顧紹芳，《寶菴集》（台北：國家圖書館藏明萬曆間西晉趙標刊本），卷二○，〈祭
　　　　王鳳老文〉，頁3。
〔註237〕《賜閒堂集》，卷一四，〈壽郡丞文子悱先生七十序〉，頁2。
〔註238〕《鐵琴銅劍樓藏書目錄》，卷九，〈資治通鑑二百九十四卷〉，頁536。
〔註239〕清·竇鎭，《國朝書畫家筆錄》（《清代傳記叢刊》，台北：明文書局，1985年5月初版），
　　　　卷一，〈順治朝〉，頁50～51。
〔註240〕明·王錫爵，《王文肅公全集》（《四庫全書存目叢書》集部一三六冊，臺南：莊嚴文化
　　　　事業有限公司，1997年6月初版，據首都圖書館藏明萬曆王時敏刻本影印），卷一四，
　　　　〈光祿大夫少保兼太子太保吏部尚書建極殿大學士贈太保謚文肅荊石王先生行狀〉，頁
　　　　65。
〔註241〕近人·傅抱石，《明末民族藝人傳》（《清代傳記叢刊》，台北：明文書局，1985年5月

藏書家往往以藏書配合其他休閒活動爲風雅韻致，認爲世間榮華利祿之事皆俗不可耐，惟有棄而不顧，才可躋身於清高的君子之流，此爲明代吳中文人的風格之一。王叔承（生卒年不詳）與其父某，由崑山遷吳江，據《皇明詞林人物考》載：

> 崑崙山人者，王姓，初名光胤，字叔承，以字行，遂更字承甫。嘗慕崑崙山在西大荒稱天柱，因自號崑崙山人。既而曰：「我何以智巧？」爲更名曰：「憨憨人」；且以我憨幻也，更字曰：「子幻」，而號夢虛道人。然所謂憨憨不怕，施刺謁叩之人且不知，亦無以夢虛目者。山人之父某，倜儻負才氣，涉獵藝文。嘗客吳越中，推長爲豪，數以誼耗其橐裝不顧，僅餘書萬卷而已。乃自崑山徙吳江之嚴陵村西，並五湖東濱爛溪，意甚樂之。〔註242〕

因其父所藏之書，王叔承繼而守之，兩人並爲藏書之流亞。王世懋（1536～1588），字敬美，號麟洲，別號牆東生，爲王世貞之弟。兄弟初因其父含冤見戮，兩人俱絕意仕進，賦閒園居，進而喜歡上治園與藏書等園林式的家居生活，王世貞曰：

> 弟既以大司馬公（王忬，1507～1560）冤不白，與不穀皆絕意進取。治小園居第之左，余名之曰：「離薋」。一軒曰：「鷃適」，度經史古文圖籍之類，充牣其中，蓋又無一朝夕而不形影偕也。〔註243〕

王士騏（1557～？），字冏伯，王世貞子。承繼其父所遺之書，且愈添購以益之。陳繼儒曾敘述其生活云：「經營乎花木臺榭，旁及於鼎彝圖史，心敞而志得。」〔註244〕王士騏身受其家藏書風習的影響，繼志述事，亦雅好貯書。

趙宧光（1559～1625），字凡夫，或作別號凡夫，吳縣人。妻陸卿子，爲陸師道之女。夫妻隱居寒山，足跡不至城市，兩人俱享高名於時。趙宧光喜藏書，事蹟見《蘇州府志》：

> 「寒山別業」，在支硎之南，高士趙宧光葬其父於此。自闢巖壑，如仙源異境，與其妻陸卿子偕隱焉。構「小宛堂」，藏書其中。〔註245〕

趙宧光築「寒山別業」以廬墓隱居，並藏書於「小宛堂」中，而「伉儷公暇，則研精緗帙，偕卿子倡和丹崖之上」，〔註246〕夫妻兩人過著有如神仙眷侶般的藏書生活。

初版），頁945。

〔註242〕《皇明詞林人物考》，卷一二，頁711～712。

〔註243〕《弇州山人續稿碑傳》，卷一四〇，〈亡弟中順大夫太常寺少卿敬美行狀〉，頁504～505。

〔註244〕明·陳繼儒，《陳眉公先生全集》（臺北：中央研究院藏明崇禎間華亭陳氏家刊本），卷四六，〈祭王冏伯吏部〉，頁11～12。

〔註245〕《蘇州府志》，卷四五，頁32上。

〔註246〕清·鄒漪，《啓禎野乘》（《明清史料彙編》五集一冊，台北：文海出版社，1968年版），

顧天埈（1562～1628），字升伯，崑山人。癖好藏書，積至萬卷。據載：

> 公讀書多超乘之悟，然必使楷者手錄之，乃肯寓目。朱黃爛漫，標位
> 精入，積卷軸至萬餘。意不少怠諸楷者，詣南都買金償之〔註247〕。

顧天埈因讀書而藏書，然不善書法，僱人抄寫以讀，因此所積多爲手抄本，當其「謝歸後，門館清寂，丹黃卷籍至萬餘，詠歌自得，味道以老。」〔註248〕趙琦美（1563～1624），字如白，號玄度，常熟人，爲名宦趙用賢（1535～1596）之子。「喜蓄異書，因而博極。得異本，命童子繕寫，日不下數手。」〔註249〕《常昭合志稿》載趙琦美之藏書事蹟云：

> 生平損衣削食，假書繕寫，朱黃讎校，欲見諸實用。得善本，往往文
> 毅公（趙用賢）序而琦美刊之。其題跋自署清常道人，有藏書之室曰：「脈
> 望館」。〔註250〕

趙琦美曾著《脈望館書目》，以述其所藏；〔註251〕也曾對錢謙益自敘其藏書的志向云：

> 武康之山，老屋數閒，庋書數千卷，吾將老焉！子有事於宋以後四史，
> 願以生平所藏，供筆削之役，書成而與寓目焉，死不恨矣！〔註252〕

趙琦美藏書，乃爲了修撰北宋、南宋、元、明四代歷史，壯志未酬卻已年邁體衰，聞錢謙益亦有此意，遂以其書託付，以了宿願。「脈望館」在武康山中，然趙琦美死後，錢謙益據琦美所言而盡取脈望館藏書，不料卻遭人妒嫉，說道：「清常（趙琦美）歿，其書盡歸牧翁（錢謙益），武康山中，白晝鬼哭。」〔註253〕此語或許有些光怪陸離，卻道出了藏書家一生的辛勤所聚，不幸盡爲他人所有之悲哀。繆國維（1566～1626），字四備，又字爾張，號西垣，吳縣人。中萬曆二十九年（1601）進士，仕至貴州右參政。據《蘇州府志》載：「吳門世澤石橋頭，家有賜書藏小樓。」〔註254〕便指出了繆國維因朝廷賜書，而築樓以藏的情形。何德潤（1569～1622），字仲容，常熟人，爲何錞子。錢謙益曰：

> 余少學舉子之文，知里中有何仲容者，彊學續文，好鏤版以行世。長

卷一四，〈趙隱君傳〉，頁516。
〔註247〕《吳郡張大復先生明人列傳稿》，〈顧天埈傳〉，頁310。
〔註248〕《江南通志》，卷一六五，頁39上。
〔註249〕明‧姚宗儀，《常熟縣志》，卷一四，頁20下。
〔註250〕《常昭合志稿》，卷三二，〈藏書家〉，頁24。
〔註251〕見《常昭合志稿》，卷三二，〈藏書家〉，頁24。
〔註252〕《牧齋初學集》，卷六六，〈刑部郎中趙君墓表〉，頁738。
〔註253〕《讀書敏求記》，〈楊衒之洛陽伽藍記五卷〉，頁61。
〔註254〕《蘇州府志》，卷四五，頁32下。

與諸名士文會，仲容亦與焉。……仲容諱德潤，爲嘗熟甲族。父諱錡，通內典，工小楷，修布衣長者之行。仲容法襲素風，食貧自守，泊如也。性好潔，焚香布席，書帙井井。〔註255〕

何德潤因其父之遺書，不僅妥善保管，並且嗜好刊刻傳世，此又爲明代蘇州藏書家流通典籍之一例。馮復京（1573～1622），字嗣宗，常熟人。爲馮舒之父，馮武之祖。《宋元舊本書經眼錄》載馮武題《鹽鐵論》云：

先太史（復京）藏書萬卷，子孫不能讀，且不知愛惜，即宋元精板嘉書，盡化爲蝴蝶飛去，吾能無念乎？〔註256〕

馮復京好藏書，所積甚富，傳至其孫馮武，藏書稍稍散落。清人葉昌熾曾說明曰：「先太史謂復京，則馮氏藏書，不自己蒼（馮舒）始矣。」〔註257〕因此馮氏藏書，當始於馮復京。

文震孟（1574～1636），初名從鼎，後改今名，字文起，號湛持，長洲人。仕至吏部左侍郎，兼東閣大學士。嘗自述家藏《資治通鑑》云：

此書向在亨弟（文震亨，1585～1645）所。天啓丙寅（六年，1626）閏六月，偶念祖父手澤，思欲一觀，因以「師古齋」所刻一部易之，藏於「石經堂」。三世藏書，家不多有，遺書能讀，乃足貴耳。〔註258〕

蓋文氏藏書，自文林至文震孟已歷經五世的傳承，雖於文震孟之父文元發時一度呈顯衰像，然文震孟時並未全失，故仍能守而讀之。《啓禎野乘》載文震孟致仕後家居的藏書生活云：

歸後，惟與子弟談藝讀史，品古法書名畫、金石鼎彝位置，香茗几案，亭館花木，以存門風。雅事丘壑之好，老而不衰。佳辰令節，載酒湖山，徜徉賦詠，陶情寫意，不廢絲竹。〔註259〕

何允泓（1585～1625），字季穆，常熟人，爲何鈁之子。守其父之遺書，並以藏書之名繼其父與叔何錞之後，事見前述。秦蘭徵〈經舅氏何季穆先生故居詩〉中有句云：「鄴侯架在蟲生網，內史池空雨結苔。」〔註260〕秦蘭徵爲何允泓之甥，以故得知其舊居的藏書事跡。何大成（？～1643），字君立，晚自稱慈公，爲何允泓從子。《明

〔註255〕《牧齋初學集》，卷五五，〈何仲容墓誌銘〉，頁644。
〔註256〕清・莫友芝，《宋元舊本書經眼錄》（《書目叢編》，台北：廣文書局，1988年11月再版），卷一，〈鹽鐵論十卷〉，頁24。
〔註257〕《藏書紀事詩等五種》，卷三，頁188。
〔註258〕《鐵琴銅劍樓藏書目錄》，卷九，〈資治通鑑二百九十四卷〉，頁536～537。
〔註259〕《啓禎野乘》，卷一，〈文文肅傳〉，頁42。
〔註260〕《藏書紀事詩等五種》，卷三，頁142。

詩人小傳稿》載：

> 大成字君立，常熟人，允泓從子。負氣忤俗，不容於閭里，避仇，出
> 游黔楚間。歸益嗜書好古。每聞一異書，徒步訪求，篝燈傳寫，雖寒凍不
> 少休。〔註261〕

如同較早之劉鳳一樣，何大成也喜歡寓訪書於旅遊之中，兼具書淫與游癖。曾作〈同
馮己蒼昆季入寒山抄玉臺新詠畢遂游天平〉一詩云：

> 吾儕真書淫，餘事了游癖。既理支硎椑，旋放天平屐。自惟老腳硬，
> 尚堪年少敵。登登及山椒，千步始一息。憑高一以眺，萬木靜如拭。湖光
> 浩渺平，山容透迤出。憶昨「小宛堂」〔註262〕，抄書忘日昃。手如蠶食
> 桑，心似蜂營蜜。今朝始畢功，探奇何孔棘。蠅營滿天地，此樂無人得。
> 游山擬爲樵，蒐書甘作賊。幸茲江南安，二事乃吾職。〔註263〕

何大成視旅遊與藏書爲終身二大職志，且其游多爲抄書或訪書。尤其他與同縣的藏
書家馮舒、馮班兄弟連袂共往吳縣趙氏藏書處「小宛堂」抄書之舉，則又添明代蘇
州藏書家典籍流通的一種類型。再據其自稱：「蒐書甘作賊」，更可見其藏書之真與
趣。不幸死後「無子，遺書散爲雲煙矣。」〔註264〕

吳岫（生卒年不詳），字方山，吳縣人，葉昌熾言其爲「嘉靖時人。」〔註265〕
錢謙益曰：「吳岫方山，非通人也，聚書逾萬卷。」〔註266〕張應文（生卒年不詳），
字茂實，嘉定人。嘗著《張氏藏書》四卷，蓋爲其藏書目錄。且「一意以古器書畫
自娛，著《清閟藏》二卷，其子丑（1577～1643）潤色之。」〔註267〕張丑雖精於鑑
古，愛閱書，然無具體之藏書事蹟可尋。沈與文（生卒年不詳），字辨之，號姑餘山
人，吳縣人。清人黃丕烈（1763～1825）跋〈梁公九諫一卷〉云：

> 此本卷中首葉有辨之印，此姑餘山人沈與文也。尾葉有一印，其文曰：
> 「姑蘇吳岫家藏」，此吳方山也。皆吾郡中人，二人皆明嘉靖時人，皆藏
> 書家。〔註268〕

沈與文與吳岫，俱爲明嘉靖時吳地之藏書家，兩家藏書曾有流通之跡，上述《梁公

〔註261〕《明詩人小傳稿》，卷五，頁178。
〔註262〕「小宛堂」爲趙宧光與妻陸卿子的藏書室，事見前述。
〔註263〕《懷舊集》，卷上，頁319。
〔註264〕《懷舊集》，卷上，頁318。
〔註265〕《藏書紀事詩等五種》，卷三，頁146。
〔註266〕《列朝詩集小傳》，〈丙集·朱處士存理〉，頁303。
〔註267〕《明詩人小傳稿》，卷三，頁119。
〔註268〕《士禮居藏書題跋記》，卷二，〈梁公九諫一卷〉，頁25。

九諫》一書可爲證明。黃丕烈又云：「吳中杉瀆橋，嘉靖時有沈與文，頗蓄書，其刊刻《詩外傳》，有『野竹齋』字樣」，〔註269〕則「野竹齋」當爲沈氏刻書之處。而《蘇州府志》亦載：「『雁里草堂』，在杉瀆橋南，姑餘山人沈與文藏書處。」〔註270〕則沈與文藏書於「雁里草堂」，其藏書事蹟由此足徵。吳元恭（生卒年不詳），字仲內，別號名山，吳縣人。「夙具勁骨，潛心六藝百家，尤喜圖史、丹青、彝鼎以自娛。」〔註271〕《續名賢小紀》亦記吳元恭「所藏書及所錄書咸精好，令人不忍觸手。」〔註272〕則吳元恭善書法，亦好抄書。

　　此一時期藏書家共計錄有三十九位，於人數上雖不如前一時期多，但藏書家的集團性卻愈加明顯，特別是在藏書內容的崇尚與聚書的方法，也較前期有所改變，頗具有過渡時期之特色。

第四節　天啓至明末清初

　　此一時期的藏書家身處於一個天崩地裂、國破鼎革的時代背景之下，於亂世烽火當中延續其藏書事業，並非易事。然吳地此時雖然飽受兵災，藏書家們卻不因此而放棄其藏書志向，藏書風氣依然盛行不衰。這一個時期的藏書家計有：歸昌世、歸莊、史兆斗、錢謙益、譚應明、譚應徵、張維、錢裔肅、趙均、王時敏、馮舒、錢謙貞、錢孫保、錢孫艾、顧世峻、顧韡、黃翼聖、王鑑、彭行先、毛晉、毛扆、金俊明、金侃、吳翿、錢陸燦、顧炎武、陸貽典、陳煌圖、馮班、馮武、錢曾、范必英、徐乾學、徐元文、許自昌、許心辰、許元溥、葉奕、葉奕苞、葉樹蓮、孫潛、錢純、顧苓、顧湄、顧雲鴻、顧鈇、葛鼏、何名世、周履謙、黃紋、浦杲、龔時煥。

　　歸昌世（1573～1644），字文休，崑山人。爲歸有光之孫，承繼遺書而世守之。嘗爲詩云：「壁蟫收殘音，哀蟬振餘響。圖書盈座隅，覽古歎其往。揚子千載知，鍾期並時賞。窮通非巧拙，徒爲增頹仰。」〔註273〕他善守祖父之書而讀之，以是歸氏藏書，至此仍無散失。再傳至歸有光曾孫歸莊（1613～1673），一名祚明，字元恭，一作元功，又作元公、玄恭，更名祚明，號恒軒、圓照，乃歸昌世第四子。爲明季諸生，明亡之後自稱歸藏、歸妹、歸乎來、園公、介禮、懸弓、普明頭陀、普頭陀、鏖鏊鉅山人，又號江蘇崑山人、歸去來子。歸氏藏書，其實於「文休公（昌世）既

〔註269〕《士禮居藏書題跋記》，卷四，〈河南邵氏聞見錄二十卷〉，頁153。
〔註270〕《蘇州府志》，卷四五，頁32上。
〔註271〕《崇禎·吳縣志》，卷四一，頁28。
〔註272〕《續名賢小紀》，頁6。
〔註273〕《靜志居詩話》，卷一九，頁62。

卒，家中書籍，散亡俱盡，惟《張公路先生詩集》存。」〔註274〕再傳至歸莊，有志
振奮，乃重行增補，意圖匡復舊觀。然時值明末亂局，於兵荒馬亂之下，他既無力
回天，歸氏藏書更是四分五裂。甲申難起，歸莊無法顧及歸氏僅存的藏書，在被迫
遷離其祖父歸有光所建之祖厝時，他說明當時的慘況言道：

> 余惟一妻一男一女一奴，妻歸寧其母，女寄鞠於同宗，男挈之遠行，
> 奴舍我去。殘書數簏，其一隨身，餘置之僧院及同宗家。〔註275〕

歸莊身處亂世顚沛流離之中，藏書不保，耿耿於懷，其處境相當令人同情。史兆斗
（1576～1663），字辰伯，本吳江籍，後遷長洲，曾爲明季諸生，明亡後棄去舉子之
業，而專意於藏書生活。《池北偶談》載其「博雅多藏書。」〔註276〕而《堯峰文鈔》
亦有述其藏書事蹟云：

> 性尤喜蓄書，所購率皆秘本，或手自繕錄，積至數千百卷。齋居蕭然，
> 惟事校讎，或偶有所得，輒作小行楷疏注其旁，每卷皆有之。……兆斗貧，
> 無子，以從子某爲後。晚依其家，既死，所藏書俱散佚不存云。〔註277〕

藏書家往往因爲沒有子嗣可傳其書，而一生所藏，遂盡隨其人之過往而化爲雲煙散
去，如史兆斗之例，在明代蘇州藏書界當中，屢見不鮮，實在令人欷嘘不已。

錢謙益（1582～1664），字牧齋，一字受之，號蒙叟、尙湖、行一，或稱東澗遺
老，常熟人。〈絳雲樓書目題詞〉載云：

> 虞山宗伯（錢謙益），生神廟盛時。早歲科名，交游滿天下，盡得劉
> 子威（鳳）、錢功父（允治）、楊五川（儀）、趙汝師（用賢）四家書。更
> 不惜重賞購古本，書賈奔赴，捆載無虛日，用是所積，充牣幾埒內府，視
> 葉文莊（盛）、吳文定（寬）、及西亭王孫（朱睦㮮，1517～1586）或過之。
> 中年構「拂水山房」，鑿壁爲架庋其中。……告歸，居「紅豆山莊」，出所
> 藏書重加繕治，區分類聚，栖「絳雲樓」上，大櫝七十有三，顧之自喜曰：
> 「我晚而貧，書則可云富矣！」甫十餘日，其幼女中夜與乳媼嬉樓上，剪
> 燭炧落紙堆中，遂燧。宗伯樓下驚起，焰已漲天不及救，倉皇出走。俄頃，

〔註274〕清・趙經達，《歸玄恭先生年譜》（《明清史料彙編》史部三七冊，上海：上海書店，1994
年初版，據又滿樓叢書排印），頁15，弘光元年乙酉條下。
〔註275〕《歸玄恭先生年譜》，頁20，永曆五年辛卯條下。
〔註276〕清・王士禎，《池北偶談》（《叢書集成三編》六八冊，台北：成文出版社，1997年版，
據清代筆記叢刊本影印），卷一一，〈史辰伯〉，頁8。
〔註277〕清・汪琬，《堯峰文鈔》（《四部叢刊初編》二七七冊，上海：上海書店，1989年3月版，
據林佶寫刊本影印），卷三四，〈史兆斗傳〉，頁7～8。

樓與書俱盡。〔註278〕

　　錢謙益一人盡收四大藏家之書，規模宏大，舉世罕見。其求書之勤，與所費之鉅，亦爲一般藏書家所望塵莫及。而觀其庋藏、管理之法，又較前此之藏書家更爲科學，且更加講究，此當爲吳地藏書家總結了前人的經驗與智慧累積而產生的傑出表現。但古代兵災與水、火之厄，常爲藏書家揮之不去的噩夢。「絳雲樓」藏書之富，幾埒內府，而藏書付之一炬，多少人類的知識結晶與紀錄，也隨之化爲烏有，此又當爲藏書家的風流罪過，不可不愼。

　　錢謙益家富藏書，博雅淹貫。於文壇上有鑑於王世貞、李攀龍（1514～1570）等人所主張的明代第二次文學復古運動日漸式微，於是力圖振奮。〔註279〕明代文壇由於受到文學復古運動之影響，文人讀書爲求博學與通古，因此所讀之書最好能是古代刻本或奇冊祕籍，這樣一來，才足以正本清源，並增廣見聞。藏書家能夠以自身豐富的收藏來增加知識，加上本身對於典籍資訊的掌握，以及藏書活動的專業能力等，使得他們在文壇上以博雅見稱者比比皆是，往往執一方文人集團之牛耳。如王世貞、錢謙益等人，便是這類文人藏書家。他們口含天憲，手持文柄，在文壇上振衰起弊，造成風潮，對於學術與學界的影響與貢獻之大，絕不容忽視。他們之所以能夠如此，主要原因便在於本身對藏書的重視，這點我們可以從他們對訪書、聚書的重視得到印證。如錢謙益所宣稱：「余家居訪求遺書，捐衣食無所恤。」〔註280〕除了致力於典籍的獲得外，也必須勤於閱讀，方得實用。所以他甚至「老而好學，每手一編，終日不倦。暑月夜讀苦蚊，輒以足置兩甕中。」〔註281〕以故黃宗羲（1610～1695）稱讚他說：「先生之世，幾與王弇州（世貞）相承，爲儒者宗。」〔註282〕崇禎時，錢謙益因案被繫入獄。獲釋後，爲了韜光養晦，一掃宦途不順的陰霾，乃「築室拂水之隈，建『絳雲樓』其上，積圖書萬卷，擁豔姬柳如是（1618～1664），焚香淪茗，校勘賡酬」，〔註283〕過著羨煞世人的居

〔註278〕清・曹溶，〈絳雲樓書目題詞〉，收入清・錢謙益，《絳雲樓書目》（《粵雅堂叢書》九冊，台北：國家圖書館藏清咸豐三年刻本影印），卷首，頁1。

〔註279〕近人・趙爾巽等，《清史稿・列傳》（《清代傳記叢刊》，台北：明文書局，1985年5月初版），卷二七一，〈文苑一〉，頁662。

〔註280〕近人・張其淦，《明代千遺民詩詠》（《清代傳記叢刊》，台北：明文書局，1985年5月初版），卷六，頁257。

〔註281〕清・王晫，《今世說》（《清代傳記叢刊》，台北：明文書局，1985年5月初版），卷三，〈文學〉，頁46～47。

〔註282〕清・黃宗羲，《南雷學案》（《清代傳記叢刊》，台北：明文書局，1985年5月初版），卷四，〈先正〉，頁396。

〔註283〕近人・閔爾昌，《碑傳集補》（《清代傳記叢刊》，台北：明文書局，1985年5月初版），

家園林式藏書生活。柳如是爲錢謙益妾，本姓楊，名愛，字如是，一字蘼蕪，又號河東君，吳江人。崇禎十四年（1641）與錢謙益「結褵于『芙蓉舫』中，遂爲繼室，在『絳雲樓』校讎文史。」〔註284〕如同趙宧光、陸卿子夫婦一般，兩人俱雅好藏書，且一同校讀。明亡後，錢謙益率所部降清，《清詩紀事初編》載其經過：

> 順治二年（1645），清兵南下，謙益竟覥顏迎降，入都揚言爲先朝修史。三年（1646）正月，授祕書院學士兼禮部侍郎，《明史》副總裁，六月以疾歸。是時法令嚴，朝官無敢謁假者，謙益竟馳驛回籍。〔註285〕

雖然錢謙益降清或許有效法司馬遷忍辱修史之志，不過，他的作爲在當時並沒有獲得鄉人的諒解。例如有人便在他罷歸之時，題詩虎邱諷刺他。詩云：

> 入絡紛紜意太濃，罇鱸此日又相逢。黑頭早已羞江總，青史何曾借蔡邕。昔去尚寬沈白馬，今來應悔賣盧龍。可憐折盡章臺柳，日暮東風怨阿儂。〔註286〕

順治七年（1650）十月，「絳雲樓」火，錢氏藏書毀於一炬。他悲傷的說：「甲申之亂，古今書史圖籍一大劫也；庚寅之火，江左書史圖籍一小劫也。」〔註287〕他之所以舉甲申之亂與庚寅之火來做對比，可能是在暗示亡國與書樓盡燼，是令他一生最感傷痛的兩件事。但若就其身爲一個藏書家而言，他最感痛苦的可能只是一生視若性命的圖書不幸化爲煙塵而已。事後，「絳雲樓」燼餘所存之趙琦美「脈望館」舊藏本，盡歸錢曾，錢曾且幸災樂禍地說道：

> 然絳雲一燼之後，凡清常（趙琦美）手校祕鈔書，都未爲六丁取去，牧翁（錢謙益）悉作蔡邕之贈，天殆留此以佽助予之詩注耶？何其幸哉！又何其幸哉！〔註288〕

譚應明（生卒年不詳），字公亮，常熟人。譚應徵（生卒年不詳），字公度，爲應明弟。錢謙益跋《眞誥》云：

> 里中有二譚生：長應明，字公亮，伉俠傲物，扳附海內鉅公名士。好購書，多鈔本，客至鄭重出示，沾沾自喜。次應徵，字公度。此本則公度所藏也。公度紈褲兒郎，尤爲里中兒賤簡，不知其于漢簡墨汁，有少因緣

卷四四，〈文學一〉，頁701。

〔註284〕《明詩人小傳稿》，卷一二，頁467。

〔註285〕近人・鄧之誠，《清詩紀事初編》（《清代傳記叢刊》，台北：明文書局，1985年5月初版），卷三，頁328。

〔註286〕《碑傳集補》，卷四四，〈文學一〉，頁702。

〔註287〕《碑傳集補》，卷四四，〈文學一〉，頁712～713。

〔註288〕《讀書敏求記》，〈楊衒之洛陽伽藍記五卷〉，頁61。

如是。余悲兩生身沈家亡，有名字黳然之感。〔註289〕

兄弟二人俱能爲錢謙益所識，足見彼等於當時的蘇州藏書界中，絕非無名小輩。張維（生卒年不詳），字叔維，號西泠寓客，明末常熟人，工詩畫。曾因畫，負氣錢謙益，告之曰：「吾與若無緣也。」〔註290〕嘗作〈庋書〉詩云：「質米還償酒，殘編賸不多。也隨雞共犬，相伴笠兼蓑。挑去憑扶老，支來藉養和。且須高處庋，忍令蠹魚窠。」〔註291〕張維雖不爲知名的藏書家，然觀其詩，可見其愛書之心，溢於言表，故亦列入藏書家之林。錢裔肅（1587～1646），字嗣美，常熟人，中萬曆乙卯（四十三年，1615）舉人，爲錢曾之父，錢謙益之從孫。錢謙益嘗謂：

> 余家居，訪求遺書，殘編落簡，捐衣食無所恤。從孫嗣美聞風慕閱，
> 亦好聚書。書賈多挾筴潛往，余心喜其同癖，又頗嗛其分吾好也。〔註292〕

而《明代千遺民詩詠》亦有詩云錢裔肅藏書之富云：「虞山錢孝廉，古籍滿戶牖；絳雲符賞心，白雪虘在口。族孫成墓誌，煩爾八義手；三十年不知，名士笑老叟。」〔註293〕除嗜好藏書以外，於人格道德上，也較錢謙益更有志節。明亡，錢謙益降清求封，而錢裔肅「賦性峭，獨好蓄書，國亡不出。」〔註294〕安貧守節，三十年而人不知其名。其子錢曾，「好學能詩，藏書益富。」〔註295〕善守其父所遺藏書而益發光大，事蹟見後。

趙均（1591～1640），吳縣人，趙宦光子，妻文俶（1594～1634），字端容，爲文徵明之玄孫女，文從簡（1574～1645）之女。文俶沾染娘家風習，善書畫，「書畫得家法，更工畫鳥。」〔註296〕人稱：「吳中閨秀工丹青者，三百年來推文俶爲獨絕云。」〔註297〕《崇禎·吳縣志》記趙均、文俶夫婦兩人之日常生活情形：

> 入而脈，其妻施丹調粉，寫生落墨。畫成，咸手爲品題，以別眞贋。
> 出而與賓客搜金石，論篆籀，聞奇字，訪逸典。〔註298〕

文俶主書畫之藝，而趙均較喜藏書與好事的生活方式。趙均與文俶亦隱居「寒山別

〔註289〕《牧齋有學集》，卷四六，〈跋眞誥〉，頁1527。
〔註290〕《懷舊集》，卷下，頁355。
〔註291〕《懷舊集》，卷下，頁356。
〔註292〕《牧齋有學集》，卷三一，〈族孫嗣美合葬墓誌銘〉，頁312。
〔註293〕明代千遺民詩詠》，卷六，頁257。
〔註294〕明代千遺民詩詠》，卷六，頁257。
〔註295〕《牧齋有學集》，卷三一，〈族孫嗣美合葬墓誌銘〉，頁313。
〔註296〕《國朝書畫家筆錄》，卷一，〈康熙朝〉，頁467。
〔註297〕清·張庚，《國朝畫徵續錄》（《清代傳記叢刊》，台北：明文書局，1985年5月初版），卷下，頁204。
〔註298〕《崇禎·吳縣志》，卷五一，頁47下。

業」，承繼其父之遺書而守之。有趣的是，在生活上趙均與文俶也傳承了上一代的生活方式，如同趙宧光與陸卿子居家的燕閒清賞，隱居學藝的休閒生活自當是吳縣趙氏藏書的傳世家風。不料趙均死後無子，趙氏藏書終究難逃散佚殆盡的悲慘宿命。錢謙益嘆曰：

> 先趙氏之金石，今獨其目在耳。小宛之堂，芸籤縹帶，亦如所謂連艫
> 累舳，散爲雲煙者。有無聚散，不可重爲嘆息耶！〔註299〕

藏書之業，聚久必散，散久復聚，蓋爲物之常理。趙氏自宧光建「寒山別業」，廬墓而居，築「小宛堂」以藏書，至趙均不過二世，其藏書散佚，眞讓人感嘆沒有孝子賢孫可以繼承私家藏書事業的悲哀。不過，趙氏兩代間夫婦偕隱談藝的生活方式，卻又樹立了明代蘇州文人藏書生活文化的另一種特殊風格，讓人津津樂道。

　　王時敏（1592～1680），本名贊虞，字遜之，號煙客，晚號西廬老人、歸村老農，人稱西田先生，里人私諡恭孝先生，太倉州人，明相國文肅公王錫爵孫。「家本富於收藏，及遇名蹟，不惜多金購之。」〔註300〕前文已述他曾費二十鎰購北宋李成之《山陰泛雪圖》，可見其收藏之篤。復精通繪事，「爲國朝畫苑領袖。」〔註301〕他曾經說過：「繪畫一事，尤余所癖好。見有古人眞蹟，輒不惜重價購藏。時取宋元諸名家摹倣之。」〔註302〕蓋王時敏爲書畫之癖而收藏，其內容自當以書畫爲主，然又不盡爲書畫，當中也包含了大量的書籍。據《今世說》載：「王煙客（時敏）插架千卷，皆丹黃勘讎。每當賓朋雜坐，舉史傳中一事，輒援據出入，穿穴舊聞。」〔註303〕收藏之多樣，號稱當時博雅之冠，其來有自。因家藏本富，不但護守其祖父之所遺，再加上本身之篤於收藏，才足以致之。嘗自謂：「及垂老歸田，閒居無事，始涉獵群書，晚年病目，猶依檐映日，手不釋卷。」〔註304〕更加明確地顯示出他的善守、善藏與善讀，爲明代吳中私家藏書之典範。此外，王時敏還「工分隸，精鑒藏。」〔註305〕收藏既多，而又好於此癖，自然精於賞鑒，故《清畫家詩史》云其「富收藏，精鑒賞。」〔註306〕又據《明末民族藝人傳》所載：

〔註299〕《牧齋初學集》，卷五五，〈趙靈均墓誌銘〉，頁642。

〔註300〕清・李桓，《國朝耆獻類徵初編》（《清代傳記叢刊》，台北：明文書局，1985年5月初版），卷四二八，〈文藝六〉，頁167。

〔註301〕《國朝耆獻類徵初編》，卷四二八，〈文藝六〉，頁167。

〔註302〕《明末民族藝人傳》，頁943。

〔註303〕《今世說》，卷三，〈文學〉，頁47。

〔註304〕《明末民族藝人傳》，頁943。

〔註305〕清・震鈞，《國朝書人輯略》（《清代傳記叢刊》，台北：明文書局，1985年5月初版），卷一，頁70。

〔註306〕清・李濬之，《清畫家詩史》（《清代傳記叢刊》，台北：明文書局，1985年5月初版），

其鑑別藏庋，若見一祕軸，輒閉閣沈思，終日無語，既而心有所賞解，

則繞床大叫，抵掌跳躍，如不自知其狂酣。〔註307〕

沉浸其中，如癡如醉，頗自得其樂。總之，王氏藏書傳至王時敏，可謂達於極盛，時人梅鼎祚（1549～1618）曾經讚頌王氏藏書流傳之盛云：「文孫文子，襲圖書于戶牖，依然映東壁，載見蓬山，紹鼎鼎爲箕裘。」〔註308〕馮舒（1593～1648），字己蒼，常熟人，爲馮復京子。「家多藏書，皆宋元善本，丹黃甲乙，手自讎勘。構小閣，設兩廚，各題一銘以寶藏之。」〔註309〕馮舒對其藏書管理的方法相當考究，此亦爲本時期蘇州藏書家共有的收藏特色之一。馮舒不僅善於庋藏，本身也相當喜好閱讀，不但「以《玉臺新詠》、《才調集》教人，又多藏書，校勘異同，極有識解」，〔註310〕確實爲藏書家較之一般文人更爲博學的最佳佐證。錢謙貞（1593～1646），字履之，常熟人，爲錢謙益族弟。「早謝舉子業，讀書求志，關『懷古堂』以奉母。簾戶靚深，書籤錯列。」〔註311〕葉昌熾亦指出其子「求赤（錢孫保）藏書處日：『懷古堂』，即履之築以奉母者。」〔註312〕故錢氏藏書於「懷古堂」，乃錢謙貞首創，再傳其二子錢孫保與錢孫艾，皆雅好藏書，克紹箕裘。錢孫保（生卒年不詳），一名容保，字求赤。「亦喜藏書，多善本。」〔註313〕由於藏書之精審，不讓其父，以至人稱其「方嚴抗特有父風，日讀書，夜必記卷尾。藏書甚富，校讎精審」，〔註314〕的確不失家傳篤嗜藏書的門風。錢孫艾（生卒年不詳），字頤仲，爲錢孫保弟，然天不假年，卻先其父而卒。錢孫艾之好藏書，亦不減其父兄，「每與人通假鈔錄，朱黃兩豪，不省去手。書儗顏魯公，篆刻圖書印似文彭。」〔註315〕其抄書之勤與藏書之富，亦足爲蘇州藏書界的楷模。

顧世峻（1595～1642），字君升，長洲人，爲顧道隆之孫，顧韡之父。承其祖之遺書萬餘卷，守之而不失寸楮，確實難能可貴。錢謙益曾述其嗜藏與勤讀之狀云：

環堵之室，橫經籍書，家人瑣碎之事，弗與知也。好讀史漢、三蘇子

〈甲上〉，頁 112。

〔註307〕《明末民族藝人傳》，頁 947。

〔註308〕《鹿裘石室集》，卷一七，〈壽太倉王相公七秩〉，頁 2。

〔註309〕清國史館，《清史・列傳》（《清代傳記叢刊》，台北：明文書局，1985 年 5 月初版），卷七〇，〈文苑傳一〉，頁 698。

〔註310〕《清詩紀事初編》，卷一，頁 93。

〔註311〕《列朝詩集小傳》，〈丁集下・錢秀才謙貞〉，頁 600。

〔註312〕《藏書紀事詩等五種》，卷四，頁 196。

〔註313〕《鐵琴銅劍樓藏書目錄》，卷一九，〈陸宣公集二十二卷〉，頁 1107。

〔註314〕《常昭合志稿》，卷三二，〈藏書家〉，頁 26。

〔註315〕《懷舊集》，卷下，頁 345。

集，尤信心窮繙內典。兀坐竟日夕，當臀處衣綻席穿，輒縫紉以爲恒。〔註316〕

可見他不僅善於藏書，抑且勤加閱讀，除此二事，概不過問。子顧韡（1615～約1700），字開林，居黃埭河瀆橋，因自稱河瀆漁人。爲明末諸生，明亡之後謝去。《國朝耆獻類徵初編》載顧韡之好藏書云：

> 君生平不觀優，不飲酒，不遊山水及嬉戲、雜技，憒然無所識。於吳人之所嗜者，盡反其所爲，而性獨好書，甚於飢渴飲食。曩以君升公（顧世峻）嚴勉事舉業，亦非其好，既棄諸生，則益酣恣於古今之書。其有裨於身心家國，天下之務事，足備一代之文獻者，耳目及輒輾轉窮搜之，必購得之爲快。或書袞重及未版行而隱密者，求之益力，得之則狂喜，神色飛動。或力有所不能得，則手自鈔寫，窮日夜可盡百十紙。夜常不寐，寐亦止盡數刻，而張鐙披衣，往往達旦，手不釋卷、不停鈔，自以爲愉快極，雖老至不知也。凡鈔閱校讎，精審不僞一字，稍涉疑義，則畫記之，舉其辭問晰乃已。尤嗜古金石文，蠹齒焚餘，亦所珍惜，皆能原其所自。窮力購之，食脫粟、衣懸鶉，不顧也。與之語上下數百年人文政事，皆歷歷如掌示，能知其是非得失、成敗興亡之所在。〔註317〕

顧韡不僅篤守其父所遺，且蒐求更力，不論手抄購買，必得之以爲快。然其蓄書並不盲目，所好有三：凡「有裨於身心家國，天下之務事，足備一代之文獻者」；「書袞重及未版行而隱密者」；「古金石文」等。明代蘇州藏書家之於藏書內容的崇尚可分三期，由初期之著重數量多寡，歷中期之崇尚宋元板刻，至此可謂崇尚奇祕之定型期，影響及於清代藏書。據《初月樓聞見錄》所載：

> 開林（顧韡）於世事無所好，而性獨好書，聞人有善書，必多方購得之。其未板行而隱秘者，求之益力。或書帙重，非力所能得，則手自鈔錄，窮日夜可盡百十紙。夜嘗不寐，寐亦止盡數刻，張燈披衣，往往達旦。手不釋卷、不停鈔，自以爲愉快極，雖老至，不知也。尤嗜古金石文，蠹齧焚餘，亦所珍惜。〔註318〕

可見蘇州藏書界崇尚奇祕的面向，到了明末清初業已蔚然成型，並且是以顧韡爲代表性人物。此外，關於顧韡喜好抄書之事實與勤於訪書之狀，時人彭士望（1610～1683）也曾親歷目睹，他說：

〔註316〕《牧齋有學集》，卷三二，〈顧君升墓誌銘〉，頁321。

〔註317〕《國朝耆獻類徵初編》，卷四七三，〈隱逸十三〉，頁303～304。

〔註318〕清·吳德旋，《初月樓聞見錄》（《清代傳記叢刊》，台北：明文書局，1985年5月初版），卷八，頁136。

予庚申（康熙十九年，1680）秋在吳門，將還山，瀕行，始交君予詩文集可四十卷版行。未十一（八月十一日），君（顧輧）從魏叔子〔註319〕、朱臥庵（朱之赤，吳縣人）見予所刻文，即手鈔之。介臥庵通謁，自是晨即造予，往返十餘里，日數過，求未刻集。不旬餘，盡鈔藏弆之。喜而歎曰：「先生是集道德、經濟，非文章也，今盡爲予有也矣！」每繳納必捧持胸膺閒，以經埭人爲褻最。〔註320〕

　　黃翼聖（1596～1659），字子羽，號攝六，晚號蓮蕊居士。本常熟人，弘治中，其鄉割隸太倉，遂爲太倉州人。崇禎時，本爲安吉知州，「國變後，棄官歸，杜門謝客」，〔註321〕開始了他的藏書生涯，並建有「蓮蕊樓」以供儲書，自號蓮蕊居士。「性好古銅磁器及宋雕古書，搜訪把玩，如美人好友。屬有檀度事，輒緣手散去。」〔註322〕他的藏書未傳子孫，且不同於一般藏書家之醉心於藏書事業，僅視書籍與古董無異，故並無讀書、校讎，或藏書管理、整治等行爲可考。王鑑（1598～1677），字元照，一作圓照、玄照，自號湘碧，又號染香庵主，太倉州人，爲王世貞的曾孫。崇禎時舉人，官廉州守。由於王鑑「家富收藏，臨摹益萃」，〔註323〕故人稱其善畫山水。《無聲詩史》載：「弇州（王世貞）鑒藏名蹟，金題玉躞，不減南面百城。鑑披閱既久，神融心會，領略爲深。其舐筆和墨，蓋有源流矣。」〔註324〕王鑑承繼其家先世所藏之書畫而善加護守，並且用是以爲勤學，臨摹既久，乃自成一家，此當爲先世收藏之功，成就了蟫林的又一段佳話。此外，王鑑又善於鑑賞，且知名海內，甚至「凡內府所藏者，得邀睿鑒褒題焉。」〔註325〕彭行先（1598～1689），字務敏，一字貽令，號竺里，或稱竹里老人，長洲人，爲崇禎時貢生。其藏書事蹟見《國朝耆獻類徵初編》載：

　　　　雅善書法，暇則簾閣據几，力堅晉唐諸家，莫不酷似。貧不能購書，數借人書，手自校讎繕錄，日課數十紙，錯置巾衍中，時時繙閱不倦。尤

〔註319〕明末魏叔子有兩人，一爲魏沖，常熟人；一爲魏禧，江西寧都人。

〔註320〕《國朝耆獻類徵初編》，卷四七三，〈隱逸十三〉，頁306。

〔註321〕孫靜菴，《明遺民錄》（《清代傳記叢刊》，台北：明文書局，1985年5月初版），卷一一，頁198。

〔註322〕《牧齋有學集》，卷三七，〈蓮蕊居士傳〉，頁370。

〔註323〕清·李玉棻，《甌缽羅室書畫過目考》（《清代傳記叢刊》，台北：明文書局，1985年5月初版），卷一，頁279。

〔註324〕清·姜紹書，《無聲詩史》（《明代傳記叢刊》，台北：明文書局，1991年1月初版），卷四，頁224。

〔註325〕近人·盛叔清，《清代畫史增編》（《清代傳記叢刊》，台北：明文書局，1985年5月初版），卷一六，頁324。

習前明典故，每對知交，必據故家遺老流風佚事，娓娓扺掌以爲常。〔註326〕
彭氏貧而好書，其藏書往往藉由手抄而來，故在內容上，當以手抄本爲主。

　　毛晉（1599～1659），原名鳳苞，字子九。後改名晉，字子晉，號潛在，常熟人。
明末諸生，師事錢謙益。《清代七百名人傳》載毛晉：

　　　　好古博覽，構「汲古閣」、「目耕樓」，藏書數萬卷，延名士校勘。刻
　　十三經、十七史、古今百家及從未梓行之書。天下購善本書者，必望走隱
　　湖毛氏。所用紙，歲從江西特造，厚者曰：「毛邊」，薄者曰：「毛太」，至
　　今猶沿其名。〔註327〕

毛晉爲明末清初知名全國的藏書家之一，其藏書之富，種類之多，位居大家之列，
是一位相當專業的藏書家。毛氏藏書全盛之時，甚至到了「入門僮僕盡鈔書」〔註328〕
的地步。他不止喜好藏書，更喜好刻書，甚至對印書的紙張也相當考究，明代蘇州
的私人藏書事業發展至此，亦可謂極盛矣。至其校書之勤與刻書種類之多，「自群經
十七史，以及詩詞曲譜，唐宋金元別集，稗官小說，手自讎校，靡不發雕」，〔註329〕
盡可能地刊布流傳於世間，即「所謂汲古閣本也。」〔註330〕除了刻書與校藏之外，
其訪書之勤，亦爲時人津津樂道。同爲知名藏書家，也是身兼其師的錢謙益便稱讚
他說：「于內外二典，世出世間之法兼營并力，如飢渴之求飲食，殆未有如子晉者。」
〔註331〕季子毛扆（1640～？），字斧季。在毛晉諸子之中，最爲知名，且亦雅好藏
書、刻書，「尤耽校讎。」〔註332〕行止頗類其父，蓋能守家藏典籍者，然先毛晉而
卒，令人惋惜。

　　金俊明（1602～1675），初名袞，字九章，後更今名，字孝章，號耿菴，別號不
寐道人，吳縣人。清人汪琬（1624～1690）曾親歷其藏書生活，云：

　　　　先生既善書，平居繕錄經籍祕本，以訖交游文稿，凡數百種，無不裝
　　潢成帙，庋置縢鑰惟謹。予嘗走詣先生，老屋數間，塵埃滿案。與客清坐
　　相對，久之自起，焚香淪茗，稍出其書畫與所錄者，娛客而已。〔註333〕

金俊明善書法，故錄書亦精，且庋藏嚴謹。其藏書經歷明末戰火考驗，得以無稍散

〔註326〕《國朝耆獻類徵初編》，卷四七六，〈隱逸十六〉，頁606。

〔註327〕近人・蔡冠洛，《清代七百名人傳》（《清代傳記叢刊》，台北：明文書局，1985年5月
　　　　初版），第五編，〈藝術・文學〉，頁323。

〔註328〕《清代七百名人傳》，第五編，〈藝術・文學〉，頁323。

〔註329〕《明詩人小傳稿》（台北：國家圖書館，1986年版），卷五，頁202。

〔註330〕《明遺民錄》，卷一二，頁213。

〔註331〕《牧齋有學集》，卷三一，〈隱湖毛君墓誌銘〉，頁309。

〔註332〕《清史稿・列傳》，卷七一，〈文苑傳二〉，頁807。

〔註333〕《國朝耆獻類徵初編》，卷四七六，〈隱逸十六〉，頁611～612。

失，於「亂後，隱市廛間，矮屋數椽，藏書滿櫝。」〔註334〕然一生「好錄異書，靡閒寒暑。仲子侃亦陶繼之，矮屋數椽，藏書滿櫝，皆父子手鈔本。」〔註335〕以是其家所藏，當以手抄本為主。子金侃（？～1703），字亦陶，號立菴。堅守其父之書妥善以藏，本身也「精楷法，手抄善本書極富，有錢少室（允治）之風。」〔註336〕因溺於此癖，故「杜門不出，校讎典籍，多蓄宋元秘本」，〔註337〕且「插架之書，多手鈔本也。」〔註338〕綜括而言，金氏藏書的內容，當以父子二人之手抄本為主，至金侃才兼及宋元祕本。吳翯（1610～1655），字扶九，吳江人。「家饒于貲，喜藏書、結客，造訪者舟楫蔽荻塘而下。客既登堂，供具從者，或在舟中作食，煙火五六里相接。」〔註339〕好事作風，不減前人風流。然其家藏書遭逢易代之亂，雖一時幸無散失，死後卻因盜匪之禍而亡佚。《復社姓氏傳略》載其藏書事略云：

> 以序年當貢，值鼎革，遂絕志仕進，杜門著書。篤嗜天官象緯之學。所藏明人文集至三千七百家，手自纂輯。乙未（順治十二年，1655）秋卒，年四十七，私諡孝靖。沒數月遭盜劫，所藏書及所著曆法稿散佚殆盡。〔註340〕

《明代千遺民詩詠》亦有詩云：

> 扶九居吳江，復社賴主持。破產我不惜，滅門人或嗤。楹書付愛子，竹垞（朱彝尊）曾錄之。檗師（熊開元，1599～1676）訊靈巖，心隨鴻雁飛。〔註341〕

蓋藏書僅傳其子，即為盜匪所劫，蕩然無存。朱彝尊為其親家翁，曾喟然歎曰：

> （吳翯）家居論斷歷代史，分為存信、存疑二部；又聚明人集三千七百家，欲輯典故成一家，言皆未果。遺書經盜劫，散佚殆盡。有子南齡，予女婿也，僅存《復社同人姓氏》一冊，出自扶九手書。爰錄其副，按籍以求諸先生之詩，蓋千百之什一爾。〔註342〕

〔註334〕清‧徐鼒，《小腆紀傳》（《清代傳記叢刊》，台北：明文書局，1985年5月初版），卷五八，〈逸民〉，頁663。
〔註335〕《靜志居詩話》，卷二一，頁243。
〔註336〕《皇清書史》，卷二二，頁156。
〔註337〕《清代畫史增編》，卷二三，頁476。
〔註338〕清‧錢林，《文獻微存錄》（《清代傳記叢刊》，台北：明文書局，1985年5月初版），卷一〇，頁666。
〔註339〕明‧陳濟生等，《天啓崇禎兩朝遺詩小傳》（台北：世界書局，1985年2月三版），〈吳文學〉，頁341。
〔註340〕清‧吳山嘉，《復社姓氏傳略》（《明代傳記叢刊》，台北：明文書局，1991年1月初版），卷二，〈南直 蘇州府〉，頁108～109。
〔註341〕《明代千遺民詩詠》，卷八，頁284。
〔註342〕《靜志居詩話》，卷二一，頁210～211。

吳𤏝藏書在其身後便已不存，故其子吳南齡也無書可藏。錢陸燦（1612～1698），
字湘靈，一字爾弢，號圓沙，常熟人，為錢謙益族孫。生於明季，曾為諸生，才
名甚著。順治十一年（1654），以前明貢生廷試，得候缺通判；十四年（1657）復
中舉，當得通判，不仕。《皇清書史》載：「湘靈先生晚歲逃禪。其手校之書，每
押以『明經別駕書經解元臨濟三十四彭祖九十七世印』，又曰：『陸終彭祖後人』。」
〔註343〕

　　顧炎武（1613～1682），本名繼紳，更名絳，字忠清，弘光元年（1645）後，
更名炎武，字寧人，別字亭林（或作號亭林），號石戶，或自署蔣山傭、傭、鷹揚
弟子、圭年，崑山人。有別於歷來之藏書家，雖篤於書癖，卻不固守自珍。當其
僑居山西之時，嘗「營書院一區，盡取家中所藏十四經、二十一史暨明累朝實錄，
押籤於架。」〔註344〕且性喜金石之文，「謂其在漢唐以前者，足與古經相參考；
唐以後者，亦足與諸史相證明。」〔註345〕其蒐訪金石遺文之法，乃寓於旅遊生活
當中，凡「足跡所經，荒山礦址，遇有古碑遺跡，必披蓁菅、拭斑蘚讀之，手錄
其要以歸。」〔註346〕然所錄亦有擬擇，「凡已見方志者不錄，現有拓水者不錄，
近代文集尚存者不錄。」〔註347〕以故在個人的收藏喜好上，表現崇尚奇祕的意味，
可說非常明顯，而此正為本期的蘇州藏書家於收藏喜好上所共有的一種時代流行
風氣。除了癖好蒐訪與藏庋之外，顧炎武也勤於讀書，雖常處旅次之中，亦不曾
稍廢。《國朝耆獻類徵初編》載其：

　　　　生平精力絕人，自少至老，無一刻離書。所至之地，以二贏二馬載書。
　　遇邊塞亭障，呼老卒詢曲折，有與平日所聞不合，即發書對勘。或平原大
　　野，則於鞍上默誦諸經注疏。〔註348〕

他的勤學，並不因其好遊而有所影響，以故《國朝詩人徵略初編》也載：「亭林生長
離亂，奔走戎馬，閱書數萬卷，手不輟錄。」〔註349〕對於顧炎武的好學，大加讚賞。
由於他如此勤讀，學日益精，甚至「每著書欲有所檢尋，語門人在某書第幾卷第幾

〔註343〕《皇清書史》，卷十一，頁344。
〔註344〕清・王士禎，《漁陽山人感舊集》（《清代傳記叢刊》，台北：明文書局，1985年5月初
　　　　版），卷五，頁238。
〔註345〕《國朝耆獻類徵初編》，卷四〇〇，〈儒行六〉，頁125～126。
〔註346〕清・支偉成，《清代樸學大師列傳》（《清代傳記叢刊》，台北：明文書局，1985年5月
　　　　初版），頁67。
〔註347〕《己未詞科錄》，卷八，頁481。
〔註348〕《國朝耆獻類徵初編》，卷四〇〇，〈儒行六〉，頁123。
〔註349〕清・張維屏，《國朝詩人徵略初編》（《清代傳記叢刊》，台北：明文書局，1985年5月
　　　　初版），卷三，頁125。

葉第幾行，取之果不謬」，〔註350〕足見其觔書之功。不幸無子，藏書無人可繼，「所蓄史事之書，盡以資潘檉章（1628～1663）。」〔註351〕此又爲吳地藏書家因沒有子嗣可述其業，以致家中藏書盡散的悲慘結局，添上一樁。

　　陸貽典（1617～？），字敕先，號覯庵，常熟人，諸生。《常昭合志稿》載其「藏書多善本，與馮己蒼（馮舒）、葉石君（葉樹蓮）有無通假，勤於迻錄。尤精校讎。」〔註352〕觀此，足見陸氏藏書之精，與抄書、訪書之勤。而他與馮、葉三家藏書之間的傳假抄錄，更爲明代吳地藏書家之間相互流通典籍的最佳範例之一。陳煌圖（1618～1694），字鴻文，自號干木老人，常熟人。曾爲官，致仕後，始築樓藏書，從此絕意於宦途。據《常昭合志稿》載：

　　　　（陳煌圖）歸隱西湖「北山草堂」，順治甲午（十一年，1654）徵前
　　　　時士宦之家居者，煌圖年甫壯，以親老不起。……嗜舊本書，遇祕本，
　　　　影寫手鈔，至老不倦。所藏書有「海虞陳氏永寶」圖書及名字諸朱印。
　　　　〔註353〕

陳煌圖身處明清易代之際，藏書「北山草堂」以避世亂，爲此間文人的一種最佳選擇。他篤嗜舊本、祕本，勤於抄書，頗符合本期蘇州藏書界崇尚奇祕的收藏風氣。馮班（1604～1671），字定遠，號鈍吟，常熟人，爲馮復京子，明末諸生。少承其父所遺藏書，「與兄舒齊名，稱『海虞二馮』。」〔註354〕亦喜藏書，事蹟見馮武條。馮武（1627～1708），字竇伯，別號簡緣，爲馮知十之子，馮舒、馮班從子，毛氏刊書多經馮武校定。據《常昭合志稿》載：

　　　　家世多書籍，喜校繕書。有「上黨大馮屢守居士」、「長樂」、「己蒼」、
　　　　「空居閣」、「癸巳人」諸朱印者，武從父舒也；有「定遠」、「二癡」諸朱
　　　　印者，武從父班也；有「彥淵收藏」、「知十讀書記」諸朱印者，武父知十
　　　　也。武所藏則有「海虞馮武」、「簡緣馮氏藏本」諸朱印，隱湖毛氏刊書多
　　　　經武校定；兼工書，陳瑚（1613～1675）贈以詩有：「鵝群書帖雙鉤聖，
　　　　牛角巾箱萬卷淫」之句。〔註355〕

馮氏一門，自馮復京而下，馮舒、馮班、馮武等皆雅好藏書，門風甚盛。錢曾（1629

〔註350〕近人‧姚永樸，《舊聞隨筆》（《清代傳記叢刊》，台北：明文書局，1985 年 5 月初版），
　　　　卷一，頁 328。
〔註351〕《清詩紀事初編》，卷一，頁 26。
〔註352〕《常昭合志稿》，卷三二，〈藏書家〉，頁 27。
〔註353〕《常昭合志稿》，卷三二，〈藏書家〉，頁 24～25。
〔註354〕《清詩紀事初編》，卷一，頁 96。
〔註355〕《常昭合志稿》，卷三二，〈藏書家〉，頁 27。

～1701），字遵王，號也是翁，常熟人，爲錢裔肅第三子。「爲牧齋（錢謙益）族孫也，藏書於『述古齋』甚多。」〔註356〕且「曾家富圖籍。」〔註357〕《常昭合志稿》亦載其藏書云：

> 「絳雲樓」爐餘，書籍大半是脈望（趙琦美）藏本，悉歸於曾，構「述古堂」藏之，益以諸善本。所藏書有「彭城世家」、「述古堂圖書記」、「錢曾遵王藏書」諸朱印。〔註358〕

在收藏內容上，錢曾以趙氏「脈望館」所遺居多，至於平生所嗜，又以宋槧本爲最。再加上一些善本，以及借鈔吳偉業、金俊明、毛晉父子等人的珍本秘籍，更足徵其藏書品質之精與數量之多。他一生訪書、鈔書、校書、讀書，且樂此不疲。編撰有《述古堂書目》、《也是園書目》、《讀書敏求記》等藏書專著，而《讀書敏求記》一書，更是開創中國版本解題目錄之先聲，對後世的影響甚鉅。范必英（1631～1692），原名雲威，字龍仙，後改今名，字秀實，一字秋濤（或作號秋濤），號伏庵，自號野野翁、杜圻山人，吳縣人，官翰林檢討。「居鄉廉靜，足不履公府。築『萬卷樓』，藏書二十四櫃，皆手自校訂。」〔註359〕告歸後，「儲書萬卷，日誦讀其中，凡古今經世大典，及詩文源流，歷歷能指數。」〔註360〕其「所居『芝蘭堂』三楹後『萬卷樓』，藏書遍滿，日吟諷其間，自得也。」〔註361〕范氏藏書之富與生活之愜意，令人稱羨。

徐乾學（1631～1694），字原一，號健菴，崑山人。康熙九年（1670）進士。「乾學家富圖籍」，〔註362〕有「傳是樓」可供庋藏圖史，「藏書極富，聖祖詔求遺書，公疏進十有二部，溫旨留覽。」〔註363〕可見徐乾學藏書之富，竟足供人主備覽。他曾說：「予亦有聚書之癖。半生所得，庋之一樓，曰：『傳是樓』。然較之諸家所藏，多有目無書，殊足憾也。」〔註364〕撰有《傳是樓書目》行世，於藏書的管理方面也甚爲考究，是個相當專業的藏書家。除了藏書以外，徐乾學亦好讀書，「自少至老，書

〔註356〕易宗夔述，《新世說》（《清代傳記叢刊》，台北：明文書局，1985年5月初版），卷七，〈假譎〉，頁662。
〔註357〕《國朝耆獻類徵初編》，卷四二七，〈文藝五〉，頁67。
〔註358〕《常昭合志稿》，卷三二，〈藏書家〉，頁26。
〔註359〕《清朝先正事略》，卷三九，〈文苑〉，頁475。
〔註360〕清・李集，《鶴徵前錄》（《清代傳記叢刊》，台北：明文書局，1985年5月初版），頁482。
〔註361〕《巳未詞科錄》，卷三，頁一八六。
〔註362〕清・顏光敏，《顏氏家藏尺牘附姓氏考》（《清代傳記叢刊》，台北：明文書局，1985年5月初版），頁770。
〔註363〕《清朝先正事略》，卷九，〈名臣〉，頁344。
〔註364〕《國朝耆獻類徵初編》，卷四七〇，〈隱逸十〉，頁578。

無日不與手,目偕一過不忘。」〔註365〕此外,他也喜歡刻書,據《國朝耆獻類徵初編》載:

> 喜讀未見書,坐擁萬餘卷。「傳是樓」中,晨夕讎比,學益博以精。
> 其於經學,凡唐宋以來先儒經解,世所不常見者,靡不搜覽參考,雕板行
> 世。〔註366〕

徐乾學喜好奇祕的收藏偏好,正是本期蘇州藏書家的主流崇尚。而他藏書癖好之深,即便是身在宦林,位列九卿,凡公暇之時,也絕不會忘記整理其所藏。《清朝名家詩鈔小傳》載其事云:

> 每於退朝之暇,簪履滿堂,先生口酬辯問,手繕簡牘,耳受陳槀,兼
> 施並給,曾不錯誤。賓退,則書卷隨身,輒親鉛槧,即飲闌寢倦,曾無休
> 息之時。〔註367〕

仕宦之人能夠篤好藏書,自是雅事,尤其是位高權顯者,藏書癖好正足以遮掩其易遭人嫉的鋒芒,也保留了文人的清高形象而不致落入憂讒畏譏的官場俗態,還可以悠遊其中,盡得家居書齋之閒情逸趣,徐乾學正是如此。徐元文(1634~1691),字公肅,號立齋;為徐乾學之弟。亦身居高位,卻寡嗜慾,獨好藏書。時人韓菼(1637~1704)曾經稱讚他說:「公無他嗜好,獨喜購書,皆自整比。」〔註368〕宦業雖顯,然居官清廉,囊無私貯,惟喜藏書而已,以故清名頗著。罷官之時,歸囊除「衣服什器外,惟圖書千卷,光祿饌金三百而已。」〔註369〕一如其兄之善藏與好學,「退食之暇,匡坐讀書而已。積書萬卷,皆手自校讎,卷帙率精好。」〔註370〕總之,崑山徐氏兄弟之嗜好藏書,遠近馳名,誠為清初藝林盛事。

許自昌(1578~1623),字元祐,別署梅花主人,長洲人,子許心扆、許元溥。《檀園集》記其藏書事蹟云:

> 先是,郡幕公(許自昌之父,佚其名)偕沈孺人以心計起家,而孺人
> 復以攻苦約齎佐之,是業日起,以貲雄里中。……中書(許自昌)雖以貲
> 為郎,雅非意所屑,獨好奇文異書,手自讎較,懸之國門。暇則闢圃通池

〔註365〕清·錢儀吉,《碑傳集》(《清代傳記叢刊》,台北:明文書局,1985年5月初版),卷二○,〈康熙朝部院大臣下之中〉,頁462。

〔註366〕《國朝耆獻類徵初編》,卷五七,〈卿貳十七〉,頁206。

〔註367〕清·鄭方坤,《清朝名家詩鈔小傳》(《清代傳記叢刊》,台北:明文書局,1985年5月初版),卷一,〈澹園詩鈔小傳〉,頁136。

〔註368〕《碑傳集》,卷一二,〈康熙朝宰輔中〉,頁678。

〔註369〕《國朝耆獻類徵初編》,卷八,〈宰輔八〉,頁156。

〔註370〕《國朝耆獻類徵初編》,卷八,〈宰輔八〉,頁176。

樹藝，花竹水廊山榭，窈窕幽靚，不減輞川平泉。而又製爲歌曲傳奇，令
小隊習之，竹肉之音，時與山水映發。其諸郎君則翩翩競爽，耽書下帷，
足不窺戶。登其堂，歌鐘饌玉，履舃交錯，豪華之氣，熏然灼人，如遊金
張之庭；而披其帷，則圖書盈架，丹鉛雜陳，哦諷之聲，不絕於耳。〔註371〕
許自昌好藏書，其藏書生活又一承明代蘇州之風，好事又尚趣。書樓名曰：「梅花墅」，
悠遊其間，享盡人間清福。他亦偏好收藏奇文異書，更加證明了本期蘇州藏書家崇尚
奇祕的風氣確實相當熾盛。許心辰（生卒年不詳），字丹臣，爲許自昌子，葉奕苞婿。
《士禮居藏書題跋記》載：「許丹臣爲葉九來（奕苞）婿，故藏書具有淵源。」〔註372〕
許心辰的藏書聲名，實因其父之所遺而善加守護，復益以其岳父之收藏，才有以致之
的。許元溥（生卒年不詳），字孟宏，長洲人。《復社姓氏傳略》錄許氏藏書云：

> 父自昌，官中書舍人，以篤行稱，構「梅花墅」，聚書連屋。元溥生
> 而沈靜，日出其書遍觀之，於經義罔不淹通，尤邃於易，立高陽社課子弟。
> 喜購書，自號千卷生。〔註373〕

許元溥承繼了許自昌所建的「梅花墅」，且改稱爲「梅藏庵」，繼續進行許氏的藏書
事業。葉奕（生卒年不詳），字林宗，常熟人，與葉樹蓮爲從兄弟。錢曾述其藏書事
蹟曰：

> 吾友葉林宗，篤好奇書古帖，搜訪不遺餘力。每見案頭一帙，必假歸
> 躬自繕寫，籌燈命筆，夜分不休。我兩人獲得祕冊，即互相傳錄，雖昏夜
> 叩門，兩家童子聞聲知之，好事極矣！……君亡來三十餘年，遍訪海內收
> 藏家，罕有如君之眞知眞好者，每嘆讀書種子，幾乎滅絕矣。〔註374〕

葉奕篤好藏書，且重祕本，正迎合了本期吳地藏書界偏好奇祕的潮流。他又勤於蒐
訪繕錄，極度好事，以是其家藏的品質也很高。此外，他與錢曾之間的相互傳寫，
又可窺見蘇州藏書家之間典籍流通的盛況。總之，葉奕可說是本期蘇州藏書界的典
型代表人物之一。葉奕苞（生卒年不詳），一名奕包，字九來，爲葉盛九世孫，葉恭
煥之玄孫。承繼累世所藏，蓄積甚富。據《清代樸學大師列傳》載：

> （葉奕苞）尤酷嗜金石，始得墨搨數十通，即思專爲一書以紹述宋趙
> 明誠（1081～1129）氏之《金石錄》，於是遍訪攷古家，徵集日富，久之，

〔註371〕明·李流芳，《檀園集》（《四庫全書珍本》六集，台北：臺灣商務印書館，1979年版），
　　　　　卷九，〈許母陸孺人行狀〉，頁3～4。
〔註372〕《士禮居藏書題跋記》，卷五，《甫里先生文集二十卷》，頁212。
〔註373〕《復社姓氏傳略》，卷二，〈南直 蘇州府〉，頁94～95。
〔註374〕《讀書敏求記》，〈陸德明經典釋文三十卷〉，頁14～15。

成《金石錄補》二十七卷，續跋七卷，所論多具獨見。〔註375〕

葉奕苞偏好金石之書，廣泛搜求，增益其家之所藏。而葉氏藏書自葉春至葉奕苞，已累九世之傳而未見散去，真可謂如神物之護持，祖德之庇蔭，非常難能可貴，其歷代子孫之賢孝，由此得以想見。

葉樹蓮（生卒年不詳），一名萬，字石君，號道戆，別號戆道人，常熟人。嘗為邑諸生，明亡棄去。徐乾學說：

> 葉石君者，隱君子也，性嗜書。世居洞庭山中，嘗游虞山，樂其山水，因家焉。所至必多聚書，嘗損衣食之需以購書，多至數千卷。會鼎革兵燹，盡亡其貲財，獨身走。還洞庭，其鄉人相與勞苦，石君顰蹙曰：「貲財無足言，獨惜我書耳。」鄉人皆笑之。已復居虞山，益購書，倍多於前。石君所好書與世異，每遇宋元鈔本，收藏古帙，雖零缺單卷，必重購之，世所常行者勿貴也。其所得書，條別部居，精辨真贗，手識其所由來，識者皆以為當。〔註376〕

葉樹蓮篤嗜藏書，積聚至千卷，一朝鼎革，盡燼於兵火之中。然他不以此而自棄，重新開始聚積，顯現出古代藏書家不屈不撓的藏書精神。值得注意的是，葉樹蓮偏好宋元抄本、收藏古帙，這與本期藏書界崇好奇祕之風尚極有關連。此外，葉樹蓮亦「工書，手鈔祕籍甚富，兼嗜金石。」〔註377〕據《常昭合志稿》載：

> （葉樹蓮）所藏書校勘精嚴，錢遵王（曾）書裝飾雖華，不及也，故葉氏書，至今為寶。其藏書跋多題「南陽戆道人」，有「樸學齋」、「歸來草堂」、「金庭玉柱人家」諸朱記。〔註378〕

綜上所述，可知葉樹蓮藏書之大概情形，亦可見本期蘇州藏書家重視名家校勘更甚於書裝華麗的價值取向。孫潛（生卒年不詳），字潛夫，號樛園，又字節生，亦曰知節君，吳縣人。性「喜藏書，手鈔手校之本，世多流傳者，有其姓名及『孫二酉珍藏』諸朱印。」〔註379〕他與葉樹蓮相善，兩人皆以精於手抄與手校而揚名於後世，為相類之藏書家。錢純（生卒年不詳），原名興祖，字孝修，常熟人，錢謙貞之孫。「熟史學，長於議論，有『在茲閣』藏書，所藏有名字諸朱印。」〔註380〕

顧苓（1626～？），字云美，號濁齋，吳縣人。好藏金石文，其藏也以此為主。

〔註375〕《清代樸學大師列傳》，頁545。
〔註376〕《國朝耆獻類徵初編》，卷四七〇，〈隱逸十〉，頁577。
〔註377〕《皇清書史》，卷三一，頁519。
〔註378〕《常昭合志稿》，卷三二，〈藏書家〉，頁27。
〔註379〕《常昭合志稿》，卷三二，〈藏書家〉，頁27～28。
〔註380〕《常昭合志稿》，卷三二，〈藏書家〉，頁26。

「家多碑版，云美僦一小庵近谷口家繙閱，數日夕不倦，其篤志如此。」〔註 381〕收藏內容偏好金石文，家藏既富，遂多見廣識，精於鑒別，《國朝耆獻類徵初編》曾云其「精鑒金石碑版」〔註 382〕；〈清儀閣題跋〉亦稱讚道：「大興翁學士，從舊拓《禮器碑陰》辨出熹平三年項伯修題字，亦據云美藏本，可見其鑒藏之精美矣。」〔註 383〕顧湄（生卒年不詳），字伊人，太倉州人。好藏書，嘗因「得宋刻蘇子瞻（軾）所書《淵明集》，藏弆之，因名其所居，曰：『陶廬』。」〔註 384〕善校讎，「崑山徐乾學慕其名，延館於家。時刻《通志堂經解》，湄校讎之力爲多。」〔註 385〕藏書家延請知名藏書家爲刻書而進行校讐，也可說是蘇州藏書流通的一類。顧湄好藏而勤讀，學識飽富，家居惟「讀古人書，負當世之志。」〔註 386〕有詩述其藏書生活云：「千卷只茅屋，一身仍布衣；深居戎馬外，知爾亦忘機。」〔註 387〕藏書生活正是古代文人生活類型當中，一種與世無爭，且令人爲之神往的忘憂境界。顧雲鴻（1567～1607），字朗仲，常熟人。馮舒曾述其藏書與讀書生活云：

> 去城十八里，有孫氏廢圃，曰：「藤溪」，君得而樂之，居其中，教授生徒而已。少而讀書，以四几周其身，堆書及棟，埋頭于中，劣得隙光映字，累月不出户，五經三史，略皆上口。〔註 388〕

可見顧雲鴻藏書是爲了讀書，有別於吳地自古以來的好事精神，是一位勤學的藏書家。顧雲鴻有孫名顧鉷（生卒年不詳），字僧虔，受到家風薰染，也好藏書。葉昌熾曾說：

> 張溯伊莘庵，有〈秋深過鳳村有懷顧丈僧虔詩〉：「書淫傳癖貧猶在，禪榻口燈老更親」，則僧虔（顧鉷）亦好書也。〔註 389〕

顧氏藏書，三傳至顧鉷仍不墜其業。

葛鼐（？～1679），字端調，自號蹇庵，崑山人。崇禎三年（1630）舉人，「好學，藏書三萬卷，國變隱居。」〔註 390〕性不喜客，杜門不出。何名世（生卒年不詳），

〔註 381〕明・周櫟園等編著，《明清印人傳集成》（台北：文史哲出版社，1997 年 7 月初版），頁 39。
〔註 382〕《國朝耆獻類徵初編》，卷四七〇，〈隱逸十〉，頁 579。
〔註 383〕《國朝書人輯略》，卷三，頁 263。
〔註 384〕《初月樓聞見錄》，卷一〇，頁 157。
〔註 385〕《清詩紀事初編》，卷一，頁 53。
〔註 386〕《漁陽山人感舊集》，卷七，頁 331。
〔註 387〕《明代千遺民詩詠》，卷二，頁 97。
〔註 388〕《懷舊集》，卷上，頁 315。
〔註 389〕《藏書紀事詩等五種》，卷二，頁 95～96。
〔註 390〕《明代千遺民詩詠》，卷二，頁 89。

字號不詳，吳縣人。據《崇禎・吳縣志》載：

> （何名世）家貧，不善治生。思致深湛，食廩縣學，幾貢，以家族狡
> 謀註誤見黜，遂以所治田產賤售，遷居避之。衰老，傭書爲業，恥與富貴
> 者往來。每閉關靜坐，雞鳴，以粥湯二甌爲嘗膳，午後繼以糯飯。朝親筆
> 硯，寫必成部，逮燈下則默看典籍，終日歡如也，不知其爲困約。有詹把
> 總者，欲抄一書奉權貴，凡精於繕寫者皆不中厥心，獨嗜名世老筆，令人
> 邀至其寓。辭焉，曰：「傭書矣，而又曳袂侯門耶？」終年僦屋，門有一
> 聯云：「陋巷簞瓢顏子志，殘編斷簡鄴侯書。」名世多積書，皆卷帙簡少
> 者。〔註391〕

何名世好藏書，傭書爲業，馳名遠近，其所藏蓋以手抄爲多；而志尚淡泊，以藏書、
抄書爲樂，這種生活方式，亦爲身處亂世當中的文人所嚮往。周履謙（生卒年不詳），
字盛之，吳縣人。「多集唐人句，一歲所得，彙爲一帙，題曰：『某年稿』，積至數十。
多蓄書，手爲繕輯，殘編不忍棄也。」〔註392〕黃紋（生卒年不詳），字號不詳，吳
縣人，官至香河知縣。「所收書籍甚富，致攻知之日，唯粥書以繼饔餐。」〔註393〕
黃紋藏而後鬻，雖說迫於生計，然亦可爲喜好藏書者所悲，較之一般藏書家「手爲
繕輯，殘編不忍棄也」，實在令人感到遺憾。浦杲（生卒年不詳），字東白，嘉定人。
《吳中人物志》載：

> （浦杲）少孤貧好學，長益刻厲。聞未見書，必力購得之，或手抄以
> 讀，窮日夕不厭，故其學多所該識，然惟資以爲文，不事進取。邑每有修
> 纂事，率杲爲文；宰邑者有所諮詢，往往就禮於其廬。〔註394〕

浦杲好藏書，且因之以博學，而享盛名於邑中，求者甚眾，則此又當爲藏書功績之
一例。龔時煥（生卒年不詳），字德明，崑山人。其家雖貧，然好藏書而勤讀，《崑
新兩縣續修合志》載：

> （龔時煥）砥行安貧，好讀書，搜訪遺帙，手抄口誦。室隘不暇筐簏，
> 則架薄板爲複壁貯之。摘剌朱黃，編無餘素，有從之問難者，原委顚末，如數甲
> 乙。〔註395〕

龔時煥安貧樂道，悠遊於藏書生活之中，其藏書之好，貯書之法，不因貧窮而稍奪

〔註391〕《崇禎・吳縣志》，卷四九，頁 12 下～13 上。
〔註392〕《崇禎・吳縣志》，卷四七，頁 51 上。
〔註393〕《崇禎・吳縣志》，卷四五，頁 22 下。
〔註394〕《吳中人物志》，卷九，頁 26。
〔註395〕清・金吳瀾等，《崑新兩縣續修合志》（台北：中央研究院藏本），卷二六，〈龔時煥〉，
　　　　頁 23。

其志，此又爲明代吳地藏書家的特色之一。

此一時期所列藏書家共計五十二人，而由這五十二人中，我們可以大略得知明代蘇州藏書的趨勢與實際情形、藏書崇尙與習慣之改變，以及藏書集團間之整合等現象，而這些問題，也將於後文逐一討論。

第三章　藏書家的集團性分析

第一節　藏書家的家族關係與經濟狀況

　　明代蘇州的藏書家族，計有四十家。若依時代的先後順序約略地排列，有長洲虞氏、吳縣俞氏、吳縣陳氏、常熟陳氏、崑山朱氏、長洲邢氏、崑山沈氏、吳縣伊氏、崑山葉氏、吳縣劉氏、長洲沈氏、長洲史氏、太倉陸氏、常熟孫氏、長洲文氏、吳縣王氏、崑山張氏、常熟楊氏、長洲陸氏、崑山顧氏、吳縣黃氏、長洲張氏、吳縣袁氏、常熟何氏、崑山歸氏、長洲錢氏、太倉王氏、長洲顧氏、太倉王氏、吳江王氏、吳縣趙氏、常熟顧氏、常熟馮氏、常熟葉氏、常熟錢氏、常熟譚氏、常熟毛氏、長洲許氏、吳縣金氏、崑山徐氏等。

　　後人對於以往藏書家藏書的散佚，大多歸因於兵燹、水火之災、子孫不肖與書禁等原因。〔註1〕若以明代蘇州的藏書家族來看，子孫不肖則占了絕大部份。子孫不肖多數是因家族分裂與家道中落，而家道中落則又多為藏書家的經濟條件轉衰，致使必須消耗大量金錢、人力、時間與精神的藏書活動，不得不宣告中止。而在貧窮的環境當中，子孫鬻賣家產以維持生計之事亦屢見不鮮。所以，經濟環境對於私人藏書事業的影響，兩者間確實存在著極為密切的關係。常熟藏書家馮復京便曾以同縣的藏書家何鏜、秦四麟、蔣肖圃三人為例，說明經濟背景對於私人藏書的重要性。馮復京指出當時何鏜與秦四麟皆為邑諸生，同喜藏書，有得即抄，所藏甚富；而蔣肖圃亦好學，周旋於秦、何兩人間借觀借鈔。但是秦、何為

〔註1〕例如潘美月曾以宋代藏書家為研究對向，指出藏書散亡之因有四：一是燬於兵火，一是燬於水火，一是子孫不肖，一是書禁之厄。見潘美月，《宋代藏書家考》（台北：學海出版社，1980年4月初版），頁22～26。

高貲之家，蔣氏卻貧甚，故「秦、何俱工書法，有田業，所蓄精好可玩；蔣公貧，書取充數而已。」〔註2〕由此可見，藏書家經濟條件的好壞，著實深深地影響著藏書家的藏書事業。因此，本節除了敘述藏書家族之存在、始末以及成員以外，對於藏書家族的經濟環境與身份背景、科第門閥，亦一併敘述介紹，期望藉由瞭解藏書家族成員的身份、職業或經濟狀況以後，能夠認知經濟條件對於家族藏書事業影響的重要性，以做為區域藏書文化深入研究的參考。至於個人之藏書家（非屬於藏書家族者）的經濟狀況與背景，由於資料較為瑣碎，故不贅述，本文僅以藏書家族為代表。

元明易代之際，蘇州藏書家族處於兵馬倥傯的時代裡，藏書頗多散亡於兵燹之中，然亦有倖存者。明初蘇州藏書家族首推長洲虞氏為最早，虞氏藏書始自宋代虞允文（1110～1174），歷元朝而八傳至明初虞堪，仍世守其家之藏書而增益之。「虞堪字克用，一字勝伯，宋丞相雍公（虞允文，封雍國公）八世孫，家長洲，洪武中為雲南府學教授。」〔註3〕虞氏為仕宦之家，經濟也非常富裕。虞允文為宋朝名臣，由於功勳彪炳，使得藏書之蹟相對不顯，以致後世多著重其功業，而忽略其藏書，甚至在近人的研究與著作當中，也沒有人將其列入藏書家之林。其實，虞堪「其所藏書，多雍公遺，又行重購」，故虞氏藏書，實始自虞允文，至虞堪而益壯大之。虞堪子虞鏞，亦謹守先人之書而未曾稍怠。再傳虞堪之孫虞湜，始去儒業，但仍然不墜其先世藏書家風，所遺至此俱在。直至虞湜老，家已貧，「草屋數間，蕭然江渚。」〔註4〕而「湜之子權，家益貧，盡斥賣先世故物，以供衣食」，故而藏書驟減。虞權死後，其妻又將僅存數篋之書，用魚網裹著置於屋樑上，久之遂亡佚。至此，虞氏所藏乃散亡殆盡。虞氏藏書，自宋至明，共傳十一世。此外，虞氏藏書於明初還有另一支，為虞震。震為虞湜族人，朱存理述及虞湜藏書時有言：「其後丞相學士諸像，皆為崑山族人啟東（虞震）得之。」〔註5〕然虞震藏書，身後無考。

同虞堪之世，有吳縣俞氏，亦為跨代之藏書世家。俞氏藏書，始自俞琰，為元代人，三傳至明初，其孫俞貞木益添購之。俞貞木「祖琰，元溫州學錄，稱石澗先生，有《易說》數十卷行於世。父仲溫，平江醫學錄生。」〔註6〕祖父二世皆仕於朝，傳至俞貞木，值元季兵亂，乃杜門不出，日惟藏書探文，閒居十餘年，「洪武中，

〔註2〕 《明常熟先賢事略》，卷一三，〈文苑〉，頁164。
〔註3〕 《靜志居詩話》，卷五，頁464。
〔註4〕 《樓居雜著》，〈記虞氏書冊〉，頁9。
〔註5〕 《樓居雜著》，〈記虞氏書冊〉，頁10。
〔註6〕 明‧朱國楨，《皇明開國臣傳》（《明代傳記叢刊》，台北：明文書局，1991年1月初版），卷九，頁249。

始以薦授樂昌令，尋丁父憂，服闕改都昌令。」〔註7〕故俞氏三世，皆以仕宦為業。而俞琰為元末老儒，「世居吳郡學宮之傍，水木幽茂。」〔註8〕既有如此清幽之居，俞家經濟狀況，想必不差，以故俞琰雖生於宋寶祐初年，喜好藏書、讀書，然俞氏自俞琰起，「傳四世皆讀書修行，號南園俞氏云。」俞貞木亦善守家藏書籍而讀之，本身也好收藏。然「貞木無子」，〔註9〕以致死後，藏書俱散。俞氏藏書，共歷三世。而上述長洲虞氏與吳縣俞氏，兩家俱為跨越三朝的明初蘇州藏書世族。

繼之有吳縣陳氏，陳氏藏書始於陳汝秩。陳汝秩「少失怙，安貧力學。工詩文，藻麗不群。」〔註10〕與其弟陳汝言並有儁才，且同好藏書。陳汝言為陳繼之父，仕至兵部尚書。「洪武初，官濟南經歷，坐法死，家破。婦吳，育其孤繼，遺書尚數萬卷。」〔註11〕陳家從廬山遷吳，號廬山陳氏，陳氏既為仕宦之家，位至九卿，其家經濟狀況，應該不錯。陳繼以後，陳氏藏書不知所終。綜言之，上述虞氏、俞氏、陳氏三家，其「書籍金石之富，甲於海內」，以致錢謙益誇讚地說：「自元季迄國初，博雅好古之儒，總萃於中吳。」此三家，可說是明代開國之初蘇州藏書家族的代表。

常熟陳氏，其藏書始自陳芳，據《楓山章先生集》載：

> 芳字繼芳，姓陳氏，蘇之海虞人。自其曾祖伯陽，祖孟遠，父仲祥，世以仁厚相承，為邑城望族。至君尤溫厚慈良，敦尚禮義，鄉稱長者。遭元季之亂，寇陷郡邑，眾皆逃匿，君與其父，亦廬舍出外，兼治農末，克勤以儉，再植有家。〔註12〕

陳芳子陳璇，承襲藏書家風，隱居而喜好收藏。「字叔維。父繼芳，有耆行。璇號市南清隱。」子陳稷，也好讀書為文。「性淳懿，所居近市，聞市人履聲即之，輒引去。耳目有感，率寓于詩。」〔註13〕如同其父，陳稷亦隱居耕田為業。陳氏雖累代務農，然家境頗豐，為常熟豪族，且以仁厚傳家。因「其人類長者，高皇帝數以法破誅豪首，獨赦陳氏自如，為其以長者故。」〔註14〕所以，陳氏能夠不受明初政局嚴峻之影響，而延續其藏書家業。然陳氏藏書，自陳稷後無蹟可尋。

〔註 7〕　清‧沈佳，《明儒言行錄續編》（《明代傳記叢刊》，台北：明文書局，1991 年 1 月初版），卷一，頁 595。
〔註 8〕　《姑蘇名賢小記》，卷上，〈俞都昌先生〉，頁 1。
〔註 9〕　《列朝詩集小傳》，〈甲集‧俞都昌貞木〉，頁 154。
〔註 10〕　《崇禎‧吳縣志》，卷四八，頁 42 上。
〔註 11〕　《列朝詩集小傳》，〈甲前集‧陳經歷汝言〉，頁 41。
〔註 12〕　《楓山章先生集》，卷六，〈陳府君繼芳墓表〉，頁 201。
〔註 13〕　明‧姚宗儀，《常熟縣志》，卷一三，頁 42 上。
〔註 14〕　明‧朱大韶，《皇明名臣墓銘》（《明代傳記叢刊》，台北：明文書局，1991 年 1 月初版），〈都察院左僉都御史虞山陳公傳〉，頁 763。

崑山朱氏，始自朱永安。朱永安的祖父朱德潤，「字澤民，初用趙文敏孟頫（1254～1322）之薦，歷官編修、鎮東儒學提舉、浙省平章參謀、長興太守，所在有聲。」〔註 15〕朱永安之父朱吉（1342～1422），永樂時，也仕為中書舍人，「已謝政歸，篋中惟法書名畫，路遇故人負租抵罪，輒鬻以償之。」〔註 16〕祖父二代皆出仕，故朱氏為官宦之家。而朱永安與其子朱夏二人，雖為布衣，然承先世所遺家貲，經濟情況想必不差。朱氏藏書之蹟，在朱吉時可為其緒，然並不專意，至朱永安始致力於藏書事業。朱永安子朱夏，繼其父風，也雅好藏書。但朱氏藏書可考者至此，朱夏以後，不知所終。

長洲邢氏，藏書始於邢量。邢量為布衣，「隱居杜門，以醫卜自給。敝屋三間，青苔滿壁，拆鐺敗席，蕭然如野僧。」〔註 17〕家境雖然清寒，卻仍好藏書，家中除臥榻以外，其餘空間皆用以藏書，可知其癖書之深。其孫邢參，雖「貧無恒業，唯教授鄉里，以著述自娛，無所干請。」〔註 18〕然受其祖好書門風之沾染，本身也相當喜愛收藏典籍。邢量為醫士卜人，邢參亦僅以教授私塾為業，而藏書家風相襲不墜，實屬不易，故邢氏為家境較為清貧的平民藏書家族。《西園聞見錄》亦載：

> 邢參字麗文，長洲人。誅茅附城之野，每自杜門耽書，賓客至，或無
> 茗椀。有時薪火斷，則亦自食冷物。戶無寸田，未嘗干謁，亦不輕履友人
> 之家，雖素所厚者，亦不享其一粒。早年喪偶，終其身不再娶。又其祖用
> 理（邢量）亦高士也，遺〈叱鼠賦〉。凡鼠耗斁，而在君無盆盎之糧，賦
> 何庸作？談之可為一笑。稱高士者，與其先相映云。〔註 19〕

邢參雖貧，卻頗有志節，「平生不事干謁，苦志讀書除夜，有海估以百金乞墓文，峻拒之。抱膝擁衣，飢以待旦，其介如是。」〔註 20〕邢氏藏書，共傳三世，至邢參以後，亦不知所終。

崑山沈氏，藏書始自沈方，「家世業醫，清修好學，惡近佛老。」〔註 21〕第三子「沈訥，字文敏，崑山人。舉進士，累官福建按察僉事。」〔註 22〕沈方業醫，子

〔註 15〕《吳郡張大復先生明人列傳稿》，〈朱吉子定安泰安永安傳〉，頁 72。
〔註 16〕《吳郡張大復先生明人列傳稿》，〈朱吉子定安泰安永安傳〉，頁 71。
〔註 17〕《西園聞見錄》，卷二二，〈畸人〉，頁 509。
〔註 18〕《姑蘇名賢小記》，卷上，〈邢布衣先生〉，頁 9。
〔註 19〕《西園聞見錄》，卷二二，〈高尚〉，頁 483。
〔註 20〕《靜志居詩話》，卷十一，頁 115。
〔註 21〕《重修崑山縣志》，卷七，頁 475。
〔註 22〕明・聞人詮、陳沂纂修，《嘉靖・南畿志》（《北京圖書館古籍珍本叢刊》史部地理類二四冊，北京：書目文獻出版社，1988 年版，據明嘉靖刻本影印），卷一四，頁 37 下。

沈訥爲仕，家境應無貧狀。沈方長子沈愚，亦「業醫，授徒以終其身」，〔註23〕並繼承沈方藏書之業。沈愚孫沈世麟，亦守先人藏書之業。然沈氏至此家道已告中落，沈世麟之家境不復先世，《吳下冢墓遺文續編》載云：「家貧，從縣令乞貸，令亦笑與之。有郡推官迎延爲師，玄朗（世麟）日與飲酒，不交一言，歲終謝去。」〔註24〕沈氏藏書，共歷四世，沈世麟後，藏書亦無蹟可考。

吳縣伊氏，藏書可分二支。其一始自伊彤，「其先自沭陽徙吳，洪武中，以閭右遷南京。」〔註25〕而伊彤子伊恒，於英宗時，「敕授尙寶司少卿，景泰中致仕」，〔註26〕伊彤並以恩封官如其子，故伊氏本即爲富室，又列仕籍，經濟充裕。然伊彤之藏書，身後卻去向不明。伊氏藏書之另一支爲伊彤之族人伊侃，〔註27〕登「正統元年（1436）進士，□（史料原闕）年任行在工科給事中。」〔註28〕伊侃爲中央官員，其家又爲富室，所以經濟狀況可謂極佳。然「士剛（侃）卒，而家遂落」，且「生平所著，多燼于火」，故伊氏藏書，伊侃以後很有可能亡於祝融。

崑山葉氏，其藏書始於葉春。「春字景春，崑山人。父明，字敬明，充鄉正理賦役，隱德爲鄉人所敬信。春襲父業，益務爲善。」〔註29〕春子葉盛，爲明代著名的大藏書家，中「正統乙丑（十年，1445）進士，仕至吏部左侍郎。」〔註30〕家本富室，又居顯宦，以故葉氏藏書之始，背景條件便已甚佳。葉盛以後，「子晟，鄉進士。孫夢淇，以蔭入太學，歷大名台州通判，衡州同知」，〔註31〕子孫仍在仕籍。葉夢淇且於嘉靖六年（1527）高陞衡州府知府，〔註32〕葉氏至此，家道未衰。葉夢淇子葉良才，出身名宦之門，仍恪守先世藏書惟謹。「有子二人，恭煥，鄉貢士；恭炫，邑諸生。」〔註33〕二子中，葉恭煥最以藏書名世，他克承先人之志，建「篆竹堂」

〔註23〕《明詩人小傳稿》，卷一，頁45。
〔註24〕《吳下冢墓遺文續編》，〈玄朗先生墓碣〉，頁359。
〔註25〕《崇禎·吳縣志》，卷四九，頁6下。
〔註26〕《崇禎·吳縣志》，卷四九，頁8上。
〔註27〕伊彤之先自沭陽徙吳，且洪武中以閭右遷南京；而吳寬言侃之先時，侃亦如彤，故可知兩人有同族之關係，且與彤子恒約略同時。可參見明·吳寬，《家藏集》，卷四二，〈伊氏重修族譜序〉，頁4下～5下。
〔註28〕明·蕭彥，《掖垣人鑑》（台北：文海出版社，1970年3月初版），前集卷九，〈伊侃〉，頁394。
〔註29〕《明詩人小傳稿》，卷一三，頁484。
〔註30〕明·蘇茂相，《皇明寶善類編》（《明代傳記叢刊》，台北：明文書局，1991年1月初版），〈編中名公姓氏〉，頁565。
〔註31〕《梅花草堂集》，卷四，〈皇明崑山人物傳〉，頁9。
〔註32〕參見明·余讓修等，《萬曆·衡州府志》（台北：中央研究院藏明萬曆21年刊本），卷六，頁36下。
〔註33〕《弇州山人四部稿》，卷八四，〈葉君傳〉，頁3980。

以貯之。再傳至葉恭煥曾孫葉國華，官工部侍郎，雖無藏書之蹟，然其家業未減，仍位高官。葉國華子葉奕苞，爲諸生，〔註34〕時已入清，於康熙十七年（1678）舉鴻博。〔註35〕「析產得工部（葉國華）所築『繭園』之半，葺而新之名『半繭園』。廣六十餘畝，有『大雲堂』、『據梧軒』、『小有堂』、『綠天逕』諸勝」，〔註36〕故其家仍爲富民，且藏書聲名未落。總之，崑山葉氏不僅爲官宦世家，且爲名符其實之藏書世家。葉氏藏書，起自明初，至清初始散去，所傳世代幾與明祚相埒，眞不愧爲明代蘇州藏書最久的門閥世族。

　　吳縣劉氏，藏書始於劉昌。劉昌「曾祖本道，祖天祐，皆隱於塵。父公禮，南京工部虞衡司主事」，〔註37〕故劉氏本業賈，至劉公禮始爲仕，家貲富厚。而劉昌亦登「正統乙丑（正統十年，1445）進士，授南京工部主事，歷員外轉工部郎中，出爲河南提學副使，遷廣東參政」，〔註38〕家道仍舊不墜。劉昌子劉嘉緒，「字協中，父昌，官河南，尚無子，禱而得嘉緒。」〔註39〕據其墓誌載云：

> 一舉明經，來游泮水，畢藝時文，懷心史學，加以情尚風流，性不忤
> 物。……學無不達，猶好老莊，是以寵辱不驚，伏思爲樂。少年以范丞相
> 成大（1126～1193）墓近先塋，常遭發毀，作文弔之，援筆立成，詞不加
> 竄，雖老成宿德，莫不推其博雅。〔註40〕

劉嘉緒雖不仕，然亦出身舉人，情尚風流，家貲豐厚。子劉穉孫，「字復孺，昌冢孫」，〔註41〕亦世其家風。劉氏藏書共傳三世，劉穉孫以後，則不知去向。

　　長洲沈氏，藏書始自沈周。沈周祖沈澄，家境溫厚，極風流好事。《明詩人小傳稿》載：

> 家素封，讀書尚義，雅善詩。永樂初，以人材徵，引疾歸。恆著道衣，
> 逍遙池館，海內名士，莫不造門，日治具燕賓客，詩酒爲樂，人以顧瑛擬
> 之。〔註42〕

〔註34〕參見《己未詞科錄》，卷七，頁412。
〔註35〕參見《皇清書史》，卷三一，頁520。
〔註36〕《己未詞科錄》，卷七，頁412。
〔註37〕《國朝獻徵錄》，卷九九，〈廣東布政使司左參政劉公昌墓志銘〉，頁28。
〔註38〕《靜志居詩話》，卷七，頁615。
〔註39〕《崇禎‧吳縣志》，卷四七，頁45下。
〔註40〕明‧唐寅，《唐伯虎先生全集》（台北：國家圖書館藏明萬曆42年吳趨何大成校刊本），卷下，〈劉秀才墓志銘〉，頁12～13。
〔註41〕《崇禎‧吳縣志》，卷四七，頁49上。
〔註42〕《明詩人小傳稿》，卷七，頁243～244。

沈周之父沈恒（1409～1477），「生富室，志高尙」，〔註43〕是故沈家雖無仕蹟，然素皆高貲，爲長洲富室。《姑蘇名賢小記》載：

> 沈氏家長洲之相城，有孟淵（沈澄）者，以儒起家，二子南齋貞吉（沈貞，1400～約1482），同齋恒吉（沈恒）皆善唐律，工染翰，不可以金錢購取。家庭之間，自相酬唱，下及僮僕，悉諳文墨。同齋有子曰：「石田先生」，名周，字啓南，晚更自稱曰：「白石翁」。……自其少時，天才溢發，爲文援筆立就則已，不肯治擧子業，以故得專意讀書。築「有竹居」，居其中挾冊而哦，其勤乃倍於經生。〔註44〕

沈周子沈雲鴻，亦喜藏書，「曾大父孟淵，大父恒吉，父曰：『石田先生』啓南」。沈雲鴻「摻家三十年，業日加拓而人不怨其積。」〔註45〕是故沈氏至沈雲鴻，家境仍然相當富裕。然沈氏藏書，至此以後無考。

長洲史氏，藏書始於史鑑。史氏本吳江人，後遷長洲。史鑑居於吳江，「世力穡起家」，〔註46〕「家故饒，四方士歸焉，雖在閭左，名出公卿間」；〔註47〕又園居甚勝，水竹幽茂，亭館臺榭，交契相通，可知史氏時爲富農階級。歷數傳至史兆斗，爲「處士明古鑑之後，徙居長洲」，〔註48〕遂爲長洲人，但此時卻已家道中落，經濟拮据。「兆斗貧，無子，以從子某爲後。晚依其家，既死，所藏書俱散佚不存。」史氏藏書共傳幾世並不可考，但若以史鑑和史兆斗之生卒年代來看，約略傳了二百多年，也堪稱藏書大家。

太倉陸氏，藏書始自陸容。陸氏本來占籍崑山，後因崑山悉地改隷太倉州，遂爲太倉籍。陸容登「成化丙戌（二年，1466）進士，授南京吏部主事。改兵部，坐言事，出爲浙江右參政。」〔註49〕因此，陸氏爲「吳郡望族，起家進士」，〔註50〕屬於仕宦之族，家財羨餘。陸容「子男一人，即伸，鄉貢進士」，〔註51〕因受藏書家風薰染，也好藏書。「弘治壬子（五年，1492）領鄉薦」，〔註52〕又中「正德戊辰

〔註43〕《吳中人物志》，卷十三，頁26。
〔註44〕《姑蘇名賢小記》，卷上，〈白石翁先生〉，頁20至21。
〔註45〕《甫田集》，卷二九，〈沈維時墓誌銘〉，頁1。
〔註46〕《吳中人物志》，卷九，頁25。
〔註47〕《續吳先賢讚》，卷一一，〈史明古〉，頁10。
〔註48〕《池北偶談》，卷一一，〈史辰伯〉，頁八。
〔註49〕《靜志居詩話》，卷八，頁694。
〔註50〕明・邵寶，《容春堂別集》（《四庫全書珍本》五集，台北：臺灣商務印書館，1974年版），卷五，〈送江西按察使陸公序〉，頁5。
〔註51〕《文溫州集》，卷九，〈故浙江布政使司右參政陸公墓誌銘〉，頁11。
〔註52〕《太倉州志》，卷七，頁38下。

（三年，1508）進士，官大理評事。能讀父書，撰《式齋藏書目錄》。」〔註53〕陸氏藏書，陸伸以後亦無考。

常熟孫氏，藏書始自孫艾。孫艾父孫紀，仕至南京刑部員外郎。《常熟縣志》載其家世云：

> 其先有平江錄事者（孫奭，元朝人），家常熟；五傳為禮，字文敬，號質菴，以子紀貴，贈員外。紀正統辛酉（六年，1441）鄉薦，授南吏考功主事，陞刑部員外。子艾。〔註54〕

孫氏起家宦族門閥，至孫艾時已「家眥鉅萬。」〔註55〕《常熟縣志》載：

> 孫艾，字世節，南京刑部員外郎紀之子。通朗有俊質，累舉弗利，遂棄去。事博洽，風情流暢，不可嬰以事務。家有豐資，艾用之無靳惜。〔註56〕

孫艾生二「子舟、耒。」〔註57〕其中孫舟為「艾長子，正德丙子（十一年，1516）鄉薦，丁丑（十二年，1517）進士，任工部主事，引疾歸卒。孫樓。」〔註58〕而孫耒生子孫七政，「字齊之，號三川。祖艾；父耒，號小川，世任俠結客。」〔註59〕「七歲作五言詩，十歲通五經，十三補諸生，晚遊國學。」〔註60〕然為舉子業，「十上長安不第，而又為人所齮齕，盡斥其千金產，家徒四壁立，妻子凍餒。」〔註61〕且「不事生產作業。嘗賣宅，僅存長松，吟詠其下，蕭如也。」〔註62〕孫氏自孫紀以宦業起家，累傳至此已家道微衰，不復盛時。孫七政子二人，長孫林（1564～1637），字子喬，號芝房，萬曆四十二年（1614）貢生。〔註63〕次孫森「字子桑，號蘭畹，政仲子。萬曆丙午（三十四年，1606）鄉薦，授弋陽令。」〔註64〕孫氏至此，才又掛籍仕族，中興家業。而孫舟之孫孫樓，與孫林、孫森為兄弟輩，護守先世藏書之業。《國朝獻徵錄》載其族系云：

〔註53〕《明詩人小傳稿》，卷二，頁71。
〔註54〕明・姚宗儀，《常熟縣志》，卷一五，頁1上。
〔註55〕《列朝詩集小傳》，〈丁集上・孫處士艾〉，頁421。
〔註56〕明・姚宗儀，《常熟縣志》，卷九，頁963。
〔註57〕明・姚宗儀，《常熟縣志》，卷一五，頁1下。
〔註58〕明・姚宗儀，《常熟縣志》，卷一五，頁1下。
〔註59〕明・姚宗儀，《常熟縣志》，卷一五，頁2下。
〔註60〕明・姚宗儀，《常熟縣志》，卷一五，頁2下。
〔註61〕《大泌山房集》，卷一二，〈滄浪生集序〉，頁27。
〔註62〕《明常熟先賢事略》，卷一三，〈文苑〉，頁163。
〔註63〕參見明・姚宗儀，《常熟縣志》，卷一五，頁4上。
〔註64〕明・姚宗儀，《常熟縣志》，卷一五，頁4上。

公諱樓，字子虛，別號百川。其先于元大德時諱君奭者，任平江錄事司主司，因家海虞。主司子千二公，生封刑部郎諱文敬。封刑部郎生刑部郎諱紀，刑部郎生封工部主事諱艾，號西川。初以素封著聲，雍容好賢，長者之車，恒轂擊戶外。既以子貴獲封，封工部主事，生工部主事諱舟。工部主事生庠生諱一元，娶繆，生公。……舉于南畿，既七試禮闈，輒不得雋。……以久隱長約無已時，就除吳興司理。〔註65〕

後來又「以舉人，銓補湖州府推官。」〔註66〕孫樓孫孫胤伽，沾染藏書門風，癖嗜藏書更勝於孫樓。然孫氏藏書，可考者止於孫胤伽，共傳六世。

長洲文氏，其藏書始於文林，據《文溫州集》載：

其先衡山人，宋丞相信國公（文天祥，1236～1282）之族。高祖俊卿，元末鎮遠大將軍湖廣管軍都元帥，佩金虎符，鎮武昌。曾從祖定聞，從高皇帝平偽漢，賜名添龍，功授荊州左護衛千戶。曾祖奭聰，從其兄兵中，署散騎舍人，始徙浙。而祖惠遂居長洲，不仕。父洪（1426～1479），易州淶水教諭，贈太僕寺丞。……公舉成化壬辰（八年，1472）進士。〔註67〕

文氏起家武弁，自文惠始徙長洲，至文洪始為儒學教官，改武為文，而至文林更舉進士，為溫州守。生子文徵明，「初名璧，又字徵仲，吳人也。父林，成化間進士，歷官清白。及守溫州，卒于官。」〔註68〕然困於場屋，「累舉不第，薦授翰林待詔，尋致仕歸。」〔註69〕長子文彭，亦如其父，雖享盛名於文壇，卻屢試不順，最終纔以貢舉任教於嘉禾縣而已。據《續南雍志·列傳》載：

文彭，字壽承，別號三橋，衡山徵明長子也。生而聰穎，讀書過目不忘。十歲能屬文，長益超卓，出試有司，輒在高等，名譽日起，四方傑士咸樂與為交。乃同時朋侶先後登進，彭顧邅迴，十舉不獲薦於主司。及徵明乞休林下，幾四十年，彭日侍左右，奉翁登覽名山，周旋觴詠，心益泊如。年踰五十始貢上禮部，入試大廷，置在卷首；以父年高乞近地，以便省養，乃分教嘉禾。〔註70〕

文彭子文元發，出身文獻世家，門地清峻；仕宦又顯於祖父，「以衛輝府同知致仕，

〔註65〕《國朝獻徵錄》，卷八五，〈典司理百川孫公樓墓志銘〉，頁59。
〔註66〕《明常熟先賢事略》，卷一三，〈文苑〉，頁162。
〔註67〕《文溫州集》，卷一二，〈明故中順大夫溫州府知府文公墓誌銘〉，頁1。
〔註68〕《明史竊·列傳》，卷九五，頁369。
〔註69〕《明詩評》，卷三，頁66。
〔註70〕明·黃儒炳，《續南雍志·列傳》（《明代傳記叢刊》，台北：明文書局，1991年1月初版），頁413。

進階朝列大夫。」〔註71〕雖然如此，文氏藏書，至文元發時多已散佚，所剩不多。
文元發子文震孟，「初名從鼎，字文起，號湛持」，〔註72〕為「待詔徵明曾孫也。祖
國子博士彭，父衛輝同知元發。」〔註73〕「震孟生而嶷岐，面長盈尺，劍眉插鬢。」
〔註74〕於「萬曆甲午（二十二年，1594）以春秋舉于鄉，時年二十一。」〔註75〕中
「天啓壬戌（二年，1622）廷試第一名，授編修，時四十九歲矣。」〔註76〕崇禎時，
以禮部左侍郎兼東閣大學士卒。〔註77〕文氏累代為仕，自宋朝以來出將入相者頗不
乏其人，乃門閥鉅族。而其家藏書，從文林至文震孟，共傳五世。文震孟以後，不
知所終。

　　吳縣王氏，其藏書始於王鏊。《明鼎甲徵信錄》載：

> 王鏊，字濟之，江南吳縣人。父琬（1420～15038），官光化知縣，有
> 政績。鏊自幼虔奉文帝陰騭文，力行弗懈。年十六，隨父任讀書國子監，
> 諸生爭傳誦其文。〔註78〕

王琬既起家為仕，王鏊遂出身官宦之家，且於「成化甲午（十年，1474）薦應天第
一，明年試禮部，復第一，廷試第三，授翰林院編脩。」〔註79〕後來又「仕至少傅、
戶部尚書兼武英殿大學士」，〔註80〕家貲更為富厚。王鏊宦業雖然顯赫，卻喜讀書
與藏書，「閉門力學，避遠權勢。」〔註81〕生有「子男四人，延喆，大理寺寺副；
延素，南京中軍都督府經歷；延陵，中書舍人；延昭，郡學生。」〔註82〕其中王延
喆最尚奢華，憑藉豐厚的家財，揮金似土，所蓄珠玉寶玩，尊彝窯器，法書名畫，

〔註71〕明・姚希孟，《棘門集》（台北：國家圖書館藏明崇禎間蘇州張叔籟刊本），卷五，〈文起
　　　　先生元配陸碩人行狀〉，頁80。

〔註72〕《啓禎野乘》，卷一，〈文文肅傳〉，頁38。

〔註73〕《明史稿・列傳》，卷一三〇，頁76。

〔註74〕明・張岱，《石匱書後集・列傳》（《明代傳記叢刊》，台北：明文書局，1991年1月初
　　　　版），卷九，〈文震孟、姚希孟列傳〉，頁35。

〔註75〕清・不注撰人，《五十輔臣考》（台北：國家圖書館藏舊鈔本），卷三，〈文文肅公〉，頁
　　　　7。

〔註76〕明・陳盟，《崇禎閣臣行略》（《明代傳記叢刊》，台北：明文書局，1991年1月初版），
　　　　頁731。

〔註77〕參見《靜志居詩話》，卷一八，頁680。

〔註78〕清・閻湘蕙等，《明鼎甲徵信錄》（《明代傳記叢刊》，台北：明文書局，1991年1月初
　　　　版），卷二，頁578～579。

〔註79〕《皇明詞林人物考》，卷三，頁525。

〔註80〕《皇明寶善類編》，〈編中名公姓氏〉，頁579。

〔註81〕明・雷禮，《國朝列卿紀》（《明代傳記叢刊》，台北：明文書局，1991年1月初版），卷
　　　　一八，〈詹事府少詹事行實〉，頁270。

〔註82〕《甫田集》，卷二八，〈太傅王文恪公傳〉，頁6。

皆價值連城。次子王延素，則一反其兄奢侈浪費的作風而儉樸崇實，據《皇甫司勳集》載：

> 時長子中舍君（王延喆）窮治宮室苑囿，凡輿馬服食，靡不華腆，粉
> 黛聲伎，充於後庭，玉帛玩好，實於外庫，將以娛其親，公（王延素）悉
> 屏而不御焉。仲獨沉靜寡慾，折節讀父書，翩翩然佳公子也。相公（王鏊）
> 亦喜謂：「成吾清德者，此兒矣！」〔註83〕

三子王延昭，無藏書之蹟可考；「季子延陵，爲中書，風流不墮。」〔註84〕王延喆
子王有壬，「字克大，別號文峰，故光祿大夫柱國少傅兼太子太傅諡文恪公諱鏊之孫，
大理寺右寺副諱延喆之子。」〔註85〕因祖蔭，詔任尚寶司司丞，遷尚寶司卿，繼又
擢升爲太常寺少卿，〔註86〕仍爲中央高級官員。以故王氏三傳至王有壬，家境依舊
富厚不墜。王延喆「故多藏，當死喪，搶攘所闕出財物不貲。」〔註87〕王世累代顯
赫，室廬溫厚，而藏書亦隨之不廢。然王氏藏書，傳至王有壬以後漸不可考。

　　崑山張氏，其藏書始自張安甫。王世貞記云：

> （張安甫）字汝勉，篠菴先生（張和，1412～約 1464）之從子也。
> 先生生而秀朗，工屬文，登弘治庚戌（三年，1490）進士，授祈州守。〔註88〕

張和與弟張穆（1415～1487），爲張安甫的二叔與三叔，兩人皆舉正統四年（1439）
進士，同年釋褐起家，一時官場頗爲稱美。張和後「以大臣薦，拜浙江按察司副使」；
而張穆「亦由刑部主事、員外郎、郎中，爲山東按察副使。」〔註89〕張安甫雖出身
官宦門第，本身亦中進士，爲祈州守，以故家族的經濟基礎非常穩固。其子張寰亦
列仕籍，登「正德辛巳（十六年，1521）進士，仕至通政司參議。」〔註90〕歸有光
曾述及張寰之家世云：

> 公姓張氏，諱寰，字允清，世爲蘇州崑山人。曾祖諱用禮，贈奉政大
> 夫刑部郎中；祖諱積；考諱安甫，祈州知州，封奉直大夫刑部員外郎。初
> 奉政有四子，積其長也。次和，中順大夫浙江按察司提學副使；次穆，太

〔註83〕《皇甫司勳集》，卷五三，〈明中順大夫思南府知府王公墓誌銘〉，頁2～3。
〔註84〕《罪惟錄・列傳》，卷一一，〈經濟諸臣列傳上〉，頁595。
〔註85〕《松石齋文集》，卷一七，〈太常寺少卿文峰王公行狀〉，頁21。
〔註86〕明・張弘道等，《皇明三元考》（《明代傳記叢刊》，台北：明文書局，1991年1月初版），
　　　　卷七，頁271。
〔註87〕《松石齋文集》，卷一七，〈太常寺少卿文峰王公行狀〉，頁21。
〔註88〕《弇州山人續稿碑傳》，卷一四八，〈吳中往哲像贊有序〉，頁683。
〔註89〕《國朝獻徵錄》，卷八四，〈按察副使張君和傳〉，頁63。
〔註90〕《皇明詞林人物考》，卷六，頁119。

中大夫浙江布政司右參政。兄弟以文章節行稱於世，號：「二張先生」。次
種，濮州判官。始英宗皇帝臨軒策士，中順兄弟同舉禮部，太中名第二，
及入對策，中順第一，天子使小黃門密至其邸識之。……兄弟四人，惟伯
與其季不爲進士。而伯（張穨）實生奉直公（張安甫）。〔註91〕

張氏自張和、張穆起家進士後，累代居官，爲仕宦階級。然藏書卻僅傳二世，傳至
張竇以後無考。

常熟楊氏，藏書始於楊舫。其父楊集，於「景泰五年（1454），以進士觀政兵部」，
〔註92〕其後「授知安州」，〔註93〕至晚年「始務謙抑，游心經史，謝遠世故，年七
十八卒。子舫。」〔註94〕所以楊舫的出身，爲門閥子弟。楊舫字弘載，領「成化丁
酉（十三年，1477）鄉薦，授莒州知州。」〔註95〕子楊儀，亦舉「正德丙子（十一
年，1516）鄉薦，丙戌（嘉靖五年，1526）進士，授工部主事」，〔註96〕仍在仕籍。
《明常熟先賢事略》載楊氏云：

> 楊儀祖父集，字浩然，景泰五年（1454）進士，觀兵部政。……集生
> 舫，莒州知州；舫生儀，字夢羽。……自在黌序，博覽強記，習爲詩賦，
> 兼攻眞草書，嶽嶽不與群輩爲伍。嘉靖初中進士第，除工部主事。……出
> 爲山東按察司副使。〔註97〕

楊氏兩代舉進士，三代皆爲官。然家中藏書傳至楊儀時，卻因得罪鄉紳而搆禍入獄。
楊儀因此萬念俱灰，以之盡付其外孫莫是龍；然亦有說歸錢謙益者。

長洲陸氏，藏書可分二支，而其一始於陸完。陸完之父陸溥（1436～1477），「系
出吳大司馬；杭宋有千九朝議者，始居陳湖。四傳曰仲祥，以力田爲鉅家。」〔註98〕
陸氏出身富農，至陸完始登「成化丁未（二十三年，1487）進士」，〔註99〕其後仕
途平步青雲，扶搖直上，仕至吏部尚書兼少保，〔註100〕位極人臣，顯赫一時。然後

〔註91〕《震川先生集》，卷二三，〈通政使司右參議張公墓表〉，頁6。
〔註92〕《西園聞見錄》，卷九四，〈建言中〉，頁779。
〔註93〕明·鄧韍，《常熟縣志》（《中國史學叢書》，台北：臺灣學生書局，1965年11月初版，
　　　　據國家圖書館藏本影印），卷七，頁710。
〔註94〕明·姚宗儀，《常熟縣志》，卷一五，頁13下。
〔註95〕明·姚宗儀，《常熟縣志》，卷一五，頁14上。
〔註96〕明·姚宗儀，《常熟縣志》，卷一五，頁14下。
〔註97〕《明常熟先賢事略》，卷一三，〈文苑〉，頁149～151。
〔註98〕明·李東陽，《懷麓堂集》（《景印文淵閣四庫全書》，台北：臺灣商務印書館），卷七七，
　　　　〈贈文林郎廣西道監察御史陸君墓表〉，頁17。
〔註99〕《國朝列卿紀》，卷二六，〈吏部尚書行實〉，頁773。
〔註100〕《皇明三元考》，卷七，頁315。

來卻因涉入叛濠之事，坐削職謫戍，而其家藏書，想必也是因此散亡。陸氏藏書的
另一分支爲陸粲，乃「冢宰完從弟。」〔註101〕陸粲亦列宦籍，「以進士，選翰林庶
吉士。」〔註102〕因正直敢言，得罪當朝諸公，以故宦途多舛，歷工部給事中，最後
僅以永新知縣致仕歸里。其弟陸采，爲太學生，陸粲曰：「天池山人陸子玄者，吾弟
也。名灼，更名采」〔註103〕「子延枝，樸實能讀父書」，〔註104〕守其父之藏而勤讀，
「不求聞達，頗有隱德，爲里閈所推重。著說聽諸書典而有體，不媿其先。」〔註105〕
然藏書至陸延枝以後，亦不知所終。

　　崑山顧氏，藏書也分二支，其一始自顧潛。顧潛拜官監察御史，家貲豐羨，於
是喜好藏書，死後遺書萬卷給其子顧夢川。顧夢川「字禹祥，崑山人，侍御潛之子。」
〔註106〕不仕，死後藏書無考。另一支爲顧夢川從子顧天埈，亦在朝爲仕。登「萬曆
壬辰（二十年，1592）進士，廷試第三，授翰林編修。出使朝鮮，頗有威望。以春
坊諭德致仕。」〔註107〕《皇明三元考》載其家科名及仕宦情形云：

　　　　顧天埈，直隸崑山人。弘治乙丑（十八年，1505）狀元顧鼎臣（1473
　　　　～1540）族孫也。字升伯，號開雍，治《春秋》，年三十一。己卯（萬曆
　　　　七年，1579）舉人，會試二十三名，累官侍講，左遷行人司司正。曾祖潛，
　　　　弘治丙辰（九年，1496）進士，提學御史。祖夢圭（1500～1558），嘉靖
　　　　癸未（二年，1523）進士，布政。父允默，國子生。叔允元，丙戌（萬曆
　　　　十四年，1586）進士，知縣；允諧、允杰俱舉人。兄震宇，乙酉（萬曆十
　　　　三年，1585）舉人；霖宇，辛卯（萬曆十九年，1591）舉人。弟天敍、天
　　　　宿俱戊子（萬曆十六年，1588）舉人；天寵，丙辰（萬曆四十四年，1616）
　　　　進士。〔註108〕

顧氏家族，出身仕宦之家，祖父子孫，累世科名斑斑，爲世人所稱羨。然顧氏藏書
僅歷三世，傳至顧天埈以後無考。

　　吳縣黃氏，藏書始自黃魯曾。黃魯曾出身門第富室，祖黃暐，舉進士，任官於
刑部；「父葵菴（黃異），善操其息，立致萬金。產析子各千餘，君與弟省曾，即五

〔註101〕明・皇甫汸等纂、江盈科等修，《長洲縣志》（《稀見中國地方志匯刊》十一冊，金壇：
　　　　　中國書店，1992年12月第一版，據明萬曆26年刻增修本影印），卷一四，頁28下。
〔註102〕《皇明詞林人物考》，卷七，頁177。
〔註103〕《國朝獻徵錄》，卷一一五，〈天池山人陸采墓志銘〉，頁94。
〔註104〕《姑蘇名賢小記》，卷下，〈給諫貞山先生陸公〉，頁13。
〔註105〕《皇明詞林人物考》，卷七，頁183。
〔註106〕《江南通志》，卷一六五，頁38上。
〔註107〕《明詩人小傳稿》，卷一○，頁370。
〔註108〕《皇明三元考》，卷一三，頁589～590。

岳山人也，盡以購書讀之。」〔註109〕黃省曾舉「正德丙子（十一年，1516）畿試，魁《易經》，錄文爲程式。屢上春官不第。」〔註110〕仕途雖不利，然家室溫厚。子「男三，長道美，郡學生，先卒；次道貴，次河水，俱郡學生。」〔註111〕如同其兄，黃省曾亦不順於科場，雖然如此，仍爲高貲子弟，「緡積既饒，贏貽悉滿，山人（黃省曾）幼在紈褲，雅尚墳典。」〔註112〕黃魯曾子黃河水，自少即不屑生產之事，及父卒，家道遂中落。而黃省曾「有子姬水，善其父言，舉於鄉。」〔註113〕《國朝獻徵錄》載黃姬水的家世云：

> 先生名姬水，淳甫其字。其先汝寧人，以校尉謫蘇州，因籍焉。至曾祖暐，用經術舉進士，官比部郎，有聲。一傳而祖異，以貲雄郡。再傳而父省曾，以藝擅代，黃氏遂爲吳望族。先生藉祖父遺業，少就外傅，穎朗夙惠。〔註114〕

黃氏自黃暐以進士起家，至黃異而家財鉅萬，再傳黃省曾以文藝聲名震甲一方，遂成爲蘇州地區的望族。然黃異以後，子孫仕多不顯，又不事生產，以故家道漸衰；又逢倭寇之亂，藏書傳至黃姬水時已散佚不全。亂後，雖然黃姬水不惜散金重購，急欲恢復家藏舊觀，而家貲卻又因此告罄。藏書自黃姬水以後，亦不可考。

長洲張氏，藏書有二支，其起始者爲張滂。家本業賈，至張滂始折節讀書。張滂曾舉於順天，但十上春官不第，仕至台州理官。從子張鳳翼，〔註115〕爲張氏藏書的另一分支。「以諸生入太學，嘉靖甲子（四十三年，1564）舉於鄉，上春官不第。善書，晚年不事生產，鬻書自給。」〔註116〕張氏藏書，自兩人後無考。

吳縣袁氏，藏書始於袁表兄弟。袁裘曾述其家世云：

> 我祖介隱公有丈夫子三人，俞祖母生伯子教諭公，趙祖母生仲子儀制公（袁鼏）暨叔子（袁鼎），即我父也。介隱公老，分三子居，而仲父與我父寔同居，介隱公及趙祖母依焉。……伯母韓夫人生子二人，曰衰，曰裘；女三人。我母（趙氏）生子四人，曰表，曰裘，曰褒，曰裹；女五人。〔註117〕

〔註109〕《西園聞見錄》，卷八，〈好學〉，頁706。
〔註110〕《崇禎・吳縣志》，卷四八，頁53上。
〔註111〕《皇甫司勳集》，卷五四，〈黃先生墓誌銘〉，頁9。
〔註112〕《皇甫司勳集》，卷三六，〈五岳黃山人集序〉，頁10。
〔註113〕《皇明書》，卷三九，〈文學〉，頁5。
〔註114〕《國朝獻徵錄》，卷一一五，〈黃淳甫姬水傳〉，頁98。
〔註115〕參見《皇甫司勳集》，卷五三，〈明文林郎浙江台州府推官張公墓誌銘〉，頁5～6。
〔註116〕《明詩人小傳稿》，卷三，頁107。
〔註117〕明・袁裘，《袁永之集》（台北：國家圖書館藏明嘉靖二十六姑蘇袁氏家刊本），卷一七，

袁表之父「鼐，字臣器。少警敏，涉書史，值業落，棄去，與弟鼐同拮据治生。奉母趙盡孝，雖瑣事必稟命而行。久之，家計漸豐。」〔註118〕由於袁氏經濟充裕，以故表「以諸生久次，入貲，授南京兵馬指揮。」〔註119〕其弟袁裘，「弱冠，補府學諸生，博學能文，最知名當世」，〔註120〕然屢舉不利，終其身爲布衣。袁裘弟袁袠，「乙酉（嘉靖四年，1525）舉鄉試第一，明年成進士。」〔註121〕初「授刑部主事。調兵部，坐失火下詔獄，謫戍湖州。用薦，補南京兵部員外，出爲廣西提學僉事。」〔註122〕袁袠爲袁氏仕宦最顯者，而袁氏歷傳至袁表兄弟，也由富民階級轉爲官宦門第。且袁氏自袁表兄弟以後，子孫多雅好讀書者，其家族的文學、藝術與藏書、刻書的家風，累世不衰，〔註123〕甚至入清以後，仍有藏書家袁廷檮者，蓄書萬卷，其中不乏先世故物。據《清代藏書家考》載：

> （袁廷檮）題其讀書之室曰：「三研齋」。三研皆其先世所貽，一爲介隱先生物；一爲謝湖草堂研，則尚之先生（袁裘）物；一爲列岫樓研，則永之先生（袁袠）物也。〔註124〕

常熟何氏，藏書始於何鈇。其父何墨饒於財，遂「以貲爲郎」，〔註125〕授官湖廣布政司都事。以是其家頗稱豪富，據《常熟縣志》載：

> 何墨，號南池，其先東海何無競（？～410）裔。曾祖海，祖采文，父輝，世豪布衣。墨遊郡學，例授湖廣布政司都事。……子鉦、鈇、鑛（1526～1576）、錞、鉉。〔註126〕

何墨子何鈇，「字子宣，常熟人。由舉人萬曆二年（1574）知平陽」，〔註127〕亦列宦籍。「生二子，允澄、允泓，名士。」〔註128〕何鈇弟何錞，爲國子監生而未仕。《常

〈封安人母葛氏行狀〉，頁3。

〔註118〕《崇禎・吳縣志》，卷四三，頁16下。

〔註119〕《崇禎・吳縣志》，卷四八，頁56上。

〔註120〕《崇禎・吳縣志》，卷四八，頁55下。

〔註121〕《姑蘇名賢小記》，卷下，〈世學憲袁先生〉，頁13。

〔註122〕《靜志居詩話》，卷一二，頁161。

〔註123〕嚴迪昌，〈「市隱」心態與吳中明清文化世族〉（《蘇州大學學報》哲學社會科學版，1991年第一期），頁88。

〔註124〕《清代藏書家考》，頁29。

〔註125〕《牧齋初學集》，卷五六，〈故淮府左長史何公墓誌銘〉，頁648。

〔註126〕明・姚宗儀，《常熟縣志》，卷一六，頁9上。

〔註127〕明・湯日昭、王光蘊等，《萬曆・溫州府志》（《四庫全書存目叢書》史部210冊，台南：莊嚴文化事業有限公司，1996年8月初版，據溫州市圖書館藏明萬曆刻本影印），卷九，頁42上。

〔註128〕明・姚宗儀，《常熟縣志》，卷一六，頁11上。

熟縣志》載：

> 何鋘，號言山。游太學，司成金達拔一第。博洽經史，書法鍾繇（151
> ～230），詩亦有致，晚悟禪那。年六十九卒。子德潤，字仲容，經生。〔註
> 129〕

而何鈁子何允泓，「字季穆，常熟縣學生。」〔註130〕至於何鈁弟何鑛，也在宦
籍，然仕不甚顯。《懷舊集》載：

> （何鑛）萬曆甲戌（二年，1574）進士，宦不達，卒。君（何大成）
> 其孤孫也，以孤故驕，少習舉子業，必設皋比（虎皮），南面據案坐；夜
> 熱兩巨燭，若官府治事者。〔註131〕

以何鑛孫何大成之奢華情形來看，何氏至此家業仍然豐厚，藏書事業當然未落。不
過何大成以後，何氏藏書便去向無考。

崑山歸氏，藏書最早為歸有光。歸有光「字熙甫，崑山人。嘉靖乙丑（四十四
年，1565）進士，除長興知縣。量移順德通判，遷南京太僕寺丞。」〔註132〕考歸氏
之先，據《三易集》載：

> 洪武初，曰叔度者，避難于夜郎、邛筰之間，幾死，數有神人護之，
> 歸而復居崑山之外隍。又二世為承事郎璿；璿生城武令鳳；鳳生紳，紳生
> 正，皆縣學生；正贈文林郎長興知縣；配周氏，贈孺人，先生（歸有光）
> 之考妣也。〔註133〕

歸氏自居崑山以後，除了二世、三世出仕以外，其後宦業不顯。直至歸有光起家進
士，纔再度踏入公門。《明史稿列傳》載歸有光的履歷云：

> 嘉靖十九年（1540）舉鄉試，八上春官不第。徙居嘉定安亭江上，讀
> 書談道，學徒常數百，人稱為「震川先生」。四十四年（1565）始成進士，
> 授長興知縣。〔註134〕

有光雖任長興知縣，然「家四壁立，不問生產」，〔註135〕經濟條件並不理想。其孫
歸昌世，於「崇禎末以待詔徵，不應。」〔註136〕歸昌世子歸莊，為「明諸生，太僕

〔註129〕明・姚宗儀，《常熟縣志》，卷一六，頁11下。
〔註130〕《靜志居詩話》，卷一八，頁701。
〔註131〕《懷舊集》，卷上，頁318。
〔註132〕《靜志居詩話》，卷一三，頁258。
〔註133〕《三易集》，卷一七，〈太僕寺寺丞歸公墓誌銘〉，頁6。
〔註134〕《明史稿・列傳》，卷一六三，頁441。
〔註135〕《二酉園續集》，卷一九，〈歸震川先生墓表〉，頁20。
〔註136〕《靜志居詩話》，卷一九，頁61。

寺丞有光曾孫。」〔註137〕雖「嘗舉崇禎庚辰（十三年，1640）」，〔註138〕然與其父昌世，俱爲布衣。歸氏藏書，因經濟不佳，雖傳數世，卻僅能慘澹經營。歸昌世卒時，一度家中書籍散亡俱盡，僅存《張公路先生詩集》。而後歸莊雖再行增補，力圖匡復，不料又遭甲申之亂，於逃難之際，倉促的將家藏殘書數簏，僅以其一隨身，其餘則置放於僧院與親族家中。至此歸氏藏書乃告四分五裂，隨著明代氣數的終結而散亡殆盡。

　　長洲錢氏，藏書自錢穀始。錢穀「父蚤卒，事母有孝行。家無儋石儲，因號罄室以自況」，〔註139〕以故其藏書幾乎全無經濟背景。後來雖以爲人作畫爲業，稍有收入，然亦僅供糊口，可用於從事藏書活動所需的資金相當有限。子錢允治，「初名府，後以字行，更字功父。」〔註140〕雖嘗事舉子業，四十歲以後卻絕意仕進，然家無恆產，僅以賣文爲活，藏書事業更加困難。錢允治無子，死後藏書俱散；亦有一說，爲其卒後藏書全歸錢謙益所有。

　　太倉王氏，藏書事業始於王世貞。《明史竊·列傳》載其家世云：

> 　　王世貞，字元美，太倉人。祖倬（1447～1521），南京兵部右侍郎；
> 父忬（1507～1560），都察院右都御史兼兵部左侍郎。世貞自幼聰敏絕人，
> 人稱聖童，七歲已能讀父書，至數十萬言。年十八舉于鄉，嘉靖二十六年
> （1574）進士，初授刑部主事。〔註141〕

王世貞出身重宦之家，三世爲九卿，八座鉅富，文藝背景與經濟條件皆極佳。與其弟王世懋，子王士騏，又俱舉進士功名，累世科第，稱爲吳中門閥鉅族。有關王氏家族成員之功名與宦業，據《皇明三元考》所載：

> 　　應天王士騏，太倉人。字同伯，號澹生，治《易》。年二十六，己丑
> （萬曆十七年，1589）進士，授主事，歷遷吏部郎中。曾祖倬，成化戊戌
> （十四年，1478）進士，兵部侍郎。祖忬，嘉靖辛丑（二十年，1541）進
> 士，右都御史。父世貞，丁未（嘉靖二十六年，1574）進士，刑部尚書。
> 叔世懋，己未（嘉靖三十八年，1559）進士，太常寺少卿。〔註142〕

再傳至王世貞曾孫王鑑，亦「由進士起家」，〔註143〕「官廉州守。」〔註144〕王氏自

〔註137〕《清史·列傳》，卷七○，〈文苑傳一〉，頁 674。
〔註138〕《小腆紀傳》，卷五八，〈逸民〉，頁 664。
〔註139〕《皇甫司勳集》，卷五一，〈錢居士傳〉，頁 8。
〔註140〕《靜志居詩話》，卷一八，頁 664。
〔註141〕《明史竊·列傳》，卷九六，頁 394。
〔註142〕《皇明三元考》，卷一三，頁 560。
〔註143〕《國朝書畫家筆錄》，卷一，〈順治朝〉，頁 52。

王倬於「弘治中，以進士令山陰」，〔註145〕歷王忬，「登嘉靖二十年（西元1568年）進士」，〔註146〕再傳王世貞、王世懋，至王世貞子王士騏，孫王鑑，五代之間，出了六位進士，且不乏顯宦，以是其家文風之盛與金玉之富，可想而知。然藏書至王鑑以後，卻無從查考。

長洲顧氏，藏書肇始於顧道隆。顧道隆本為名士，然家產不豐，性格又伉俠，不幸得罪有司而構禍下獄，自是家道益落。子顧世峻，為諸生，屢試不利，於「崇禎壬午（十五年，1642），以歲貢入對大廷，歸而病卒。」〔註147〕顧氏家無恆產，又缺宦蹟，因此經濟狀況不佳。顧世峻子顧韡，雖為諸生，卻於明亡後謝去，愈以隱德刻成家風。「生多男，益訓以農田，力學分任以事。為諸生者數人，聽其浮湛，曾不以科名敦迫之。」〔註148〕顧氏為耕讀之平民，宦業不顯，藏書歷經三代，至顧韡後無考。

太倉王氏，藏書以王錫爵為首。其家世見《明鼎甲徵信錄》載：

> 王錫爵，字元馭，原籍嘉定，後徙太倉州。太高祖謙，起家莆田縣丞，以廉惠稱。有子侃，侃生銑，銑仲子湧，家垟素封，一鄉稱為長者；娶於徐而生夢祥（1515～1582），是為錫爵父，六、七歲以警穎善誦聞，十八補諸生。〔註149〕

王氏先世以莆田縣丞起家，家產歷數世經營，至王錫爵祖父王湧時，已富甲一方，家貲溫厚。王錫爵父王夢祥，「年十六為州弟子，尋入太學」，〔註150〕試應天鄉試，不利而還，後仕「為鴻臚序班。」〔註151〕王氏宦業至王錫爵兄弟以後，乃益顯貴，累舉高科。《皇明三元考》載：

> 會元王錫爵，直隸太倉人，字元馭，號荊石。治《春秋》，年二十九，戊午（嘉靖三十七年，1558）鄉試第四名；廷試一甲第二名。仕至少保兼太子太保、吏部尚書、建極殿大學士，卒年八十。父夢祥，序班。弟鼎爵

〔註144〕清‧吳修，《昭代名人尺牘小傳》（《清代傳記叢刊》，台北：明文書局，1985年5月初版），卷一，頁38。

〔註145〕《罪惟錄‧列傳》，卷一九，〈武略諸臣列傳〉，頁487。

〔註146〕《明分省人物考》，卷二三，〈南直隸蘇州府六〉，頁128。

〔註147〕《牧齋有學集》，卷三二，〈顧君升墓誌銘〉，頁321。

〔註148〕《國朝耆獻類徵初編》，卷四七三，〈隱逸十三〉，頁302。

〔註149〕《明鼎甲徵信錄》，卷三，頁659～660。

〔註150〕《賜閒堂集》，卷二〇，〈贈光祿大夫太子太保禮部尚書兼武英殿大學士王公神道碑銘〉，頁10。

〔註151〕明‧葉向高，《蒼霞續草》（台北：國家圖書館藏明萬曆至天啟間刊本），卷一四，〈光祿大夫少保兼太子太保吏部尚書建極殿大學士贈太保諡文肅荊石王公神道碑〉，頁5。

（1536～1585），戊辰（隆慶二年，1568）會魁，太僕寺少卿。〔註152〕

王錫爵官至首輔，位極人臣；其弟王鼎爵，亦官中樞，其門第之盛，宦業之顯，堪稱吳地之盛事。王錫爵子王衡（1564～1607），亦「成辛丑（萬曆二十九年，1601）進士第二，廷對亦第二」，〔註153〕詔「授編修。」〔註154〕王衡子王時敏，亦「以蔭歷太常。」〔註155〕王氏雖以鉅富稱於其鄉，然樂善好施，人稱長者。如王夢祥，「性不喜妄費，而慷慨好施。歲大祲，出錢米爲麋州之四門，以食飢者；又募人收浮尸葬之。」〔註156〕若非鉅億家財，力當不能爲此。甚至到了王時敏，其家本就富於收藏，及遇名蹟，亦不惜多金購之，足見王家財力之雄厚。王氏藏書，雖然憑藉其豐足的家貲而延續數世，於王時敏之後亦無考。

吳江王氏，藏書始於王叔承之父某。王叔承爲隱士，號崑崙山人。其父曾經寓居吳越中，推長爲豪，樂於助人，數度因情誼而耗盡囊橐而不顧。以此，可以斷定王氏不似貧乏之家。王叔承本居崑山，後徙吳江之嚴陵村西。王氏藏書僅至王叔承，之後無考。

吳縣趙氏，藏書始自趙宧光。趙氏本世居太倉，至趙宧光始因廬墓而遷居吳縣之寒山。祖趙汴（？～1570），舉嘉靖十年（1531）解元，登嘉靖十七年（1538）進士，官拜江西按察司僉事。〔註157〕父趙樗生，爲隱士，家貲溫厚，「宧光生而豪貴鮮華，少入貲爲國子生」，〔註158〕其後棄去而隱居不仕。趙宧光繼承偌大的家業，「饒於財，卜築城西寒山之麓」，〔註159〕藉其祖父二世累積的充裕資金，過著悠揚自在的隱居式藏書生活。「子均，字靈均」，〔註160〕也沾染其父的高士性格，布衣隱居以終其身。然趙均死後無子，趙氏藏書亦散爲雲煙。

常熟顧氏，藏書始於顧雲鴻。顧雲鴻「生而矜名行，尚氣節」，〔註161〕於「萬曆庚子（二十八年，1600）舉于鄉，詩文才品，度越今人。」〔註162〕孫顧鉽，「字

〔註152〕《皇明三元考》，卷一一，頁507。
〔註153〕《罪惟錄‧列傳》，卷一一中，頁636。
〔註154〕《明史稿‧列傳》，卷九六，頁380。
〔註155〕《國朝耆獻類徵初編》，卷四二八，〈文藝六〉，頁167。
〔註156〕《明鼎甲徵信錄》，卷三，頁661。
〔註157〕《國朝獻徵錄》，卷八六，〈江西按察司僉事趙公汴行狀〉，頁128。
〔註158〕《崇禎‧吳縣志》，卷五一，28上。
〔註159〕《靜志居詩話》，卷一九，頁7。
〔註160〕《啓禎野乘》，卷一四，〈趙隱君傳〉，頁517。
〔註161〕清‧龔立本，《煙艇永懷》（《明代傳記叢刊》，台北：明文書局，1991年1月初版），卷三，頁103。
〔註162〕明‧姚宗儀，《常熟縣志》，卷一四，頁31下。

僧虔，歲貢生。」〔註163〕顧氏家世文學，雖有科名，卻無仕蹟，且其家經濟狀況亦不得而知。藏書僅傳至顧銩，之後去向無考。

　　常熟馮氏，藏書始於馮復京。馮氏爲門第世家，科名累累，宦蹟亦不乏。據《明常熟先賢事略》載其先世：

　　　　諱坋，字良玉，成化十七年（1481）進士，授河南泌陽縣知縣。……
　　　　長子太守公舉進士，太守公諱冠，字正伯，以正德庚午（五年，1510）舉
　　　　于鄉，十四年癸未（嘉靖二年，1523）成進士，釋褐爲河南鄧州知州。……
　　　　次子諱憲，是曰南江公。南江公生貞齋公，諱梁。貞齋公生劍里公，諱啓
　　　　元，更諱覺，三世俱潛德弗耀。劍里公有子名復京，……曾王父（馮憲）
　　　　身不衣帛，食不重肉，年四十二而卒。王父（馮梁）少攻舉子義，佔畢無
　　　　間寒暑，兩世俱以儒學生爲國子生，竟不遇也。歷劍里公（馮啓元），亦
　　　　不第，適際恩例，以貲爲儒官。〔註164〕

馮氏自高祖以進士釋褐起家後，始爲宦族。而馮復京一系，自曾祖而下皆科名不彰，無登祿位。不過，從累世專攻舉業以及馮啓元入貲爲官來看，家庭的經濟條件應該不差。馮復京生四子，即「舒、偉節、知十」、〔註165〕班等四人。其中馮舒「幼承父教，篤志讀書。年四十，謝去諸生，與弟班並自爲馮氏一家之學，吳中稱『二馮』。」〔註166〕兩人雖有名於文壇，卻頓於場屋，僅以生員終其身而已；而馮知十之子馮武，亦不仕。馮氏藏書，傳至馮武後便無蹟可考。

　　常熟葉氏，藏書始於葉奕。葉奕與葉樹廉爲從兄弟，常熟藏書家錢曾曾經向葉樹蓮借觀《陸德明經典釋文》一書，說：

　　　　此書原本，君（葉奕）從「絳雲樓」北宋槧本影摹，逾年卒業，不惜
　　　　費，不計日，毫髮親爲是正，非篤信好學者，孰能之！君歿後，予從君之
　　　　介弟石君（葉樹蓮）借來。石君卓識洽聞，著史論甚佳，交予如林宗（葉
　　　　奕），亦不可謂之兩人也。〔註167〕

葉奕與葉樹蓮的家世背景，俱不可考。至於藏書，兩人之後亦無從得知。

　　常熟錢氏，藏書可分四支，分別以錢謙益、錢謙貞、錢陸燦與錢裔肅等人爲首。錢謙益曾經自述其家世云：

〔註163〕《藏書紀事詩等五種》，卷二，頁95。
〔註164〕《明常熟先賢事略》，卷一六，〈自敘〉，頁178～186。
〔註165〕《牧齋初學集》，卷五五，〈馮嗣宗墓誌銘〉，頁639。
〔註166〕《清史・列傳》，卷七〇，〈文苑傳一〉，頁698。
〔註167〕《讀書敏求記》，〈陸德明經典釋文三十卷〉，頁15。

　　我曾祖、王父歷贈刑部郎中太子太保，諱體仁（生卒年不詳），生五

子。長為我王父，嘉靖己未（三十八年，1559）進士，歷贈太子太保，諱

順時；仲為從祖祖父山東按察司副使，諱順德。副使仲子世顯，娶旌表節

婦徐氏，生謙貞，貞生孫保，……（孫保）子興祖（即錢純）。〔註168〕

其家世科名與宦業，亦見載於萬曆三十八年（1610）錢謙益之廷試榜，云：

　　探花錢謙益，直隸常熟人。字受之，號尚湖，治《春秋》，年二十九。

丙午（萬曆三十四年，1606）鄉試第三名。祖順時，嘉靖己未（三十八年，

1559）進士。叔祖順德，隆慶戊辰（二年，1568）進士，副使。〔註169〕

而錢謙益之父錢世揚，並無宦蹟，僅補諸生而已。〔註170〕然自祖父錢順時以進士起

家之後，歷代不乏顯宦，以故家業自應豐厚。況且錢謙益亦登萬曆三十八年一甲第

三名進士，明時仕至禮部尚書加宮保官銜；入清以後，改授祕書院學士兼禮部侍郎，

充明史副總裁，權位顯赫，家道未因明亡而有所改變。然錢謙益的藏書，卻燬於順

治七年（1650）的「絳雲樓」火災；而燼餘殘存，亦於錢謙益卒後，因「子孫貽懦

弱，族人錢曾、錢朝鼎等索其家資，姜柳氏（如是）縊。」〔註171〕所以，錢氏的家

業與藏書僅止於此，錢謙益卒後一敗塗地。而錢氏藏書的另一支為錢謙貞，為錢謙

益族弟，兩人的關係如同親兄弟，非常契合。錢謙益嘗曰：

　　謙貞，字履之，從祖祖父副使春池公（錢順德）之孫也。幼失祖父，

　　母徐守節自誓。先君宮保公（錢世揚）翼而長之，故履之雖從祖弟，猶吾

　　弟也。〔註172〕

錢謙貞早謝舉子業，故無宦蹟；二子錢孫保、錢孫艾，亦皆不仕。錢孫保子錢純，

亦布衣終身，藉藏書以明志，葉昌熾曾經言其父子藏書云：「求赤（錢孫保）、孝修

（錢純）遞相藏弄，皆有名印。」〔註173〕然其藏書，至錢純後無考。錢氏藏書又另

一支為錢陸燦，為「牧齋（錢謙益）族孫也。」〔註174〕補無錫縣學生。順治十一年

（1654），以前明貢生廷試，得候缺通判；順治十四年（1657）舉人，當得通判，不

仕。身後藏書亦無考。錢氏藏書尚有一支為錢裔肅，乃「湖廣副使進士時俊子，萬

〔註168〕《牧齋有學集》，卷三三，〈錢令人趙氏墓誌銘〉，頁1195。

〔註169〕《皇明三元考》，卷一四，頁634～635。

〔註170〕明‧姚宗儀，《常熟縣志》，卷一一，頁21上。

〔註171〕《南雷學案》，卷四，〈先正〉，頁393。如是亦好校讎，然其書乃為謙益所藏，故不列
　　　　入本文藏書家之中。有關柳如是生平，詳見陳寅恪，《柳如是別傳》（台北：里仁書局，
　　　　1981年5月初版）。

〔註172〕《列朝詩集小傳》，〈丁集下‧錢秀才謙貞〉，頁600。

〔註173〕《藏書紀事詩等五種》，卷四，頁196。

〔註174〕《國朝耆獻類徵初編》，卷四二九，〈文藝七〉，頁264。

曆乙卯（四十三年，1615）舉人」，〔註175〕爲仕宦家庭。錢裔肅亦爲錢謙益之從孫，錢謙益曾經稱讚他篤好聚書的風格。錢裔肅有「子四人，長召，亦舉于鄉；次名，次即曾，次魯。孫男女二十三人。曾好學能詩，藏書益富。」〔註176〕錢曾「字遵王，時俊孫」，〔註177〕雖出身門閥，卻無科名與宦蹟。錢曾爲錢謙益之族孫，「先生（錢謙益）教養以底於成人者，故詩集注本事，皆先生自撰而託言曾之所爲焉。」〔註178〕錢曾子錢沅，「字楚殷，亦事校讎，有『彭城楚殷氏讀書記』諸朱印。」〔註179〕錢沅亦爲布衣，且錢裔肅之藏書至錢沅後無考。

常熟譚氏，藏書以譚應明、應徵兩兄弟爲首。譚氏出身紈褲高貲之家，以爲人賤簡爲業。兩生後身沈家亡，藏書散佚。

常熟毛氏，藏書始於毛晉。毛晉「以布衣自處，父清以孝弟力田起家」，〔註180〕家業益大。憾於家無文風，乃奮起爲儒，「少爲諸生，晚乃謝去，問業於錢謙益」，〔註181〕全心全力地投入藏書與刻書事業當中。且「好施與，遇歲欠，載米遍給貧家；水鄉橋梁，往往獨力成之」，〔註182〕毛氏家產之富，可想而知，所以學者指出：「毛晉父親的一代，家境已十分富有，這是毛氏『汲古閣』專事藏書、刻書必要的經濟基礎。」〔註183〕毛晉「生五子，襄、褒、袞、表、扆」，〔註184〕五子「俱先晉卒。」〔註185〕特別是季子毛扆，「精小學，亦能書」，〔註186〕並沿襲父親的藏書家風，藏書最爲知名，而尤耽校讎。總之，毛氏藏書名聞天下，然至毛晉以後，因無子嗣，藏書不傳，而「後遂歸季滄葦御史振宜（1630～？）。」〔註187〕

長洲許氏，藏書起自許自昌之父郡幕公。郡幕公「子一，即中書君，諱自昌，娶諸氏，贈璽丞。」〔註188〕許氏於郡幕公時家業日起，富甲一方，子許自昌甚至入

〔註175〕《明代千遺民詩詠》，卷六，頁 257。

〔註176〕《牧齋有學集》，卷三一，〈族孫嗣美合葬墓誌銘〉，頁 313。

〔註177〕《常昭合志稿》，卷三二，〈藏書家〉，頁 26。

〔註178〕《南雷學案》，卷四，〈先正〉，頁 394。

〔註179〕《常昭合志稿》，卷三二，〈藏書家〉，頁 26。

〔註180〕《清代七百名人傳》，第五編，〈藝術·文學〉，頁 323。

〔註181〕《明詩人小傳稿》，卷五，頁 202。

〔註182〕《清代七百名人傳》，第五編，〈藝術·文學〉，頁 323。

〔註183〕李致忠，〈明代刻書述略〉（《文史》，第二三集，1984 年 11 月），頁 148。

〔註184〕《碑傳集補》，卷三六，〈逸民二〉，頁 239。

〔註185〕《清史·列傳》，卷七一，〈文苑傳二〉，頁 807。

〔註186〕《皇清書史》，卷一二，頁 410。

〔註187〕清·葉德輝，《書林清話》（台北：文史哲出版社，1973 年 12 月初版），卷七，〈明毛晉汲古閣刻書之四〉，頁 392。

〔註188〕《檀園集》，卷九，〈許母陸孺人行狀〉，頁 6。

貲爲郎，官授中書舍人。許自昌生子許元溥、許心扆。「元溥，邑庠生」，〔註189〕於「崇禎庚午（三年，1630）舉於鄉，不仕卒。」〔註190〕許心扆亦爲許自昌子，葉昌熾曰：「《甫里集》中，丹臣（許心扆）題記，有先中翰云云，中翰當指許自昌。」〔註191〕許氏藏書，傳至許元溥、許心扆之後無考。

　　吳縣金氏，藏書始於金俊明。金俊明幼爲諸生，即以善於書法而聲著吳中，及老，三吳碑版及僧坊酒肆，率多出於其手，得之者且爭相誇示以爲幸，以故當時提學御史曾經稱讚他說：「清眞絕俗，雖古之沈冥，不過也。」〔註192〕金俊明出身於官宦家庭，父金永昌，任陝西寧夏衛經歷。雖然如此，金俊明卻困於科場，少「補邑諸生，數舉於鄉，不售」，〔註193〕於是「謝諸生，杜門以傭書自給，是時明猶未亡也。」〔註194〕生子金侃，字亦陶，號立菴，亦「隱居不仕。工楷書，能詩梅花，承家學。」〔註195〕金俊明以布衣隱德傳家，爲人傭書。雖非高貲，然因傭書之故，故能將祕本以手抄的方式累積囤貯，減少購書耗費。金氏藏書，至金侃以後則不可考。

　　崑山徐氏，藏書始於徐乾學。徐乾學祖、父兩人俱爲太學生，「皆有聲太學，含德弗耀，用啓後人。」〔註196〕「父開法，恩貢生。明季兵亂，嘗救難婦數十人。有隱德。生四子。」〔註197〕「開法少英敏，十五補博士弟子，即有聲庠序。敦氣節，慷慨好義，一時窮交密戚，待以舉火者十數家。」〔註198〕可見徐家初時雖不爲宦族，財力卻相當雄厚。兄弟四人，除第三子徐元文外，尚有「長尚書公乾學，次中允公秉義，季弟國子生亮采。」〔註199〕而徐乾學登康熙九年（1670）進士，「尋授禮部侍郎，充經筵講官。」〔註200〕徐秉義舉康熙十二年（1673）進士第三，官拜吏部侍郎。徐元文掇順治十六年（1659）一甲進士第一，授翰林院修撰，後亦官尚書。與「兄尚書、中允兩公，並舉一甲進士，官侍從，前此未有也，士論榮之」，〔註201〕

〔註189〕《檀園集》，卷九，〈許母陸孺人行狀〉，頁 6。
〔註190〕《復社姓氏傳略》，卷二，〈南直 蘇州府〉，頁 94～95。
〔註191〕《藏書紀事詩等五種》，卷三，頁 175。
〔註192〕《國朝耆獻類徵初編》，卷四七六，〈隱逸十六〉，頁 611。
〔註193〕《國朝耆獻類徵初編》，卷四七六，〈隱逸十六〉，頁 612。
〔註194〕《國朝耆獻類徵初編》，卷四七六，〈隱逸十六〉，頁 610。
〔註195〕《國朝書畫家筆錄》，卷一，〈順治朝〉，頁 67。
〔註196〕《國朝耆獻類徵初編》，卷八，〈宰輔八〉，頁 159。
〔註197〕《清朝先正事略》，卷六，〈名臣〉，頁 238。
〔註198〕清・閻湘蕙，《國朝鼎甲徵信錄》（《清代傳記叢刊》，台北：明文書局，1985 年 5 月初版），卷一，頁 103。
〔註199〕《碑傳集》，卷一二，〈康熙朝宰輔中〉，頁 653。
〔註200〕《國朝耆獻類徵初編》，卷五七，〈卿貳十七〉，頁 167。
〔註201〕《國朝耆獻類徵初編》，卷八，〈宰輔八〉，頁 145～146。

時稱「崑山三徐」；兄弟三人「以博學高才，連掇上第，位列卿，門地之隆，賓客之盛，一時無兩。」〔註202〕兄弟雖同爲重臣顯宦，然有藏書事蹟者僅徐乾學、徐元文二人。徐氏累舉高科，宦業興隆，其門第之顯赫，文風之鼎盛，以及家業之富厚，當時成爲吳地之文獻巨族。蓋徐氏兄弟，「爲顧炎武之甥」，〔註203〕故「其學術博通，蓋淵源於舅氏。」〔註204〕然徐氏藏書，二人卒後便不可考。

第二節　藏書家的師生傳承

藏書家每因其藏書眾多而無師自學，或者以家學、延師於家與外出就傅爲求知進業的主要途徑。然不論其採家學或拜師的方式，透過師生關係，亦有自成集團體系之跡可尋。古之師者，除傳道、授業、解惑以外，對學生生活類型的生成與趨勢取向，亦有相當大的影響力。而具有師生關係者，也是文人集團網絡型態之一種。尤其是明代吳地的藏書家，若非出身仕宦或高貲之家，就是當地知名的文人雅士。這些人通常對該地文人生活文化的塑造，扮演著主要的角色。而考之史料，明代吳地藏書家與藏書家之間，也多存有師承關係。是故由此入手，自然可以略窺明代蘇州文士的藏書生活裡，於師承關係上的文化遞嬗與集團性格特徵。本節擬就藏書家與藏書家之間的師承關係，做一系統性的整理，藉此來瞭解明代蘇州藏書生活文化的傳播、延續與歷程。

一、俞貞木之門

明代初期吳郡的藏書家集團裡頭，最早具有師承關係者，應當首推吳縣藏書家俞貞木，其學生就是同縣的藏書家陳繼。俞家與陳家俱爲明初知名的藏書大家，俞貞木號爲「南園俞氏」，而陳繼亦稱「廬山陳氏」，因此兩大藏書家族之間，存在著師承關係。陳繼之父陳汝言坐事而死，「其母守節教繼，繼長，從王行（1331～1395）學，再從俞貞木，遂以古文名三吳。」〔註205〕稍晚，亦籍同縣的藏書家杜瓊又從陳繼學，入門稱爲弟子。「瓊字用嘉，吳縣人。生一月而孤，母顧育而教之。長從陳繼先生學，博綜古今。」〔註206〕而杜瓊之學生爲長洲藏書家朱存理。「少學於里師，

〔註202〕清·鄭方坤，《清朝名家詩鈔小傳》（《清代傳記叢刊》，台北：明文書局，1985年5月初版），卷一，〈滄園詩鈔小傳〉，頁135。

〔註203〕《顧氏家藏尺牘附姓氏考》，頁770。

〔註204〕徐世昌，《清儒學案小傳》（《清代傳記叢刊》，台北：明文書局，1985年5月初版），卷四，頁546。

〔註205〕《正德·姑蘇志》，卷五二，頁18上。

〔註206〕《正德·姑蘇志》，卷五五，頁19上。

覺其所業非出於古人，遂謝去，從杜瓊先生游。」〔註207〕值得注意的是明初藏書家之間的學問傳承，從陳繼「以古文名三吳」，到杜瓊發覺自己「所業非出於古人」而更換老師，都可看出當時吳地的藏書界籠罩在一片復古與學古的氛圍當中。另一方面，朱存理除了拜杜瓊為師，同時也跟隨同縣的藏書家邢量問學。《姑蘇名賢小記》載邢量死後，「門人朱存理，僅收其遺數篇。存理字性甫，篤學，善談名理，讀書杜戶，稱其師傅。」〔註208〕朱存理拜邢量為師之行，由此可知。

　　俞門傳續至長洲藏書家沈周開始，便進入另一個階段。其實沈周並非直接師事於陳繼，但仍有淵源。《明詩人小傳稿》載沈周的祖父沈澄「好客，多長者之游。又師事陳繼，耳濡目染，蔚有聞望。」〔註209〕而《明史稿列傳》亦載：「邑人陳孟賢（陳寬1404～1473），乃陳五經繼子，學有淵源，周少從之遊，得其指授。」〔註210〕是故沈周在其家學本來即受陳繼之影響的情況下，本身又隨陳繼之子陳寬求學，陳寬之學亦淵源其父陳繼，以故沈周之學，受陳繼的濡染極深。除陳繼之外，沈周也從陳繼的學生吳縣藏書家杜瓊問學，沈周在《杜東原先生年譜》的卷首，自稱：「門人長洲沈周」，〔註211〕可知沈周曾經師事杜瓊，兩者有師生關係，因此，沈周為俞氏門人更為確定。而在沈周的學生裡，有三人為藏書家。其一為常熟孫艾，曾經「學詩於沈啟南（周）」，〔註212〕且「攻詩任俠，為沈啟南高足弟子。」〔註213〕其一為吳縣都穆，「都南濠（穆）小時，學詩於沈石田（周）先生之門。」〔註214〕所以，都穆與孫艾之詩學，皆出自沈周之門。又都穆的弟子為藏書家者有二，其一為長洲陸采。陸采妻為都穆之女，「從其婦翁故太僕少卿都公（都穆）游，銳意為古文辭」，〔註215〕所習仍為俞門最為拿手的復古之學。其二為長洲顧元慶。據《續書史會要》載：

　　　　顧元慶，姑蘇人。好古法書，嘗作《瘞鶴銘考》，云其師南濠都先生
　　（穆）家藏碑刻，甲于東南。錄其文，悉加品題，為《金薤琳瑯》凡數十
　　卷。〔註216〕

〔註207〕《國朝獻徵錄》，卷一一五，〈朱性甫先生存理墓誌銘〉，頁38。
〔註208〕《姑蘇名賢小記》，卷上，〈邢布衣先生〉，頁9。
〔註209〕《明詩人小傳稿》，卷七，頁244。
〔註210〕《明史稿‧列傳》，卷一七四，頁536。
〔註211〕明‧沈周，《杜東原先生年譜》（《明清史料彙編》史部三七冊，上海：上海書店，1994
　　　　年版，據雪堂叢刻影印），頁1。
〔註212〕《列朝詩集小傳》，〈丁集上‧孫處士艾〉，頁421。
〔註213〕《牧齋初學集》，卷五六，〈誥封中大夫廣東按察司按察使孫君墓誌銘〉，頁654。
〔註214〕《四友齋叢說》，卷二六，頁236。
〔註215〕《國朝獻徵錄》，卷一一五，〈天池山人陸采墓誌銘〉，頁94。
〔註216〕明‧朱謀垔，《續書史會要》（《明代傳記叢刊》，台北：明文書局，1991年1月初版），

是故顧元慶爲都穆的弟子，且可能是向都穆請教書法之學。此外，沈周尚有另一個弟子，即是大名鼎鼎的長洲藏書家文徵明。文徵明好學而多師，其師皆爲當時知名的文士，據《皇明詞林人物考》載云：

> 於文，師故吳少宰寬；於書，師故李太僕應禎（1431～1493）；於畫，師故沈周。先生（文徵明）咸自愧歉，以爲不如也。吳中文士秀異，祝允明、唐寅、徐禎卿（1479～1511）日來遊，允明精八法，寅善丹青，禎卿詩奕奕，有建安風。〔註217〕

文徵明學畫於沈周，文章師法吳寬；而孫艾、都穆也學詩於沈周，以故三人俱爲沈氏弟子。文徵明之友何良俊（1506～1573）亦嘗言：

> 余至姑蘇，在衡山（文徵明）齋中坐。清談盡日，見衡山常稱我家吳先生，我家李先生，我家沈先生，蓋即匏菴（吳寬）、范菴（李應禎）、石田（沈周）。其平生所師事者，此三人也。〔註218〕

值得注意的是，文徵明除了是沈周的弟子之外，也是同縣藏書家吳寬的高足，然吳寬之學並非出於俞氏，不得不加以辨別。

接著，文徵明之弟子爲藏書家者也有三人，其一爲長洲藏書家陸師道。陸師道起家進士，官拜禮部主事，後「以養母，請告歸。歸而游徵明門，稱弟子。」〔註219〕時文徵明「里居，而亦善詩及書及繪事，先生造門，用師禮禮之。」〔註220〕陸師道不論科名或官位，都比文徵明來得高，只因仰慕文徵明之學藝與才品，竟委稱弟子，這在舊時社會階級森嚴的封建觀念裡面，確實相當難能可貴。足見藏書家好學之心，不論世間利祿與名位的高下，只問學業人品之雅俗，自當爲後世所稱美。此外，陸師道尚有別師，「少嘗受經王祿之（穀祥），俱仕非久即高臥，天下俱以爲威鳳儀鴻。」〔註221〕王穀祥與陸師道同籍，也是長洲的藏書家，然王穀祥之學並不出於俞氏之門。此外，文徵明的另一個學生爲太倉藏書家周天球，也是「從文待詔徵明游。」〔註222〕周天球嘗游一山寺，時寺破敗頹圮，香煙斷絕。他於寺中見吳寬遺像，驚曰：「曩吾師衡山先生（文徵明）嘗及公（吳寬）門，其

〈袁長史福徵〉，頁 443～444。

〔註217〕 《皇明詞林人物考》，卷七，頁 158～159。

〔註218〕 《四友齋叢說》，卷二六，頁 236。

〔註219〕 《明史稿·列傳》，卷一六三，頁 434。

〔註220〕 《皇明詞林人物考》，卷八，頁 342。

〔註221〕 《弇州山人續稿碑傳》，卷一五〇，〈吳中往哲像贊有序〉，頁 763。

〔註222〕 《崇禎·吳縣志》，卷五一，頁 24 下。

言論風旨相似，推本言之，而公吾師之師也。」〔註223〕乃出錢出力，令人整修，頓而煥然一新，四時煙火畢具，明代吳人對師承淵源之尊敬，於此可見一斑，又當爲地域文人文化的另一個特徵。周天球爲文徵明高弟，時相過從，如師亦友。其時文徵明年已近暮，舊時交游，多已凋零，能得此高足，遂心甚愛之，時時護譽有加，以是周天球名望頓起蟬林，時人至謂：「吳自文待詔衡山先生（文徵明）有盛名于當世，後乃推公瑕（周天球）。」〔註224〕文徵明還有一個學生爲藏書家，即長洲錢穀，「爲衡山翁（文徵明）高弟。」〔註225〕朱彝尊曰：「叔寶（錢穀）貧無典籍，遊文徵仲（徵明）之門，日取插架書讀之。」〔註226〕蓋錢穀少時家境貧苦，又無先人所遺之書，時文徵明爲藏書大家，既爲門下弟子，自可盡閱其藏書，此則又見明代蘇州文苑裡頭老師與弟子之間藏書流通借閱的情形。另外，吳縣藏書家趙宧光之子趙均，也從文氏問學。趙均妻文俶，爲文徵明曾孫文從簡（1574～1645）女，而「均少從其父（文從簡），傳六經之學。」〔註227〕趙均與陸采相類，皆以其師爲岳父。文從簡並非本文所錄的藏書家，因此無法另立一系，然其一稟文氏之家學，而傳授趙均，故當以文氏門人視趙均，將其列於俞氏之門。

　　俞氏門人至沈周、文徵明而下，其輩的生活方式已爲吳中文苑生活文化的標竿，獨領蟬林之風騷。俞門弟子於其時也自成一藏書集團，師徒心性相尙，日相過從，品騭問學，形成一種風行的時尙。此外，俞門師生集團於明代吳地所有藏書家之中，人數最多，延續也最久，當可視爲明代蘇州藏書家師生集團的代表。

二、王鏊之門

　　吳地藏書家師承體系之二，乃以吳縣藏書家王鏊爲首，且其時已然邁入明代中期。王鏊的學生便是長洲藏書家祝允明，王鏊卒時，祝允明曾親爲祭文，略云：

> 嘉靖三年（1524），歲在甲申十一月辛酉朔二十日庚辰，門生前承直郎應天府通判祝允明，僅以柔毛庶羞清酺，奉祭于柱國太傅戶部尚書武英殿大學士文恪王公尊師守溪先生（王鏊）之靈。……所最痛者，生無所立以光公之教；又不即能死以從公之遊，悵進退以無據，徒喞知而弗酬，用此負公，雖哭毀以絕，亦何補而贖？〔註228〕

〔註223〕《賜閒堂集》，卷一六，〈堯峰景賢祠記〉，頁24。
〔註224〕《賜閒堂集》，卷一六，〈周公瑕祠堂記〉，頁28。
〔註225〕《姑蘇名賢後紀》，頁5。
〔註226〕《靜志居詩話》，卷一四，頁422。
〔註227〕《啓禎野乘》，卷一四，〈趙隱君傳〉，頁517。
〔註228〕《祝氏詩文集》，卷二○，〈祭王文恪公文〉，頁1365～1366。

文中可以窺見師徒間的深厚感情基礎，祝允明甚至希望能夠速死以追隨其師於九原，讀之令人愴然唏噓。而祝允明的學生爲吳縣藏書家黃姬水。「姬水，字淳父，學書於祝允明，亦有文名。」〔註229〕。

三、蔡羽之門

在明代中葉，爲蘇州藏書師承體系之三者，是以吳縣藏書家蔡羽爲首的。蔡羽家多藏書，乃盡讀之而無師自通，雖「不事記誦，不習訓詁，而融液貫通，能自得師。」〔註230〕以故「所造實深，自視甚高，常所評騭，雖唐宋名家，猶有所擇，其隱然自負之意，殆不肯碌碌後人。」〔註231〕他雖隱居於林屋山，卻名震三吳。而傳承蔡羽之學者，即爲長洲藏書家王寵。「寵字履吉，別號雅宜，少學於蔡羽，居林屋者三年。」〔註232〕蔡羽且嘗稱曰：「寵，余高弟也，才名特著。」〔註233〕

四、劉鳳之門

蘇州藏書師承體系之四，是以長洲藏書家劉鳳爲首，時爲明朝末年。劉鳳之弟子中爲藏書家者，僅有占籍同縣的史兆斗。據《堯峰文鈔》載：

當兆斗生明神宗之初，逮事劉侍御鳳、王校書穉登（1535～1612），

受其學，以故方矩闊步，危言正論，猶有前賢之遺焉。〔註234〕

史兆斗爲劉鳳弟子，兩人的關係如師亦友，從游甚密。值得注意的是王穉登，他是文徵明的學生，因此，史兆斗自然也該間接屬於文氏門下之列。

五、顧雲鴻之門

於明代末葉，成爲吳地藏書家師承體系之五者，當以常熟顧雲鴻爲首。《藏書紀事詩》載：「顧雲鴻，字朗仲，江陰繆昌期（1562～1626），長洲文震孟皆嚴事之，曰：『朗仲我師也。』」〔註235〕足徵文震孟嘗師事顧雲鴻，成爲藏書家師生集團之一門。

六、錢謙益之門

明末清初，承續前期而爲蘇州藏書家師承體系之六者，是以常熟錢謙益爲首。他的弟子當中爲蘇州藏書家者有三人，其一爲同縣的藏書家毛晉。錢謙益嘗謂：「鳳

〔註229〕《明史稿·列傳》，卷一六三，頁433。
〔註230〕《崇禎·吳縣志》，卷四八，頁54下。
〔註231〕《國朝獻徵錄》，卷二三，〈南京翰林院孔目蔡先生羽墓誌〉，頁26。
〔註232〕《明史稿·列傳》，卷一六三，頁434。
〔註233〕《鹿裘石室集》，卷一七，〈送王履約會試序〉，頁3。
〔註234〕《堯峰文鈔》，卷三四，〈史兆斗傳〉，頁8。
〔註235〕《藏書紀事詩等五種》，卷二，頁95。

苞（毛晉）執經余門。」〔註236〕又說：

> （毛晉）壯從余游，益深知學問之指，意謂經術之學，原本漢唐儒者。
> 遠祖新安，近考餘姚，不復知古人先河後海之義。代各有史，史各有事有
> 文，雖東萊、武進以鉅儒事鉤纂要，以岐支割剝，使人不得見宇宙之大全。
> 故于經史全書，勘讎流布，務使學者窮其源流，審其津涉。其他訪佚典、
> 搜祕文，皆用以裨補其正學。于是縹囊湘帙，毛氏之書走天下，而知其標
> 準者或鮮矣。〔註237〕

錢謙益此時已將藏書家師生間藏書知識的傳遞與交流，清楚地表達於字裡行間。甚
至在師生共爲的藏書活動上，錢謙益亦有交代，他說：

> （毛晉）經史既竣，則有事于佛藏，軍持在戶，貝多濫几，捐衣削食，
> 終其身芒芒如也。蓋世之好學者有矣，其于內、外二典，世出、世間之法
> 兼營并力，如飢渴之求飲食，殆未有如子晉（毛晉）者也。余老歸空門，
> 撥棄世間文字，每思以經史舊學朱黃油素之，緒言悉委付于子晉。子晉晚
> 思入道觀，余箋注《首楞般若》，則又思刊。落枝葉回，向文字因緣以從
> 事于余，而今皆不可得矣！〔註238〕

錢謙益對於失去毛晉這位有共同藏書嗜好的愛徒，耿耿於懷。可以想見錢謙益在
其藏書生活領域之上，對毛晉的思念之深。而兩人在知識的交流過程當中，想必
藏書方面的專業知識與學問，將佔了其中的大部份。這也顯示，到了明末清初，
蘇州藏書家已將從事藏書活動而衍生的知識與技巧，變成可以師承相傳的一門學
問；並且透過師承關係，藏書家集團也顯得特別的專業化，而不再僅是以往家學
傳承所專有的一部份而已。此外，錢謙益的另一個弟子爲同縣的藏書家錢曾，「曾
爲謙益從孫，嘗從之受學，故於詩中典故，皆能得其出處。」〔註239〕家學淵源的
影響，一直是明代蘇州地區私人藏書事業發達的主要力量，錢謙益與錢曾便是如
此。錢謙益還有一個弟子，即崑山藏書家歸莊。據說錢謙益死後，身爲其弟子也
是族孫的錢曾，因爲覬覦錢謙益的藏書，竟然不顧師恩與親情而聚眾強索，以致
師母柳如是自縊。當時雖萬夫所指，卻無人膽敢挺身而出，主持公道。唯有歸莊
篤於師生舊誼，不畏權勢，出面指責群惡。據《清詩紀事初編》載：「錢謙益身後

〔註236〕《牧齋初學集》，卷六一，〈毛君墓誌銘〉，頁694。
〔註237〕《碑傳集補》，卷三六，〈逸民二〉，頁238。
〔註238〕《碑傳集補》，卷三六，〈逸民二〉，頁238～239。
〔註239〕《清詩紀事初編》，卷三，頁329。

家難作，不保妻子。謙益，莊之師也，爲書責錢曾，使錢朝鼎不敢爲惡。」〔註240〕
這段同門藏書家的師門恩怨，究竟爲何原因，實令人不解；〔註241〕但也令人感嘆
藏書家玩物喪志竟至於此，爲了求書而六親不認，頓成物妖，又豈是增添風流罪
過而已。歸莊曾經流寓常熟，錢謙益且「稱其古文爲東南之秀。」〔註242〕可知歸
莊爲錢謙益的得意門生，而好古之風於此時的蘇州藏書界仍然風行。總之，錢謙
益師生藏書集團可說於明末清初的蘇州地區最享盛名，並且是對地域文人藏書生
活最具影響力的師承集團，其流風更及於清代吳地的藏書文化，此將見於後文。

　　總之，明代吳地藏書家的師承結構，是以俞貞木、王鏊、蔡羽、劉鳳、顧雲鴻、
錢謙益等人爲首，分爲六個體系。無論在人數上、傳承時間上，皆以俞門爲最。所
以，明代吳中藏書家的師承體系，當以俞貞木集團一枝獨秀，其中又經杜瓊、沈周、
祝允明、文徵明等人的發揚光大，可大可久，樹立出明代蘇州藏書家生活體系的文
化典型。然而，若僅以師承關係做爲地區所有生活文化塑造與傳承的惟一因素，則
未免失之過於牽強。因此，若要瞭解吳地藏書生活文化從明初以至明末傳承流布的
眞實面向，則必須配合其他橫向的觀察與研究，也就是進入藏書家之間的文會結社、
交往過從與親朋關係等領域之上。

　　爲了便於瞭解明代藏書家之間的師承關係，除文字表述於上外，茲將其整理爲
示意表呈顯於後。其中實線箭號爲直接師承，而虛線有二，爲間接師承。

〔註240〕《清詩紀事初編》，卷一，頁30。
〔註241〕近人‧張慧劍，《明清江蘇文人年表》（上海：上海古籍出版社，1986年12月第一版），
　　　　頁722，「1664年‧甲辰‧康熙3年」條下載：「常熟錢謙益死，年83。」「地主家族以
　　　　爭產發生內閧，柳如是不堪錢氏族豪的逼索，自殺，年47。」「常熟嚴熊、崑山歸莊、
　　　　吳縣顧苓等各發書揭，攻錢曾，指曾以爭財逼死柳如是。」有關此事件，詳參近人‧
　　　　陳寅恪，《柳如是別傳》，第五章〈復明運動‧附錢氏家難〉，頁1197～1224。
〔註242〕《清儒學案小傳》，卷一，頁195。

表一：明代蘇州藏書家師生傳承示意表

一、俞貞木之門

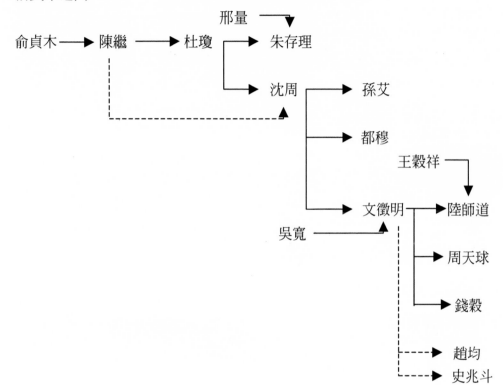

二、王鏊之門

　　王　鏊 ── 祝允明 ── 黃姬水

三、蔡羽之門

　　蔡　羽 ── 王　寵

四、劉鳳之門

　　劉　鳳 ── 史兆斗

五、顧雲鴻之門

　　顧雲鴻 ── 文震孟

六、錢謙益之門

第三節　藏書家的文會過從

　　清人孫從添曾說：「校書必數名士相好，聚於名園讀書處，講究討論，尋繹舊文，方可有成。」〔註243〕藏書家之間爲了校書、訪書等藏書專業上的問題，必須糾集眾人的意見以交流知識與資訊，所以彼此間常常需要文會過從，也往往因而促成藏書家之間的集團性格。這種情形的產生是有其根據的，可以追溯到明初吳地文人集團間的文會題咏生活。然而，文人結社並不都標舉著明確的文學主張與創作宗旨，大多數的文人社團僅僅是因彼此志趣相投，或是詩酒風流的結合而已。〔註244〕尤其是文人集會時，在觸咏流連之餘，難免因爲相同的癖好而結合成爲固定的團體，如詩社、文社、酒社、吃會、讀書社、鈔書社等。尤其是當文人們同好藏書的時候，校書、訪書、鑒別、題跋、借閱、傳抄、刻書、論印，以及種種藏書專業，都不是端賴一己之力便能夠完成的，而是必須藉由彼此之間的互相傳達、溝通與分享知識和經驗，才克竟完功。因此，在同樣以藏書爲嗜好的基礎上，文人的文會社集，很容易因爲同嗜藏書而轉變成爲藏書家集團。

元末明初至天順時期

　　明代蘇州地區首倡文會過從的生活方式者，當推顧阿瑛。顧阿瑛爲元末明初的崑山鉅富，亦爲首屈一指的大藏書家。他構築「玉山草堂」，其園池亭樹與閣臺之間，樂妓與經籍圖史充牣其中，而不分晝夜，唯與高人俊秀置酒賦詩，流連觸詠，並將其酬倡之詩，編輯成冊，名爲《玉山名勝》；又將其唱和之歌，薈萃於集，名爲《草堂雅集》，號稱明初崑山地方上的一大盛事。由於顧阿瑛好事之名滿佈東南，以故一時名流，咸讌聚其家。如文學之士張翥（1430～1506）、楊維禎（1296～1370）、柯九思（1312～1365）、李孝光（1297～1348）等人；方外之士張伯雨、于彥成、琦元璞等人，皆爲顧阿瑛的座上常客。因爲顧阿瑛家境富裕，故力能爲此。這種文會生活方式，不但是當時吳地文人理想中的風流典範，並且間接地鼓舞著後來蘇州文士間集團的成形與結社風氣的熱絡。不過，明初蘇州的富豪之家並非都像顧氏一般風雅絕倫，如「同時有沈萬三及福山曹氏，亦以財雄於吳，而文雅不及。」〔註245〕因此，時人稱譽顧阿瑛以風流文雅著稱東南，可說爲吳士文

〔註243〕清・孫從添，《藏書紀要》（《書目續編》，台北：廣文書局，1987年12月再版），第四則，〈校讎〉，頁23。

〔註244〕郭英德，〈明代文人結社說略〉（《北京師範大學學報》社會科學版，1992年4月號，1992年4月），頁34。

〔註245〕《國朝獻徵錄》，卷一一五，〈顧仲英瑛傳〉，頁13。

會生活的啓蒙老師。〔註246〕此外，顧阿瑛家藏典籍甚富，收藏既多，遂通賞鑒。
當時吳地商人多以贋本欺矇顧客，顧阿瑛雖然善於鑒別，但是吳地書商卻更善於
作僞，稍一不愼，也會失察。所以，顧阿瑛仍然需要與其他的文人與藏書家互相
研討，用以增加自己在鑒賞上的資訊與判斷能力。基於這個道理而展現在他的文
會生活當中，除了吟詩唱和以外，文會內容就逐漸轉變爲書畫與典籍的品題與賞
玩。後來的文人繼其緒餘，品鑑圖籍逐漸漸地融爲文會場合裡不可或缺的主要內
容。若以此看來，顧阿瑛的確對明代蘇州地區的主流生活文化有開創與揚搉之功，
使得吳地文會過從的文人生活型態成爲縱橫明朝的一種特殊時代流行風氣，從蘇
州漸及江南六府，進而拓展到全國。

　　顧阿瑛之友除了上述諸人以外，尚有吳縣藏書家唐元。他藏書於舟中，每過顧
阿瑛溪上，必繫舟柳下，與顧阿瑛譚笑終日，揚搉品味。朋友間操舟相尋，談天論
文，自古以來便是三吳地區水鄉澤國文士的一種生活文化；而藏書於舟中，載書訪
友以相互考究，亦頗具特色。稍後有崑山藏書家馬麐，一秉同縣前輩顧阿瑛的生活
型態，也好文會。其家亦有田園花木之趣，且富圖籍，凡遇佳客往來，則觸詠移日，
以致「楊鐵崖（維楨）深器重之，稱爲忘年友。」〔註247〕馬麐相當喜歡這種居家式
的文會生活，認爲兼揉清閟與好事之旨趣。而這種生活方式，至此也已漸爲吳地文
人所推衍開來，慢慢地形成一股風氣。約同其時，尚有吳縣藏書家伊彤，也喜與人
聚集論學，共爲文會。家有「清溪書舍」，庋藏經籍圖史，日唯與人論學於其中。「一
時名流，多游於門，如簡討陳繼、侍讀金問（1370～1448）、尚書魏驥（1374～1471）、
周忱（1381～1453）、侍郎陳璉（1370～1454）輩，相與尤密。」〔註248〕其中陳繼
與伊彤爲同縣的藏書家，也屬於同一個藏書集團。同縣稍後又有藏書家杜瓊，亦好
與人交往，據《姑蘇名賢小記》載：

> 東原先生璚，字用嘉，吳縣人。先生少孤，能自刻屬讀書，無所不通。
> 旁及翰墨，亦皆精好。爲人敦茂長者，一時品望甚貴，郡守況公迫欲見之，
> 匿弗肯就。晚歲持方竹杖，出遊朋舊間，逍遙自娛，號鹿冠道人。菜羹糲
> 食，怡怡如也。〔註249〕

杜瓊晚年喜好持杖出遊於朋舊之間，其所謂朋舊者，皆是文人雅士。如長洲藏書家

〔註246〕顧阿瑛的「玉山風」生活方式，爲明代吳中文人所傳承延續，如沈周、文徵明、顧祖
　　　　辰等，皆爲「玉山風」的拓進者，見嚴迪昌，〈文化氏族與吳中文苑〉（《文史知識》，
　　　　1990 年第一一期），頁 14～17。
〔註247〕《重修崑山縣志》，卷七，頁 469。
〔註248〕《崇禎・吳縣志》，卷四九，頁 7 上。
〔註249〕《姑蘇名賢小記》，卷上，〈淵孝先生杜東原〉，頁 13～14。

朱存理乃其學生，遊學門下，兩人皆好交游結客。其家雖無園林之趣，卻仍沿襲前賢的遺風，逍遙沉醉於友朋文會唱酬之樂，並且以古代的隱士為取法對象，加入了一點林下之趣於居家生活之中。

到了景泰時期，崑山藏書家沈愚「以詩名吳下，與劉溥諸人稱十才子，[註250]善行草，曉音律，詩餘樂府，傳播人口。」[註251] 蓋景泰十才子為一詩社性質的文會組織，以長洲人劉溥為盟主。這顯示當時吳地的文會社團，已經更加具有組織性質，並且更為具體而穩定，已經從明朝初年的友朋間隨意互訪的關係，進展到以才藝分類的定期性集團組織，所以這時吳地的文人集團，更加顯耀於人世。此外，這時的文人已經知道把集團冠以名稱，並且以身為集團之一員來互相標榜，使個人的聲名益著，對於提升自己在社會、官場或文苑當中的地位很有幫助。影響所及，吳地後來具有相同藝能或嗜好的文人，都時興以文會結社的途徑，組成社團，讓集團內的每一個成員，共享其利，除了能夠交流彼此的專業知識與資訊外，也藉由集團名稱的彰顯於世而順道提高自我的聲望，即是以文會引領風雅，因而膾炙人口於一時。其作法就是先與少數已經成名的文人結合，組成一個以這些知名文士為首的文會集團，再以團隊的方式彼此應和，於文學或藝壇上共創一片天地。這樣不但能夠讓未成名者才名頓起，也使已成名者聲望愈隆，兩者可謂相得益彰。同一時期，還有長洲藏書家鄒亮，「亦景泰十才子之一。」[註252] 沈愚與鄒亮雖不同縣，然皆為同一文人集團的成員。

天順時期，吳地的文人藏書家集團以葉盛為首。葉盛舉高科，仕宦又顯，故為吳地的當代聞人。葉盛集團成員為藏書家者有劉昌、陸容等人。劉昌與葉盛兩人相善，過從不絕。楊循吉曾經說：「是時葉文莊公（葉盛）最知公（劉昌）」，[註253] 可知劉昌為葉盛摯友。而劉昌之友為藏書家者有朱存理、楊循吉等人，時時相

〔註250〕 即景泰十才子。據《明詩人小傳稿》蔣主忠條下載，所謂景泰十才子乃劉溥（長洲人）、湯胤勣（？～1467，濠人，湯和（1326～1395）曾孫）、沈愚、蘇平（海寧人）、蘇正（1402～1469，海寧人，平弟）、晏鐸（富順人）、王淮（慈谿人）、王貞慶（淮甸人）、蔣主忠（儀真人，主孝弟）、蔣主孝（1395～1472，儀真人），其中主孝者或有云應為徐震（1413～1490，吳縣人），見《明詩人小傳稿》，卷一，頁 45。劉溥條下：「景泰中，稱詩豪者有十才子，每推溥為盟主。研覃載籍，尤精天文律曆之學」，見頁 44。而卷七徐震條下：「震字德重，吳縣人。少從陳繼學詩，與晏鐸、蘇平唱和，與景泰十才子之列。」可知十才子之文會過從，以詩文唱和為主要內容，並擴及談籍論文之藝。見頁 243。

〔註251〕 《明詩人小傳稿》，卷一，頁 45。

〔註252〕 《明詩人小傳稿》，卷一，頁 45。

〔註253〕 《姑蘇名賢小記》，卷上，〈大中大夫劉公〉，頁 16。

互交會過從，且劉昌曾經寫信拜託楊循吉代爲購書。據朱存理言：「予嘗見太中公（劉昌）積書萬卷，購求不少吝，可知嗜好之篤。今與儀部（楊循吉）此帖，亦託購書也。」〔註254〕而陸容，也深爲葉盛賞識，「少游鄉校，葉文莊盛深其器識，每以范文正（范仲淹，989～1052）行業期之」，〔註255〕兩人的交情深厚，不遜於劉昌，吳寬嘗謂陸容「尤爲葉文莊公所知。」〔註256〕此外，葉盛與稍後的王鏊也是好友，王鏊曾經說過：「予與君交且二十年」，〔註257〕交情既久且深，過從亦盛，可見王鏊集團與葉盛集團之間的關聯性。於葉盛之世，吳地文人集團逐漸興起，而集團之間的交集網絡亦漸開展。可以說從葉盛開始，吳地的文人藏書家集團關係開始趨向密集與交錯複雜。

成化至隆慶時期

到了成化、弘治年間，吳中文人集團以吳寬、王鏊爲首。文徵明曾說：「成化、弘治間，吳文定（寬）、王文恪（鏊）繼起高科，傳掌帝制，遂持海內文柄。」〔註258〕吳寬喜結客，好文會。據載：

> 寬宏厚廉靖，好古力學，文翰淳美。疏眉目，豐下而顧長，美鬢髯髯，望而知爲長者。于生平交，眞能生死之。折節下士，布衣沈周輩皆因之而得名。〔註259〕

吳寬承襲吳地文士喜好交遊的習性，據《靜志居詩話》的記載，可以得知吳寬文會社集的情形：

> 匏菴（吳寬）與沈啓南（周）、史明古（鑑）衿契最深，車馬簦笠，往還無倦，其詩亦足相敵。在都門闢東園，築「玉延亭」，留客園中，草木莫不有詩。吏部後園亦爲掃除，欄藥檻花，暇必酬和，極友朋文字之樂。〔註260〕

吳寬甚至也將這種文會結社的生活方式，表現在其居官的生活上，絕不因公務而影響友朋之樂，據《新刊皇明名臣言行錄》載：

> （吳寬）在翰林時，於所居之東治園亭，雜蒔花木。退朝執一卷，日

〔註254〕《樓居雜著》，〈跋劉太中遺翰〉，頁14。
〔註255〕《太倉州志》，卷七，頁9上。
〔註256〕《國朝獻徵錄》，卷八四，〈浙江布政使司右參政陸公容墓碑〉，頁32。
〔註257〕《王文恪公集》，卷一〇，〈東原詩集序〉，頁10。
〔註258〕《國朝獻徵錄》，卷二三，〈南京翰林院孔目蔡先生羽墓誌〉，頁26。
〔註259〕《罪惟錄・列傳》，卷一三上，〈諫議諸臣列傳〉，頁123。
〔註260〕《靜志居詩話》，卷八，頁702。

哦其中；每良辰佳節，爲具召客，分題聯句爲樂，若不知有官者。〔註261〕
這種由鄉賢士夫將文會過從風格表現於官場上，樹立出一種生活典範，不但直接鼓
舞了吳郡中下階級文人的集團化，且一時傳爲蟬林美談，進而使得文會生活方式在
蘇州文人之間蔚爲風潮。因此王鏊曾說：「吳文定公（寬）在翰林，吳中名士皆集，
倡和益富。」〔註262〕文徵明之父文林，也是吳寬集團的成員，與吳寬頗善。文林歿
時，吳寬難過的說：

> 君（文林）與余相好久，嘗約晚歲歸老吳中，當尋山水之樂，以償平
> 生之勞。今吾歸其時矣，而君先我以逝，則所與同樂者何人哉？〔註263〕

文林既爲吳寬集團的成員，其子文徵明亦曾師事於吳寬，所以稍後的文徵明集
團，當然可以說是淵源於吳寬集團。除沈周、文林以外，吳寬集團的成員爲藏書家
者還有史鑑、朱存理等人。史鑑爲隱士，清高之名爲鄉人所推崇，而本身又好文會
結客，以故「吳文定公（寬）與爲友。」〔註264〕吳寬曾說：

> 吳江穆溪之上，有隱士曰史明古（鑑）。其爲人足跡不出百里之外，
> 然江浙間，人知其名。至于郡縣大夫，亦皆禮下之；而予取以爲友，蓋四
> 十年于此矣！〔註265〕

而朱存理於當時，也是號稱交游廣泛之輩，文徵明嘗述其交友情形云：

> 于是時東南名士若吳興張淵，若嘉禾周鼎（1401～1487）；仕而顯者
> 若徐武功有貞（1407～1472）、祝參政灝（1405～1483）、劉參政昌、劉僉
> 憲珏並折節與交，且推之爲後來之秀。既而諸老凋落，吳文定公（寬）、
> 石田先生（沈周）繼起，而性甫（朱存理）復追逐其間。最後則交楊儀制
> 君謙（循吉）、都主客元敬（穆）。余視性甫丈人行也，性甫不余少而以爲
> 友，視諸公爲親。蓋其自少至老，未嘗一日忘學，故亦未嘗一日忘取友以
> 自助也。〔註266〕

可見朱存理的交游範圍縱橫於時代裡頭，不論老幼，只要有助於其學行者，他都
願意取以爲友，互爲文會過從。他的性格，正是明代蘇州地區文人交友的一種前
輩風流。

〔註261〕明‧楊廉，《新刊皇明名臣言行錄》（《明代傳記叢刊》，台北：明文書局，1991年1月
　　　　初版），卷四，頁720～721。
〔註262〕《王文恪公集》，卷一三，〈瓜涇集序〉，頁6。
〔註263〕《文溫州集》，卷一二，〈明故中順大夫浙江溫州府知府文君墓碑銘〉，頁4。
〔註264〕《續吳先賢讚》，卷一一，〈史明古〉，頁10。
〔註265〕《匏翁家藏集》，卷七四，〈隱士史明古墓表〉，頁4。
〔註266〕《國朝獻徵錄》，卷一一五，〈朱性甫先生存理墓志銘〉，頁38。

　　劉昌爲吳寬集團的成員，劉珏爲沈周集團的成員，兩人並無交往之蹟。而朱存理本從杜瓊問學，又與劉昌、劉珏兩人相善，進而出入於吳寬、沈周這兩個集團間。其後，又爲文徵明集團的成員，並與生性孤癖的楊循吉交往，時相文會。此外，他還和都穆私下交相過從，且與邢參相善，藏書互有流通。所以，朱存理喜好文會結客的程度與交游範圍之廣，於此可見。而史鑑雖爲吳寬集團的一份子，同時也是沈周集團的成員。他與沈周一樣跨越兩個集團，且這兩個集團同時並存，共同形成蘇州文苑，這種情形其實已經打破了前此的集團範疇性質，使得明代文人集團內成員交往的情形顯得越來越複雜。至於王鏊，與徐澄之兄徐源爲同年進士，兩人間相交甚善，往來唱和非常頻繁。王鏊曾說：

　　　　弘治末，公（徐源）上疏謝政事，予亦旋自內閣告歸，迺復聚首吳中。
　　追思往時之會，蓋三十餘年矣！當時社友，幾其存者。其存而復會於茲，
　　獨公與予也。〔註267〕

故知王鏊也喜好參與文會活動，與友結爲社團。而王鏊之季子王延陵，也加入吳中文人集團的陣營，嘗「避寇城居，與劉僉憲鳳、張太學獻翼賡和。」〔註268〕值得注意的是，吳寬集團與王鏊集團並非全無交集的兩個獨立團體，其實吳寬與王鏊這兩位集團首領便是好友，王鏊曾經說：「予獲從公久，每以道義相劘切」，〔註269〕是故集團成員雖無交往過從，而首領卻相互賡和，連結了兩大集團。同一時期，吳地喜好文會且癖嗜藏書者尚有沈周、史鑑、邢量、邢參、朱存理、陳穉等人。沈周本爲吳寬集團的成員，卻也是另一個集團的盟主，雅好文會，「所居有水竹亭館之勝，圖書彝鼎，充牣錯列；戶屨塡咽，賓客牆進，撫翫品題，談笑移日。」〔註270〕當時沈周賓客之盛，據《西園聞見錄》載：

　　　　一時名人皆折節內交，自部使者、郡縣大夫皆見賓禮。縉紳東西行過
　　吳，及後學、好事者日造其廬而請焉。相城居長洲之東偏，其別業名「雨
　　竹居」。每黎明門未闢，舟已塞港矣！〔註271〕

沈周生性好客，賓客「至則相與讌笑詠歌，出古圖書器物，模撫品題，酬對終日不厭。」〔註272〕當時文人無論仕與不仕，名或不名，有的是秉持吳人的好事習性，有的則以攀附沈周爲進身立名的最佳捷徑，都汲汲地與沈周援引交情。而明代文士間

〔註267〕《王文恪公集》，卷一三，〈瓜涇集序〉，頁6。
〔註268〕《崇禎‧吳縣志》，卷四八，頁52下。
〔註269〕《王文恪公集》，卷一三，〈匏菴家藏集序〉，頁2。
〔註270〕《列朝詩集小傳》，〈丙集‧石田先生沈周〉，頁290。
〔註271〕《西園聞見錄》，卷二二，〈高尚〉，頁487。
〔註272〕《王文恪公集》，卷二九，〈石田先生墓誌銘〉，頁17。

的文會風氣，到了沈周也已經進入了空前的盛況，當時「四方名士過從無虛日，風流文采，照映一時。」〔註273〕而沈周集團的成員爲藏書家者，有劉珏、都穆、朱存理、史鑑、文林、邢參、祝允明等人。沈周「與吳文定寬、史徵士鑑、李太僕應禎（1431～1493）、劉僉憲珏爲莫逆交。」〔註274〕且據《國朝獻徵錄》載：

> 先生（沈周）雖與物無忤，而披襟吐赤者，十不一二；惟吳少宰寬、都太僕穆、文溫州林，則其莫逆交也。此三人者，蓋世所稱篤行慕古、金玉偉人也。〔註275〕

文林與史鑑雖俱爲吳寬集團的成員，卻同時也是沈周集團的成員。特別是史鑑，沈周「與之獨厚焉。」〔註276〕他「晚歲築『小雅堂』，益務清曠。早嘗與長洲沈周、吳興張淵遊。」〔註277〕同時，亦「與文定（吳寬）及沈啓南（沈周）爲友。弘、正之間，吳中高士，首推啓南，次則明古（史鑑）。」〔註278〕史鑑的確相當喜好交遊過從，其家園林甚勝，饒有意趣，且富藏圖籍文物。每當客至其家，他都會陳列出三代與秦、漢時的古器物，以及唐、宋以來書畫諸品，與客人相與鑒賞，共享文會之樂。而當時藏書家之間的文會，其內容則主要在於針對各自所藏的文獻與典籍之評鑑，彼此交換意見與心得。據朱存理〈題松下清言〉云：

> 僦居松下，日錄過客之談，曰《松下清言》。松之下所過客，遠自西郭至者曰楊君謙（循吉），曰都玄敬（穆），曰祝希哲（允明），曰史引之（經）、吳次明（爟）；近自東西鄰而至者曰堯民（朱凱）。……今吾與客之所談者，又不過品硯、借書、鑒畫之事而已。松下設一几，上可攤書，客去，隨所得有楮筆即記客之言。〔註279〕

朱存理的書齋名爲「僦松軒」，是他用來與客進行文會過從的場所。〔註280〕若由朱存理的文會集團來看這一個時期的文會情況，應該仍然秉持明初風味，成員間的會晤純粹隨興，並無定期或訂出會規制度。如朱存理便曾說：「吾友楊儀曹君謙（循吉）者，知予有松下之吟，每約相過而不至。」〔註281〕朱存理跨越吳寬、沈周、與稍後

〔註273〕《明史稿・列傳》，卷一七四，頁536。
〔註274〕《吳中人物志》，卷一三，頁26。
〔註275〕《國朝獻徵錄》，卷一一五，〈沈孝廉周傳〉，頁53。
〔註276〕《嘉靖・南畿志》，卷一四，頁39下。
〔註277〕《吳中人物志》，卷九，頁25。
〔註278〕《列朝詩集小傳》，〈丙集・史隱士鑑〉，頁291。
〔註279〕《樓居雜著》，〈題松下清言〉，頁13～14。
〔註280〕有關明人書齋的文會過從生活方式，可參閱暴鴻昌，〈明清時代書齋文化散論〉（《齊魯學刊》，1992年第二期），頁98～102。
〔註281〕《樓居雜著》，〈僦松軒記〉，頁12。

的文徵明等三個集團，而都穆、祝允明、邢參亦先後跨越兩個集團，本爲沈周集團的成員，沈周死後則又爲文徵明集團的一份子。祝允明曾自謂其「辱公（沈周）置年而友」，〔註282〕多所倡和。邢量，長洲人，以藏書好學自隱，然名震公卿。據《姑蘇名賢小記》載：

> 邢蠹齋先生量，字用理。居葑城之東，陋室三間，青苔滿壁，折鐺敗席，淡如也。平生不娶，長日或不舉火，閉戶讀書，唯啖餅餌一二而已。僉憲陳直道公（祚，1382～1456）致政歸，嚴峻不交一客，唯挾冊就先生質疑，清談竟日，不設湯茗。吳文定公（寬）歸自少宰，叩其門，先生曰：「吾方執爨，未有五尺應公，奈何！」吳公乃假鄰家胡床坐門外良久，俟其終食乃進。〔註283〕

邢量以博學見重，文名顯於三吳，當時的達官貴人，莫不趨之若鶩，以故其文會之對象，多爲一些名士；而其文會之內容，也自當爲藏書與讀書方面諸問題的討論。吳寬是藏書家，與邢量也有藝文往來。朱存理，長洲人，爲杜瓊、邢量的弟子。除與劉昌、劉珏、吳寬、沈周、邢參、楊循吉、都穆、文徵明等人交往外，又「與朱凱日挾冊呻吟，講求義理。」〔註284〕朱存理與朱凱皆爲藏書家，又都喜好閱讀，終日以讀書問學爲文會，以故「人以其所居相接，而業又甚似也，稱之曰：『兩朱先生』」，〔註285〕可知兩人都以讀書好學而俱享盛名於當代。而朱凱又與都穆爲好友，交情匪淺，據《西園聞見錄》載：

> （都穆）一歲除夕絕糧，作詩寄故人朱堯民（凱）曰：「歲云暮矣室蕭然，牢落生涯只舊甎；君肯太倉分一粒，免教人笑灶無煙。」堯民儲錢千文爲歲之用，遂分半贈之。〔註286〕

當時與都穆交游者，「皆一時才俊，楊君謙（循吉）、祝允明，及浙王守仁（1472～1528），皆與善，故一時稱籍甚。」〔註287〕尤其是「楊循吉者，元敬（都穆）同里人。」〔註288〕都穆、朱存理、朱凱三人介於沈周、文徵明先後兩個集團間，又自成一文會集團。陳穆，常熟人，其過從對象，則較前人多加入了方外之士。「所往還者，

〔註282〕《祝氏詩文集》，卷二四，〈刻沈石田詩序〉，頁1554。
〔註283〕《姑蘇名賢小記》，卷上，〈邢布衣先生〉，頁7～9。
〔註284〕《明詩人小傳稿》，卷一，頁48。
〔註285〕《國朝獻徵錄》，卷一一五，〈朱性甫先生存理墓志銘〉，頁38。
〔註286〕《西園聞見錄》，卷一七，〈臨財〉，頁112。
〔註287〕《續吳先賢讚》，卷四，〈都穆〉，頁25。
〔註288〕《續吳先賢讚》，卷四，〈楊循吉〉，頁25。

惟縉紳逢掖、高僧羽流以自娛，雖居城市，而翛然有出塵之思。」〔註289〕

　　弘治以來，吳中地區文人集團的活動越發呈顯出盛而不衰的情勢，其規模也更加壯大。〔註290〕此時文人集團不但蓬勃發展，且已演化成爲環環相扣的共存組織。文人打破了集團的限制性，一個文人同時可兼爲許多集團之成員的現象屢見不鮮。這種情形雖在成、弘之際便已有之，然本時期非但承前之緒餘，且更見其普遍與突顯。此一時期，吳中藏書家的文會社集是以文徵明爲主要的中心人物。據《西園聞見錄》載：

　　　　文衡山（徵明）最喜評較書畫，每客至，輒入書房中捧卷出，展過復捧入，數反不倦。一日何元朗（良俊，1506～1573）來訪，衡山書一掛幅贈之。……後題云：「元朗自雲間來訪，兼載所藏古圖書見示，淹留竟日，奉贈短句。」〔註291〕

何良俊爲松江華亭的藏書家，「有『清森閣』在東海上，藏書四萬卷，名畫百籤，古帖鼎彝數十種。」〔註292〕且經常來吳，與文徵明時相過從，品驚書卷，玩味典籍。文徵明曾官翰林待詔，致仕以後，更是日以文會自娛。他相當喜好文會結客，據《甫田集》載其交游情形云：

　　　　（文徵明）尤好爲古文詞，時南峰楊公循吉、枝山祝公允明，俱以古文名，然年俱長公（文徵明）十餘歲。公與之上下其議論，二公雖性行不同，亦皆折輩行與交，深相契合。……南濠都公穆，博雅好古；六如唐君寅，天才俊逸。公與二人者，共耽古學，游從甚密。……雅宜王君寵，異才也，少公二十四歲，公雅相推重，引與游處，王竟以德學名。〔註293〕

諸人當中，楊循吉生性怪僻，不輕近人，卻爲文氏集團的成員，而私下又與集團內的朱存理相善，且與文徵明又時相過從，談文論籍。此外，《明史竊・列傳》亦載文徵明之交游云：

　　　　其所與游皆吳中名士：楊循吉、祝允明，視徵明有十年以上之長；唐寅生同歲，居同里；徐昌穀（禎卿，1479～1511）且後進，皆以詩文書畫擅稱一時。顧諸人皆連起科第，徵明數試不捷，而海內士莫不豔其才名，首稱慕之。〔註294〕

〔註289〕《王文恪公集》，卷二六，〈贈監察御史陳府君配太孺人譚氏墓表〉，頁16。
〔註290〕鄭利華，〈明代中葉吳中文人集團及其文化特徵〉（《上海大學學報》，第四卷第二期，1997年4月），頁99。
〔註291〕《西園聞見錄》，卷八，〈著述〉，頁789～790。
〔註292〕《明詩人小傳稿》，卷三，頁106。
〔註293〕《甫田集》，卷三六，〈先君行略〉，頁2～3。
〔註294〕《明史竊・列傳》，卷九五，頁370。

文徵明雖喜交友，卻不好權貴之客，其文會對象之選取，多有自己的原則。據《皇明詞林人物考》載：

> （文徵明）杜門不復與世事，以翰墨自娛。諸造請，戶外履常滿，然先生所與從請獨書生、故人、子屬爲姻黨而窘者，雖強之，竟日不倦。其他即郡國守相連車騎，富商賈人珍寶填溢於里門外，不能博先生一赫蹏。〔註295〕

這樣的原則，樹立往後吳中隱士結客的典範，使得後人相當崇尙與稱美其自取清高的用意。其實文徵明愈是如此，其聲名反而益爲世人所重，士人爭相攀緣引附，故其文會之盛，烜赫一時。《皇明詞林人物考》又載：

> 先生（文徵明）門無雜賓客，故嘗授陳道復（淳，1483～1544）書；而陸儀部師道歸，自儀部委質爲弟子。其最善後進者，王吏部穀祥、王太學寵、秀才彭年、周天球。而先生之二子彭、嘉亦名能精其業，時時過從，談摧藝文，品水石，記者舊故事，焚香燕坐，蕭然若世外。而吳中好事家，日相與載酒船候先生湖山間，以得一幸爲快。〔註296〕

陸師道、王穀祥、王寵、周天球，與文徵明之子文彭，諸人皆以藏書聞名一時，而同聚於文氏家族之間，日惟品籍論文，極盡友朋之樂。其中陸師道之官位與科名皆高於文徵明，因傾慕他的才藝與人品，不惜委身爲弟子，加入文氏集團，且與文徵明等人文會過從甚爲密切。陸師道「所善二三耆舊，王參議庭（1488～1571）、彭秀才年，王太學寵，文博士彭，日相與揚摧今古，品藻泉石。」〔註297〕當時的盛況，據《皇明詞林人物考》載：

> 王參議庭、陸給事粲、袁僉事褒皆里居，與先生（陸師道）善。而先生所取友，如王太學寵、彭微士年、張先輩鳳翼兄弟，〔註298〕多往來文先生（徵明）家，與文先生之子博士彭、司諭嘉（1501～1583），日相從評騭文事，攷校金石、三倉、鴻都之學與丹青理，茗碗鑪香，脩然竟日。間從諸賢出遊，汎石湖，取越來道，放舟胥口，尋覽虎丘、上方、支硎、天池、玄墓、靈巖、鄧尉、萬笏、大石之勝。吳中好事人，操酒船跡之於山水間，先生亦無所拒。〔註299〕

〔註295〕《皇明詞林人物考》，卷七，頁162～163。
〔註296〕《皇明詞林人物考》，卷七，頁165。
〔註297〕《松石齋文集》，卷一七，〈尚寶司少卿五湖陸先生行狀〉，頁3。
〔註298〕指鳳翼與弟燕翼（1543～？）、獻翼（1534～1601）。
〔註299〕《皇明詞林人物考》，卷八，頁343～344。

其實，陸師道雖屬文氏集團，卻與陸粲、袁褎等人又另外結成一個集團。而張鳳翼的交游比較單純，僅是文徵明集團的成員。陸師道雖與陸粲、袁褎、王寵、張鳳翼、文彭等人爲友，實際上與文徵明的感情最好，文徵明雖爲其師，然「亦篤好先生，即膠漆莫喻也。」〔註300〕此外，陸師道與袁氏兄弟們的交情亦善，他在序《袁永之集》中曾經說道：「顧自弱冠，遊君兄弟間，極承知獎」，〔註301〕可知陸師道與袁表、袁袠、袁褎三兄弟也有深交。其中袁褎除了是陸師道的好友以外，又與王寵相善，且爲文徵明之摯友。長兄袁表曾說：「若近時之雅宜王子（寵），吾弟永之（袁褎），居同里閈，互相砥礪，極力研討，亦已成家。」〔註302〕而文徵明也曾經稱呼「吾友袁君永之」，〔註303〕則袁褎是爲文徵明集團文會上的座賓。袁表又曾經指出袁褎致仕以後喜好文會過從之狀云：

> 築別業於橫塘，開圃鑿池，種秫樹桑，將爲終焉之計。時余亦棄官歸，永之每遇良晨佳節，輒邀昆季友朋，流連觴詠。〔註304〕

袁表亦好文會結客，與兩位弟弟以及文徵明、王寵輩交游，「好古復好客，與海內名流倡和。」〔註305〕而王穀祥，「與文博士彭兄弟輩，共尊尼（1523～1574，袁褎子）作『禊社』，選韻分題，笑傲名山下」，〔註306〕諸人倡和益富。文徵明長子文彭亦喜藏書，自幼即浸淫家學，因其父而才名震動三吳；〔註307〕且家中賓客過從不絕，因耳濡目染，故而喜歡文會交遊，日惟侍奉其父登覽名山，招友周旋而觴詠，心益泊如。文彭爲名家子弟，聲著吳中，而其文會交遊之廣，亦不遜其父。他雖爲父親文人圈中的一份子，卻同時也有集團外的文會之友，如錢穀便是其一。錢穀亦好文會交流與接引賓客，然「所交遊非文苑佳士，則俠客酒人。」〔註308〕錢穀與文彭通好，相互從遊酬唱。據王世貞指出：

> 錢先生（穀）汎與，而所最善以文事相琢劘者，待詔（文徵明）子太學博士彭、助教嘉、布衣彭年、潯州牧沈大謨，咸卓犖奇士，相與爲游。
> 〔註309〕

〔註300〕《皇明詞林人物考》，卷八，頁343。
〔註301〕《袁永之集》，卷首，〈袁永之文集序〉，頁3。
〔註302〕《袁永之集》，卷首，〈袁永之文集序〉，頁1。
〔註303〕《甫田集》，卷三三，〈廣西提學僉事袁君墓志銘〉，頁8。
〔註304〕《袁永之集》，卷首，〈袁永之文集序〉，頁1。
〔註305〕《崇禎‧吳縣志》，卷四八，頁56上。
〔註306〕《崇禎‧吳縣志》，卷四七，頁12下。
〔註307〕蘇州曰東吳，潤州曰中吳，湖州曰西吳，合稱三吳。
〔註308〕《皇甫司勳集》，卷五一，〈錢居士傳〉，頁8。
〔註309〕《弇州山人四部稿》，卷八四，〈錢穀先生小傳〉，頁3973～3974。

王寵亦與文徵明善，兩人爲忘年之交，「徵明長寵二十四歲，折輩行與交，王雅宜（寵）之名滿天下。」〔註310〕《罪惟錄·列傳》載其文會生活云：

> （王寵）讀書石湖上，與文徵明、周天球、彭年、王穀祥輩揚榷風雅，品騭山水，垂二十年。含醻作賦，倚席放歌，書得晉魏法，詩與徵明相埒，而格律過之。〔註311〕

此外還有顧道隆，也屬文徵明集團。「與祝京兆（允明）、文待詔父子爲文字交。」〔註312〕而閻起山亦爲文徵明集團的成員，與文徵明私交甚篤，喜藏書。家雖貧，然見書冊必大力購求，盡廢其所獲學俸以償。又喜抄未見書，日從友人家借觀，手抄口吟，窮日夜不輟，久之雖積勞成疾，貧病交加，卻不改其嗜書之癖，卒年僅二十四。文徵明常常於文會中以其貧且病，勸他不要如此沈迷於聚書，閻起山雖也應允將稍事收斂，卻終究無法改變如癡如醉的藏書癖好。閻起山與文徵明經常文會，過從甚歡，文徵明也曾經對閻起山的好學與善論表示推崇，他說：

> 君學甚邃，而喜讀左氏、司馬遷、班固書；至於論議之際，雖古人猶有所擇。而牽於場屋不得伸，故其見於論著者甚鮮，其意蓋有待也。
> 〔註313〕

還有錢同愛，也是文氏藏書集團之一員。錢同愛家境溫厚，喜歡文會社集。其家「室廬靚深，嘉木秀野，肆陳圖籍，時時招集奇勝滿座，含醻賦詩，負軒而歌，邈然高奇，不知古人何如也。」〔註314〕錢同愛與文徵明兩人爲同學，文徵明曾經敘述錢同愛的文會生活云：

> 所與游皆一時高朗亢爽之士，而唐君伯虎（寅）、徐君昌國（禎卿）其最善者。視余拘檢齷齪，若所不屑，而意獨親。時余三人，與君皆在庠序，故晤爲數。時日不先，輒奔走相覓，見輒文酒讌矣，評騭古今，或書所爲文，相討質以爲樂。……王君履吉（寵），雖稍後出，而遊好爲密善。
> 〔註315〕

祝允明本爲沈周集團的成員，後歸文徵明集團。而唐寅亦爲文徵明與錢同愛的同學，也好文會交遊，「築室『桃花塢』中，讀書灌園，家無儋石而客常滿座，風流文采照

〔註310〕《明史稿·列傳》，卷一六三，頁434。
〔註311〕《罪惟錄·列傳》，卷一八，〈文史諸臣列傳〉，頁424。
〔註312〕《牧齋有學集》，卷三二，〈顧君升墓誌銘〉，頁321。
〔註313〕《甫田集》，卷二九，〈亡友閻起山墓志銘〉，頁4。
〔註314〕《明分省人物考》，卷二二，〈南直隸蘇州府五〉，頁50。
〔註315〕《國朝獻徵錄》，卷一一五，〈錢孔周同愛墓誌銘〉，頁84。

映江左。」〔註316〕唐寅與祝允明善，然恃才傲物，不輕易與人爲友，據《明史竊‧列傳》載：

> 寅幼，讀書不識門外街陌中，屹屹有一日千里氣。爲諸生，不或友一人，桀特之志錚然。同郡生祝允明，歆其才望而願友之，規之曰：「萬物轉高轉細，未聞華峰可建都聚，惟天極峻且無外，故爲萬物宗。」寅始肯可，久乃大契。〔註317〕

而唐寅與都穆之交本來契合，且同爲文徵明之友，其後卻因唐寅科考弊案而絕交。據《明史稿列傳》載：

> （唐寅）舉弘治十一年（1498）鄉試第一，座主梁儲奇其文，還朝示學士程敏政（1445～？），敏政亦奇之。未幾，敏政總裁會試江陰，富人徐經（1473～1507）賄其家僮得試題。事露，寅友人都穆摭其事，言者劾敏政，語連寅。下詔獄，謫爲吏，寅恥不就。〔註318〕

而這件考試弊案，據說是都穆舉發自己的好友唐寅才爆發出來，錢謙益曰：

> 余聞之故老，玄敬（都穆）少與唐伯虎（寅）交，最莫逆。伯虎鎖院得禍，玄敬實發其事，伯虎誓不與相見，而吳中諸公皆薄之。玄敬晚年深自悔恨。〔註319〕

都穆後來且「以陷寅爲世所薄」，〔註320〕故唐寅與都穆雖同屬文徵明集團，不過後來兩人絕交，互不往來。雖然如此，都穆與集團內祝允明、朱存理、楊循吉等人仍舊相善。同時還有朱良育與柳僉，與「唐（寅）、祝（允明）諸公，皆有苔岑之契也。」〔註321〕其中文徵明「與諸生朱良育善」，〔註322〕以是朱良育亦爲文徵明集團的成員之一。而柳僉雖然不屬文氏集團，但與唐寅、祝允明、朱良育等人時相過從爲文會，則唐寅、祝允明與朱良育、柳僉四人又當爲文氏集團外之另一文人圈。而都穆本來也是沈周集團的成員，曾與文徵明同游沈周之門，其後又歸文氏集團，相當喜好文會社集。據《國寶新編》述其生活云：

> 都穆，字玄敬，蘇州人，仕至太僕少卿。清修博學，網羅舊文，考訂疑義，多所著述。好遊山水，雖居官曹奉使命，有間即臨賞名勝，騁其素

〔註316〕《靜志居詩話》，卷九，頁769。
〔註317〕《明史竊‧列傳》，卷九五，頁376。
〔註318〕《明史稿‧列傳》，卷一六二，頁427。
〔註319〕《列朝詩集小傳》，〈丙集‧都少卿穆〉，頁302。
〔註320〕《明史稿‧列傳》，卷一六二，頁428。
〔註321〕《藏書紀事詩等五種》，卷二，頁102。
〔註322〕《新倩籍》，頁五。

懷，所得必撰一記，輯成巨帙。又廣錄古金石遺文爲《金薤琳琅集》。齋
居蕭然，樂奉賓客，啣杯道古，以示終日。不植生產，或至屢空，輒笑曰：
「天地之間，當不令都生餒死」，日晏如也。〔註323〕

都穆之好客，從不吝惜接待友朋之費，甚至囊橐蕭然也不覺悔憾，此又當爲吳地
文士的性格特徵之一。其時又有劉嘉緒，爲劉昌之子，劉昌屬於吳寬集團，其子
則歸文徵明集團，曰「與都穆、祝允明、文徵明、唐寅輩游，各相唱和。」〔註324〕
綜上所述，可以得知文氏藏書集團成員多爲當時名士，而人數之多與文會之盛，
風雅韻致照映一時。

　　文徵明集團早期還有一個重要人物，即邢量之孫邢參，亦喜藏書結客。邢參本
爲沈周集團之成員，沈周死，遂與文徵明集團結合。《明分省人物考》載：

　　邢參，字麗文，吳人。湛默好書，立士行。講授里中，以醇和稱，昌
穀（徐禎卿，1479～1511）諸君皆與游；其文亦質而不華。貧無以朝夕，
空如也，竟未嘗娶。〔註325〕

邢參與徐禎卿屬於同一個集團，卻非僅以此爲主。除徐禎卿外，其文會的主要對象
尚有多人，據《靜志居詩話》載：

　　吳爟次明、文徵明徵仲、吳奕嗣業、蔡羽九逵、錢同愛孔周、陳淳
道復、湯珍子重（1487～1552）、王守履約（1492～1550）、王寵履仁、
張靈孟晉。故其詩云：「昔貴重北郭，吾輩重東莊。胥會誠難得，同盟詎
敢忘。」〔註326〕

邢參與文徵明等人，號「東莊十友」。其中關於吳中藏書家之過從情形，交往錯雜而
關係密切。此外，文徵明集團早期成員尚有朱存理。朱存理爲邢參祖父邢量的學生，
與邢參在藏書流通上亦有過從，據錢曾跋葛立方《韻語陽秋》二十卷有云：

　　朱性甫（存理）借得此書，宋槧本，邢麗文（參）命工摹寫二部，舉
其一贈性甫。朱守中（節）又從性甫借歸。宏治癸亥（十六年，1503），
金成性又錄傳成此本，守中爲題其卷尾。三君皆衡山（文徵明）好友，安
貧樂志，吳中雅士也。〔註327〕

所以，朱存理、文徵明、蔡羽、錢同愛、王寵，皆爲文氏集團的成員，而張靈爲唐

〔註323〕明·顧璘，《國寶新編》（《紀錄彙編》，台北：臺灣商務印書館，1969年5月臺一版，
　　　　據明萬曆刊本影印），〈太僕少卿都穆〉，頁10。
〔註324〕《崇禎·吳縣志》，卷四七，頁46上。
〔註325〕《明分省人物考》，卷二二，〈南直隸蘇州府五〉，頁54。
〔註326〕《靜志居詩話》，卷一一，頁115。
〔註327〕《讀書敏求記》，卷四，〈韻語陽秋二十卷〉，頁165～166。

寅之莫逆，亦爲藏書家；而邢參的好友徐禎卿，也與唐寅相善，且朱存理亦與邢參
有交情，又爲邢參祖父邢量之弟子，兩人皆是文徵明的好友，爲吳中風雅之士。故
此一時期，可由藏書家集團成員交往的複雜性，得知文人集團與文人集團之間，具
有交集的情形愈益明顯，一個藏書家可能同時爲其他不同集團的成員，這與明初文
人集團的形態大不相同。此外，陸容之子陸伸也與文徵明友善。據《太倉州志》載
陸伸死的時候：

> 翰林文徵明弔其喪，哭盡哀。既而顧賓客曰：「我見今世有學者少，
> 如吾安甫（陸伸），信乃其人。蓋他人有學，惟恐不爲人知，安甫則常若
> 畏人之知，此誠何可及也？」〔註328〕

蓋陸伸之卒，文氏感到相當惋惜與哀痛，而對其人格之稱許，則又非相知相得的好
友所不能爲也。綜上所述，則文徵明集團中爲藏書家者計有朱存理、楊循吉、蔡羽、
閻起山、錢同愛、王寵、邢參、朱良育、都穆、祝允明、唐寅、劉嘉緒、顧道隆、
陸師道、王穀祥、文彭、袁表、袁褧、袁襃、張鳳翼、周天球、陸伸等人，全部都
是蘇州當時知名的文人。

　　繼沈周、文徵明之後，狎主吳中文人集團者爲周天球，王世貞指出：

> 余嘗屈指文先生（徵明）之始得名在弘、正間，距先生（周天球）今
> 八十歲年矣。文先生之所莊事者，沈啓南（周）先生，壽亦垂九十。沈先
> 生之得名在成化初，而生以永樂，其取友若史明古（鑑）、周原巳（庚，
> 1443～1489）、邢麗文（參）輩亦十餘曹，而卒歸之文先生。自沈先生而
> 文先生以逮先生，奉正朔而稱盟主者，僅三人耳。〔註329〕

此語出自王世貞之口，三人遞傳的文壇盟主地位，絕非妄言。周天球爲文徵明忘年
之交，可說是文徵明晚年最爲相知的朋友。而邢參本爲沈周友，後來也歸附文徵明。
吳中自沈周以來，文人集團蓋有淵源；沈周集團在沈周卒後，部份成員匯入文徵明
集團。而周天球本爲文氏集團之一員，繼文徵明集團之後，狎主吳中文盟，成爲周
天球集團。據《弇州山人續稿》載周天球云：

> 先生少而負經術，爲諸生已攻古文辭，善大小篆、隸、行、草法。當
> 是時，文徵仲先生（徵明）前輩卓犖名家，最老壽，其所取友祝希哲（允
> 明）、都玄敬（穆）、唐伯虎（寅）輩爲一曹；錢孔周（同愛）、湯子重（珍）、
> 陳道復（淳）輩爲一曹；彭孔嘉（年）、王履吉（寵）輩爲一曹；王祿之
> （穀祥）、陸子傳（師道）輩爲一曹，先後凡十餘曹。皆盡，而最後乃得

〔註328〕《太倉州志》，卷七，頁39下。
〔註329〕《弇州山人續稿》，卷三九，〈周公瑕先生七十壽序〉，頁2132。

先生，而又甚愛異先生。〔註330〕

且明代長洲藏書家劉鳳也曾說：「予始與公瑕（周天球）同游於博士學爲儒也，時且俱少，而公瑕以才名聞矣！太史文徵仲氏（徵明）折下之，名公卿爭願識，以爲得交晚。」〔註331〕周天球因文徵明的提拔，而成爲繼文徵明之後主盟吳中文苑者。劉鳳爲周天球的同學，與王鏊的季子王延陵亦相賡合，是爲周天球集團的成員。他喜好文人式的居家與山水生活，從致仕以後，便絕意仕進，日惟馳騁於故紙堆裡，除以文章自娛外，亦從諸賓客徜徉於佳山勝水當中。晚歲又得忘年之交史兆斗，爲「處士明古鑑之後，徙居長洲，博雅多藏書，少即與劉子威（鳳）、王百穀（稚登）交。」〔註332〕

在這段期間內，雖不屬於文徵明、周天球兩大集團，但仍喜好文會的藏書家還有顧夢川、黃省曾、黃魯曾、黃河水、黃姬水、顧元慶、吳中英、歸有光、周孺允、張寰、沈世麟、張滂、孫樓等人。明代吳中文人集團發展至此，不但在「點」上有所增加，陣營也越來越龐大。〔註333〕顧夢川喜藏書，也好招友文會相與議論書事。其父顧潛遺書萬卷，顧夢川置大酒甕於家中，凡有客來，便請他們喝酒，並抽取架上之書，相互談論以揚推古今，考訂訛謬，即使焚膏繼晷也未曾稍有倦態，過著典型藏書家式的文會生活。而黃魯曾，則「寡所交遊，弟省曾外，惟王守、王寵耳。」〔註334〕每當「閒居弗豫，時過其姪姬水城南精舍，茂林脩竹，觴詠移日。姬水者，五岳（黃省曾）子也」，〔註335〕性好古，所交皆風雅之流，絕不與俗客來往。黃姬水以善於辨識書畫器物而見稱於時，人稱賞鑑家，以故其家多賓客往來從游；復與其伯父黃魯曾，家庭之內相互文會唱酬。黃魯曾雖不屬文徵明集團，然其文友王寵爲文徵明集團的成員，因此與文氏集團也有牽連。此外，黃姬水與其父黃省曾、孫七政等人亦有文會過從，孫七政雖屬於稍後的王世貞集團，然與「黃省曾父子，定忘年交」，〔註336〕蓋黃省曾、黃姬水、孫七政自成一文會集團。黃魯曾之子黃河水，亦雅好文會結友，「雖爲縣學弟子，樂與山林之士遊。」〔註337〕而顧元慶，癖好雅集，數從諸先生游。「性尤好客，客至，親爲汛掃堂舍；時時擊鮮，治具毋敢溷。」〔註338〕顧元慶之好客，竟至如此。又吳中英，

〔註330〕《弇州山人續稿》，卷三九，〈周公瑕先生七十壽序〉，頁2129。
〔註331〕《劉侍御集》，卷一二，〈立春日集周公瑕止園序〉，頁20。
〔註332〕《池北偶談》，卷一一，〈史辰伯〉，頁8。
〔註333〕鄭利華，〈明代中葉吳中文人集團及其文化特徵〉，頁100。
〔註334〕《皇甫司勳集》，卷五四，〈黃先生墓誌銘〉，頁7。
〔註335〕《皇甫司勳集》，卷五四，〈黃先生墓誌銘〉，頁8。
〔註336〕明·姚宗儀，《常熟縣志》，卷一五，頁2下。
〔註337〕《崇禎·吳縣志》，卷四八，頁60下。
〔註338〕明·王稚登，《王百穀集二十一種》（台北：國家圖書館藏明萬曆四十七年金陵葉氏刊

也是相當喜歡招友會文，日惟與人論學考古。其家貲溫厚，室廬靚美，客至則觴酒相對，談論藝文，考辨同異，可說相當好學。吳中英與歸有光相善，歸有光曾經自稱：「予於先生（吳中英），相知爲深。」〔註339〕兩人既爲知己，過從必繁。而周孺允亦爲歸有光之友，歸有光曾經稱美其家藏書甚多，兩人經常相會論文。此外，張寰也與歸有光交往，歸有光指出：

> 余少辱公（張寰）見愛，俾與其長子有婚媾之約。公自懷玉還即見過，復置酒相召，欲以文字見屬，而不竟所言，但曰：「此兒子輩事也。」不幸公尋謝世。〔註340〕

後來兩人雖然沒能達成聯姻之事，不過卻也可以看出其間交誼之深厚，又時相過從爲文酒之會。沈世麟也是吳中英的好友，爲沈愚之孫，據《吳下冢墓遺文續編》載：

> 玄朗姓沈氏，諱金馬，字天行；後更諱世麟，字明用，而自號玄朗。少有俊才，爲文率意口占而成。與吳純甫（中英）、周于岐同里，並知名，三人者相善也。〔註341〕

沈世麟與吳中英俱爲崑山知名的文人與藏書家，又居住同里，故交遊甚篤。而張滂經濟富裕，園居甚盛，凡池館島嶼、花木禽鳥，咸備其中。有客至，則出示所藏書籍、圖畫、彝鼎、邠罍、劍匕、鐏咏等物，皆是千百年之物，與友相與品題賞鑒，議者以爲明初顧阿瑛之流風餘韻，於此則又復見。而孫樓亦好文酒之會，其「性好滑稽，燕會時雜雅謔，四座捧腹。」〔註342〕

萬曆至明末清初時期

萬曆以後，王世貞繼周天球之後，成爲吳中文人集團裡最具代表性的人物。據《明史稿‧列傳》載：

> 世貞始與李攀龍（1514～1570）狎主文柄，攀龍歿，獨操其柄二十年。才最高，地望最顯，聲華意氣，籠蓋海內。舉天下士大夫，以及山林詞客、衲子羽流，莫不奔走其門下，片言褒賞，聲價驟起。自來文人享隆名，主風雅，領袖人倫，未有若世貞之盛者也。其持論，文必西漢，詩必盛唐，大曆〔註343〕以後書勿讀，而藻飾太甚。晚年攻者漸起，世貞

本），卷下，〈顧大有先生墓表〉，頁3。

〔註339〕《吳下冢墓遺文續編》，〈明吳秀甫先生墓表〉，頁357。

〔註340〕《震川先生集》，卷二三，〈通政使司右參議張公墓表〉，頁8。

〔註341〕《吳下冢墓遺文續編》，〈玄朗先生墓碣〉，頁358。

〔註342〕明‧姚宗儀，《常熟縣志》，卷一五，頁2上。

〔註343〕大曆爲唐代宗第三個年號，始於西元766年，終於西元779年，共14年。

　　顧漸造平淡。〔註344〕

始李攀龍於京師創爲詩社，與王世貞等人號「後七子」。李攀龍死後，王世貞獨柄文
衡，名震天下，然而七子爲仕宦集團，並不是吳地文人團體。由於王世貞狹主文盟
期間長達二十年，以是晚年攻者漸起，如歸有光就頗不以王世貞爲然。且王世貞自
從拜入曇陽大師門下以後，遂焚筆研、謝賓客；加上他盡斥所藏法書名畫與彝鼎圖
史，歸屬他人而不問，讓人覺得他將斷絕一切交游，不再過問人事。所幸「世貞於
文字其宿好，久之終不能焚筆研、謝賓客，又復應人求請，復游於酒人詞輩、緇流
羽侶閒。」〔註345〕

　　王世貞在蘇州組成的文人集團，其成員爲藏書家者有王世懋、王錫爵、錢穀、
孫七政、黃姬水、劉鳳等人。王世懋，爲王世貞弟，一如其兄，亦喜文會社集活
動。嘗「北遷尚寶丞，與中書黎惟敬（民表）輩結詩酒社，都人有『游閒公子』
之稱。」〔註346〕其游閒之號，乃因「與故人黎惟敬等，日相逐詩酒之社；又善書，
所揮染篇翰流豔人目，忌者緣飭有游閒公子之稱。」〔註347〕喜讀釋氏之書，又受
其師曇陽之影響，故多從衲子游。而王世懋與蘇州的文人過從亦所在多有，「居吳，
善俞仲蔚（允文，1513～1579）、黃淳父（姬水）、周公瑕（天球）。」〔註348〕王
世貞與王錫爵交情匪淺，關係親密。王世貞免官家居，後因「所善王錫爵秉政，
起南京兵部右侍郎。」〔註349〕且王錫爵曾經說過關於王世貞「其平生行誼，非予
莫知其深」，〔註350〕故兩人的交情不止一般文會之友而已。王世貞與王錫爵兩家
累世交情深厚，我們可由王錫爵之子王衡所作〈祭弇州王公文〉中來看，王衡悲
稱：「嗚呼！吾弇州伯父（王世貞）之逝也，當世失一大人，斯文失一作者，元氣
斷矣！」〔註351〕又說：「衡于伯父爲通家子。」〔註352〕可知兩個家庭之間，具有
濃厚而密切的關係。此外，王世貞、王世懋兩兄弟又師事王錫爵之女曇眞（曇陽
大師）；且王錫爵致仕後，「既歸，日與王元美（世貞）司寇杜門卻軌，修恬素之

〔註344〕《明史稿・列傳》，卷一六三，頁440。
〔註345〕《名山藏》，卷缺，〈文苑記〉，頁5401。
〔註346〕《明史稿・列傳》，卷九六，頁398。
〔註347〕《皇明詞林人物考》，卷一〇，頁563～564。
〔註348〕明・汪道昆，《太函集》（台北：中央研究院藏明萬曆19年金陵刊本），卷六七，〈明故
　　　　中順大夫南京太常寺少卿瑯瑘王次公墓碑〉，頁20。
〔註349〕《明史稿・列傳》，卷一六三，頁440。
〔註350〕《王文肅公全集》，卷六，〈太子少保刑部尚書鳳洲王公神道碑〉，頁24。
〔註351〕明・王衡，《緱山先生集》（台北：中央研究院藏明萬曆間太倉王氏家刊本），卷二〇，
　　　　〈祭弇州王公文〉，頁5。
〔註352〕《緱山先生集》，卷二〇，〈祭弇州王公文〉，頁8。

業，而口不挂人間事矣。」〔註353〕兩人時時相尋，「黃冠共飲，白社共盟，臥起共榻，飲啜共盂，得失共規，子弟共教」，〔註354〕除相互為文會交遊之外，具有相當深厚的友誼基礎。

除了王世貞與王世懋以外，王錫爵與王叔承亦有交情，經常過從為文酒之會。然王叔承雖性喜飲酒，王錫爵卻「性耿介不食酒，顧獨與山人（王叔承）善，往往傾家醼盛饌以羞山人，不醉飽不已。」〔註355〕而錢穀則與王世貞為忘年之交，王世貞曾經說：「余故善吳人錢穀先生，蓋視余二十歲以長矣，而相許為爾汝交」，〔註356〕兩人亦時相過從，互為文會。孫七政也「與王弇州、莫廷韓〔註357〕諸人游」，〔註358〕且「與七子（後七子）相勗為千秋業。」〔註359〕孫七政廣交游，除為王世貞集團的成員外，並與黃省曾、黃姬水父子為忘年之交，時時文會往來。而黃姬水與王世貞亦為好友，《弇州山人四部稿》載王世貞言：

> 余少則聞吾吳有五嶽黃先生（省曾）者，多識而嫻辭，蓋彬彬成一家言云。晚而辱與先生之子姬水游，又辱不鄙而以先生之集來，讀之而愧余之未盡於聞也。〔註360〕

王世貞對黃省曾、黃姬水父子的崇敬，溢於言表。劉鳳本為周天球集團的成員，後來改為王世貞集團的成員，與王世貞友好相互倡和，且嘗於王世貞「病亟時，劉鳳往視，見其手《蘇子瞻集》諷翫不置也。」〔註361〕

其實，王世貞集團可說是周天球集團的延續，王世貞曾說：「余少於周公瑕（天球）先生十三歲，而先生辱引為友。又時時言異日傳我於身後者必子也，余謝不敏。」〔註362〕王世貞既曾為周天球集團的成員，則王氏集團實乃淵源自周天球集團。且王世貞集團與吳地先前的文人集團多有牽連，王世貞與王世懋本來皆從周天球、黃姬水、袁尊尼等人交遊，據《弇州山人續稿碑傳》載王世貞與王世懋兩人之從游云：

> 間過俞仲蔚（允文）及吳中周公瑕（天球）、黃淳父（姬水）、袁魯望（尊尼）、張伯起兄弟（鳳翼、獻翼），薄游名山水，有所酬倡，出一語，

〔註353〕《西園聞見錄》，卷一一，〈剛方後〉，頁345。
〔註354〕《王文肅公全集》，卷一二，〈祭王鳳洲文〉，頁13。
〔註355〕《皇明詞林人物考》，卷一二，頁715。
〔註356〕《弇州山人四部稿》，卷八四，〈錢穀先生小傳〉，頁3971。
〔註357〕即莫是龍，明華亭人，約萬曆中前後在世，為楊儀外孫，亦為藏書家。
〔註358〕《懷舊集》，卷上，頁335。
〔註359〕明‧姚宗儀，《常熟縣志》，卷一五，頁2下～3上。
〔註360〕《弇州山人四部稿》，卷六六，〈五嶽黃山人集序〉，頁15。
〔註361〕《明史稿‧列傳》，卷一六三，頁440。
〔註362〕《弇州山人續稿》，卷三九，〈周公瑕先生七十壽序〉，頁2128。

必翕然歎服而錄。〔註363〕

其中除黃姬水外，周天球與劉鳳本屬同一集團；張鳳翼則爲更早之前文徵明集團的成員；而袁尊尼與王穀祥、文彭等人共創「禊社」，相互酬唱賡合。吳中文苑衍生至此，可以看出明代蘇州每個時期的主要藏書家集團大多傳承相襲，淵源有自，亦可見集團組成份子的更加趨於複雜化與文人交游範圍的益形擴大。

另一方面，這個時期不爲王世貞集團卻也好交游文會的蘇州藏書家，尚有孫胤伽、馮復京、何德潤、顧雲鴻、何鐔、秦四麟、趙宧光、顧天埈等人。孫胤伽與馮復京相善，屢屢相尋過從爲文讌之會，馮復京子馮舒曾經說道：「（孫胤伽）與先府君游。來輒劇語終日，先夫人必治具。」〔註364〕兩人時相過從，交往密切。同時，馮復京又與「盧江何德潤，字仲容者，相切磋爲舉子之文」，〔註365〕兩人過從亦甚密。且馮復京又與顧雲鴻爲好友，兩人也經常來往爲文藝之會，馮舒指出：

> 憶予童子時，就家塾，君（顧雲鴻）過先府君，話竟日。見予讀《左氏傳》，指首簡，爲言先經起義，後經終事之說甚詳，予拱立不敢左右視。
> 君歎曰：「此子于讀書應得深解，善教之，無令庸人據師席也。」是時，
> 君鬚鬢已白，形骸肅然出物外，如在目矣。〔註366〕

蓋馮復京與顧雲鴻兩人交情甚篤，至子弟共教。而何鐔與秦四麟兩人則同爲邑諸生，且何鐔「與季公（秦四麟）俱讀書」，〔註367〕兩人相互砥礪劘切，討論學問。至於趙宧光，也好文會。家饒於財，築「寒山別業」，偕其妻陸卿子隱居其中，日惟「淘洗泥沙，俾山骨畢露，高下泉流凡游於吳者，靡不造廬談讌」，〔註368〕以是其交游之廣，遍滿東南。此外，顧天埈也喜歡文會生活，時「四方文學之士，間以藝請，多見獎掖」，〔註369〕故其文會生活，也很精采。

天啓、崇禎以後，政治腐敗已極，而文人之聚會，無論朝野，論文之外，每以評論國是爲題。當時文人集社風氣依然盛行，凡志趣相投之人，或十日一會，或月一尋盟。大概的說，文人集團有文社、詩社、吟社、雅集等各類社集。〔註370〕其實，蘇州文人集團發展到了明末時期，已經到達鼎盛的局面，不但集會的規模

〔註363〕《弇州山人續稿碑傳》，卷一四○，〈亡弟中順大夫太常寺少卿敬美行狀〉，頁503。
〔註364〕《懷舊集》，卷下，頁353。
〔註365〕《明常熟先賢事略》，卷一六，〈自敘〉，頁183。
〔註366〕《懷舊集》，卷上，頁315。
〔註367〕《懷舊集》，卷下，頁359。
〔註368〕《靜志居詩話》，卷一九，頁7。
〔註369〕《吳郡張大復先生明人列傳稿》，〈顧天　傳〉，頁310。
〔註370〕黃桂蘭，〈晚明文士風尚〉（《東南學報》，第一五期，1992年12月），頁153。

大大地擴增，且數個社團亦往往聯合起來，共同結成一個更為大型的盟會組織。所以，會社的觀念與習性，至此可說已經根深蒂固地建立於吳地文士的生活文化當中。值得注意的是，啟、禎年間的蘇州藏書家集團與先前較不相同，不再是僅以某位才藝人品知名天下的文士獨自引領整個文人圈，而是呈現出「數流合一」的情形，即社團各自創生，各有其盟主與宗旨，然後再共約組成一個大型盟會的形態。這很可能與當時文人身處一個天崩地裂的朝代末世，對於日漸衰敗的局勢卻無力回天，因此趨向採取團結一致，共謀發為清議來影響當權者，以圖振衰起弊的作法有關。吳地這波文會結社的熱潮，延續至清初而未見稍退，直到順治十七年（1661）朝廷下令禁止士人立社訂盟，才宣告平息。此外，啟、禎時期的文人大多僅屬於一個集團，甚少有一人兼為數個集團成員的複雜現象，這點也異於前期。

　　啟、禎之後，吳中文社是以復社體系為主，而復社則是由許多不同的文學社團所組成的大型盟會。〔註371〕當時復社名震天下，為吳中文人集團的代表，文人不論在朝在野，皆以繫名復社為榮。不過，復社後來與東林黨相當類似，淪為在朝文士援引嘯聚，用以鞏固自己的聲望與地位的工具，故其政治意味濃厚，與藏書家集團之燕閒清賞、品趣詠題的林下風格漸行漸遠。東林黨不是文學聚社，而是由講會轉變為政治黨派的組織，朝士們也往往用來肅清政敵，排除異己。如文震孟為文徵明曾孫，官至宰輔，位望崇高，文藝才具兼備。然「少遊東林，為時趨所赴」，〔註372〕他也利用東林黨為進身掌權之途。而文震孟實際文會的對象則是趙宧光，兩人私交甚篤，時相過從論文，文震孟「廬居竹塢，與寒山趙氏共訂諧隱之盟。」〔註373〕關於明末文人社集的汎政治化，有學者指出：

> 明末政壇為權力結合而有「黨」，民間為詩文倡和而有「社」。本是各自發展，互不相涉。其後因社局多兼時文之揣摩，其社稿乃成為士子獵取功名的途徑。萬曆初，社集以文會友，不涉政事；啟、禎以後，因門戶之見，相互標榜攻擊，遂由詩文結合，轉而為剿涉國事，譏切當路。尤以張溥（1602～1641）、張采領導的復社為甚。社集演變至此，實非始料所及。〔註374〕

〔註371〕有關復社之源流系統，可參閱陸樹楠，〈三百年來蘇省結社運動史考〉（《江蘇研究》，第一卷第三期，1935年7月），頁2，〈復社源流系統表〉。

〔註372〕《崇禎閣臣行略》，頁732。

〔註373〕《棘門集》，卷五，〈文起先生元配陸碩人行狀〉，頁77。

〔註374〕黃桂蘭，〈晚明文士風尚〉，頁154。

考復社創立之初，乃以論文進學之目的爲宗旨；其後因欲結合天下文章共同品騭，遂不斷兼併其他的文學社團，導致後來成份越來越顯得複雜，終於泛政治化，捲入權勢鬥爭的漩渦裡，而這類文社，又當以三吳地區爲最盛。〔註375〕吳翻爲復社創始人之一，家境富裕，喜歡藏書及謔會結客，一時造訪者塞戶；或宴客舟中，煙火竟然延接了五六里。其父吳鎮對於他如此散財結客的行爲，非但不加阻攔，反而「每攜杖登樓望見之，喜曰：『有子如此，家即貧何恨？』如此十餘年，無倦色。」〔註376〕後來創立復社，並吸收當時一些文人社團的加盟而愈顯壯大。《復社姓氏傳略》載：

> 翻與同志孫淳等四人創爲復社，義取剝窮而復也。太倉張溥舉應社以
> 合之，海內知名士皆聞風而來。〔註377〕

而復社創立的經過，據朱彝尊所言云：

> 扶九（吳翻）居吳江之荻塘，藉祖父之貲，會文結客，與孫孟樸（淳）
> 最厚，倡爲復社。既而思合天下英才之文甄綜之，孟樸請行，出白金二十
> 鎰，家穀二百斛，以資孟樸。閱歲，群彥胥來，大會于吳郡，舉凡應社、
> 匡社、幾社、聞社、南社、則社、席社，盡合於復社。論其文爲國表，雖
> 太倉二張（張溥、張采）主之，實引次尾扶九相助。〔註378〕

可見復社之所以漸披政治意味，實因所併的社團與成員過於複雜，才會變質。雖然如此，當時仍有許多加盟復社的文人集團，還是以談書論文爲主旨的；而一些蘇州藏書家也加入復社，爲復社增添了不少藝文色彩。如金俊明便是復社成員，且「著名復社中」。〔註379〕「性和而介，入復社，才名藉甚」，〔註380〕明亡後以遺民自居，不問政事。而顧炎武與歸莊皆爲藏書家，也加入復社。顧炎武「自幼篤志古學，九經諸史皆能背誦。年十四，爲諸生，入復社，有名明季。」〔註381〕「耿介絕俗，不與人苟同，惟與同里歸莊相善」，〔註382〕兩人文會過從甚密，「共游復社。」〔註383〕歸莊爲歸有光曾孫，據《清史列傳》載：

> （歸莊）負才使氣，善罵人。少入復社，於書無所不窺，古文得有光
> 家法。工詩，善行草，與顧炎武相友善。嘗題其齋柱云：「入其室空空如

〔註375〕 陳寶良，〈明代的社與會〉（《明清史》，第三三期，1991年12月），頁36。
〔註376〕 《天啓崇禎兩朝遺詩小傳》，〈吳文學〉，頁341。
〔註377〕 《復社姓氏傳略》，卷二，〈南直 蘇州府〉，頁108。
〔註378〕 《靜志居詩話》，卷二一，頁210。
〔註379〕 《清史·列傳》，卷七○，〈文苑傳一〉，頁669。
〔註380〕 《小腆紀傳》，卷五八，〈逸民〉，頁663。
〔註381〕 《國朝耆獻類徵初編》，卷四○○，〈儒行六〉，頁138。
〔註382〕 《國朝耆獻類徵初編》，卷四○○，〈儒行六〉，頁119。
〔註383〕 《國朝耆獻類徵初編》，卷四○○，〈儒行六〉，頁124。

也，問其人囂囂然曰」，時皆笑之，有「歸奇顧怪」之目。〔註384〕

復社後來越滾越大，不斷的吸收與兼併一些文社，儼然成為吳中文苑的盟主。不過，其會員集團卻仍然保有其各自的成立宗旨，包含了政治、藝文與生活、趣味等各類目標。當時吳地藏書家的文會結社，也多為其所納入，如許元溥，曾與黃宗羲（1610～1695）、劉城等知名藏書家約為鈔書社。黃宗羲曰：

> 余與劉伯宗（城）及許孟宏（元溥）為鈔書社。張登子（陛）大會名
> 士，孟宏與焉。是時藏書之家不至窮困，故無輕出其書者。閒有宋集一、
> 二部，則爭得之矣。〔註385〕

藏書家的融入，為復社洗去不少政治意味；而此時藏書家的文會，亦多以借閱、傳抄等藏書的流通，以及讀書、交換書籍的知識與資訊為主要內容。黃宗羲與武林長橋馮悰還有讀書社，而「讀書社及抄書社諸生人，後皆併入復社。」〔註386〕他們主要仍是以藏書活動為結社目的，政治與宦業，並非他們的標榜與崇尚。

復社體系之外，蘇州藏書家的文會過從亦所在多有。何允泓亦好文會，「主盟破龍，才名橫鶩。在庠試輒居首，遷隸國學，縉紳賢達且以時務相諮，非但四方之士爭附也。」〔註387〕允泓儼然為其文會之座主。何大成與馮舒也時相過從，並以交流藏書為文會的目的。馮舒曾說：「（何大成）與予最善，得一書必相通假，約日還，風雨不誤。」〔註388〕兩人借由典籍的互通，相得益彰。陸貽典則是「與同邑馮定遠（班）為詩友」，〔註389〕而馮班為馮舒之弟，陸貽典的藏書多為善本，往往取之與馮舒與葉樹蓮通假有無，所以四人之間，藉著文會社集而流通圖書。且陸貽典「篤於友誼，馮鈍吟（班）、孫岷自（江，為胤伽之孫）遺稿，皆其所編輯付梓。」〔註390〕透過友朋關係而刻書，更為文壇雅事。所以，陸貽典與馮舒、馮班兄弟、葉樹蓮等人，當自成一藏書文人集團。馮班亦雅好文會結客，雖不仕，卻頗得時譽，其「從遊多名人，時稱為隱士之冠。」〔註391〕而錢謙貞，為錢謙益之族弟，與馮舒亦相互過從論文。《列朝詩集小傳》載：

> （錢謙貞）所與游惟魏沖叔子（1624～1680）、馮舒己蒼，相與論詩

〔註384〕《清史·列傳》，卷七〇，〈文苑傳一〉，頁674。

〔註385〕《思舊錄》，頁17。

〔註386〕《明代千遺民詩詠》，卷七，頁321。

〔註387〕《煙艇永懷》，卷三，頁119。

〔註388〕《懷舊集》，卷上，頁318。

〔註389〕《初月樓聞見錄》，卷一〇，頁156。

〔註390〕《常昭合志稿》，卷三二，〈藏書家〉，頁26。

〔註391〕《明代千遺民詩詠》，卷八，頁676。

度曲，移日永夕，下鑑謝客，意泊如也。〔註392〕

馮舒、馮班之從子馮武，「爲毛氏（毛晉）館甥」，〔註393〕毛氏刊書多經馮武校定，故兩人必時相過從，探討書籍版本良窳。毛晉爲明末蘇州最爲出色的藏書家之一，不但喜刊刻圖書，流傳宇內；也喜歡文會交友，與藏書家同聚而談論書事。近人葉德輝（？～1927）便曾誇讚毛晉所刻《津逮祕書》之精良而說道：「晉家富藏書，又所與遊者多博雅之士，故較他家叢書，去取頗有條理。」〔註394〕言下之意，頗對藏書家之間的文會社集給予正面而肯定的評價。

何德潤與錢謙益等人，亦自成一個藏書家集團。錢謙益年少時便已聽聞何德潤好學與刻書之名，及長加入復社，因與諸名士文會而得識何德潤，兩人時相論文，交換意見。當時藏書家的集團性特徵相當明確，其相尋搉文，品籍論書，純粹是爲了藏書方面的經驗與資訊交流而會。因此何德潤與錢謙益，雖因復社而結識，兩人的交情卻是從同好書籍而建立起來的。關於錢謙益與藏書家之間交遊的盛況，根據羅炳綿從錢謙益的《初學集》、《有學集》二書中研究指出：

> 當時，與他一般好搜藏書籍的藏書家很不少，如毛子晉（晉）、錢遵王（曾）、李貫之（如一）、錢嗣美（裔肅）、趙玄度（琦美）、徐火勃、陸敕先（貽典）、馮舒、黃子羽（翼聖）等，和牧齋（錢謙益）都有來往。〔註395〕

其中，黃翼聖與錢謙益交情很深，錢謙益曾說：

> 余自通籍後，浮湛連蹇，強半里居，子羽（黃翼聖）負笈來相從，風晨月夕，懷鉛握槧，周旋于漁灣蟹舍之間爲最久。〔註396〕

除與錢謙益來往外，黃翼聖也曾與何允泓交游，他宣稱自己「弱冠遊虞山，以陸孟鳧、何季穆（允泓）爲師友」，〔註397〕相與共學。而歸莊雖爲復社成員，也曾「與葉九來奕苞尋花，得詩一首，遂相倡和月餘」，〔註398〕以故兩人爲詩文之友。葉奕苞爲國子監生，是葉盛的九世孫，家室又溫厚，在藏書家風的影響下，也好藏書結客。其家居甚勝，園林臺樹俱全，乃與「同里歸莊輩流連觴詠於其間，文采輝映一

〔註392〕《列朝詩集小傳》，〈丁集下・錢秀才謙貞〉，頁600。

〔註393〕《皇清書史》，卷一，頁46。

〔註394〕《書林清話》，卷七，〈明毛晉汲古閣刻書之七〉，頁398。

〔註395〕羅炳綿，〈清初錢毛諸藏書家與學風考〉，收入陶希聖，《清代學術論集》（台北：食貨出版社，1978年4月初版），頁255～256。

〔註396〕《牧齋有學集》，卷二三，〈黃子羽六十壽序〉，頁220。

〔註397〕《牧齋有學集》，卷三七，〈蓮蕊居士傳〉，頁368。

〔註398〕《歸玄恭先生年譜》，頁39，康熙4年乙巳條下。

時。」〔註399〕所以，葉奕苞與歸莊同為文友，兩人互為文會之事。

王時敏，為王錫爵孫，「風流宏長，歸然為江左文獻。」〔註400〕與董其昌（1555～1636）、陳繼儒（1558～1639）交善，三人常常聚集討論藝文之事。《無聲詩史》載王時敏云：

> 儀度醞藉，儒雅風流，翩翩佳公子也。寫山水得宋元標格，蓋恒與思白（董其昌）、眉公（陳繼儒）揚攉畫理，故啟發為多。〔註401〕

董其昌為書畫收藏家，陳繼儒也是藏書家，卻都不是蘇州人，只是此時僑居於吳。王時敏與吳地文士屢有交誼，他曾自述里居之交游云：

> 里居少交游，日扃門靜處，凡狎邪遊冶、絲竹飲博之友，足跡未嘗及門。惟於父執雲間陳眉公（繼儒）、練川婁子柔（堅）、唐叔達（時升）諸先生，終身執猶子禮，扱箕撰履，不敢少懈。〔註402〕

其中婁堅與唐時升俱為吳人，占籍嘉定縣。譚應明、應徵兄弟，也喜歡藏書家之集會。兩人喜歡買書，鈔本亦多。凡客至其家，便鄭重出示而沾沾自喜，以所藏向人誇示為樂。彭行先為金俊明友，金俊明雖復社之人，然與彭行先則多為文酒之會，僅好談書論文而已。《國朝耆獻類徵初編》載：

> 吾吳有隱逸之君子三人焉。曰彭先生，諱行先，字務敏，一字貽令；與其友鄭舉人士敬、金秀才俊明。年齒略相若，雖未及從宦，顧皆以鉅人長德見推於士大夫。三人者，歲時過從，鬢眉皓然，相與討論文史，揚扢翰墨，杯酒豆肉，談笑移日，見者羨以為神仙中人也。〔註403〕

錢陸燦為錢謙益之族孫，生當明季，嘗為諸生，才名甚著。與徐乾學交善，於「康熙甲戌（三十三年，1694）上巳，崑山徐尚書乾學修『禊遂園』，為耆年之會，陸燦居首，年已八十有四。」〔註404〕而范必英也好結會交游，其「詩、古文、詞綺麗雅馴。晚喜汲引後進，從游多名儁之士。」〔註405〕

入清以後，政治環境日趨安定，而吳中文人的結社風氣至此仍未稍減，直到順治十七年（1661）清廷禁絕盟社，才宣告平息。在這段期間內，吳中文人集團以徐

〔註399〕《清代樸學大師列傳》，頁545。

〔註400〕清・馮金伯，《國朝畫識》（《清代傳記叢刊》，台北：明文書局，1985年5月初版），卷一，頁387。

〔註401〕清・姜紹書，《無聲詩史》（《明代傳記叢刊》，台北：明文書局，1991年1月初版），卷四，頁223～224。

〔註402〕《明末民族藝人傳》，頁942。

〔註403〕《國朝耆獻類徵初編》，卷四七六，〈隱逸十六〉，頁603。

〔註404〕《國朝耆獻類徵初編》，卷四二九，〈文藝七〉，頁263。

〔註405〕《己未詞科錄》，卷三，頁185。

氏集團爲主。徐氏集團外，吳地藏書家之間有文會者，尚有數輩。如錢謙益與王時敏，便是如此。錢謙益本復社成員，入清後與王時敏相善，王時敏於「易代後，以父執事錢謙益，請益甚謹」，〔註406〕時時過從相尋爲問學論文之事。而葉奕、葉樹蓮兩從兄弟也與錢曾交往，錢曾曾經指出葉奕的收藏有所偏好，喜歡奇書與古帖。又指出葉樹蓮與他的交情有如葉奕，三人互相往來，談論書事，自成一文會社團。而孫潛也「與葉樹蓮善」，〔註407〕相爲過從。

　　徐氏集團以徐乾學爲首，至此則又回復到了明朝啟、禎以前的吳地文人以某位才藝人品知名天下的文士獨自引領整個文人圈的集團型態。當時，「吳中文社故盛，公（乾學）爲之領袖。」〔註408〕「乾學傾心以延後進，東南文學之士，思自見者，莫不依倚之以取功名，爲眾所奉，號爲黨魁。」〔註409〕《碑傳集》載：

　　　　公（徐乾學）故負海內望，而勤於造進，篤於人物，一時庶幾之流，
　　　奔走輻輳如不及；山林遺逸之老，亦不惜幾兩屐，遠千里，樂從公。公迎
　　　至館，餐而厚資之，俾至如歸。訪問故實，商搉僻書，以廣見聞。〔註410〕

徐乾學樂於結交賓客，且對人倍極禮遇，故能與四方文學之士交往，並從而訪書論籍，交流書訊，遂以藏書精好、博雅廣識而名著蟬林，爲時人所稱美。後來朝廷嚴禁文盟，徐乾學雖不敢明組社團，卻仍然暗持文柄，繼續爲吳中文苑的實際盟主。《清詩紀事初編》載：

　　　　自順治中禁盟社，士流遂無敢言文社者，然士流必有所主，而弘獎風
　　　流者尚焉。乾學尤能交通聲氣，士趨之如水之赴壑。〔註411〕

其實，徐乾學之文會目的，若與明代萬曆以前相互比較，仍是有所不同的。萬曆以前結社雖亦有主、客之分，然主、客爲友朋關係，兩者是以共同論文進學爲要務，至於攀附主人以求取功名或者經濟上的利益，並不是客人的主要目的。而徐乾學之文會，主人與客人則份屬賓從關係，主人以物質上的供給或其他方面的利益招徠賓客，賓客亦覬覦主人的財貨與聲名權勢而爭相緣引，結社是以求財進身爲主要目的，與春秋、戰國時代的食客頗爲類似。徐乾學於朝中位當顯要，故賓客盈門；而他也喜好與門客於家中揚搉千古，品文論籍，以此日復一日，獲益匪淺。其弟徐元文，雖好文會，卻比較保守，「與吳中諸名士爲社日，慎交，以繼東

〔註406〕《清詩紀事初編》，卷一，頁72。
〔註407〕《常昭合志稿》，卷三二，〈藏書家〉，頁27。
〔註408〕《國朝耆獻類徵初編》，卷五七，〈卿貳十七〉，頁185。
〔註409〕《清詩紀事初編》，卷三，頁390。
〔註410〕《碑傳集》，卷二○，〈康熙朝部院大臣下之中〉，頁461。
〔註411〕《清詩紀事初編》，卷三，頁386。

林、復社，時論歸之。」〔註412〕此外，徐氏兄弟於家庭之內也相互論文倡和，《國朝耆獻類徵初編》載：

> （徐元文）年十四為諸生時，吳中盛為文社，公偕兩兄家庭間講聞切
> 究，獨倡為古學，汎濫於百家，而根柢六經，務於明理致用。特肆其餘為
> 舉子家言，輒傾其儕，可為度程。〔註413〕

徐氏兄弟傳承了明代蘇州文士與藏書家們崇尚文會過從的習性，推行盟社，進而執當時吳中文苑之牛耳。徐乾學與徐元文兩兄弟雖為清代的藏書家，但是若以文人生活型態的角度來看，實為明代藏書家生活文化的延續。

第四節　藏書家的姻親關係

　　明代吳地的藏書家除了家族關係以外，親戚之間的關連亦將藏書家與藏書家、藏書家與藏書家族，或者藏書家族與藏書家族之間，串連起來而有其集團性格。且「同一地方的世家大族，因智能程度的相近，社會身分、經濟地位、文化旨趣等的相同，總會彼此通婚，成為一種門第主義的婚姻。」〔註414〕藏書家透過姻緣關係的牽連，可以使不同的藏書集團透過另一種社會關係的聯繫，變成更為大型的藏書家集團，而這些集團亦將可在時代與空間地域的層面上，代表著一種生活文化的類型與特色。本節便是以探索藏書家的姻親關係，來瞭解吳地藏書家之間另一個層面的集團性質，並且將這些姻親集團歸納整理出來，做為研究明代吳地藏書家集團形態的另一個依據。

　　明初藏書家之間有姻親關係可考者僅錢紳與陳繼兩家，錢紳為陳繼的表弟，兩家通好，「紳少讀書脩行，與其表兄陳檢討繼連居，一時儕輩數人同業，各以所能更互辯難，以相資益。」〔註415〕陳繼家本多藏書，自伯父陳汝秩、父陳汝言而後，藏書數萬卷。錢紳與其連居，想必藏書思想受陳氏影響甚多。

　　成、弘時期，楊循吉為文徵明父文林之表妹婿，在楊循吉所為文林祭文中自稱：「逮齋表妹婿禮部主事致事楊循吉，茲者伏為新故內兄中順大夫溫州知府文公，……」〔註416〕則楊循吉當稱呼文林為表哥，可知兩家為姻親之族。而劉昌又為

〔註412〕清・王炳燮，《國朝名臣言行錄》（《清代傳記叢刊》，台北：明文書局，1985 年 5 月初版），卷六，頁 351。

〔註413〕《國朝耆獻類徵初編》，卷八，〈宰輔八〉，頁 179～180。

〔註414〕潘光旦，〈近代蘇州的人才〉（《清華社會科學》，第一卷第一期，1935 年 10 月），頁 95。

〔註415〕《正德・姑蘇志》，卷五四，頁 36 下。

〔註416〕《文溫州集》，卷一二，〈明故中順大夫溫州府知府文公墓誌銘・追修功德疏一首〉，頁

楊循吉的舅舅，「楊循吉，其外甥也。」〔註417〕故劉昌子劉嘉緒，「與楊循吉爲中表兄弟，頡頏一時。」〔註418〕而劉昌孫劉穉孫，又與文氏結親，「文待詔徵明以兄之子妻之」，〔註419〕故劉氏與楊氏、文氏等藏書家爲同一個親族集團，所藏相互影響。且據《崇禎・吳縣志》中載：

> 楊循吉，字君謙，南濠人，因讀書南峰山，自號南峰。少敏慧，從舅
> 氏劉參政昌學易，弱冠領成化丁酉（十三年，1477）鄉薦，甲辰（成化二
> 十年，1484）成進士，授禮部主事。〔註420〕

如此看來，劉昌不但是楊循吉的舅舅，亦爲楊循吉的老師。因其極有可能爲家學形態，所以沒有列入本章第二節藏書家的師承關係中。此外，錢同愛亦爲文彭的岳父。文徵明曾經宣稱錢同愛長女：「適余長子縣學生彭」；〔註421〕而何良俊也曾指出錢同愛：「與衡山先生（文徵明）最相得，衡山長郎壽承（文彭），即其婿也。」〔註422〕因此，錢同愛與文徵明爲親家，錢氏與文氏，也是一個藏書親族。所以，可將上述合併而論，則劉氏、楊氏、文氏與錢氏等四大藏書家族，當爲一大型藏書親族集團。

同時，尚有一些較小的藏書親族。祝允明與沈氏具有姻緣關係，蓋沈周之子沈雲鴻爲其表姐夫。祝允明曾經說過：「公（沈周）始愛予深。其子雲鴻，又余表姊之家也。」〔註423〕因此，祝氏藏書與沈氏藏書，也成爲一個親族集團。而都穆與陸氏，亦有姻親關係。陸采爲陸粲之弟，娶都穆之女爲妻，因從都穆游。陸采爲都穆女婿，故都氏與陸氏自然也同爲一個藏書親族集團。唐寅，爲王寵的親家，蓋唐寅「生一女，許王氏國士履吉（寵）之子。」〔註424〕則唐寅與王寵，又爲此間另一個藏書親族集團。

到了正德、嘉靖年間，有顧元慶者，爲王鏊的妹婿。據《王百穀集》載：

> 少傅王公（鏊）時爲史官，載酒游大石先生（顧元慶），瞡竹間窺之，
> 少傅公見先生濯濯姣也，召使前，試其所爲文，甚美，遂以女弟妻焉。是
> 時王公方通顯，吳中富人兒無不願委禽其妹焉者，乃遽歸一經生。〔註425〕

14。

〔註417〕《列朝詩集小傳》，〈乙集・劉參政昌〉，頁205。
〔註418〕《崇禎・吳縣志》，卷四七，頁46上。
〔註419〕《崇禎・吳縣志》，卷四七，頁49上。
〔註420〕《崇禎・吳縣志》，卷四八，頁47上。
〔註421〕《甫田集》，卷三三，〈錢孔周墓志銘〉，頁8。
〔註422〕《四友齋叢說》，卷二六，頁237。
〔註423〕《祝氏詩文集》，卷二四，〈刻沈石田詩序〉，頁1554。
〔註424〕《祝氏詩文集》，卷一七，〈唐子畏墓誌并銘〉，頁1227。
〔註425〕《王百穀集二十一種》，卷下，〈顧大有先生墓表〉，頁3。

王氏本就爲知名的藏書家族，顧元慶亦好藏書，透過姻緣的連結，則顧氏與王氏可視爲一個藏書親族集團。

陸師道的姻親戚關係範圍牽連很廣，他與袁氏藏書家族、文氏藏書家族，以及趙氏藏書家族都有姻親關係。陸師道「生子二，長士謙，娶袁氏提學副使袁尊尼女；次士仁，娶文氏前博士公（彭）女。」〔註426〕袁尊尼爲袁袤子，則陸師道與袁氏爲親家；陸士仁爲文彭女婿，則陸師道又與文彭爲親家。另外，還有一種說法是陸士仁爲文彭之子文元發的女婿，明人姚希孟指出：「文近先生（陸士仁）者，符卿公（陸師道）子，而衛輝公（文元發）婿也。」〔註427〕不論陸士仁爲文彭或文元發的女婿，陸氏與文氏皆有姻親關係，皆足以視爲同一個藏書親族集團。此外，陸師道有「女，字卿子，適趙宧光，夫婦皆有聞於時」；〔註428〕陸士仁「有妹（陸卿子）能文章，適趙隱君宧光，結廬墓旁，入山不出」；〔註429〕趙宧光「配陸卿子，故尚寶陸公師道女。」〔註430〕所以，陸師道爲趙宧光的岳父，則陸氏與趙氏又爲另一個藏書親族集團。而趙宧光子趙均，亦娶文從簡（1574～1645）之女爲妻。文從簡爲「待詔（文徵明）曾孫」，〔註431〕即「震孟從弟也。」〔註432〕因趙均少隨文從簡學，文從簡見趙均穎悟，「遂以其女娶焉。」〔註433〕故趙均「婦文名俶，字端容，衡山先生（文徵明）曾孫女，文水先生（文嘉）女孫也。」〔註434〕所以，趙氏與文氏爲親家，也形成一個藏書親族集團。綜上所述，陸氏、袁氏、文氏與趙氏等四個藏書家族，藉由血緣與婚姻的連接，又可視爲同一個大型的藏書親族集團。

隆慶、萬曆之時，沈果與歸有光有姻親關係。沈果之妻，爲歸有光妻王氏之妹，故兩人是連襟兄弟。歸有光曾經敘述兩人的關係與交往情形云：

> 予娶王氏，與貞甫（沈果）之妻爲兄弟，時時過内家相從也。予嘗入鄧尉山中，貞甫來共居，日遊虎山、西崦上下諸山，觀太湖七十二峰之勝。嘉靖二十年（1541），予卜居安亭。安亭在吳淞江上，界崑山、嘉定之壤，

〔註426〕《松石齋文集》，卷一七，〈尚寶司少卿五湖陸先生行狀〉，頁4。

〔註427〕明・姚希孟，《公槐集》（台北：國家圖書館藏明崇禎間蘇州張叔籟刊本），卷二，〈陸隱君文近先生墓表〉，頁19。

〔註428〕《明史稿・列傳》，卷一六三，頁434。

〔註429〕《公槐集》，卷二，〈陸隱君文近先生墓表〉，頁22。

〔註430〕《啓禎野乘》，卷一四，〈趙隱君傳〉，頁516。

〔註431〕《國朝書畫家筆錄》，卷一，〈順治朝〉，頁62。

〔註432〕近人・羅繼祖，《明宰相世臣傳》（《明代傳記叢刊》，台北：明文書局，1991年1月初版），頁680。

〔註433〕《牧齋初學集》，卷五五，〈趙靈均墓誌銘〉，頁641。

〔註434〕《啓禎野乘》，卷一四，〈趙隱君傳〉，頁517。

沈氏世居於此。貞甫是以益親善，以文字往來無虛日。以予之窮於世，貞
甫獨相信，雖一字之疑，必過予考訂，而卒與予之言爲然。〔註435〕

兩人感情甚篤，時相過從；而沈氏與歸氏，亦爲一藏書姻親集團。歸有光以藏書知
名，沈果與歸有光又時時相尋爲考訂之會，因此，沈氏藏書受歸氏之影響必深。此
外，歸有光又爲魏希明的妹婿。歸有光曾經聲稱：「君（魏希明）之女弟，予妻也。」
〔註436〕觀此，則魏氏、歸氏與沈氏等三個藏書家族，透過姻親，也組成一個較大的
藏書親族集團。

葉夢淇與王世貞亦有親戚關係。葉夢淇爲葉盛之孫，娶王世貞的姑姑爲妻。王
世貞曰：

始文莊公（葉盛）與吾先大父司馬公（王倬），異起不相及，然俱時
名臣。而司馬女女文莊之孫衡州公（葉夢淇），兩家子弟聲習慕好，懽甚。
〔註437〕

所以，葉夢淇是王世貞的姑丈。且王世貞嘗稱葉良材之母爲「故吾姑王夫人」，〔註
438〕可知葉良才爲葉夢淇之子，也是王世貞的表兄弟。如此一來，葉氏與王氏兩大
藏書家族，亦可視成一個藏書親族集團。而王世貞弟王世懋有二子，「長太學生士騏，
次州學生士騄，斐然競爽。」〔註439〕王士騏「娶袁山東提學副使公尊尼女」，〔註440〕
則王氏也與袁氏有姻緣關係，爲同一藏書親族集團。袁尊尼有女適陸師道長子陸士
謙，一女亦適王世懋長子王士騏，則袁氏、陸氏、王氏，成爲一個藏書親族集團。
此外，王世懋亦有女「字南京國子監祭酒趙公用賢子開美（應爲祖美）。」〔註441〕
據《煙艇永懷》載：

趙祖美，字叔度，文毅公（趙用賢）仲子。丰采翩翩，在儕偶中若雞
群之鶴。爲王敬美（世懋）婿，與同伯（王士騏）尤莫逆，其行蹤半寄太
倉。急難讓夷，不屑屑家人生產，凡親朋燕會，兄（祖美）一至則舉座生
風。〔註442〕

趙用賢爲趙琦美父，趙祖美爲趙琦美弟，則王氏又與趙氏爲親家。綜合以上所述，

〔註435〕《震川先生集》卷一九，〈沈貞甫墓誌銘〉，頁472。
〔註436〕《吳下冢墓遺文續編》，〈魏誠甫行狀〉，頁364。
〔註437〕《弇州山人四部稿》，卷八四，〈葉君傳〉，頁3978。
〔註438〕《弇州山人四部稿》，卷八四，〈葉君傳〉，頁3979。
〔註439〕《太函集》，卷六七，〈明故中順大夫南京太常寺少卿瑯琊王次公墓碑〉，頁21。
〔註440〕《弇州山人續稿碑傳》，卷一四〇，〈亡弟中順大夫太常寺少卿敬美行狀〉，頁535。
〔註441〕《弇州山人續稿碑傳》，卷一四〇，〈亡弟中順大夫太常寺少卿敬美行狀〉，頁536。
〔註442〕《煙艇永懷》，卷三，頁101至102。

透過婚姻與血緣的串聯，可將葉氏、袁氏、王氏、陸氏與趙氏等五大藏書家族，結合成為一個大型的藏書家親族集團。

孫胤伽與秦四麟亦為姻親，「胤伽，字唐卿，秦四麟之婿。」〔註443〕秦四麟既為孫胤伽之岳父，秦氏與孫氏，又當為一藏書親族集團。孫氏自孫艾而下，世以藏書著名吳中。秦四麟與孫氏為親戚，被其沾染，藏書必受影響。何德潤，為馮復京的姑丈。馮復京曾說：「德潤，余姑歸焉，恂恂君子人也。」〔註444〕因此，馮氏與何氏為藏書親族集團。而何德潤從弟何允泓，亦為秦蘭徵的舅舅，秦蘭徵曾作〈經舅氏何季穆先生故居詩〉，足證兩人之文會唱酬。《常昭合志稿》載秦四麟「孫蘭徵，字元芳，喜讀書，善談論。」〔註445〕秦蘭徵既是秦四麟孫，何允泓為其舅，則必秦四麟之子娶何允泓之姐妹為妻，兩人因而結為親家，故秦氏與何氏，也是一個藏書親族。而何允泓從子何大成，又與趙琦美有姻親關係，據葉昌熾論《滂喜齋藏書記》所載明刻本《文潞公集》云：

> 卷末有慈公（何大成）手跋云：「崇禎壬午（十五年，1642）吳君平以是集求售，此故內兄元度物也。」元度即琦美之字，然則慈公婦為趙氏矣。〔註446〕

何大成既為趙琦美的妹婿，那麼趙氏與何氏，又當為一藏書親族集團。綜合之，則孫氏、秦氏、何氏、馮氏與趙氏等五大藏書家族，透過姻緣的連繫，也組成一個較大的藏書家集團；若再藉由趙琦美與王世懋的姻親關係，又可連結上段所述之葉氏、袁氏、王氏、陸氏等四個藏書家族，結合九家藏書而成為一個超大型的藏書親族集團。

啟、禎之際，王錫爵與黃翼聖亦為姻親。王錫爵的第五個孫女，「適平樂守黃君子庠生翼聖」，〔註447〕則黃翼聖與王氏為藏書親族集團。王氏世為太倉著名藏書家族，黃翼聖之藏書事業，想必受其鼓舞與影響很多。明末清初之時，王鑑與王時敏有親戚關係，兩人為同族不同宗的親族。據《清史稿列傳》載：

> 鑑字圓照，明尚書世貞曾孫。與時敏同族，為子姪行，而年相若。崇禎中，官廉州知府，甫強仕，謝職歸。就弇園故址，營構居之，蕭然世外。〔註448〕

〔註443〕《常昭合志稿》，卷三二，〈藏書家〉，頁23。
〔註444〕《明常熟先賢事略》，卷一三，〈文苑〉，頁165。
〔註445〕《常昭合志稿》，卷三二，〈藏書家〉，頁24。
〔註446〕《藏書紀事詩等五種》，頁144。
〔註447〕《王文肅公全集》，卷一四，〈光祿大夫少保兼太子太保吏部尚書建極殿大學士贈太保諡文肅荊石王先生行狀〉，頁67。
〔註448〕《清史稿·列傳》，卷九二一，〈藝術三〉，頁452。

王時敏與王鑑既爲親族，感情甚篤，過從甚密。「元照（王鑑）視太原煙客（王時敏）爲子姪，而年實相若，互相砥礪，並臻其妙。」〔註449〕王鑑爲王世貞曾孫，王時敏爲王錫爵孫，則二王氏亦自成一藏書親族集團。歸莊與金俊明亦爲親戚，「先生（歸莊）之女，歸孝章（金俊明）之子侃。」〔註450〕歸莊爲歸有光曾孫，歸氏爲吳地藏書大家。金俊明父子亦雅好藏書，兩個藏書家族以姻親關係而結合爲一個藏書親族集團，於過從之間相互品論，相得益彰，誠爲蟬林佳話。顧炎武，爲徐乾學、徐元文兄弟的舅舅。據《國朝耆獻類徵初編》載：

> 徐尚書乾學兄弟，（顧炎武）甥也。當其未遇，先生振其乏，至是鼎貴，爲東南人士宗，四方從之者如雲。累書迎先生南歸，願以別業居之，且爲買田以養，皆不至。〔註451〕

顧炎武雅好收藏金石碑搨與書籍，既與徐氏兄弟爲親族集團，徐氏藏書受其影響與啓發必然也多。而許心扆與葉奕苞亦爲親戚，許心扆爲葉奕苞女婿，故其藏書具有淵源，蓋許心扆與葉奕苞爲親族集團，藏書受葉奕苞影響甚深。最後，毛扆與陸貽典，亦有姻緣關係。《清史列傳》載：「（毛晉）季子扆，字斧季，陸貽典婿也。最知名，尤耽校讎。」〔註452〕毛氏爲明末清初天下知名的藏書鉅室，陸貽典與之爲藏書親族集團，兩家藏書相互搜訪，互蒙其利。

　　明代藏書家之間的姻親關係，雖與家族、師承、文會友朋關係比較起來顯得薄弱許多，不過在串連藏書家與藏書家、藏書家與藏書家族、藏書家族與藏書家族的關係上，姻親關係仍然可以構成另一種社會角度的藏書集團，並且這種集團在明代蘇州的藏書界裡，仍然佔有相當程度的重要地位。且蘇州藏書家的親族集團體系，若和當時其他地區比較起來，在結構上顯得相當強大而醒目。因此，藏書家姻親集團的眾多，也可以說是明代蘇州的文化特色之一。

　　明代蘇州的文人好以結社交游爲文會，又以集團爲廣結知名文士的途徑。所謂「吳中文苑」，正是一個大型文人集團的總稱，而其中是由許多小集團甚至個人的錯綜糾結而成，本章藉由史料將其衰劃出來，正如前文所述。藏書家既爲文人，當然也好文會社集，以致吳地產生爲數不少的藏書家集團，成爲明代蘇州藏書界主要的時代區域特徵。而不論從其家族關係、師生傳承、文會過從、婚姻連結等角度來看，吳地藏書風氣的推動與盛行，都與這些不同類型的社會脈絡有著相當密切的關係。

〔註449〕《國朝耆獻類徵初編》，卷四二八，〈文藝六〉，頁168。
〔註450〕《歸玄恭先生年譜》，頁36，永曆16年壬寅條下。
〔註451〕《國朝耆獻類徵初編》，卷四〇〇，〈儒行六〉，頁133。
〔註452〕《清史・列傳》，卷七一，〈文苑傳二〉，頁807。

換言之，由這四個不同層面來做切入研究，便可以知道藏書家的集團特質對於整個明代蘇州私人藏書事業的發達，確實扮演著極為重要的角色，而這也就是筆者為何要探討藏書家的集團性格之主要原因。

根據本章的研究結果，明代的藏書家在經過集團性格的調查、分析、探討與整理之後，可以歸納出以下數點特色：

一、本文所錄明代吳地藏書家共一百八十五位，其中具藏書家族集團基礎者有一百一十五位，佔整個明代蘇州藏書家人數的百分之六十二以上，顯示蘇州藏書的家族集團性格非常堅強，為吳地藏書家的特色之一。

二、本章所列藏書家族除少數如邢量、沈方、沈愚等人外，百分之九十以上的藏書家族不是出身官宦或藝文之家，就是家境溫厚、貲財豐足的富室，可見藏書家家庭經濟條件的支持以及家庭環境背景的薰染，對於藏書事業的影響確實很大。而仕宦文學之家與富室，又正為明代蘇州藏書家最主要的出身背景。

三、明代吳地藏書家的師承結構，以俞貞木、王鏊、蔡羽、劉鳳、顧雲鴻、錢謙益等人為首，分為六個體系。而俞貞木集團自明初至明末一脈相承，人數最多，傳承最久，結構性也最嚴密，是吳地藏書家師承體系的代表。而蘇州藏書家的師承關係自成一個區域系統，且與吳中文人集團相互配合，這些都是吳地藏書家的師承關係超越其他地區的集團性格特徵。

四、明代蘇州藏書家有文會過從之跡可尋者共九十五位，約占所有藏書家的百分之五十二，則明代蘇州的藏書家，有一半以上形成藏書家集團。而明代吳地藏書家的文會交游，自天順以後開始交錯頻繁，而於成、弘以後達到了高峰。此外，吳地藏書家之間的文會集團，關係密切而交往複雜，也成為明代私人藏書的一個特殊的時代現象。

五、明代吳地藏書家集團皆各自有其淵源，自天順以後，每個時代的集團首領或成員皆有傳承自上一個時代文會集團的情況；而同時代的集團也互有接觸，並透過藏書家個人之間的交往過從，使得藏書家之間的連結益加顯得錯綜複雜，具有相當強烈的集團性格特質。

六、藏書家的姻親關係聯繫著藏書家與藏書家或藏書家族與藏書家族，使得吳地藏書家或藏書家族之間，透過這一層關係的連結，橫跨了時代的橫向與縱向，顯得更為密切，更具集團性格。

針對以上明代蘇州藏書家的集團性格分析，不論在家族、師承、文會過從與姻親等關係上，吳地藏書家具有相當密集複雜且強烈濃厚的集團特徵，這些均是超越其他地區的特殊時代現象。藏書家在以這些不同類型的集團為基礎的情況下，彼此

之間相互地鼓舞與影響，形成時代的主流風尙，讓藏書成爲明代蘇州文士們共同的嗜好與習性，並爲藏書事業樹立了良好的時代背景與氛圍。誠如學者所言：「一種文化心態、文化性格通過族群網絡展衍推進的史蹟應已是相當清晰的，文化世族在特定地域作爲地方文化發展過程中的載體的重大作用也是確定無疑的。」〔註 453〕明代蘇州私人藏書事業之所以如此興盛且形成特色，這些集團可以說居間發揮了相當大的影響力，的確功不可沒。

〔註 453〕嚴迪昌，〈「市隱」心態與吳中明清文化世族〉，頁 89。

第四章　蘇州私人藏書生活窺探

第一節　藏書風氣的淵源

一、學術與地域環境的感染力

1.天然及人文環境的影響

　　上古時代，蘇州本為蠻夷叢荒之地。自商代末年以來，泰伯、仲雍（虞仲）因讓王而避地南遷，始見開發。到了春秋時代，吳王勵精圖治，武功強盛，吳國與中原諸邦分庭抗禮，逐鹿問鼎，留下不少膾炙人口的歷史故事。而孔門弟子言偃（前506～前443）、子游，更將北方儒家文化傳入，蘇州漸漸地從蠻荒黑暗趨向文明。其後歷累代之經營，以及歷史上晉、宋南渡，以及五代時期銳意開拓等因素，吳地文化逐步形成，愈益顯露。吳地本尚武勇，經濟的開發早在三國、晉代以及唐代時便已趨向全國重要的地位；而文風的形成，則在宋代以後，才逐漸在歷史上展露頭角。到了明、清時期，蘇州已經是全國人才的淵藪，文化的源頭，不論在交通、經濟、學術、教育等各方面，都位居全國首善之列。

　　若從天然環境來看，吳地之所以能夠成為文化首善之邦，與政治上的長期安定、優越的氣候以及肥沃的土壤等自然條件大有關係。「蘇州地區地處長江下游的太湖東部，是亞熱帶與暖溫帶的過渡地區，氣候溫潤，四季分明，土地肥沃，物產豐富。」〔註1〕如此優良的地理環境，不但提供了充裕的物質經濟條件可供發展藝文，並且刺激文人內在精神上的靈感啟發。如明代蘇州藏書家劉鳳便曾說：「夫吳於氣得其

〔註1〕 馮瑞渡，〈蘇州歷代人才薈萃探微〉，收入石琪主編，《吳文化與蘇州》（上海：同濟大學出版社，1992年3月第一版），頁356～357。

華，故秀美鍾焉。自昔以才藝擅天下，乃其人咸吳產；即書數繪事，何者不稱絕世名！」〔註2〕所以蘇州在絕美的湖光山色之下，文人不論在性靈生活與藝文方面，都有出色的表現。加上吳地水鄉澤國，交通便利，對資訊及知識、文化的交流與傳播，也都佔盡了地利之便。尤其在宋室南渡之後，整個中原文化大舉的移入江南地區，使蘇州的城市經濟、藏書事業以及區域文化等各個方面，便在如此優良的自然環境的配合下，一下子便如火如荼且非常迅速的拓展開來。

自宋、元以來，蘇人經常喜歡讚賞自己故鄉的湖山毓秀與水土清嘉，稱云：「自來嗜學好古之士，以積書稱者，代不乏人。風尚所趨，首推江浙，而吾吳實其中心也。」〔註3〕且「文人學士撰述之多，雄冠東南。」〔註4〕因此，歷來騷人墨客，往往流連忘返，為舊時人才聚結之地。蓋吳中自宋、元以後，由於學術與文化快速地發展，加上城市經濟的形成與市民的富裕，蘇州的藏書風氣在諸多天然以及人文因素的鼓舞與推動下，開始蘊釀萌芽，日趨茁壯。到了明代，蘇州私人藏書事業終於大放異彩，為後世所稱美。

朱元璋驅逐胡元，於西元一三六八年建立了大明王朝。蘇州在天下一片兵馬倥傯之中，雖然處於朱、張兩大陣營劍拔弩張之下，所幸受到戰火摧殘的程度並不嚴重，因此文獻之族，也多能善保其家。而隨著政治環境愈趨穩固以及經濟的慢慢復甦，吳地文士於藝文活動和地域生活文化的發展一日千里。

明朝初建之時，吳地藏書故家碩果僅存者不多，只有長洲虞氏、吳縣俞氏等，皆以藏書知名，為吳人所景仰。而顧阿瑛所創「玉山風」式的文人生活形態，更是首開明代吳地藏書先哲的典型，其遺風流澤，被及清代。且明代吳地士人相當重視鄉賢前輩的風流餘韻，這可說是該時該地的一個特色與傳統。明代松江知名文人何良俊便對蘇州當時這種風尚非常欽羨，他指出：

> 吾松江與蘇州接壤，其人才亦不大相遠。但蘇州士風，大率前輩喜汲引後進，而後輩亦皆推重先達。有一善，則褒崇讚述無不備至，故其文獻足徵。吾松則絕無此風，前賢美事皆湮沒不傳，余蓋傷之焉。〔註5〕

誠如何氏所言，吳人對先輩的生平事功多載之於史乘，以為來者效尤，這對吳地文人生活文化的傳承幫助很大。且透過這一種方式，文化於傳承上將不會有斷層，反而愈益發揚宏遠。吳地崇敬鄉賢的這種習性甚至到了明末，文人對前輩風流的紀錄

〔註2〕 《劉子威集》，卷四一，〈贈錢罄室七十〉，頁17。

〔註3〕 蔣鏡寰，〈吳中藏書先哲考略〉，頁1。

〔註4〕 許培基，〈蘇州的刻書與藏書〉（《文獻》，1985年第四期），頁211。

〔註5〕 《四友齋叢說》，卷一六，頁134。

仍然持續增補於載籍當中而未嘗間斷。如《鹿裘石室集》載周天球云：「吳中先輩風
流，自黃淳父（姬水）、文麻承（嘉）而來，天必厚祚，丈人（周天球）以存碩果。」
〔註6〕蓋黃姬水、文嘉、周天球承繼沈周與文徵明之緒餘，仍爲明季吳中士人崇拜
的對象。錢謙益也指出：

> 吳門前輩，自子傳（陸師道）、道復（陳道復），以迄於王伯穀（稺登）、
> 居士貞（節）之流，皆及文待詔（徵明）之門，上下其議論，師承其風範，
> 風流儒雅，彬彬可觀。遺風餘緒，至今猶在人間，未可謂五世而斬也。〔註7〕

錢氏之言，明確的指出前輩風範在明代蘇州的可傳承性，同時也透露出地域文化風
氣可藉由師承關係達成延續的功能。其實，私人藏書風氣更是透過鄉賢對後人的感
召與渲染，才愈見其顯大。以常熟爲例，清人葉德輝總結而論曰：「常熟數百年多藏
書家，皆鄉先達流風餘澤有以興起之也。」〔註8〕所以具體來說，明代蘇州先輩的
典型與流風足爲後人仰效者，大致爲私人藏書風氣、文會社集與趣味性靈的生活形
態等地域文化。誠如吳晗所言：「大抵一地人文之消長盛衰，盈虛機緒，必以其地經
濟情形之隆詘爲升沉樞紐。而以前輩導絜，流風輝映，後生爭鳴，蔚成大觀，爲之
點綴曼衍焉。」〔註9〕這些吳地先哲可說都是明代蘇州地域文化的催生者，也都是
樹立往後蘇州，甚至是整個江南地區璀璨耀目的文學風貌與性靈生活文化的先鋒。

除了天然環境以及藏書先輩的風流遺澤以外，藝文風氣的熾烈，也是造成明代
蘇州藏書興盛的主要原因。明人沈堯俞曾說：「吳中以文獻稱甲天下，家談詩書，人
事佔華。秉鉛槧以爲詩文者，往往比肩而有，彬彬乎於今數百年之間，可謂盛矣！」
〔註10〕文風的鼎盛，爲吳地藏書風氣帶來良好的文化條件。的確，明代蘇州文豪碩
儒輩出，歷朝以來，不乏其人。《袁永之集》載：

> 吳自季札、言（言偃）、游（子游）而降，代多文士。其在前古，南
> 鐐東箭，地不絕產，家不乏珍，宗工鉅人，蓋更僕不能悉數也。至於我
> 明，受命郡重，扶馮王化所先，英奇瑰傑之才，應運而出，尤特盛於天
> 下。洪武初，高、楊四雋，領袖藝苑。永宣間，王、陳諸公，矩矱詞林。
> 至於英孝之際，徐武功（有貞）、吳文定（寬）、王文恪（鏊）三公者出，
> 任當鈞冶，主握文柄，天下操觚之士，嚮風景服，靡然而從之。時則有

〔註6〕《鹿裘石室集》，卷五，〈與周公瑕〉，頁7。
〔註7〕《列朝詩集小傳》，〈丁集中・陸少卿師道〉，頁474。
〔註8〕清・葉德輝，《書林餘話》（台北：文史哲出版社，1973年12月初版），卷下，頁653。
〔註9〕《江浙藏書家史略》，序言，頁117。
〔註10〕《王百穀集二十一種》，〈金昌集序〉，頁1。

若李太僕貞伯（應禎，1431～1493）、沈處士啓南（周）、祝通判希哲（允明）、楊儀制君謙（循吉）、都少卿元敬（穆）、文待詔徵仲（徵明）、唐解元伯虎（寅）、徐博士昌穀（禎卿，1479～1511）、蔡孔目九逵（羽）先後繼起，聲景比附，名實彰流，金玉相宣，黼黻並麗，吳下文獻於斯爲盛，彬彬乎不可尚已。正德、嘉靖以來，諸公稍稍凋謝，而後來之秀，則有黃貢士勉之（省曾）、王太學履吉（寵）、陸給事浚明（粲）、皇甫僉事子安（涔，1497～1546），皆刻意述作，力追先哲，而袁君永之（裘），寔頡頏其間。〔註11〕

吳地人才興盛，代不乏人，而人才之起，則又揚摧文風之鼎盛，兩者相輔相成，互爲表裡。至於明代蘇州的私人藏書風氣，則又與文風以及人才之興盛並行不悖，私人藏書在人才鼎盛、文風濃烈的情況下益形活躍；而私人藏書事業的活絡又造成文風之興起，進而教育出更多人才。因此，三者的關係密切而深遠。

2. 藏書為士人普遍的習性

其實蘇州在明代以前，藏書家於全國所占比例不大，「北宋藏書家多在四川、江西，南宋藏書家多在浙江、福建。」〔註12〕私人藏書事業成爲吳地文化之一，實發微自元代，而後盛於明代。據《常昭合志稿》載：

> 吾邑以藏書之名，著聞於海內者，自元、明迄今，踵若相接。其遺編散帙，流傳四方，好事者得之，或謂海虞某氏之所收錄，或謂琴川某人之所題識，以相引重；而書估至有摹刻圖記，割截跋語以牟厚利者，不謂盛歟！〔註13〕

由於前文所列的種種背景因素，從明初伊始，私人藏書活動已漸漸成爲吳地士人間共同的習性。明人李攀龍（1514～1570）曾說：「吳越燬兵火，詩書藏於闤闠，即後生學士，無不操染。」〔註14〕蓋吳地自明初以來，隨著社會的逐步安定，經濟的轉趨繁華，文風亦漸進地流布，文人無論出仕或隱居，都普遍嗜好庋藏書籍。且「舊時蘇州有『刻書賽積德，藏書勝藏金』之說」，〔註15〕故私人藏書風氣的成形，自不待言。此外，吳人向來喜好讀書，至明代尤然。吳地有「林屋洞」，「相傳禹於此

〔註11〕《袁永之集》，卷首，〈袁永之文集序〉，頁1。

〔註12〕袁同禮，〈宋代私家藏書概略〉（《圖書館學季刊》，第二卷第二期，1928年3月），頁187。

〔註13〕《常昭合志稿》，卷三二，〈藏書家〉，頁21。

〔註14〕明·李攀龍，《滄溟先生集》（《明代論著叢刊》，台北：偉文圖書出版社，1976年5月版），卷一五，〈送王元美序〉，頁713～714。

〔註15〕葉萬忠，〈蘇州歷史上的刻書和藏書〉，收入謝國楨等，《古籍論叢》（福州：福建人民出版社，1983年5月初版二刷），頁403。

得異書，如古所云『宛委石倉』者。」〔註16〕所以，吳人常常以「林屋洞」作爲蘇州藏書地域文化特色的表徵。祝允明對「林屋洞」的敘述充滿神秘色彩，卻頗爲傳神，他指出：

> 林屋洞有三門，同會一穴。其左爲暘谷，下復有子洞，通林屋之腹。
> 西包之要處也，道書謂左神幽虛之天，其中可居，有金庭銀室，啖有白芝
> 乳泉，讀有素書。〔註17〕

可見吳人對「林屋洞」的藏書神話，深信不移，甚至家喻戶曉，奉爲區域文化的表率。且明代蘇州「由於傳統文化的影響，讀書風氣的濃厚，各階層人士都競相聚書。」〔註18〕所以，讀書風氣之盛與私人藏書活動的普及，誠屬空前。

蘇州的私人藏書習尚，自古以來，歷累代而益興，逐漸地成爲一般讀書人普遍的共同嗜好。「吳中舊家，每多經、史、子、集四部書之儲藏，雖寒儉之家，亦往往有數拾百冊，至於富裕之家，更是連櫃充棟，琳瑯滿目。」〔註19〕所以，藏書是吳地文人日常生活中的習性；私人藏書事業可以說是吳地累世不衰的區域生活文化特色之一。然而吳人藏書雖眾，並非全然爲了讀書、護書或癖好而藏，很多是因襲流俗而附庸風雅者，特別是明代中期以後，此風更甚。邵曼珣研究指出：

> 自古以來知識分子一直有著優越的社會地位，讀書士人乃成爲世人宗
> 仰的對象。對於知識分子從事的藝文活動，也是世人所慕求的，一般平民
> 爲提高自己的地位，往往慕求風雅、追效文人的行徑。明代此風尤甚，一
> 方面也是受到商業活動所帶來的富裕經濟影響，富商巨賈往往不惜巨資，
> 搜購書畫珍玩等，以表顯自身之風雅。〔註20〕

話雖如此，私人藏書風尚至明代中後期開始益發流行，營造出蘇州私人藏書事業發展的有利環境。即便一般人雖以藏書作爲提昇社會形象與文化地位的手段，甚至被人稱爲附庸風雅的「好事者」，不過，他們對於整體藏書事業之精進，仍然是有其貢獻，如藏書風氣的推進、版本校讎學的興起、教育與學術的鼓舞、文化事業的勃興、工商與經濟的發達、文人關係的拓展等等。所以，私人藏書活動在人們基於不同目的而爲之的情形下，除了學術風氣的提昇之外，還有一些出乎意料之外的社會利益，學者指出：

〔註16〕《國朝耆獻類徵初編》，卷四七〇，〈隱逸十〉，頁578。

〔註17〕《祝氏詩文集》，卷二七，〈陸啓明暘谷敘〉，頁1666～1667。

〔註18〕韓文寧，〈明清江浙藏書家的主要功績和歷史局限〉，頁142。

〔註19〕《蘇州文史資料》第二輯，轉引自葉萬忠，〈蘇州歷史上的刻書和藏書〉，收入謝國楨等，
《古籍論叢》，頁412。

〔註20〕邵曼珣，〈明代中期蘇州文人尚趣之研究〉，頁182。

　　　　明代的私人藏書家中有官僚地主，也有一般的讀書人。他們收藏圖
　　書，有的是爲了讀書治學，多數人是爲了讀書求官之需；也有些官僚地主
　　是爲了顯示高雅，以此來沽名釣譽；還有些人是把古書當古董玩物來把玩
　　觀賞。明代私人藏書家的大量出現，也爲雕版印刷提供了大批書稿，提供
　　了廣闊市場。〔註21〕

總之，私人藏書不論是出自個人的癖好，或者僅爲附庸風雅，甚至是藉此沽名釣譽，
不管怎麼說，藏書活動在明代吳人的日常生活中都已經是一種普遍的習性，並蔚成
一種生活文化。明人胡應麟（1551～1602）便讚賞蘇州與南京地區士民喜好藏書的
盛況，甚「至薦紳博雅，勝士韻流，好古之稱，藉藉海內，其藏蓄當甲諸方矣。」
〔註22〕而上海藏書家陸深（1477～1544）喜好四出求訪書籍，他也曾經比較當時江
西、浙江與蘇州三地的藏書狀況，並認爲蘇州最富，的確傲視他郡。他指出：

　　　　今江西在江南，號稱文獻故邦，予來訪之，藏書甚少。間有一二，往
　　往新自北方載至，亦無甚奇書，而浙中猶爲彼善。若吾吳中，則群襲有精
　　美者矣。〔註23〕

陸深具備專業的訪書經驗與典籍資訊，他作出的結論，自然不虛，足見明代蘇州
藏書之富，絕非傳聞而已。此外，藏書家往往將其藏書活動累積的經驗呈現於文
字著作之中，不但引發藏書界對於藏書專業理論的議題與研究興趣，並且更加推
動私人藏書風氣的流行與地域學術風貌的浮現。例如文震亨的《長物志》、文彭的
《印章集說》等，都是與藏書活動、文人生活領域相關的閒賞活動研究之總結性
著作。而錢謙益的《絳雲樓書目》、毛晉的《汲古閣校刻書目》、《隱湖題跋》、錢
曾的《讀書敏求記》等，更是將自身的藏書經驗與同好分享，鼓動了大量的蘇州
士人投身藏書事業以及藏書界崇尚宋元刻本的藝林潮流。誠如今日學者針對晚明
性靈文學的研究指稱：「文人因從事活動而有紀錄成書，書既傳抄或刊刻，則更普
遍影響時人從事類似的活動。」〔註24〕明代蘇州藏書家的表現正是如此，如葉盛
的《菉竹堂書目》、趙琦美的《脈望館書目》等，都是將自家所藏提供給他人參考，
造成藏書家之間相互討論文獻內容與載體的優劣良窳之風氣，以及考察典籍版刻
源流與異同等藏書專業理論的興起，因此而催生出許多新的學術研究方向。總的

〔註21〕鄭如斯、肖東發，《中國書史》（北京：書目文獻出版社，1996年10月第一版五刷），
　　　　頁193。
〔註22〕明·胡應麟，《少室山房筆叢》（台北：世界書局，1980年5月再版），卷四，〈甲部·
　　　　經籍會通四〉，頁56。
〔註23〕明·陸深，《豫章漫抄》（《筆記小說大觀》三八編，台北：新興書局，1985年版），頁2。
〔註24〕《晚明性靈小品研究》，第五章第三節，〈藝文流連與器物賞玩〉，頁239。

來說，「蘇、浙兩省南宋以來之所以成爲中國文人學者最大源地，還與該地區長時期來尊重知識、尊重士人、崇尚讀書的社會輿論和風氣分不開的。」〔註25〕而尊重知識、尊重士人與崇尚讀書的習性和風氣，都是蘇州士民人等普遍喜好藏書的主要原因。所以，若說吳地爲人文淵藪與該地的藏書風氣有關，那麼明代蘇州文人普遍喜好藏書的生活習尚，正是推動吳地私人藏書文化蓬勃發展最重要的動能；而明代蘇州的學術文化與人才培養之所以能有如此亮眼的成績，私人藏書事業的發達當然也是不可忽視的一股主要力量。

3. 圖書出版事業的進步

中國私人的藏書活動雖說起源甚早，不過大規模的私家藏書事業，則在雕板印刷盛行的宋代以後才逐漸普及。宋、元時期，「文人蒐集與保存書籍的習慣即已甚爲普遍。到了明朝，有更多的官吏與富商擁有私人圖書館，而將藏書供親友閱覽。」〔註26〕且今人研究指出：「印刷術的發明，令書籍的價值一般地減低十分之九左右。這自然使書籍的傳佈相對地普及化，使比較清寒的知識分子也能享用。」〔註27〕所以明代的書籍成本已經降低，一般人取得較易，私人藏書事業更易趨向普及化。《少室山房筆叢》載：

> 今文人所急者，先秦諸書；詩流所急者，盛唐諸書；舉子所急者，宋世諸書，大約數百家。弘雅之流，稍加博焉，錄經之閏者，史之支者，子之胜者，集之副者，又無慮數百家，悉世所恆有，好而且力，則無弗至也。〔註28〕

既然書籍的取得非常容易，那麼藏書事業的發達，自當與出版事業的興盛與否大有關連。

中國的雕版印刷技術用於刊印書籍，其實在宋朝已經相當成熟。蘇軾曾說：「諸子百家之書，近歲轉相摹刻，多而易致。」〔註29〕可以看出北宋時期，隨著印刷術的廣泛應用，士人得書較易，所以私人藏書活動較之以往更爲普遍。元代藏書家則多產於江南地區，北方卻屈指可數，顯示江南的圖書出版業盛於北方，而這與宋室南渡，雕版印刷技術與重心亦隨之南移有相當大的關係。到了明代，「刻書事業無論

〔註25〕 葉忠海、羅秀鳳，〈南宋以來蘇浙兩省成爲中國文人學者最大源地的綜合研究〉（《華東師範大學學報》哲學社會科學版，1994 年第一期），頁 68。

〔註26〕 葉公超，〈中國歷代藏書與現代圖書館〉（《中國圖書館學會會報》，第二六期，1974 年12 月），頁 2。

〔註27〕 翁同文，〈印刷術對於書籍成本的影響〉（《清華學報》，新六卷第一、二期合刊，1967 年 12 月），頁 39。

〔註28〕 《少室山房筆叢》，卷四，〈甲部·經籍會通四〉，頁 54。

〔註29〕 《讀書敏求記》，卷首趙序，頁 2。

在出版事業史上或是印刷技術發展史上，均可稱爲我國的極盛時代。」〔註30〕所以「元明兩代，私家藏書事業在宋人基礎上，繼續發展，並且漸漸成爲一時的社會風尙」，〔註31〕正是雕版印刷術在宋代便已開始普遍使用，經過長期蘊釀與發展出來的必然結果。不過明代之前，蘇州並非生產書籍的主要地區。宋人葉夢得（1077～1148）指出：

> 今天下印書，以杭州爲上，蜀本次之，福建最下。京師比歲印板，殆不減杭州，但紙不佳。蜀與福建，多以柔木刻之，取其易成而速售，故不能工。福建本幾遍天下，正以其易成故也。〔註32〕

葉夢得生在北宋末季，當時雕版印刷技術對江南文化事業的影響已甚明顯，只不過蘇州的刻書事業尚未發展。後來南宋在蘇州磧砂延經院刊雕《大藏經》，因而產生很多熟練的本地刻工，從此蘇州的刻書業突飛猛進，影響及於明代，使得蘇州刻書在萬曆以前爲全國各府之冠，號稱「蘇版」。〔註33〕當時不論刊刻的技術或是印刷的品質都很精良，所以明代蘇州的圖書出版事業可謂「承宋元刻書業繁榮發展之勢頭，得時代商業競爭之風氣，該時期我國刻書出版事業（尤其是私人刻書業）呈現前所未有的發達景象及鮮明時代特色。」〔註34〕

至於明代江南士人之聚書，較之宋、元時期又更容易，此則因圖書出版事業極盛於南方才有以致之。胡應麟說：

> 今欲購書，又差易於宋也，何也？經則一十三家注疏，遞梓於諸方；史則二十一代，類頒於太學，合之便可三千餘卷。宋初諸大類書，合之又可三千餘卷；南渡類書十餘，合之又可三千餘卷，則不啻萬卷矣。釋藏金陵，道藏句曲，捐數百金，即吾家物；稍益神仙小說諸家，合之又不下萬卷矣。〔註35〕

由於圖書出版業的發達，加上書籍價格的降低，一般人只要花數百兩銀子，立刻可以成爲萬卷規模的藏書家。明代江南地區的圖書出版事業以蘇州與金陵地區爲最

〔註30〕邱澎生，〈明代蘇州營利出版事業及其社會效應〉（《九州學刊》，第五卷第二期，1992年10月），頁140。

〔註31〕洪湛侯，《中國文獻學新編》（杭州：杭州大學出版社，1997年9月第一版第三刷），頁342。

〔註32〕宋・葉夢得，《石林燕語》（《叢書集成初編》八三冊，台北：新文豐出版公司，1985年初版），頁74。

〔註33〕《中國文獻學新編》，頁335。

〔註34〕袁逸，〈明後期我國私人刻書業資本主義因素的活躍與表現〉（《浙江學刊》，89年第三期，1989年5月），頁125。

〔註35〕《少室山房筆叢》，卷四，〈甲部・經籍會通四〉，頁53～54。

盛，當時「吳會、金陵，擅名文獻，刻本至多，鉅帙類書咸會萃焉，海內商賈所資，二方十七，閩中十三，燕越弗與也。」〔註36〕甚至到了清代，吳中藏書家仍因當地刻書業相當發達而易於取得書籍。據清代常熟人黃廷鑑指出：

　　　自宋代以來，雕版浸多，雖大部巨編，皆可坊市購買，朝求夕得。且

　　摹印之易而速，其多又倍于繕錄，宜其傳于今者不少。〔註37〕

所以，在三吳地區圖書出版事業相當興盛，而蘇州又為個中翹楚的情況下，吳中的藏書事業自然較他處更為發達。書籍取得既易，版刻品質自然為藏書家所重視。時人評曰：

　　　凡刻之地有三：吳也，越也，閩也。蜀本宋最稱善，近世甚希。燕、

　　粵、秦、楚今皆有刻，類自可觀，而不若三方之盛。其精吳為最，其多閩

　　為最，越皆次之。其直重吳為最，其直輕閩為最，越皆次之。〔註38〕

中國圖書出版業的重心自宋代以來，本以杭州為最，進而轉向四川，蜀本也稱盛於一時。到了明代，蘇州後來居上，超越其他地區而號為首善。明代刻書地區雖仍以江蘇、浙江與四川等為主要，其中卻以蘇州的刻印品質最為精良。因此，在刻書最盛以及質量最佳等有利條件的促進推動下，蘇州藏書事業得以高度發展而盛況空前。總之，明代圖書事業能夠如此發達，一般都歸因於四點：即經濟繁榮與資本主義的出現、市民階層及廣大民眾對圖書的需求、統治者對文化圖書事業的重視，以及造紙和印刷技術的提高等原因。〔註39〕此外，交通的便利與運輸網絡的繁榮，更是助長圖書事業發展的另一個重要因素。明代蘇州的圖書出版事業之所以如此發達，便是藉由當地四通八達的水上交通，因而得以獲取大量來自江西、安徽兩省出產的綿紙、油墨與木材等生產材料。再加上蘇州本地造紙業的發達，以及宋、元以來刻工與寫工技術的純熟老練、特殊的地理環境、精妙的圖書裝潢技巧等因素，於是具備了高超的書籍製作技能，〔註40〕進而造成地方圖書出版業的興盛，推動了蘇州的藏書事業。

　　綜上所述，藏書活動與刻書出版事業兩者的關係確實至為密切，並且互相牽連。刻書興盛造成藏書活動的昂揚，如明代吳縣，「文物之盛，在古已然。宋元以來，刻

〔註36〕明・項子京，《蕉窗九錄》（台北：廣文書局，1987年3月再版），〈獻售〉，頁18。
〔註37〕清・黃廷鑑，《第六絃溪文鈔》（《叢書集成初編》，上海：商務印書館，1936年6月初版，據後知不足齋本排印），卷二，〈藏書二友記〉，頁34。
〔註38〕《蕉窗九錄》，〈刻地〉，頁19。
〔註39〕《中國書史》，頁188～190。
〔註40〕麥杰安，《明代蘇常地區出版事業之研究》（國立臺灣大學圖書館學研究所碩士論文，1996年5月），頁22。

書業漸興，私家藏書亦應運而盛。」〔註41〕而藏書家眾多則又給刻書事業與圖書消費市場帶來無限生機與活力，所以「藏書家多以及書坊刻書業發達，是蘇州在全國書籍流通市場上占首要地位的主要原因。」〔註42〕

明代蘇州圖書出版事業到了中期以後，因為當時藏書界崇尚收藏宋元舊槧與奇籍祕冊的時尚影響而達到鼎盛，並且呈顯轉由私人自行覆刻宋本的趨勢。今人研究指出：

> 私家刻書至嘉靖年間盛極一時，尤其吳中一帶，物阜民豐，又雅好人
> 文，覆刻宋本，蔚成風尚，許多仿舊精刻紛紛問世。如王延喆之《史記》，
> 袁褧「嘉趣堂」之《六子全書》。〔註43〕

覆刻宋本是為了投消費者之所好，而藏書家的嗜癖則又為出版業的發展帶來許多動力。明代蘇州圖書出版業的蓬勃景象，其中不乏許多具備豐富典籍專業知識的藏書家親身投入出版行列，不但讓書籍市場的交易更加顯得熱絡繁榮，並且使得許多瀕臨絕跡的古籍能夠再度出現於世人眼前，藉此得以保存而化身億萬，流傳後世。尤其是藏書家之刻書，並非如書坊之射利取向，往往更能重視品質，對於史料的保存，起著至重且鉅的作用。所以，藏書家所刻的書籍，更為其他藏書家所喜愛，因此又造成書市經濟資本的流動。此外，藏書家刻書對出版業界所造成的競爭與衝擊不小，而這也促使出版商不得不設法提升本身的文化素養與講究書籍的刊印品質來加以因應。總之，藏書家對於總體學術與文化的精進，的確做出非常重要的歷史貢獻。

二、明代政府的提倡

在中國歷史上，以武力開國的君主對於迫切渴望休養生息的社會，大多是採取偃武修文的政策，所以銳意於文治，而明代尤然。朱元璋以一介平民起而武裝革命成功，本來雖然目不識丁，由於多年南征北討的軍旅生活中，時時皆需身旁眾多的文人幕僚輔佐，遂受其感染，逐漸領悟到知識的重要性而開始讀書進學。初得天下，為了實行絕對的君主權力，他希望士民都能從文棄武，忠實的服從於他的統治之下，所以一方面以高壓的文字獄作為箝制士人思想的手段，一方面又以提倡藝文、創造社會知書好學的風氣以羈縻士人，藉由這種恩威並濟的兩手策略，強勢地控制著士民的心靈世界。繼太祖之後，成祖雖以武力發動政變而獲登大寶，他也沿用朱元璋箝制士民的兩面手法，尤其對於藝文的提倡，更是不遺餘力。今人研究指出：

〔註41〕程偉，〈明清吳縣鄉鎮私家藏書述要〉（《江蘇圖書館學報》，1991 年第六期），頁 45。
〔註42〕邱澎生，〈明代蘇州營利出版事業及其社會效應〉，頁 143。
〔註43〕吳璧雍，〈明版圖書特展〉（《故宮文物月刊》，第十卷第九期，1992 年 12 月），頁 6。

> 明世藏書之風，遠過前代，其始自帝室開之。中山王徐達之北伐也，
> 盡收元室圖籍，二祖仁、宣，更事訪求，後代諸帝，復多增益，秘閣圖書，
> 遂甲天下。諸藩好學，亦事蒐集。〔註44〕

明代從成祖以後的諸位君主，雖說大多治績不顯，然而在創造社會讀書好學的政策
上，卻頗有作爲。所以「爲表示對文獻的重視，明代多位君主在徵訪前代或散失的
圖書方面，皆不遺餘力。」〔註45〕而這些作爲，都爲明代民間的藏書事業，創造出
非常良性的環境與風氣。

太祖朱元璋建國以後，對於國家采文徵獻之事顯得非常關心，尤其重視中央政
府的藏書事業。他說：

> 三皇五帝之書，不盡傳於世，鮮知其行事。漢武帝購求遺書而六經始
> 出，唐、虞二代之治可得而見。武帝雄才大略，後世罕及，至表章六經，
> 開闡聖賢之學，又有功于後世。吾每以宮中無事，輒取孔子之言觀之，如
> 節用而愛人，使民以時，眞國家之良規，孔子之言，誠萬世之師也。〔註46〕

基於上述圖書對於知識及資訊傳遞的重要性，太祖乃下詔命有司訪求古今書籍，並
藏之於祕府，以資閱覽。太祖之後，成祖更好聚書。《澹生堂藏書約》載：

> 成祖視朝之暇，輒御便殿閱書，或召儒臣講論，弗輟也。嘗問：「文
> 淵閣經、史、子、籍皆備否？」學士解縉（1369～1415）對曰：「經、史
> 粗備，子、籍尚多闕。」上曰：「士人家稍有餘貲，便欲積書，況於朝廷，
> 其可闕乎？」遂召禮部尚書鄭賜，令擇通知典籍者，四出求遺書。且曰：
> 「書值不可較價，直惟其所欲與之，庶奇書可得。」復顧縉等曰：「置書
> 不難，須常覽閱乃有益。凡人積金玉，亦欲遺子孫，金玉之利有限，書籍
> 之利豈有窮也？」〔註47〕

成祖對於當時藏書家的心態，說得相當透澈。也由於明初兩位君主的重視藏書，給
當時以及後代子孫都立下相當良好的榜樣，所以藏書的嗜好自此風行景從，上行下
效，遺風流澤，德被後世。甚至到了明末，士人仍以二祖之重視求書爲例，指責當
時朝廷提倡藏書觀念之不力，而向當權提出警告。明末胡應麟說：

> 國初高皇帝首命頒刻六經，繼之文皇帝躬修《永樂大典》，草創之晨，

〔註44〕柳作梅，〈牧齋藏書之研究〉（《圖書館學報》，第五期，1963 年 8 月），頁 77。
〔註45〕張璉，〈明代專制文化政策下的圖書出版情形〉（《漢學研究》，第十卷第二期，1992 年
　　　　12 月），頁 358。
〔註46〕《西園聞見錄》，卷八，〈好學〉，頁 687。
〔註47〕明‧祁承火業，《澹生堂藏書約》（《書目續編》，台北：廣文書局，1987 年 12 月再版），
　　　　〈聚書訓〉，頁 21。

勤思載籍尚爾，矧今日崇隆之極邪！近年楚試發策，以蒐集遺書為問，一
時雅士，多韙其言。〔註48〕

太祖與成祖除了廣蒐天下之書以充祕府外，並以刻書的實際行動增加世間書籍來
源，故明初士人大都受到兩位開國英主鼓勵藏書活動的影響而嗜好蒐藏圖籍，甚至
一些中央與地方的政府機關，也都以刻書為興文之法。〔註49〕當時「官家刻書機關
有國子監、太醫院和宮廷內府」等，〔註50〕而其中最著者當為藩王子孫，因受皇室
藏書家法的薰染，喜好藏書活動者比比皆是。從另一個角度來看，由於「明代鑒於
『靖難』先例，分封各地的皇子既無兵權也無政權，與一般富人無異；其好學者，
即以藏書刻書為志。」〔註51〕所以諸藩在人主大力鼓吹藏書好學的情形之下，大都
寓隱其志於藏書生活當中，一來可以進德修業，延攬時譽；一來也可以取信於人君，
避禍保家。所以明初「海內藏書之富，莫先于諸藩。」〔註52〕

明代藩王以藏書名動海內者，代有其人。據袁同禮的研究指出，明代喜好藏
書的藩王約有晉莊王朱鍾鉉（1428～1502）、周定王朱橚（太祖第五子，成祖同母
弟）及其六世孫朱睦㮮、寧獻王朱權（1378～1448，太祖第十七子）及其七世孫
朱謀㙔等人，他說：「明初私家藏書，當以諸藩為最富。當時被賜之書，多宋元善
本，藩邸王孫，又多好學之士，以之翻雕刊印，時有佳刻。」〔註53〕此外，靖王
朱奇源、端王朱知烊（朱鍾鉉曾孫）、秦簡王朱誠泳（1458～1498）、定王朱惟焯、
光澤王朱寵瀼、衡王朱祐輝（？～1538）、盧江王朱見南等等，〔註54〕也都為明宗
室中喜好藏書之藩王。其中尤以周府鎮國將軍朱睦㮮，尤喜購藏，當時「海內藏
書家推江都葛氏（澗）、章丘李氏（開先，1501～1568），盡購得之。起『萬卷堂』，
日諷誦其中。」〔註55〕朱睦㮮合當時天下規模最大且最知名的兩大私家藏書為一
家所有，故其卷帙之宏富與藏書之精良，舉世稱美。此外，「代府靈丘端懿王聰潣，

〔註48〕 《少室山房筆叢》，卷四，〈甲部・經籍會通四〉，頁66。
〔註49〕 明代各級政府機關由於感染王室刻書之習，亦極好刊刻流傳，也是造成藏書風氣盛行的
　　　　 原因之一。有關明代中央、藩王、以及各級地方政府的刻書情形，可參閱李致忠，〈明
　　　　 代刻書述略〉，（《文史》，第二三集，1984年11月），頁127～158。
〔註50〕 《中國文獻學新編》，頁336。
〔註51〕 李家駒，〈我國古代藏書樓的典藏管理與利用（下）〉（《教育資料與圖書館學》，第二五
　　　　 卷第二期，1988年），頁227。
〔註52〕 《牧齋有學集》，卷二六，〈黃氏千頃齋藏書記〉，頁995。
〔註53〕 袁同禮，〈明代私家藏書概略〉，收入洪有豐，《清代藏書家考》（香港：中山圖書公司，
　　　　 1973年1月版），頁73。
〔註54〕 殷登國，〈藏書癖〉（《新書月刊》，第三期，1983年12月），頁27。
〔註55〕 《西園聞見錄》，卷八，〈好學〉，頁709。

代簡王玄孫。長子俊格，嗜學善屬文，聚書數萬卷。尤好古篆籀墨蹟，嘗手模六十餘種勒石，名《崇理帖》。」〔註56〕所以，朱聰㳙與朱俊格雖貴為宗室，父子兩人也俱以藏書聞名於世。而大約生存於弘治、正德間的唐王，亦好藏書，「於承運殿之東墀構堂以為燕學之所，名之曰『保和』。洞戶延室，弘敞沉穆，圖書列架，琴瑟在御」，〔註57〕過著藏書式的文人生活。

　　明代的諸藩不但喜歡藏書，更是熱衷於刻印書籍，喜好刻書的藩王人數之眾與刻印圖書種類之多，實前所未見。據載：

> 明藩刻書，今可知者，無慮三十家。明初則有周、蜀、慶、寧、楚諸府。……成、弘以降，槧雕尤廣，淮唐諸府，多刻總集。吉府多刻子書，以迄萬曆。益府多刻小學譜錄，迄於崇禎；活字印書，媲美蜀藩。秦府《史記》、魯府《抱朴子》，咸稱善本。遼藩《昭明文集》，人爭寶之。嘉靖間當推晉、趙二府最著。……他如德藩之《漢書》，潘藩之《易林》，徽藩之《萬花谷》，崇府之《包公奏議》，靖江之《李杜集》，並為士林所重。而萬曆間鄭藩之通音律，所刻《樂律全書》，尤為審音家推重，不獨以雕版著聲藝苑也。其他諸藩如：漢、衡、伊、榮、襄、潞、代、岷、汝等府，或翻雕舊籍，或自刻詩文。稽古右文，於焉為盛。〔註58〕

不過，內府藏書到了明中後期，由於管理鬆懈，漸漸流於散佚敗濫，反而不及民間私家之收藏。據謝肇淛指出，明代中央政府藏書至明末已經盛況不再，他說：

> 余嘗獲觀中秘之藏，其不及外人藏書家遠甚。但有宋集五十餘種，皆宋刻本，精工完美。而日月不及，日就泡腐，恐百年之外，盡成烏有矣。〔註59〕

可見明代政府對藏書的重視至此已呈停頓狀態，反倒是民間的私人藏書卻蓬勃開展，已是屹立不搖而自成格局，社會上的藏書習氣已經風靡整個江南地區，無須藉由朝廷的鼓動與影響。總的來說，明代政府無論在政策上或者施政上，多採對於藏書風氣有利的方向。「明代自洪武年間免除書籍稅以後，〔註60〕刻書事業獲得了一個很大的解放，經營刻書有利可圖。加之明代社會重文輕武；中葉以後資本主義盟

〔註56〕《西園聞見錄》，卷八，〈著述〉，頁785。

〔註57〕《祝氏詩文集》，卷二七，〈保和堂記〉，頁1676。

〔註58〕昌彼得，《版本目錄學論叢》（台北：學海出版社，1977年8月初版），〈明藩刻書考〉，頁39～40。

〔註59〕《五雜俎》，卷一三，〈事部一〉，頁1086。

〔註60〕洪武元年8月，朱原璋下詔廢除書籍、田器等稅，見清·張廷玉等，《明史》（《百衲本二十四史》，台北：臺灣商務印書館，1988年1月臺六版，據清乾隆武英殿原刊本影印），卷二，〈太祖本紀二〉，頁55。

芽，市民階層大大增加；政治制度上對刻書又沒什麼嚴格的管理，故刻家蜂起，坊肆林立。而書籍產品則汗牛充棟，多若丘山。」〔註61〕所以「在明朝政府的帶動下，全國刻書事業，無論在刻書機構、刻書地區、私家書肆與出版數量上，均盛況空前。」〔註62〕刻書既多，市面上流通的書籍來源就不虞匱乏，藏書事業在明朝政府多方面的鼓勵之下，可以說營造了相當良好的環境與氣氛，益見成效。而蘇州由於地產多士，在位當權者不乏其人，因身處京畿要地，易於感染朝廷習氣。加上交通便利，資訊容易流通，以及商業繁華，舟楫輻輳，為書商聚集之地。所以，政府機關的出版品以及朝廷的崇尚於此特別容易流布與拓展開來。凡此種種因素，都說明了明代蘇州私人藏書風氣之所以能夠開通與盛行，其受政府鼓勵藏書之影響，亦不容忽略。

三、城市經濟的富裕

　　王鏊曾說：「晉、宋以來，東南人物始見于載籍。百年來，地與時升，運隨世轉，東南財賦遂甲天下，而人才隨之。」〔註63〕三吳地區經過歷朝開發，自唐、宋以後，已經成為國家漕運中心，眾商雲集，市場經濟蓬勃發展。到了明初，蘇州有所謂遷富民以實京之舉，吳寬說：

　　　　夫自國初倣漢徙閭右之制，謫發天下之人，又用以填實京師。至永樂
　　間，復多從駕北邊。當時蘇人以富庶被謫發者，蓋數倍於他郡。〔註64〕

從明太祖以及成祖下令遷徙東南富豪填實京師，而以蘇州人數最多的情形來看，蘇州於明初戰亂中所受戰火洗禮的程度不大，經濟基礎並沒有遭到破壞，所以大戰結束以後的承平時期，蘇州仍聚集最多的富戶。雖然本地富家多在明初遣戍之列而離開，由於吳地自然與人文、經濟等條件的優良，所以農工商業的景氣迅速復甦，不但沒有因為富家的遷離而衰敗，反而吸引許多人前來此地經營，於是很快地又產生了一批新的富人階級。因此，早在明中葉以前，蘇州已經又呈現出一片戶阜殷實、工商熱絡的祥和景象，當時「言天下戶口，莫庶於蘇郡者。」〔註65〕所以，明中葉時期，蘇州無論在人才、地區商業及經濟的發展上，都是天下的一時首選。明人閻起山指出當時的盛況曰：

　　　　天下惟東南為最，東南惟吳會為最。山川糾鬱，材產饒裕，昔人謂多

〔註61〕李致忠，〈明代刻書述略〉，頁143。
〔註62〕張璉，〈明代專制文化政策下的圖書出版情形〉，頁361。
〔註63〕《王文恪公集》，卷一○，〈應天府鄉試錄序〉，頁7。
〔註64〕《家藏集》，卷四二，〈伊氏重修族譜序〉，頁5下。
〔註65〕《家藏集》，卷三八，〈朱孝子旌門記〉，頁2。

奇材士，聲施于世舊矣！〔註66〕

由於商業與經濟的不斷發展，商人資本持續的累積，以致「明清時期城市文化事業的發展如詩社、畫社、學派、市民文學的發展都不同程度得到商人資本的滋養。」〔註67〕而藏書事業也是明代吳中文苑所崇尚的嗜好，藏書家的文會社集風起雲湧，而資金充裕的商人們在經濟無虞之後，為了擺脫列居四民之末的銅臭氣味與形象，於是極力的籠絡與攀附當時的知名文士，或者捐金藏書設學以改善本身的家庭教育，積極鼓勵家人棄商業儒，投身科舉，藉此來提昇自己與親族子孫的氣質、文化素養與社會地位。這些商人往往就是典型的附庸風雅者，而他們也經常將貲財投向文人，資助本地文化事業的開展。例如他們向沈周、文徵明與陸師道等人乞畫，向祝允明和金俊明等人乞書，或者是叢聚於毛晉門外等候購買毛氏刻書的商賈等等，都可視為商人養活文人與資助文化事業進行的例證。而文人以出賣藝文所獲得之供養，又促使文化事業的精進。如祝允明，時人輦金幣以索其文及書者踵至，而祝允明稍有所得，又以之蓄聚古法書名籍，商人因而哄抬價錢以欺之者弗算。又如毛晉也將賣書收入，再用來收購海內外善本，以充其書庫，俾利其從事刻書之業。

由於蘇州農工商業的活絡，以及書籍消費人口的眾多，書商有利可圖，於是齊聚吳門，形成專業的圖書交易市場，馳名遠近。今人研究指出：

在明代中葉，由於交通情況的改善，致使商品的流通渠道增多，長途販運圖書的書商的書商日益增加，從而形成圖書批發業，湧現出一批專門貨販圖書的行商與坐地營銷的坐賈商人，促進了刻書地與聚書地的發展。〔註68〕

當時「姑蘇書肆，多在闆門內外及吳縣前，書多精整。」〔註69〕且據學者統計，明代中期蘇州的書坊有三、四十家之多，〔註70〕所以吳地藏書家在圖書徵集的管道方面，的確非常便利；而書坊數量的眾多，也顯示該區藏書事業的發達與旺盛。總之，明代蘇州經濟的繁榮，確實帶給書商很大的商業契機。藉由書商的群聚，不但使藏書家聚書較易，並使與藏書事業有關的商業亦隨之振興起來，例如印刷、刻工、寫工、運輸、造紙等行業。且隨著這些行業的興盛，又更進一步地鼓舞著當地的藏書

〔註66〕明·閻秀卿，《吳郡二科志》（《叢書集成初編》，上海：商務印書館，1937年6月初版），
〈吳郡二科志敘〉，頁1。

〔註67〕王日根，〈論明清時期的商業發展與文化發展〉（《明清史》，第二〇期，1993年5月），
頁24。

〔註68〕沈津，〈明代坊刻圖書之流通與價格〉（《國家圖書館館刊》，85年第一期，1996年7月），
頁102。

〔註69〕《少室山房筆叢》，卷四，〈甲部·經籍會通四〉，頁56。

〔註70〕葉樹聲，〈明代南直隸江南地區私人刻書概述〉，頁219。

風氣。所以，經濟的發達對蘇州的私人藏書事業，也發揮相當大的影響力。因此，「江南地區自八世紀後的經濟繁榮，以及歷史上早有藏書家藏書的社會風氣肇端，兩項因素相激相盪，乃使江蘇、浙江等地在明清兩代出現了甚多的藏書家。」〔註71〕而「經濟上的保障是人們從事文化教育事業的基礎，否則，人們勢必要為求生而奔波。」〔註72〕所以，私人藏書與區域經濟的發達與否，關係至為深遠。

　　從經濟與商業的高度發展來看，蘇州居民表現出不吝於購買商品的樣貌，這與明代吳地崇尚奢靡的風氣有關。時人指出：

　　　　至於民間風俗，大都江南侈於江北，而江南之侈尤莫過於三吳。自昔
　　吳俗習奢華、樂奇異，人情皆觀赴焉。〔註73〕

由於人情與風俗尚奢，加上市場經濟發達，所以居民的消費能力較之他郡有過之而無不及。尤其是吳人將資金投注於自己嗜好上的經濟實力，更是勝於他郡。如明代中葉，吳中士人崇好修建園林，一時富人鉅室散金治園者所在多有。當時陸容說道：

　　　　江南名郡，蘇、杭並稱。然蘇城及各縣富家多有亭館花木之勝，今杭
　　城無之，是杭俗之儉樸愈於蘇也。〔註74〕

可見明代蘇州的奢華程度更甚於文化名城杭州。至於吳俗尚奢表現在藏書事業上面，其消費能力更是令人咋舌。「明代中晚期以降江南地區的經濟發展，也使民間社會有餘力消費書籍這類文化商品的人口增多。」〔註75〕尤其在購書方面，文士往往不惜捐產以購置古書名籍；或是聞人有異書，則多方覓求，但求得書而不計其值。甚至有析產得千金，卻全數悉以購書而無餘者。他們對於書籍的崇好與癖嗜的堅持，可說已經到了如癡如醉，甚至是無法自拔的地步。必須注意的是，在蘇州文人生活上的諸多趣尚裡面，書畫與典籍的收藏是一種相當耗費金錢與精力的興趣，「藏書家必須兼具『有力』以及『好之』兩種特質，前者便是『財富』，後者則是『興趣』。」〔註76〕除了有興趣之外，要肯花錢，才能從事藏書活動。特別是一些善本、祕本、孤本或名人真蹟，往往都是價值不斐的。如張鳳翼急欲獲取名畫《梅花圖卷》，然因價格過昂，力不能逮而喟嘆道：

〔註71〕邱澎生，〈明代蘇州營利出版事業及其社會效應〉，頁143。
〔註72〕王日根，〈論明清時期的商業發展與文化發展〉，頁23。
〔註73〕明·張瀚，《松窗夢語》（《元明史料筆記叢刊》北京：中華書局，1997年11月第一版第二刷），卷四，〈百工紀〉，頁79。
〔註74〕明·陸容，《菽園雜記摘抄》，卷六，頁12。收入明·沈節甫，《紀錄彙編》（台北：臺灣商務印書館，1969年5月臺一版），卷一八五。
〔註75〕邱澎生，〈明代蘇州營利出版事業及其社會效應〉，頁151。
〔註76〕《明代蘇常地區出版事業之研究》，頁16。

> 昔趙德麟（明誠，1081～1129）、李易安（清照，1081～1141）買名
> 人書畫，有持徐熙《牡丹圖》求錢二十萬者。留信宿，計無所得，捲還之，
> 夫婦為之惋悵數日。此梅為徐熙筆，點染妙絕，想當時所圖牡丹，亦爾應
> 索高價也。牡丹有無題詠不可知，而此卷加以題詠，似更勝之。予留玩信
> 宿，亦以力不能購而還去，知不免有趙、李之惋悵。〔註77〕

由於明代吳人消費文化商品的能力與意願都很高，所以當時天下的法書名畫，透過
商人迎合市場取向的作風，大多聚集在蘇州。而隨著明代中後期江南士人以嗜好收
藏為時尚，收購書畫與典籍等文化投資在一般人的家中，也已是稀鬆平常的事。何
良俊說：

> 世人家多資力，加以好事，聞好古之家亦曾蓄畫，遂買數十幅於家。
>
> 客至，懸之中堂，誇以為觀美。今之所稱好畫者，皆此輩耳。〔註78〕

時人雖不為行家，亦不惜花重金消費，以附庸風雅而追逐流行。這種情形在吳地尤
其頻繁，明人有云：「前代書畫，流布寰中，而法書名畫，多半在吳，蓋吳人儻不惜
緡錢購募。」〔註79〕可見吳人對文化商品消費意願與實力之高，正是吳地崇奢風俗
的一種體現。

四、蘇州文人的風尚與特質

1. 博　學

吳地文人崇尚博學、喜好讀書，尤好閱讀古書或奇籍祕冊，藏書家如文徵明、
唐寅、祝允明等人都是如此，往往以博學見稱而操觚藝林，此多已見述於前。的確，
明代吳中文苑裡以博學而稱重於世者代不乏人，蓋博學向為明代蘇州文人的性格特
徵之一。為了證實這個看法，筆者考之史料，將明初至明末藏書家中號稱博學者，
依時代先後，約略敘述於下，如此便可從中窺得尚博確為吳中文苑的學術傳統；而
這個傳統的建立，也正因為這些文人都是藏書家，所以博學也可說是明代蘇州藏書
家的特色，並且可以從中體會出藏書眾多與文人之博學確實具有一定程度的關連性。

明代蘇州藏書家號稱博學且見於史料記載者首推劉昌，他於景泰、天順年間，
以博學而見重於士林。《明分省人物考》載劉昌：

> 少為諸生，即立志不群。每旦升堂，退輒掩戶獨坐。肄習常業之外，

〔註77〕《處實堂集》，卷八，〈跋徐熙梅花卷〉，頁26。
〔註78〕《四友齋叢說》，卷二八，頁257～258。
〔註79〕明・汪顯節，《繪林題識》（《明代傳記叢刊》，台北：明文書局，1991年1月初版），〈馮
　　　　太史夢禎〉，頁311。

博觀群典，不求人知，雖同門進業者，亦莫測其所造。年十九，舉鄉試，……
明年會試禮部第二，廷對後以疾乞假，大肆其力於學，造請益深。景泰二
年（1451），授南京工部主事，與修《宋元通鑑綱目》。……才思華贍，文
詞爾雅，震筆可千百言，常若有餘，詩律尤溫麗。〔註80〕

劉昌為明代前期蘇州知名文人及大藏書家，喜好讀書，雖年少即已遍觀群書，時號
博雅。同時有沈周，雖以畫藝名重一時，為學亦多方涉獵，「自墳索以及百氏雜家言，
無所不窺，而尤精於畫，追蹤晉唐名家，宋以下弗論也。」〔註81〕《皇明詞林人物
考》載其博學云：

　　沈石田先生周，字啟南，長洲之相城人。自號曰：「石田」，晚更號「白
　　石翁」，以處士卒，年八十三。先生博學，無所不通；喜為詩，其源出自
　　白香山（居易）、蘇眉州（軾），兼情事，雜雅俗，當所意到，訾疊不得休。
　　書法雙井，矻矻未化，至丹青之學，久而天下愈寶之。〔註82〕

沈周多才多藝，雖精通詩、畫與書法，對於經史百家，亦多所博綜。於「書過目即
能默識，凡經傳子史、百家、山經地志、醫方卜筮、稗官傳奇，下至浮屠、老子，
亦皆涉其要，掇其英華。」〔註83〕稍後有史鑑，也穿附今古，稱為通人。時人讚云：

　　西村（史鑑）先生自少好學，於書無所不讀，卓然舉大義，不掇拾以
　　為文辭，而尤工於史學。於古今治亂之端，官府、政事、物名、數紀，縱
　　橫上下，指掌論說，莫不有肯綮歸宿，以為學者宜如是。而不屑以求一試，
　　聲名隱然起東南。〔註84〕

其友吳寬，更是以博學而聲名早著，「比遊庠，喜讀書，博極群籍。為文力追古作
雅，不屑舉子業，以故屢應舉屢躓，以歲貢入太學。」〔註85〕崑山藏書家陸容，
於少年即篤好博綜，留意典制，「為縣學生即有志經濟，大肆力于經史百家，至凡
典禮兵刑、漕運水利之類，靡不通究。」〔註86〕陸容與吳寬頗為雷同，兩人皆因
好學而肆力通貫，他們讀書並非僅為求取功名而已，所以學問得以廣博。陸容「少
治掌故業，而誦學諸經兼通之，人謂：『何多學？為取青紫顧在此耶？』容笑謂：

〔註80〕《明分省人物考》，卷二○，〈南直隸蘇州府三〉，頁 721～722。
〔註81〕《明分省人物考》，卷二二，〈南直隸蘇州府五〉，頁 47。
〔註82〕《皇明詞林人物考》，卷七，頁 217。
〔註83〕《西園聞見錄》，卷二二，〈高尚〉，頁 487。
〔註84〕 明・周用，《周恭肅公集》（《四庫全書存目叢書》集部五五冊，台南：莊嚴文化事業有
　　　　限公司，1997 年 6 月初版，據清華大學圖書館藏明嘉靖 28 年周國南川上草堂刻本影
　　　　印），卷一一，〈西村集序〉，頁 16～17。
〔註85〕《皇明泳化類編・列傳》，卷五二，頁 242。
〔註86〕《皇明三元考》，卷七，頁 251。

『吾自求通經，非有他慕也。』」〔註87〕所以，喜好讀書而輕視科名，當為明代前期吳中文人之另一性格特徵。長洲藏書家朱存理，也稱博學，他「爰自弱齡，夙勤文學；閱三餘以靡空，攬五車而尤富。書窺晉戶，吟升宋堂，接先曹之典刑，暢遺民之風格，願紳多識庸稗寡聞焉耳。」〔註88〕稍後之王鏊，亦以嗜讀見博，「好學至老不倦，於書無所不通，而尤邃于經，文章簡嚴雅則。」〔註89〕同時還有邢量，也尚博學，「自經史、釋老、方技，無不兼通。」〔註90〕而吳縣藏書家楊循吉雖以狂名為人詬病，然亦沒有脫離明代前期吳中藏書家之博學傳統。據《明史稿・列傳》載：

> 楊循吉，字君謙，吳縣人。成化二十（1484）年進士，授禮部主事。善病，好讀書，每得意，手足蹈掉不能自禁也，用是得顚主事名。一歲中數移病不出，弘治初請致仕歸，年纔三十有一。結廬支硎山下，課讀經史，旁通內典、稗官。性狷隘，好以學問窮人，至煩赤不顧。〔註91〕

正德、嘉靖以後，吳縣藏書家黃省曾秉持吳中文人喜好讀書的習性，多所博綜，承繼明初吳中文苑崇雅尚博之大傳統。王世貞指出：

> （黃省曾）以書贄於北地李獻吉（夢陽，1472～1529），相與揚扢，自六代西京而下，距嘉靖二千載，如指掌也。乃先生（黃省曾）則愈欿然，以為無當於世，日夜玟載籍、微者碩，以究極乎古今興衰倚伏之變。國典、廟彝、禮樂、比詳、兵車、水土、平準之笑，下至於星曆、醫卜、農賈、覆逆、支離、人竭、五官之職，而恨其舋者，先生饒辨之矣。〔註92〕

值得注意的是，此時吳中藏書家之博學內涵似乎有較前期更為複雜的情形，已由前期之典章制度而伸向實學的領域，明代吳中藏書家之崇尚實學者，即以此為端倪。約同其時，長洲藏書家王寵以書法見稱，其「行楷得晉法，書無所不觀。」〔註93〕且「棲林屋者十年，遂窮六經之奧，於屈、宋、遷、固諸書，無所不研討，為文駸駸似之」，〔註94〕於書藝之外，也是號稱博學的文人與藏書家。稍後又有歸有光，少即用功嗜學，「及長，益該博貫穿，上自典墳騷選，由歷代以至國朝諸大家文，次

〔註87〕《明分省人物考》，卷二一，〈南直隸蘇州府四〉，頁809～810。

〔註88〕明・祝肇，《金石契》（《明代傳記叢刊》，台北：明文書局，1991年1月初版），頁435。

〔註89〕明・項篤壽，《今獻備遺》（《明代傳記叢刊》，台北：明文書局，1991年1月初版），卷二七，頁591。

〔註90〕《姑蘇名賢小記》，卷上，〈邢布衣先生〉，頁9。

〔註91〕《明史稿・列傳》，卷一六二，頁427。

〔註92〕《弇州山人四部稿》，卷六六，〈五嶽黃山人集序〉，頁15。

〔註93〕《明史稿・列傳》，卷一六三，頁434。

〔註94〕《姑蘇名賢小記》，卷下，〈王雅宜先生〉，頁11。

第披閱，無不了悟。尤酷好太史公書，不忍釋手。」〔註95〕

　　萬曆年間，太倉藏書家王世貞與王世懋兩兄弟並稱博雅通儒，名震海內。據載：

　　　　當肅皇帝（萬曆）時，海內文學知名士，人人自標。世貞最後起，異
　　　　才博學，橫絕一世。其所蒐獵子史百氏，皆以意鎔練，翕然爲一家，古今
　　　　著述之富亡踰也。〔註96〕

王世貞爲一代文豪，「才高一世，上窺結繩，下窮掌故，於書無所不讀，於體無所不
諳。諸所論著，博大閎肆，籠罩千古，方駕當代」，〔註97〕此皆博學淹貫才有以致
之。而其弟王世懋，亦學尙淹博，不讓王世貞。李維楨（1547～1626）曾經敘述王世
懋之博學云：

　　　　公居三吳佳麗之地，累葉綺紈之後，文質劑量，斌斌相得江左，語非
　　　　合作不輕出。漢以來儒林、文苑判爲二物，撰著之家，未必博洽。而公旁
　　　　綜流略以及二氏之書，探蹟索隱，中窾破的。嫺古文辭者，類不諳當世之
　　　　故，公青箱華胄，練習朝章。中更家難，操心危而慮患深，人情物理，曉
　　　　暢若素；訏謨遠猷，往往可見之施行。非其學與識大有過人者，惡臻此乎？
　　　　眞命代之雄才矣！〔註98〕

稍後則有趙琦美，也以博學見稱。錢謙益指出：

　　　　君之於書，又不徒讀誦之而已，皆思落其實而取其材，以見其用於當
　　　　世。諸凡天官、兵法、讖緯、算歷，以至水利之書、火攻之譜、神仙藥物
　　　　之事，叢雜薈蕞，見者頭目眩暈，君獨能闇記而悉數之。官南京都察院炤
　　　　磨，修治公廨，費約而功倍。君曰：「吾取宋人將作營造式也。」陞太常
　　　　寺典簿，轉都察院都事，釐正勾稽，必本舊章。及其丞太僕印烙之事，人
　　　　莫敢欺，君曰：「吾自有相馬經也。」君之能於其官，於所讀之書，未用
　　　　其一二，而世已有知之者。〔註99〕

趙琦美不但博學，且其崇尙實學的特徵已經表露無遺，爲繼黃省曾之後又一個崇尙
實學的藏書家，而此後吳地藏書家之號稱博學者，皆以崇尙實學爲標榜。此外，由
上述也可得知，明代蘇州的藏書家往往善於利用其藏書，如趙琦美之博學，就是因
其藏書之富才有以致之的。

〔註95〕《重修崑山縣志》，卷六，頁457。
〔註96〕《名山藏》，卷缺，〈文苑記〉，頁5402。
〔註97〕明・林之盛，《皇明應諡名臣備考錄》（《明代傳記叢刊》，台北：明文書局，1991 年 1
　　　　月初版），卷一○，〈文章名臣〉，頁538。
〔註98〕《大泌山房集》，卷一一，〈王奉常集序〉，頁9～10。
〔註99〕《牧齋初學集》，卷六六，〈刑部郎中趙君墓表〉，頁738～739。

　　啓、禎之後，吳中藏書家之號稱博學者，有金俊明與顧炎武。金俊明「初以善書著名吳中，兼工詩、古文、詞。」〔註100〕且據《國朝耆獻類徵初編》所載：

　　　　金俊明天性孝友，修行純潔。其學自經史子傳，以至天文、水利諸書，靡不精究。補邑諸生，數舉於鄉不售，益勵清操，多所著述。精書法，畫墨梅及詩歌古文詞，無不臻妙。〔註101〕

所以，金俊明除了學問淵博外，其才藝之多而精，亦足膾炙人口。而顧炎武也以博學著稱，「炎武之學，大抵主於斂華就實。凡國家典制、郡邑掌故、天文儀象、河漕兵農之屬，莫不窮源究委，考正得失。」〔註102〕此外，明末清初的吳縣藏書家范必英也相當博學，「而學求實用，于禮樂政刑、邊防漕輓、屯田兵制、農桑水利之書，無不究其失得，善敗可指數。」〔註103〕總之，啓、禎以後的蘇州藏書家，其博學內容承繼自正德、嘉靖以來吳中文苑的傳統，除通曉典章制度外，推崇實學也是這時藏書家尙博的重點與類型。

　　以上所列明代蘇州以博學見稱的藏書家，可說連綿不絕，雖說綜貫有明一代，實際上卻大多集中於正德、嘉靖以前，此當與前期吳中文人不喜仕進、不尙功名的流風與性格有關。因爲惟有不尙功名，才足以專力博綜；只有摒棄舉業，才能跳脫狹隘的八股制義。誠如明代前期的山人，清望較高，不似正、嘉以後的山人，專以沽名釣譽爲目的，已經失去該有的清高地位。總而言之，博學爲明代蘇州藏書家的特色之一，而藏書家的博學乃建立在其藏書規模之上，所以博學對藏書而言，亦爲鼓勵藏書家廣事蒐求的動力之一。

2. 好　古

　　好古本是吳中文人的習性，由於好古使然，蘇州文人素以蓄藏古書名畫等爲博通古今的表徵；也由於好古，蘇州才有收藏古人智慧載體的崇尙，所以好古的習性，也是吳中藏書家的特色之一。明朝建立伊始，吳地便已瀰漫籠罩在一片好古的時代氛圍之中。錢謙益曾經說過：「自元季迄國初，博雅好古之儒，總萃於中吳。」以故明初蘇州的習俗尙古，而好古的文人更引領此後吳地士人的習俗。如虞子賢身爲明代吳中最早的藏書家族之成員，便以好古爲人激賞，稱讚他「博雅好古，絕出流俗之上」，〔註104〕開明代吳中藏書家好古之習尙。其後葉盛繼之，亦以好古聞名，《皇

〔註100〕《國朝畫識》，卷三，頁454。
〔註101〕《國朝耆獻類徵初編》，卷四七六，〈隱逸十六〉，頁612。
〔註102〕《國朝耆獻類徵初編》，卷四〇〇，〈儒行六〉，頁120～121。
〔註103〕《己未詞科錄》，卷三，頁186。
〔註104〕《常昭合志稿》，卷三二，〈藏書家〉，頁22。

明泳化類編・列傳》載：

> 盛字與中，崑山人。性溫雅，不喜聲色，自幼有大志。嘗思其鄉人有
> 若范文正者（仲淹），奮然尚友之。長耽心古今書史，殆忘寢食，言動一
> 遵古人。〔註105〕

在一片好古的聲浪與環境裡，有些藏書家不但言行舉止效法古人，甚至在日常生活上的行爲，也處處一遵古法。如吳江藏書家史鑑，除了庋藏古籍外，「凡吉凶之事，悉違世俗而行，必倣於古，知禮者取之。」〔註106〕甚至在穿著上，亦「好著古衣冠，曳履揮塵，望之者以爲仙也。」〔註107〕而作詩亦一意仿古，以故朱彝尊說：「西村（史鑑）才名亞於石田（沈周），然以詩論，刻意學古，似當勝沈一籌。」〔註108〕史鑑不但好事，而且可說嗜古到了極點。明代蘇州的好古之風便是在這些前輩的推波助瀾下，沿襲直到明末，一直都瀰漫於吳中文苑裡，甚至影響到文藝創作以及收藏嗜好。如成化、弘治年間，執吳中文苑牛耳的吳寬，其文章道德便有嗜古偏好。「少有文行，十一歲即爲學生，流輩方務舉子業，寬獨博覽群書，爲古文詞，下筆有老成風格。」〔註109〕且「寬少小爲諸生，獨不喜舉業。好爲古文辭，累應舉輒躓，竟以歲資貢入太學，年近四旬，場屋念已衰。」〔註110〕吳寬差一點因爲好古而斷送功名。

> 弘治、正德年間，以好古聞名者爲祝允明，王世貞讚云：「成、弘際，名能復古者，先生蓋先登矣。」〔註111〕至於正德、嘉靖之時，黃省曾承繼吳中先輩之遺風，也成好古之士，主張文學復古。他曾說：

> 念自總髮來，好窺覽古墳，齋心述作之途。緣此道喪絕學，士大夫皆
> 安習庸近，迷沿瞀，襲上者深餒詭，結下者縱發放吐，悲夫！悲夫！不復
> 古文，安復古道哉？〔註112〕

隆、萬之際，周天球亦以古人爲學業與德性的準則。他嘗爲諸生，「不喜治帖括語，治亦不工，顧獨好古文辭。諸同舍少年相與竊笑先生，先生益自喜不顧，以故遊日益困。度終不能委蛇逐時，則謝諸生去，深自閉絕外交，陳百家所論著日夜切劘，

〔註105〕《皇明泳化類編・列傳》，卷五一，頁23。
〔註106〕《匏翁家藏集》，卷七四，〈隱士史明古墓表〉，頁4。
〔註107〕《西園聞見錄》，卷二二，〈畸人〉，頁525。
〔註108〕《靜志居詩話》，卷九，頁735。
〔註109〕《皇明三元考》，卷七，頁266。
〔註110〕《明史竊・列傳》，卷四九，頁623。
〔註111〕《弇州山人續稿碑傳》，卷一四八，〈吳中往哲像贊有序〉，頁685。
〔註112〕《皇明書》，卷三九，〈文學〉，頁2。

求一當古作者。」〔註113〕而約同其時的長洲藏書家張鳳翼,則更是明確地指出自己在收藏上崇古之偏好,他自稱弱冠時即已嗜收古帖法書,只要是古刻舊本,便加以妥善珍藏,如是累積達三十年之久,故所藏古刻本頗豐。

藏書家由於好古崇尚的影響,對於書畫與典籍之僞誤與否,往往決定於最古之作。他們認爲只要愈是近古,則愈不失眞,所以好古習性能夠影響藏書家的收藏風格。且據學者的研究指出,好古之心的確影響收藏內容的偏好甚鉅,據稱:

> 復古之先決條件,爲讀古人之書。唐以前之書,流傳至明代者已不多。
> 時人又不知復古之眞義爲何,遂由復古轉而爲好古,然所謂古者必較罕
> 見,罕見則奇,由好古而好奇,其間僅爲一念之延伸而已。〔註114〕

所以明代藏書家收藏內容的崇尚,源自好古,進而延伸爲好奇。然不論好古或者好奇,皆主導明代蘇州藏書家在圖書徵集方面的偏好。

吳地藏書家好古的心態一直傳承到清初都持續不斷,也一直影響蘇州藏書家的性格,流風所及,甚至全國各地都受到吳地好古之風的感染。例如顧炎武也是好古之士,「生於明末,喜談經世之務,激於時事,慨然以復古爲志。」〔註115〕他便指出:

> 姑蘇人聰慧好古,亦善倣古法爲之書畫之臨摹、鼎彝之治淬,能令眞
> 贗不辨。又善操海內上下進退之權,蘇人以爲雅者,則四方隨而雅之,俗
> 則隨而俗之。其賞識品第本精,故物莫能違。又如齋頭清玩,几案床榻,
> 近皆以紫檀、花梨爲尚,尚古樸不尚雕鏤。即物有雕鏤,亦皆商、周、秦、
> 漢之式,海內僻遠,皆效尤之。〔註116〕

所以好古的習性的確深深影響著明代吳地士人的生活文化,而蘇州的收藏崇尚,不論在那一方面,都對天下同好者有相當的影響力。所以,好古崇尚不但引起蘇州文人的藏書嗜好,並且引領其藏書內容的偏好,進而主導全國的藏書時尚,影響確實不小。

3. 尚　趣

明代吳地文人的另一項性格特徵即爲尚趣,衍生而成爲好事的性格。誠如時人

〔註113〕明・于愼行,《穀城山館全集》(台北:國家圖書館藏明萬曆 35 年周時泰南京刊本),
　　　　卷二七,〈周幼海先生小傳〉,頁32。

〔註114〕林慶彰,《明代考據學研究》(台北:臺灣學生書局,1983 年七月初版),第一章第二節,
　　　　〈明代考據學風之興起〉,頁24。

〔註115〕《己未詞科錄》,卷八,頁484。

〔註116〕清・顧炎武,《肇域志》(台北:國家圖書館藏清同治間鈔本),〈江南八・蘇州府〉,頁
　　　　19。

所云：「古人有篤嗜者必有深癖，有深癖者必有至性」，〔註117〕說明了此地文人之所以如此好事的原因。袁宏道（1568～1610）嘗敘古人之好事云：

> 嵇康（223～262）之鍛也，武子（王濟，晉時人）之馬也，陸羽（733
> ～804）之茶也，米顛（芾，1051～1107）之石也，倪雲林（瓚，1301～
> 1374）之潔也，皆以僻而寄其磊傀俊逸之氣者也。余觀世上語言無味，面
> 目可憎之人，皆無癖之人耳。若真有癖，將沈湎酣溺，性命死生以之，何
> 暇及錢奴宦賈之事。古之負花癖者，聞人譚一異花，雖深谷峻嶺，不憚蹶
> 躄而從之。至于濃寒盛暑，皮膚皴鱗，汗垢如泥，皆所不知。一花將萼，
> 則移枕攜榻，睡臥其下，以觀花之由微至盛，至落，至于萎地而後去。或
> 千株萬本以窮其變，或單枝數房以極其趣，或臭葉而知花之大小，或見根
> 而辨色之紅白，是之謂真愛花，是之謂真好事也。若夫石公之養花，聊以
> 破閒居孤寂之苦，非真能好之也。夫使其真好之，已為桃花洞口人矣，尚
> 復為人間塵土之官哉？〔註118〕

袁宏道所言，道盡了明人好事性格的神髓，蓋時人深信尚趣之人必不庸俗，至性之人必因其癖好而顯得好事，而能夠具備好事性格者才真正是親近古人，也才能真正擺脫世間追逐利祿的萬般俗態，完全投身於癖嗜的精神世界，讓心靈得到無比的快樂與滌淨。當時抱持這種觀點者，當以吳地文人為甚。如陸容以崇尚乖怪掌故與稗官野聞見稱，然《罪惟錄‧列傳》卻批評他的怪癖云：

> 文量（陸容）得力在讀書，卻讀書有別解。志□□（史料缺），採華
> 豔，慕險怪，侈博該，尚荒忽，五者皆自以為屈首翰帙，每至窮老而不適
> 於用。〔註119〕

陸容的癖嗜雖至老並不能帶給他多大的好處，然陸容之篤於其癖，臨終不變，顯示其至情至性的一面。又如陸完雖然官聲不為人所稱，但其藏書之名則為人津津樂道，人稱其好集法書名畫之類，故功名雖不得善終，卻尚為後進喜事者所稱美，所以吳中文苑之尚趣精神，於此可見一斑。明人蔡羽也曾經說過這麼一段話：

> 士無志趣，惕之高墉，不足為；棄之草莾，不足處。故留或投膠去有
> 不稅冕，在各得其趣而已。〔註120〕

〔註117〕《國朝耆獻類徵初編》，卷四七三，〈隱逸十三〉，頁304。

〔註118〕明‧袁宏道，《袁中郎全集》（台北：偉文圖書出版社，1976年9月版，據國家圖書館
　　　　藏本影印），卷一五，〈好事〉，頁728～730。

〔註119〕《罪惟錄‧列傳》，卷一三上，〈諫議諸臣列傳〉，頁108。

〔註120〕《鹿裘石室集》，卷一七，〈送遊五嶽序〉，頁2。

可見到了明朝中葉，吳人就已經肯定真趣乃君子所不可或缺的至性表現。孫七政亦為尚趣之人，據王世貞指稱：

> 齊之（孫七政）非今世士，其人則大庭赫胥之遺，而所著詩在輞川（王維，1213～1153）、鹿門（米芾）伯仲間。有茶癖，又有潔癖，頗類倪元鎮（瓚）。〔註121〕

孫七政癖好之多，一法古人，頗為吳中後輩稱羨。而楊舫除了嗜好藏書以外，也喜歡奇品異物，《常熟縣志》載：

> 莒小吏尉玉家有白騾，莒去青州府三百里而遙，騾一日能往返，舫重價取歸，死廄下。〔註122〕

當時文人的癖好雖多，卻有分等第高下，如《繪林題識》載：

> 周逸之（履靖，1542～1632）有梅癖，有傳癖，有山水癖，有書畫癖，又有金石癖。癖何多也，雖然不寧，愈于馬癖、錢癖者乎。〔註123〕

蓋明人認為嗜癖乃古意的表徵，必須脫俗，即使行徑怪異亦不為人所非，但只要涉及聲色犬馬與利祿之事，便是低下俗氣，令人不齒。如周履靖為多癖之文人，書畫癖自然遠在錢馬癖之上，為士人所推崇。而癖好之延伸則為好事，尤其多癖之人，往往更加顯現其好事的性格，成為吳中文人尚趣精神的表徵。當時不論在文人圈裡，甚至是官場上，蘇州文人的尚趣性格無處不在，充斥於生活之中。如吳寬便曾將吳地文人喜好的文會過從方式完整的帶至京師，而文會社集在當時也是一種好事的表現，據《西園聞見錄》載：

> 吳文定寬在翰林日，於所居之東治園亭，雜蒔花木，退朝執一卷，日哦其中。每良辰佳節，為具召客，分題聯句為樂，若不知有官。〔註124〕

在野之人尚趣，在朝之人也尚趣，所以明代的吳中文苑，可以說是在上下一片好事的時尚底下，文人們各自篤守自己的癖好，進而營造出一個時代與區域的文化特徵。

蘇州文人所崇尚之「趣」，乃指生活以及文藝學術上的清趣。「所謂『趣』事，大都來自於『意料之外』。」〔註125〕表現在藏書上，則以獲得奇書祕本為生活趣味之最。「在一時風會之下，大家競相追求古玩，都云賞鑑，實只好事。」〔註126〕尚

〔註121〕明‧姚宗儀，《常熟縣志》，卷一五，頁3下。
〔註122〕明‧姚宗儀，《常熟縣志》，卷一五，頁14下。
〔註123〕《繪林題識》，〈孫漢陽克弘〉，頁313。
〔註124〕《西園聞見錄》，卷二○，〈恬退〉，頁360。
〔註125〕邵曼珣，〈明代中期蘇州文人尚趣之研究〉，頁195。
〔註126〕《晚明小品與明季文人生活》，頁75。

趣精神起自明中葉，藏書家崇尚奇秘之風也開始盛行於吳中。當時藏書活動已成為吳地文人居家生活文化之一環，亦往往與園林之趣合而為一。如明中期的藏書家柳僉，他的藏書生活則是融合在居家園林的樂趣當中。我們可以從他的詩中看出他的生活趣味，詩云：

> 鈔書與讀書，日日愛樓居；窗下滿地水，萍間卻餌魚。時名隨巧拙，
> 天道已盈虛；莫信村居好，山居樂有餘。〔註127〕

雖然說具有多種趣尚為明代吳中藏書家的性格之一，然而到了中後期，藏書家則大多專嗜於書籍。例如劉鳳自稱所遇必錄，「性所嗜書，書何嗜？而使余不覺老焉。」〔註128〕劉鳳之癖，已經全然專注於藏書活動。又如張鳳翼，更是全心全意於古帖的收藏與整補，而無暇分力於其他的癖好之上。他曾經說：

> 予留心古帖，久之成癖。雖不敢上方杜預（222～284）之左氏癖，然
> 於王濟之馬癖，和嶠之錢癖似亦有間。《淳化帖》中，若嘉興、委曲等字
> 不能無訛，予故因舊本先後摹寫，而中有可疑者，復貸他本正之，經歲歷
> 月始得成帙，聊以寄予之癖云爾。〔註129〕

明代吳地文人之篤於癖嗜，較之他郡，實有過之而無不及者。即便是對嗜好的選擇，也較他人清高脫俗，往往是因慕其清趣而嗜之，絕非為其利益而生癖。如海寧之許相卿（1479～1557），藏書乃是為了求取功名，不似吳地藏書家之僅因好事、尚趣而聚書。他「三上春官不第，聚書萬卷，讀于靈泉山中，十年乃舉進士，正德末授兵科給事中。」〔註130〕較之吳地藏書家的藏書動機，許相卿之功利取向意味濃厚，即便他終能如願以償，高舉科名，但這樣的藏書動機，與吳中藏書家相比，確實讓人感到俗不可耐。

今人研究指出：「明末清初，在經濟上，蘇州居江南區域的中心地位，在社會上，蘇州也具備有中心城市的功能，深深牽引著周圍地域的風俗習氣。」〔註131〕蘇州這股逐日漸興的文人藏書趣尚，不但已經成為一種地方文化與特色，並且感染整個江南地區的文士。例如秀水沈德符（1578～1642）與華亭董其昌，他們到了吳門，也喜好書畫品題的文會趣尚。沈德符云：

> 董太史玄宰（其昌，1556～1637），初以外轉。予告歸至吳門，移其

〔註127〕《士禮居藏書題跋記》，卷四，〈錄異記八卷〉，頁168。
〔註128〕《劉侍御集》，卷一五，〈樅廡記〉，頁16。
〔註129〕《處實堂集》，卷七，〈跋手摹淳化帖〉，頁51。
〔註130〕《名山藏》，卷缺，〈高道記〉，頁5759。
〔註131〕王淑芬，〈明末清初蘇州城經濟與社會結構初探〉（《思與言》，第三三卷第一期，1995年3月），頁57。

書畫船至虎丘，與韓冑君古洲，各出所攜相角。……披閱竟日，眞不減武

庫。〔註132〕

吳地士大夫一向喜好以書畫與典籍相互標榜與誇示，董、沈二人雖非吳人，至吳亦染吳習，所以吳地鑒藏書畫風氣之感染力，於此可知。

　　一般人具有癖好者甚眾，然能篤守與堅持者則不多。據《少室山房筆叢》載：「物常聚於所好，而常得於有力之彊。有力而不好，好之而無力，雖近且易，有不能致之。」〔註133〕此處所言之「好」，乃嗜好之意，「力」則指種種外在的物質條件，如經濟能力、知識教育、健康狀況與環境因素等。藏書亦然，今且不論其他條件的配合，藏書一般要有嗜好以及財力的支持才可爲之，若無財力，最起碼也要有牢不可破的興趣與嗜好，才能從事藏書活動。明代吳中文士對於藏書癖好的秉性堅定，「由於士人好奇，加以江南經濟之富庶，藏書之風甚熾。」〔註134〕的確，明代蘇州文人相當尚趣，他們在生活上也都以文學、飲茶、治園，以及典籍與書畫古玩的賞鑒等方面展現出來，加上崇尚博學的性格，以讀書爲生活中尚趣的體現之一，所以「蘇人是爲讀書而讀書，所讀內容廣泛博雜，有時文人也藉抄錄、校對的工作，來體悟其中之趣味所在。」〔註135〕總而言之，明代蘇州藏書家之篤好藏書生活，其緣起實與當地文人尚趣的性格具有因果關係。

　　綜合以上所論，明代蘇州之所以能夠成爲全國私家藏書的中心，可從學術與地域環境的感染力、明代政府的提倡、城市經濟的富裕，以及明代蘇州文人的風尚與特質等四個方面去分析而獲得理解。今加以歸納整理，其歷史動因約略有以下數點：一是明初太祖與成祖採取的一系列政策，促進了文化藝術的發展；一是城市經濟的興盛，對外貿易的發達；一是各類著作的大量出現；一是印刷術的不斷改進與提升；一是書坊的盛行；一是士紳較爲富有，具備購書的財力；一是蘇州歷來爲人文薈萃之地，居民多愛讀書也多識書。此外，文人的尚趣與好古之地域風氣，天然和人文環境的影響，以及收藏書籍爲士人普遍的習性等因素，也都是導致明代蘇州私人藏書事業蓬勃發展的主要歷史動因。

第二節　藏書生活的窺探

〔註132〕明・沈德符，《萬曆野獲編》（北京：中華書局，1997 年 11 月第一版第三刷），卷二六，〈假骨董〉，頁 655。
〔註133〕《少室山房筆叢》，卷四，〈甲部・經籍會通四〉，頁 67。
〔註134〕《明代考據學研究》，第一章第二節，〈明代考據學風之興起〉，頁 26。
〔註135〕邵曼珣，〈明代中期蘇州文人尚趣之研究〉，頁 193。

一、藏書生活的動機

1. 相互誇示的時代崇尚

明代吳地的士人好以藏書相互誇尚，尤其在文人集團的架構之下，藏書眾多可為博學的象徵，亦足以提高自己在文人圈中的地位，如錢謙益以「絳雲樓」著名吳中，而當時常熟藏書的風氣知名海內者，除了「絳雲樓」外，還有錢曾的「述古堂」與毛晉的「汲古閣」，諸家藏書之富，皆不亞於內府，全是吳人心目中崇慕的對象。然錢謙益心裡頗為輕視錢曾與毛晉兩家藏書，他曾說：「辛丑（順治十八年，1661）暮春，過遵王（錢曾）『述古堂』觀所藏宋刻書，縹青朱介，裝潢精緻，殆可當我『絳雲樓』之什三」。又說：「吳兒窮眼，登『汲古閣』相顧愕眙，如入群玉之府。今得睹『述古堂』藏書，又復如何？」〔註136〕當時，「述古堂」與「汲古閣」在吳人心目中已經比於內府，時人羨慕至極；而錢曾與毛晉在吳中文苑裡也都以博學見稱，地位與知名度都很高。然而錢謙益卻不屑彼等浪得虛名，認為「述古堂」之藏，不過「絳雲樓」的十分之三，而毛晉的「汲古閣」則又更不如錢曾的「述古堂」。他於「絳雲樓」遭火災之後，雖然心痛與無奈交攻，卻仍然自負的表示：「嗚呼！甲申之亂，古今書史圖籍一大劫也。庚寅之火，江左書史圖籍一小劫也。今吳中一二藏書家，零星捃拾，不足當吾家一毛片羽。」〔註137〕這樣「簡直有視同時代的藏書家如無物之意。」〔註138〕所以，吳地的文人到了明朝末年的時候，以藏書相誇尚已成定俗，利用藏書清名而求取更崇高的社會與學術地位是一般藏書家收藏的目的之一。此風不獨常熟，整個蘇州「該時期官僚士大夫階層，普遍喜好藏書，以示風雅。」〔註139〕總的來說，「明代文人都喜歡藏書，並以此為資本炫耀於同志間。」〔註140〕士人既以藏書相尚，升斗小民，自然更是趨之若鶩，莫不以家藏圖籍與書畫為清雅高貴，尤其是那些隨著商品經濟發展而致富的商人，更是藉由藏書與文人親近，提高自家的社會形象與階級。今人研究指出：

> 這些富商大賈及具有消費能力的市井小民，企圖藉由擁有（購買）文藝作品來達到提昇自我地位的目的，並想由此獲得來自他人的尊重與注目，亦即代表社會地位的聲名。奢靡侈大的本質，在文藝消費行為上，則

〔註136〕《牧齋有學集》，卷四六，〈述古堂宋刻書跋〉，頁449。

〔註137〕《牧齋有學集》，卷四六，〈書舊藏宋雕兩漢書後〉，頁1529。

〔註138〕羅炳綿，〈清初錢毛諸藏書家與學風考〉，收入陶希聖，《清代學術論集》（台北：食貨出版社，1978年4月初版），頁267。

〔註139〕袁逸，〈明後期我國私人刻書業資本主義因素的活躍與表現〉，頁125。

〔註140〕陳力，《中國圖書史》（台北：文津出版社，1996年4月初版），頁271。

突顯了另一個功用。藉由奢靡侈大來滿足個人誇耀的心態，因在同儕之間
誇耀的成份遠大於對文藝作品的欣賞，導致文藝消費以量多、幅大取勝。
文藝作品成了世人博取聲名的一種工具，一種媒介。當時文藝社會充斥的
「耳食者」、「好事者」，即是持此心態而購置文藝作品的。〔註141〕
由於受到社會虛榮風氣的影響，世人相當重名好響，其表現在收藏方面，只要財力
允許，收藏異書秘本在社會上人人爭先恐後，附庸風雅已經蔚為潮流。其「家中緗
帙簇簇，是用來誇耀巨富的，書籍在世人眼中只不過是名與利的化身。連士大夫之
間，也要假藉藏蓄異本來博取高人一等的聲名。」〔註142〕所以，在種種社會以及文
化因素的交互影響之下，以藏書相互誇尚的風氣在明代的蘇州，已經是一個時代的
面向，以及一個地區的文化特徵。

　　其實，明代吳中文人以藏書相誇尚的風氣其來有自，當與藏書界崇尚宋、元
版刻的風氣有關，並且是早在錢謙益之前即已如此。「自明中葉以來，宋版受到重
視，藏書家蒐獲一部希珍的宋版，必寶若拱璧，或要親朋，共同析賞。」〔註143〕
當時士人之好奇者皆以奇書祕冊相尚，「而考據家循此好奇好異之風而下，必至窮
搜緯秘，考奇事、考僻典之事，遂層出不窮矣。」〔註144〕這樣的一股熱潮，雖然
鼓吹藏書風氣更加風行，但是卻也使得蘇州成為贋品的集中市場。明人沈德符便
曾經說道：「骨董自來多贋，而吳中尤甚，文士皆藉以餬口。」〔註145〕明代中葉
以降，蘇州籠罩在當時不論士庶一味崇古好奇的氛圍中，古籍作偽的情況相當嚴
重。今人研究指出：

　　　　由於世俗人不知實本而蔽於名聲，遂使得文藝市場的作偽風氣大行。
　　偽造古籍、古書畫、古器物，文學作品也假託名家之手，而且偽造技術之
　　精，難以識辨。這種作偽的現象，乃緣於俗人重聲名之弊；而世人重虛名
　　的風氣，與商人追慕風雅亦有關係。〔註146〕

贋品的產生，代表著書籍市場因消費需要過多而供不應求。明代蘇州因為整體的文
化水準較高，好古與復古的呼聲亦充斥盛行，以致收藏家皆以能夠獲得古物之真品

〔註141〕林宜蓉，〈晚明文藝社會「山人崇拜」之研究〉（《國立臺灣師範大學國文研究所集刊》，
　　　　第三九號，1995年6月），頁662。
〔註142〕林宜蓉，〈晚明文藝社會「山人崇拜」之研究〉，頁663。
〔註143〕昌彼得，〈如何鑒別宋版（下）〉（《故宮文物月刊》，第九卷第八期，1991年11月），頁
　　　　89。
〔註144〕《明代考據學研究》，第一章第二節，〈明代考據學風之興起〉，頁25。
〔註145〕《萬曆野獲編》，卷二六，〈玩具・假骨董〉，頁655。
〔註146〕邵曼珣，〈明代中期蘇州文人尚趣之研究〉，頁186。

而額手稱慶，互示誇耀。但事實上，市場上並沒有那麼多的眞品能夠滿足消費者的需求，因此，在社會上普遍以藏書相誇尙的情形下，一般消費者只好購買贋品來迎合潮流，暫時滿足自己的虛榮心態，然而這樣卻也讓吳地文物市場的作僞之風起了推波助瀾的作用，「所以吳地的贋品製作在儒生和收藏家相互需求的刺激下，在明代已蔚爲成風。」〔註147〕所以，古書既爲文物，自然也是如此。

　　既然生在一個以藏書相誇尙的時代背景裡頭，藏書家們很容易就犯一些毛病。明末謝肇淛（1567～1624）指出：

　　　　其一浮慕時名，徒爲架上觀美，牙籤錦軸，裝潢衒曜，驪牝之外，一
　　　　切不知，謂之無書可也。其一廣收遠括，畢盡心力，但圖多蓄，不事討論，
　　　　徒涴灰塵，半束高閣，謂之書肆可也。〔註148〕

其實若藏書僅爲博取虛名，則書籍與一般藝術品無異，不能發揮其傳播人類智慧、知識與經驗的功能，對於學術發展的幫助不大。雖說藏書風氣到了明代中後期已是瀰漫天下，甚至達官貴人也都以藏書眾多來延攬時譽，不過其輩所爲多爲好名重祿之舉，並非眞正爲藏書而藏書。對此情形，明人胡應麟便曾批評地說：

　　　　今宦塗率以書爲贄，惟上之人好焉。則諸經史類書，卷帙叢重者，不
　　　　逾時集矣。朝貴達官，多有數萬以上者，往往猥複相採，芟之不能萬餘。
　　　　精綾錦標，連窗委棟，朝夕以享群鼠。而異書祕本，百無二三，蓋殘編短
　　　　帙，筐篚所遺，羌雁弗列，位高貴冗者，又無暇綴拾之。名常有餘，而實
　　　　遠不副也。〔註149〕

胡氏所言，乃針對那些藏書數萬卻不加整飭與利用的達官貴人，他們即使號稱連棟，卻多爲俗書與複本，徒增架上美觀以博取虛名而已。但這一點卻也反映出藏書在時代中流行的盛況，居上位之人況且如此，則上行下效，市井之人亦莫不以藏書爲高，以藏書眾多相互媲美，其風可想而知。然藏書之家若僅爲釣取名聲而從事收藏，卻不知利用與愛護，也會遭到抨擊。時人云：

　　　　蓋藏而弗守，與不藏同；守而弗讀，與不守同。相傳藏書之家，有祖
　　　　父所收之帙，子孫未及一開者。故櫥匱雖盈，而浮游不根，無一言能及於
　　　　古今。〔註150〕

〔註147〕 許周鶼，〈論明清吳地儒士的商業意識〉〈《蘇州大學學報》哲學社會科學版，1997年第
　　　　 二期，1997年2月），頁122。
〔註148〕 《五雜俎》，卷一三，〈事部一〉，頁1083～1084。
〔註149〕 《少室山房筆叢》，卷四，〈甲部‧經籍會通四〉，頁54。
〔註150〕 《國朝文會》，〈春草園記〉，頁51。

藏書徒好聲名，若操之過急，不但容易流於空蕩不學，也會腐化藏書品質。關於這點，明末學者已經有所自覺。謝肇淛便曾經說道：

> 常有人家緗帙簇簇，自詫巨富者。余托志尹物色之，輒曰無有，眾咸訝之。及再覈視，其尋常經史之外，不過坊間俗板、濫惡文集耳；龜羹鴟炙，一紙不可得也。謂之無有，不亦宜乎？〔註151〕

藏書家若僅爲了博取虛名而藏書，有識之士咸認爲不如不藏。不過，就明代蘇州士人身處以藏書相誇的時代地域風氣裡頭來看，此風對於該地的私人藏書時尚卻鼓勵甚大，並進而創造出蘇州的時代地域文化。而且此風對於當時蘇州的圖書出版事業，也注入一股新的動力，帶動整個書籍相關產業的高度運轉，所以仍然有其正面的社會與文化價值。

2. 家風流傳的世學之功

藏書家往往也以家庭藏書事業爲祖德流芳的一種表現，藉此冀望後世子孫能夠受其藏書之惠，這種想法在明代尤其爲人們所接受。明人認爲：

> 所藏惟書，子孫守焉。無祖稅，無科需，而學之成也，又足以應上之求，贊時之治。是吾之不念子孫立產業，乃所以深念夫子孫者。嗟夫！山之爲石者，有銀之礦而綠生焉，有鐵之礦而朱生焉。然則家之有書，而後嗣之能學，亦理之自然也。若夫有書而力於學者，人也；學之成而祿不及者，天也；爲子孫者，又當盡乎人而聽乎天可也。〔註152〕

又說：

> 予平生有錢須是買書，不買他物，蓋無嗜好故也。人家留得讀書、爲善二種子在，則門祚不患不光大。今人只要了己身目前之計，好聚財，好肥田大宅，便自以爲子孫久遠之計，此計之短也。〔註153〕

明人本來就有遺留圖書給子孫的觀念，尤其是蘇州，舊有「藏書勝藏金」之說，以故人人好以藏書爲傳家之業，蔚成風氣，藉此提升自家的文化與教育事業。明時吳地藏書家爲了子孫而從事藏書者，頗不乏其人。如明初陳芳，爲常熟知名的藏書家，藏書歷其子陳璇、孫陳稷三世。至其曾孫陳察尚謂：「某自童丱，讀祖父遺書，即思所以顯揚光大之。」〔註154〕子孫思念父祖藏書之業，意欲光大之，蓋明代吳中藏書對家族所建立的藏書傳統，早在明初即有，且爲子孫奉行不悖，所以吳中藏書家族

〔註151〕《五雜俎》，卷一三，〈事部一〉，頁1098。
〔註152〕《西園聞見錄》，卷八，〈好學〉，頁672。
〔註153〕《西園聞見錄》，卷八，〈好學〉，頁682。
〔註154〕《楓山章先生集》，卷六，〈陳府君繼芳墓表〉，頁201。

才會有如葉氏「菉竹堂」幾與明祚相埒的藏書傳承。甚至葉盛的曾孫葉良才，更是以守藏家中先世書籍爲己任，即便於彌留之際，仍以無法發揚葉氏藏書爲愧恨。到了明代中期，陸容也以藏書教育子弟之功，爲世人所稱道。如祝允明便曾讚美說：

> 式齋先生（陸容）之書，躬積而躬發之，其德學才識所立已如是，是將雖不迨臯稷，而當其徒矣。至是以教安甫，安甫用以進取德學才識，與先生惟肖。異時所立，當躡武繼響，是積書之徵，行之校著也。〔註155〕

陸安甫爲陸容子，後舉鄉貢進士，蓋藏書家以藏書流傳子孫之功勞，於此爲最明顯者。沈周子沈雲鴻也承繼父祖之藏書遺風，認爲以藏書遺留子孫更勝於金玉。他的道理是後人視書非貨財，必不易散去；而子孫萬一能讀，則他之所遺便是深厚。他並且希望子孫們能夠更加擴充其家藏書規模，所以將藏書樓起名叫做「保堂」。觀此，則明代吳中藏書家之深謀遠慮，認定藏書之利勝於錢財，確實很有道理。蓋金銀有用罄之時，而藏書之利無窮。即便子孫不肖，也可供變賣度日；然若有子孫能讀，則其家業又再興旺，故書籍不啻爲傳家至寶。此外，藏書家庭裡自當充滿書香氣氛，如王錫爵之妻朱氏（1533～1598），「性資朗徹，少好書史。常籌燈夜讀，或後公（王錫爵）就寢。古今正史若《通鑑綱目》諸書，覽閱幾遍，時考其同異得失，以問太史（王錫爵子王衡），太史無能難也。」〔註156〕父、母親與兒子，三人皆有學識，家庭之內互相答問，的確過著一種很有氣質與品味的書卷生活。

到了明末，吳中藏書家仍然認爲遺留書籍給後世子孫的意義深遠。例如毛晉身後，子孫不能讀其書，家財亦漸空。然而「他的豐富藏書和書板，是一筆巨額財富，與土地和藏金一樣，作爲遺產傳給了子孫。後來他的子孫就正是靠出賣藏書和書板生活。」〔註157〕藏書遇子孫不肖，尚能藉以度日，然而吳地藏書家也深深知道，一旦藏書步入此運，則敗家之日已在目前，所以藏書家們都不希望子孫有如此行爲。如葉樹蓮「有三子，時誠之曰：『若等無務進取，但能守我書讀之，足矣。』」〔註158〕此外，藏書家對於費盡一生辛苦而得來的書籍因爲特別具有感情，也不願看到它們因爲散亡而遭到破壞毀損，所以一旦傳給子孫，當然希望子孫能善加守護。簡言之，「他們的目的除了有些是把古書當作藝術品、古董來欣賞之外，最主要的還是希望自己的後代子孫能善加利用，以增長他們的學

〔註155〕《祝氏詩文集》，卷二七，〈甘泉陸氏藏書目錄序〉，頁 1666。
〔註156〕《穀城山館全集》，卷二七，〈一品朱夫人傳〉，頁 43。
〔註157〕方行，〈明清出版業的資本主義萌芽淺談〉，收入平准學刊編輯委員會編，《平准學刊—中國社會經濟史研究論集》總第一輯（北京：中國商業出版社，1985 年 10 月第一版），頁 160。
〔註158〕《國朝耆獻類徵初編》，卷四七○，〈隱逸十〉，頁 577。

識。」〔註159〕

3. 避世退引的高尚志節

　　明代蘇州的藏書家雖然多半爲官宦或富商，然而其中具有避世退隱之念者卻比比皆是。一般人因此而不願出仕，在位者也往往藉由這個想法於宦海沉浮之中自我安慰。避世退隱之志，可說是明代吳中文苑的藏書家內心標榜的另一種平凡的人生態度。誠如《吳縣志》所載：「吳賢修品立身潔，而恬於仕進，人可望而不可攀也。」〔註160〕顯示出明代吳地崇尙隱逸之風甚熾，而這股風氣又與吳地向來所謂重視高士、處士、隱士與山人之流的地域習俗有關。據說：「吳自泰伯讓王，季子（札）辭爵，厥後角里興歌於摯秀，披裘高盼於遺金，世多隱君子云。」〔註161〕前賢之流風餘韻，膾炙人口，往往爲後世的吳中文人稱羨不已。又明代「吳中前輩，沿習元末國初風尙，枕藉詩書，以噉名干謁爲恥。」〔註162〕流風所及，吳中文人皆以隱居讀書、遯跡山林者爲一種最爲清高的形象。《啓禎野乘》載：

> 吳門自文（徵明）、沈（石田）、唐（寅）、祝（允明）後，風流不絕。近以布衣雄視藝苑者，王山人百穀（穉登）與凡夫（趙宦光）最著。百穀以才，凡夫以學；百穀以清詞麗句，凡夫以古文奇字；百穀之文采風流，凡夫之清妙高峙，皆待詔（文徵明）、京兆（祝允明）、石田（沈周）、子畏（唐寅）一流人也。〔註163〕

明代吳地文人尙隱的性格，一脈相衍，蔚爲吳中文苑之特色。而吳地崇好隱士的習性於史料中又隨處可見，例如：

> 昔在正、嘉間，王子履吉（寵）名籍甚，海內知有王履吉者。履吉詩篇清嬌，書法遒逸；其伯氏履約（王守）默然藏名，人若不知履約有兄者。……或曰履約通顯，位御史大夫；而履吉槁死牖下，今稱履約詩，豈以貴賤低昂哉？噫嘻！二子之優劣，余不敢知，今其詩在也。〔註164〕

蓋吳人認爲成就不在個人之宦業通顯與否，反倒是一些仕蹟不顯者，往往清名越高，聲望益著。如上述之王寵，「初與其兄履約並有時名，其後履約舉進士，官至都御史。而寵每試輒斥，年四十終，然世之知履約者，不如其知寵也。」〔註165〕

〔註159〕周克治，〈古書風貌〉（《故宮文物月刊》，第十卷第九期，1992年12月），頁16。
〔註160〕《崇禎·吳縣志》，卷四七，頁1上。
〔註161〕《皇甫司勳集》，卷五一，〈錢居士傳〉，頁7～8。
〔註162〕《列朝詩集小傳》，〈丙集·黃舉人省曾〉，頁321。
〔註163〕《啓禎野乘》，卷一四，〈趙隱君傳〉，頁517～518。
〔註164〕《天遠樓集》，卷九，〈石湖集序〉，頁19～20。
〔註165〕《名山藏》，卷缺，〈高道記〉，頁5755。

藏書家也多沾染此習，往往標榜自身之隱居不出而藏書明志，對於隱士之流，也相當敬重。如明初虞堪之隱居行義而不樂仕進，且「雅重先世手澤，聞有雍公（俞允文，封雍國公）遺文，雖千里外，必購得之乃已。」〔註166〕杜瓊也尚隱，朝廷「每求賢詔下，有司輒以瓊應，皆辭不就。雖介特有守，而不為過矯之行。所居在城西，有隱居之趣，其東有原，學者稱東原先生。」〔註167〕杜瓊喜好藏書生活，不喜出仕，而他所建立的高隱典範，也一直為後世稱頌不已。又如葉盛宦業高舉，嘗因仰慕虞湜家藏書之名而造訪，當時葉盛為朝中大官，而虞湜僅布衣隱士，葉盛對虞湜卻禮敬有加，立下吳地崇尚高隱的風範，為後世所嚮往而稱美。朱存理便曾讚嘆地說：

> 葉文莊公（盛）時與進士鄭公，詣翁（虞湜）床下。時翁方病不能起，
> 公一大臣，其待鄉老如此。〔註168〕

吳寬也非常崇禮高士，並且可說是明代蘇州藏書家之中最為敬重隱士者。他在高隱之前，可是一點官架子也沒有。例如當時吳江有隱士史鑑，其人深藏不出卻名震江浙，當時即便是郡縣大夫，皆不敢稍加怠慢。而位高權重的吳寬，亦慕其名而禮下之，且取以為友。吳寬非常仰慕鄉賢之遺風，即使貴為朝士，對於吳地的高隱，亦持身禮敬而念念不忘，甚至以他人不知敬重高士而恥之。《明名臣言行錄》載：

> 公（吳寬）為少宰時，蘇郡守到京朝覲，往見公。公首問太守曰：「沈
> 石田（周）先生，近來如何？」太守茫無以對。公大不悅，曰：「太守一
> 郡之主，郡中有賢者尚不能知，餘何足問？」〔註169〕

吳寬雖居高位，卻對自己的功名利祿相當漠視，「於權勢榮利，則退避如畏。又篤厚倫誼，未第時嘗讓貢於其友。」〔註170〕由於沾染家鄉向隱的行事風格，對於官位，他經常抱持退讓的態度。《國朝列卿紀》載：

> 公（吳寬）掌府事時，篁墩程學士敏政，以策免，起復。故事起復，
> 官前所歷、俸不入考。公曰：「少詹學士職與我同，彼則先官。」即日上
> 書請以印讓。上有旨，命公仍掌之，士益多公。〔註171〕

吳寬的輕忽仕宦之心，再度樹立起吳中先輩的風範。約同其時的沈周，更是不尚虛

〔註166〕《正德・姑蘇志》，卷五四，頁34下。

〔註167〕《明分省人物考》，卷二四，〈南直隸蘇州府七〉，頁258。

〔註168〕《樓居雜著》，〈記虞氏書冊〉，頁10。

〔註169〕《明名臣言行錄》，卷三五，頁650。

〔註170〕明・耿定向，《先進遺風》（《明代傳記叢刊》，台北：明文書局，1991年1月初版），頁540。

〔註171〕《國朝列卿紀》，卷一六，〈詹事府詹事行實〉，頁156。

名，「景泰中，郡守以賢良應詔，辭不赴。」〔註172〕沈氏累代隱居藏書，蔚成家法。
吳寬說：

> 沈氏自徵士（周之祖沈澄）以高潔自持，不樂仕進，子孫以爲家法。
> 遂使處士（周之父沈恒）之人心及於一鄉，況又掩於文藝之美，人不盡知
> 之乎！〔註173〕

當時常常有人勸沈周出來做官，他則屢次告訴他人說：「若不知母氏以周爲命乎！獨
奈何邀尺寸之榮去離膝下也。」〔註174〕他的隱逸完全出於眞心所爲，並非沽名釣譽。
不過，沈周雖爲隱士，私下仍然相當關心社稷與百姓之事。文徵明曾說：「先生（沈
周）每聞時政得失，輒憂喜形於色，以是知先生非終於忘世者。」〔註175〕雖然如此，
他的不忘世情乃是出於一種關懷世間萬物的大愛心境，絕非表裡不一之人。值得注
意的是，明代前期吳中的隱士，於日常生活中不似魏、晉隱士好爲光怪放誕之行，
也不是明末山人以博取時名爲目的之隱。

　　沈周之後的楊循吉，雖入朝爲仕，然性不喜爲官，這可由其在任時的行爲得到
印證。《靜志居詩話》載：

> 君謙（楊循吉）官儀曹，人目爲顚主事，每稱病不出，長官厭之。人
> 或勸之歸，賦詩云：「鄙人自從三月來，腹心久已病癥瘕。晨興至午尚不
> 食，夜枕呻吟睡尤寡。有人謂我病如此，何不抽身向林野。一聞此言即再
> 拜，誰有愛人如此者。久知山水淡有味，漸覺功名輕可舍。乘今秋事天漸
> 涼，定買扁舟向南下。」遂疏請致仕。〔註176〕

楊循吉之後又有袁翼，也喜好以隱居爲樂，雖亦曾入朝爲官，卻不以在位爲意，反
而一心嚮往藏書與園林生活。他「初未嘗以功名爲意，或勸之，則曰：『吾性不耐事，
慵惰成習，今仕途以禮法羈人，視吾狂易，果堪爲世用耶？』」〔註177〕他如此自詡，
不過是憧憬隱居生活的閒情逸樂而已，而其隱居也正是爲了成全他的藏書與種菊癖
嗜，他說：

> 吾于是萬事可捐，惟積書、藝菊，不能忘情。或時膳饔不繼，回視所
> 有，欣然自樂，不復知吾貧也。〔註178〕

〔註172〕《靜志居詩話》，卷九，頁733。
〔註173〕《匏翁家藏集》，卷七〇，〈隆池阡表〉，頁13。
〔註174〕《西園聞見錄》，卷一，〈孝順前〉，頁111。
〔註175〕《甫田集》，卷二五，〈沈先生行狀〉，頁16。
〔註176〕《靜志居詩話》，卷八，頁719～720。
〔註177〕《甫田集》，卷三二，〈袁飛卿墓志銘〉，頁3～4。
〔註178〕《西園聞見錄》，卷二二，〈畸人〉，頁518。

又說：

> 昔陶靖節（淵明）採菊東籬，悠然有會，由其言曰：「奇文共欣賞」。
> 以淵明之高，塵視一世，而猶復云云者，直欲寄其所志焉耳。余之所癖，
> 殆是類也。〔註179〕

袁翼眞不愧是純粹爲藏書而隱居明志的吳中高士，其視宦位如糞土，卻獨鍾情於隱居生活，復以藏書、藝菊與文會社集爲人生最樂，至情至性，人盡高之，爲明朝中葉吳地藏書家的又一風流典型。稍晚有吳中英，因「試春官不第，遂厭世事。種橘自給，隱居誦讀以終。」〔註180〕吳中英早年雖欲求取科名，然終究也因其癖好而尚隱。約同其時還有黃省曾，亦不樂宦途。他嘗舉鄉魁，入南京國子監讀書，稍不得意輒嘆曰：「此爲置千里骨者邪？吾束吾腹歸矣。」〔註181〕此種淡泊功名、秉性率眞，以及安土重遷的文人風格，本來就是明朝吳地高士的高雅流風，最令明代吳人標榜矜耀。

誠如宋儒程頤（1033～1107）所言：「大丈夫不能行其道，惟補緝遺籍，可以塞責。庸何若於林莽間，據盤而坐，仰浣從風，俯聽泉鳴，終日不去。」〔註182〕凡失意於官場的讀書人，若能退而隱居林下，以藏書生活自娛，亦不失君子本色。黃省曾的兒子黃姬水，其生涯規劃也一如其父，同樣好隱居藏書而不出。他曾說：

> 士不得志，則聲影俱銷。若乃托藝業以自見，且借交游居間自潤，
> 囂埃之不振拔，而□（史料原闕）沾然日高也，寧無辱煙霞而垢薜荔乎！
>
> 〔註183〕

藏書家父子以隱逸藏書相勉，爲明代吳中文苑之特色。又如王鏊子王延素，父親位居宰輔，家世顯赫，而他也因蔭序而官至南京中軍都督府經歷。但他卻不在意於此，僅僅希望能夠守護家中藏書而讀，即使終老林壑之下，亦不爲憾。他曾向人明白的表示其家有鄴架之書，便足以委懷，而人生至樂，並不在一麾五馬之間。足見其清高意念，確實令人崇仰。當時的士大夫家，大多存有這種父子俱好逸隱的性格，往往引以爲家風而書之於家訓。不過當然也有許多例外，例如黃省曾之兄黃魯曾，便一反吳地先輩的尚隱遺風，相當重視進士科名。他的理由是：「方今專重進士，即才如董、賈，學擅班、楊，問之非進士，終赧顏憾心矣。」〔註184〕心雖尚此，奈何屢

〔註179〕 《甫田集》，卷三二，〈袁飛卿墓志銘〉，頁4。
〔註180〕 《明詩人小傳稿》，卷一三，頁493。
〔註181〕 《皇明書》，卷三九，〈文學〉，頁4。
〔註182〕 《西園聞見錄》，卷八，〈好學〉，頁712。
〔註183〕 《明分省人物考》，卷二三，〈南直隸蘇州府六〉，頁138。
〔註184〕 《崇禎‧吳縣志》，卷四八，頁53下。

困公車，終生不第，其聲名也不及黃魯曾與黃姬水父子之高隱。稍後的王寵，也不樂仕進。據載：

> 王雅宜（寵）嘗遺友人書曰：「總髮以來，連不得志于有司。樊維檻束，動觸四隅，似亦可憤。然性喜曠荡，不耐齪齪；身世浮沉，其拒而不受于懷也。若隄之障水，莫能暴矣。我生不有命，在天戚何益也？但家本酤徒，生長鄽市，入則楣桁塞目，出則蹄足蹣履，呼籌握算之聲，徹徹晝夜，每一焦煩，心腸沸熱。以故山水之好，倍于儔輩，徜徉湖上樂而忘還。莊周言逃蓬藋者，聞人足音則跫然。喜僕雖日近逐鹿，壞斷經絕，愈覺心神俱爽耳！……飢而食，飽而嬉，人生適意耳，須富貴何時？試日夕私賀而恐後之，不如今也，尚安望哉？頃來放浪無似，日增駪蠢，漸不覺有官司城府，時行村野間，閭師里胥，行談途議，則怛然驚疑。他日雖欲衣冠揖讓，更從諸君之列，恐踉蹡麤率，重爲執禮者譏笑矣。」〔註185〕

官場文化本即爾虞我詐，在位者往往是憂讒畏譏，心靈飽受束縛；而湖光山色，益人神智，林下清風，安逸脫俗，對於喜好自由的文人而言，自然充滿著無比的魅力。王寵便是在這種情形下，對於庸庸碌碌的宦途起了厭煩之念，反而鍾情於山水與藏書事業。他自稱生平沒有其他癖好，惟喜耽文，左圖右書與古人晤而已。由此可以看出山水與藏書生活旨在避世，爲吳地藏書家藏書的主要動機之一。

王寵之後有袁裹，雖出仕卻宦途多舛，終亦以藏書爲臨老之計。他的藏書與著述之志，相當堅定。他說道：

> 吾少有用世之志，今已矣。當竭力河汾之業，以文采表後世。吾將希漢司馬遷遺風，擔囊裹糧，不遠萬里，周覽方輿，窮勝海嶽，采通都大邑之藏，考逵賢遺老之論，歸而肆諸文章，庶爲不朽。〔註186〕

所以致仕歸後，便開始營造理想中的山林勝境。其墓誌載：

> 築室橫塘之上，據湖山之勝，縱浪其間，有終焉之志。雖蹔起守官，而寤寐林壑，未始少忘篤志問學。群經子史，無所不窺。爲文必先秦、兩漢爲法。……始君雅志用世，及事與心違，時移身遠，乃肆意於此，以洩其所蘊耳。〔註187〕

看得出來，袁裹是因爲官場失意才心萌退念，而類似這種情形在明代吳地的士人之

〔註185〕《西園聞見錄》，卷二二，〈高尚〉，頁473。
〔註186〕《袁永之集》，卷二○，〈胥臺袁先生傳〉，頁4。
〔註187〕《甫田集》，卷三三，〈廣西提學僉事袁君墓誌銘〉，頁10～11。

中也是屢見不鮮的。稍後的周天球也不喜爲仕，僅以藏書事業表明其志。劉鳳說：

> 世皇帝（嘉靖）時，嘗博延多才藝能事天神者，一時際會，九卿可立
> 致也。人多心儀公瑕（周天球），而竟逡遁退避。〔註188〕

曾經有人力勸周天球出來做官，他卻對其人笑而不答，顯得意興闌珊。于愼行（1545
～1607）曾指明周天球不喜爲官的原因：

> 彼先生胡以官爲也！自古顯貴人，勢位炟赫，至不爲少，一日羽化俱
> 徂，莫能命其姓字。至倜儻倬詭之士，窮巷帶索至猥瑣也，然大人學士，
> 各往往稱道之，聲流千百歲，何故哉？彼自有不朽者矣！……吳楚名能
> 詩，故多靡麗，而先生所爲雄勁悲惋，自近世所不多見。挈其所長，萬戶
> 侯不足道，奈何假一束帶，趨走禁門，從諸時貴遊乎？〔註189〕

當時尙隱的文士多半認爲居官再高亦不足爲喜，眞正得以傳諸後世而化爲永恆不
朽者乃文章與品德，其價值更勝於短暫如浮雲的權位，黃省曾如此，周天球更是
如此。王世貞說過：「自世宗朝，執政者好拔其黨，攄津要以相翼毗，而輕於棄名
士大夫；而士大夫亦醜之，莫肯爲用，而吾吳最盛。」〔註190〕明代自世宗朝後，
蘇州的士大夫正興起一股反對當政者植黨營私之惡風，他們多以致仕歸隱的方式
來抗議，當時如袁袠、陸粲、陸師道等人，皆爲其中較爲顯著者。這一種不願輕
易爲五斗米折腰的區域文人性格，當時不僅瀰漫在整個吳中的士大夫階層，甚至
整個江南地區的文人，也都受到吳地士風的感染。如明代華亭大藏書家何良俊
（1506～1573），屢試不利而貢舉爲官。然久居南京翰林院孔目一職未獲遷轉，因
而胸膺懷才不遇之感，告歸之念遂油然而生。他慨然長嘆地說：「吾有『清森閣』
在海上，藏書四萬卷，名畫百籤，古法帖、鼎彝數十種，棄此不居，而僕僕牛馬
走乎？」〔註191〕乃移疾歸。何良俊雖非吳人，但曾因倭亂舉家併書樓付之一炬而
徙居蘇州，很快地融入當地文人雅士的性靈生活之中。由於本身豐富的藏書經驗，
又「於金石、古文、書畫、詞曲精於鑒賞」，〔註192〕加上善於文會社交，故深受
吳人喜愛，其「才情奇高，文士日相過從，絲竹笙歌，風靡於吳中。」〔註193〕因
此對於蘇州藏書家的性格相當瞭解，並且深深地受到薰染。同時蘇州還有孫樓，
更是不喜爲官而篤好藏書。《明常熟先賢事略》載：

〔註188〕《劉子威集》，卷四一，〈壽周公瑕七十序〉，頁2。
〔註189〕《穀城山館全集》，卷二七，〈周幼海先生小傳〉，頁34。
〔註190〕《弇州山人續稿碑傳》，卷七六，〈陸子傳先生傳〉，頁117。
〔註191〕《明史稿‧列傳》，卷一六三，頁441～442。
〔註192〕《國朝獻徵錄》，卷二三，〈南京翰林院孔目何公良俊傳〉，頁965。
〔註193〕吳智和，〈何良俊的史學〉（《明史研究專刊》，第八期，1985年12月），頁22。

　　　　孫樓，字子虛，以舉人銓補湖州府推官，有文學，爲吏非其好也。……
徙理刑漢中，而公故倦游，擁書歎曰：「爲吏譬若優也，見尊者頤指氣使，
惟恐失意；見卑者儼然矜莊，加以叱咄。服則乍素乍繡，身則倏作倏伏。
及自公退食，解衣而寢，則向之貴賤屈伸，不知安在，惟七尺之軀，儼然
也。吾家雖貧，然食有梁肉，差不凍餒，安能折腰鄉人，從事於車塵馬足
乎？」遂致仕歸。〔註194〕

　　把官職比喻成優伶，宦業在吳地藏書家的眼中，簡直視若糞土。孫樓擁書而自歎折
腰，在他的心裡，藏書比出仕更值得去做。

　　藏書家的這股尚隱之風，在明代中葉以後繼續風行於吳中。孫胤伽嘗以詩明其
隱居藏書之志，詩云：「競利爭名渾氆氉，借書賒酒亦闌刪。平章花事眞成僭，愛惜
苔錢任道慳。共我有情雲淡淡，誤人無睡月彎彎。不須物外求超舉，此日先生鎮自
閒。」〔註195〕吳地藏書家都喜好林居藏書，味道終老，睹青山白雲之自在，邈然有
千載之思的這種悠閒生活。王世貞雖位列九卿，初亦屢舉屢躓，頗不順利。當其未
遇之時，心中即時時眷戀著所欲追求的林下生活。他說：

　　　　吳中故名饒隱君子。……余爲吳人，多從吳賢士大夫游，好稱說文先
生（徵明）。文先生沒，則又好稱說彭先生（年，1505～1566），咸彬彬隱
德文采矣。〔註196〕

蓋吳中先輩的尚隱遺風，沿流至此仍爲文士推崇。因爲林下生活內容多樣，凡種花
養魚，臨江獨釣；或登高望遠，或拜訪名刹；或山居清供，或試茶瀹茗……等等，
只要有趣，則無一不可爲，亦無不多姿多采，而這些都正是明代吳中文苑所嚮往之
品味性靈的生活意境。尤其「藏書也是我國文人雅士的一種癖好，與收藏古玩書畫
一樣地可以陶冶性情的一種學術性和知識性的雅事。」〔註197〕明代吳人不論仕與不
仕，對於趣味生活的追求皆趨之若鶩，往往計畫以此終老。稍後的趙琦美亦在朝爲
官，也嘗因失意政壇而萌生退意。他說：「已矣！世不復知我，而我亦無所用於世矣。
生平好兵家之言，思以用世；好神仙之術，思以度世，今且老而無所成矣。」〔註198〕
由於政途頓躓，藏書家經常是藉癖消愁，聊以自慰。經過宦海之沉浮，趙琦美終於
領悟隱居生活之逸樂，乃築室武康山中，建屋數間，藏書數千卷，以此終老。而文

〔註194〕《明常熟先賢事略》，卷一三，〈文苑〉，頁162～163。
〔註195〕《懷舊集》，卷下，頁353。
〔註196〕《國朝獻徵錄》，卷一一五，〈錢孔周同愛墓誌銘〉，頁91。
〔註197〕衡門，〈藏書談「南瞿北楊」〉（《出版界》，第二十七期，1990年7月），頁43。
〔註198〕《牧齋初學集》，卷六六，〈刑部郎中趙君墓表〉，頁738。

震孟雖高居輔臣，卻身逢天崩地裂的末代亂世，故時時也以歸隱藏書爲念。他曾藉王寵及陳道復這兩位藏書家的例子，道出明代蘇州士人重文名而輕官位的特殊價值觀，並且以此自勉。他說：

> 先生（王寵）少與其兄涵峰公（王守），俱邑諸生，而名過之。已而
> 涵峰公舉進士，官中丞，赫然貴重矣，今日較之，與仲執多？時有陳道復
> 先生者，以布衣有文行聲，其大父亦中丞，至於今，天下故不知陳中丞，
> 而惟知白陽山人（道復）也。〔註199〕

此時大多數的藏書家雖然秉持吳中文苑的尚隱性格而專力於藏書，然間亦有例外者。如吳元恭，雖處世亂，仍非常熱衷於功名之追求。他認爲讀書人必出仕才得以施展抱負，報效國家，故雖六十多歲仍不第，猶手不釋卷，朝夕勤讀。他解釋說：「吾非博一第以自快，度生平所蘊蓄者，冀以上則宣勞定國，次亦任民社爲主上守封疆，庶不負初志。」〔註200〕然與黃魯曾相同，終其身亦未能遂其所願，徒增遺憾。雖然如此，類似這種趨附功名的藏書家，在明代吳地藏書界一片尚隱的時代氛圍裡，可說少之又少。

　　到了明末清初，時值鼎革之際，吳中藏書家更是以避世藏書爲生活準則。雖說有錢謙益之靦顏降清，然其或爲修史，或因懼死，一如稍前之黃魯曾與吳元恭，出仕僅爲個例，不足爲此期藏書家之代表。例如明末清初的長洲人汪琬（1624～1690）便曾經說：

> 吾郡（蘇州）故多潔修好古獨行之君子，近世如杜用嘉（瓊）、邢用
> 理（量）、沈啓南（周）先生，降而至於趙凡夫（宦光）、文彥可（從簡）
> 之屬，率皆遺榮弗仕。或以詩文，或以字畫，或雜出醫卜，卓然有名於時，
> 其遺風餘韻，至今猶傳述鄉士大夫之口。自有明既亡，吳中好事者亦皆棄
> 去巾服，以隱者自命，當其初流離患難之中，希風慕義，儼然前代之逸民
> 遺老也。〔註201〕

可見此一時期，吳中隱逸之風再興，並且遍及所有的好事文人，以棄去舉業、自稱遺民爲高尚風格的表現。如金俊明，自幼即抱隱居終身之志。他在崇禎十五年（1642）時參加科舉考試，才剛寫完考卷，忽然深感國事喪亂至不復收拾而歎息的說：「此何時？博一第乎？」〔註202〕於是塗抹其卷而出。後來因補縣學生，再度參加科考。據

〔註199〕《姑蘇名賢小記》，卷下，〈王雅宜先生〉，頁11～12。
〔註200〕《崇禎・吳縣志》，卷四一，頁28上。
〔註201〕《堯峰文鈔》，卷一五，〈金孝章墓誌銘〉，頁5。
〔註202〕《國朝書人輯略》，卷一，頁64。

《國朝耆獻類徵初編》載：

> 最後復赴試，以焦氏易筮之，得蠱之艮，其繇辭云云。先生愀然太息
> 曰：「天豈欲我高尚其志乎？吾將從此逝矣。」遂不終試而歸。歸即謝諸
> 生，杜門以傭書自給，是時明猶未亡也。〔註203〕

自此以後，金俊明即終身不事舉業，不過卻以藏書與抄書名動三吳。他之所以
退隱而以藏書生活終其身，乃是爲了將其目睹亂世與國難卻無力回天所累積之憤
慨，藉由抄書來宣洩而已，如同沈周一樣，並非眞正忘卻世情者。據其墓誌所載：

> 先生非忘世者也！既已遭逢不偶，積其激昂奇偉之材，與夫輪囷結
> 轖，傲物不平之氣。訖於暮年，而剗削未盡，不得已寓諸書畫間。吳中後
> 生晚進高談賞鑒者，徒推其書畫之工，且欲求諸筆墨蹊徑之內，俱未爲知
> 先生也。〔註204〕

所以藏書事業對於生逢亂世之人，更是絕佳的自處之道，此又當爲明代吳地士人以
藏書逸隱的另一旁證。

明代吳地的尚隱風格並非僅爲明末遺老所推崇而已，甚至是出生明末的清初吳
人，也感染了這個性格。如躋身高位的清初藏書家徐元文，也做好隨時可以隱退藏
書之準備。我們可以從他的詩中看出他的歸隱意念與對於藏書生活的憧憬，詩云：

> 京華十餘載，懷鄉日悠悠。一朝解組去，潞水浮扁舟。白露且晨降，
> 大火方夕流。煙波正瀰渺，桂櫂堪夷猶。對景暫爲適，安知身所謀。終已
> 事六籍，此外非吾求。〔註205〕

徐元文之兄徐乾學亦位列九卿，其志也在藏書而不在居官。嘗有詩云：「慣對卷編常
病眼，與談忠孝即開顏；一官雞肋中情淡，萬卷牛腰遠道難。」〔註206〕觀此，則又
見明時吳地的藏書家族內以隱逸藏書相互期勉之習尚，徐氏兄弟傳承了明代吳地尚
隱的文人風華，爲清初的蟫林建立承先啓後的典範。

綜上所述，可見明代吳中先輩的好隱性格，影響整個明代的吳中文苑，並且直
達清初。而藏書家們也認爲惟有跳脫塵世之外，才更能專心於藏書事業。尤其是校
讎書籍，更是須要清靜之心，據說：

> 校讎書籍，非博學好古，勤於看書，而又安閒者，不能動筆。每見庸
> 常之人較書，一部往往弗克令終，深可恨也，惟勤學好問，隱居君子，方

〔註203〕《國朝耆獻類徵初編》，卷四七六，〈隱逸十六〉，頁610。
〔註204〕《堯峰文鈔》，卷一五，〈金孝章墓誌銘〉，頁6。
〔註205〕《清詩紀事初編》，卷三，頁392。
〔註206〕《國朝詩人徵略初編》，卷八，頁334。

能爲之。〔註207〕

又如明代中葉的大藏書家顧元慶，藏書之名震動三吳，卻隱居不仕，更加專力於投
入藏書生活之中。可以說「家富藏書而隱居不仕，實在是顧元慶治學成功的重要保
證。」〔註208〕所以藏書家若無沾染官場惡習，則藏書聲名將更爲世人所重；而隱居
之人若能專心經營藏書事業，則其聲名也會益加清高。因此，尚隱又當爲藏書家的
藏書動機之一。

4. 如癡如狂的聚書嗜好

明代吳地的藏書家皆嗜書如命，表現於書籍上面常有近迂類癡的行爲，每多聞
人有異書，必多方覓求；或併金懸購，將所獲盡以購書以外，甚者典衣質之，即使
散盡家貲亦不爲悔。其實，若非眞正沉緬於這個癖好者，何以會有如此近乎瘋狂之
作爲？今舉其中較爲特殊者加以論述，俾便瞭解明代吳地藏書家癡狂於藏書的性格
特徵；也因爲這種性格，促使吳地藏書家們更爲篤嗜書籍，且爲後世稱美，譽爲吳
地先輩風範之一。

明代前、中葉時期，張翼篤於積書，雖居於市纏，然抱持「市隱」〔註209〕心態，
深藏不出，僅以藏書爲生活第一要事。聞人有其所無之書，則輾轉假易得之，親手
謄寫以藏，藉此自得其樂。「家嘗治圃，工登屋糞掃，翼筆於簷下坐自如，其沈精弗
撓類此。」〔註210〕觀此，藏書家沉迷於抄書之樂，而忘情身外之事，亦足見張翼嗜
好之篤。稍後的孫艾，也是如此。「獨嗜名畫玩器，所遺留者皆是物。有來售者必收
購，其費不貲。以善鑒稱。」〔註211〕花了大把的銀子，僅換得一句善於鑒藏，且不
反悔，孰輕孰重，孫艾自知。而祝允明更是篤好收書，他曾經將書籍的重要性載之
於文，其內容約略是說：

> 夫自高論者，以皋夔、稷卨無假讀書，而視藏書爲羨餘事，不知書以
> 道出。……食衣與藥以活身，寶玩以娛耳目，智於活身者，猶能棄珠寶以
> 易食衣與藥，故稻菽、裘布、參苓、豨勃兼收焉，而況智於脩身以期配玄
> 黃均爲才者，當舍書乎哉？故人不皆聖，而聖人不能無書。我不聖，而不
> 能舍書。……故善積者，與積寶玩，寧積食衣藥；積食衣藥，無寧積書也。〔註212〕

〔註207〕《藏書紀要》，第四則，〈校讎〉，頁21～22。
〔註208〕鍾來因、朱亞平，〈顧元慶研究〉(《明清小說研究》，第六輯，1987年12月)，頁185。
〔註209〕有關明代吳中文人之「市隱」心態，可參閱嚴迪昌，〈「市隱」心態與吳中明清文化世
　　　　族〉(《蘇州大學學報》，1991年第一期)，頁80～89。
〔註210〕《崇禎‧吳縣志》，卷四九，頁13上。
〔註211〕明‧鄧韍，《常熟縣志》，卷九，頁963～964。
〔註212〕《祝氏詩文集》，卷二七，〈甘泉陸氏藏書目錄序〉，頁1664～1666。

祝允明對於收藏書籍的重要性分析得相當透徹，但因嗜書甚篤，書賈甚至提高價錢來欺騙他，然他也照單全收，不計價格，故此正為不俗之人。閻起山家甚貧，聚書之癖卻幾近於癡狂，所獲學俸，竟然全部充為購書之費。或時不能炊，至典衣以食，而藏書絕不棄去。終於積勞成疾，家道敗落。則此又為明代吳地的藏書一癡，令人同情。

　　明中葉以後，吳地嗜書之癖不讓前人。如黃魯曾與黃省曾兩兄弟，其父有財產萬金，析子各千餘，兩人竟然全部拿來買書閱讀。此舉若在今日，必群起而笑，責為浪費。其後又有孫樓，更是專心於藏書校讎，甚至定下校書之日不見訪客之例。而葉盛之曾孫葉良才，亦不善於治生，甚至不太清楚其家所有之物。但只要是歲時開啟書閣，校閱其家所藏的經藉，必毫髮無誤，讓人搞不清他到底是真癡或是不癡。稍後的王世貞、錢謙益等人，更是沉迷於藏書事業。兩人雖於文壇上抱持敵對狀態，然於聚書之癡狂，則如出一轍。錢謙益曾因故而將所愛之宋本《兩漢書》轉售他人，其後甚悔。他說：

　　　　趙吳興家藏宋槧兩《漢書》，王弇州先生（世貞）鬻一莊得之陸水村太冢宰，〔註213〕後歸于新安富人。余以千二百金，從黃尚寶購之。崇禎癸未（十六年，1643），損二百金，售諸四明謝氏。庚寅（順治七年，1650）之冬，吾家藏書，盡為六丁下取，此書卻仍在人間。然其流落不偶，殊可念也。〔註214〕

王世貞以巨資購書，不以為悔；錢謙益也費重金以購，相當護惜，可見明代吳地藏書家的購書氣魄，不論是價格再高，負擔再大，只要是有關藏書，在他們看來都很值得。且據王世貞所云：

　　　　余平生所購《周易》、《禮記》、《毛詩》、《左傳》、《史記》、《三國志》、《唐書》之類過三千餘卷，皆宋本精絕，最後班、范二《漢書》尤為諸本之冠。……失一莊而得之。噫！余老矣，即以身作蠹魚其間不惜，又恐茲書之飽我而損也，識其末以示後人。〔註215〕

這套前、後《漢書》，王世貞與其後之錢謙益皆手相以鉅款購得，吳中藏書家對書籍之癡迷，誠蔚為傳統。且如同王世貞一般，錢謙益買了這套書也沒後悔過，反而在書以賤價轉賣之後，經常思念它們。錢謙益不吝於花重金買書，嘗自謂家居訪求遺書，即使殘編落簡，也捐衣食而無所恤。所以，明代吳地藏書家對於書籍的鍾愛成

〔註213〕陸水村即陸完，完此時已死，謙益所言應為世貞向完後人購得。
〔註214〕《牧齋有學集》，卷四六，〈書舊藏宋雕兩漢書後〉，頁1529。
〔註215〕《欽定天祿琳瑯書目·續目》，卷二，〈漢書〉，頁4。

癡，的確相當可愛。

而明亡以後，吳中藏書家對於聚書的痴迷，仍然一承明代蘇州藏書家之流習。如葉樹蓮遭逢明、清鼎革，因兵燹而盡亡其貲財。然而他並不惜財，卻僅惜其書之損毀，人或目為癡呆。其後復居常熟，愈益購書以補，且倍多於前，其不屈不撓之精神，足證癖好之篤。總之，吳中先輩的好書遺風，絕不因明亡而中止，並且影響清代的蘇州藏書家甚鉅。

曾經有人形容藏書家的藏書心情，其語甚妙：「藏書家嗜書成癖，收書時似拾孤兒弱女於魔窟之中，與以香花供養，使之神采煥發；後來又怕佳人別抱，閉諸深房，結果卻夭其天年折其人間清福。」〔註216〕明代吳地藏書家的嗜書成癖，為了癖好而瘋狂聚書，甚者奉古籍為神物，焚香禮拜，亦不過是這種心情的另一寫照罷了。

二、藏書生活的內容

1. 圖書的徵集

要成為一個藏書家，必須擁有很多的圖書，方為藏書家。但是要達到擁有很多圖書，必須花費很多功夫在圖書徵集的工作上面。所以「從事這個工作，需要有充分的時間，要花費大量的精力和具有一定的財力，另外也必須對圖書有濃厚的興趣。」〔註217〕圖書的徵集工作本非易事，特別是蒐藏奇祕者尤難，往往藏書家必須費盡九牛二虎之力，或傾貲購求，或輾轉傳抄，必須付出非常大的代價方可獲得。舊時藏書家嘗嘆聚書有六難云：

> 購求書籍是最難事，亦最美事，最韻事，最樂事。知有是書而無力購求，一難也；力足以求之矣，而所好不在是，二難也；知好之而求之矣，而必欲較其值之多寡大小焉，遂致坐失於一時，不能復購於異日，三難也；不能搜之於書傭，不能求之於舊家，四難也；但知近求，不知遠購，五難也；不知鑒戒真偽，檢點卷數，辨論字紙，貿貿購求，每多缺軼，終無善本，六難也。有此六難，則雖有愛書之人，而能藏書者鮮矣。〔註218〕

這只是針對一般的書籍而言，至於那些奇書祕本，藏書家所面臨的困難則不只是上述而已，謝肇淛說：

> 近代異書輩出，剞劂無遺，或故家之壁藏，或好事之帳中，或東觀之秘，或昭陵之殉，或傳記之裒集，或鈔錄之殘賸，其間不準之誣，阮逸之

〔註216〕殷登國，〈藏書癖〉，頁28。
〔註217〕劉意成，〈私人藏書與古籍保存〉（《圖書館雜誌》，第三期，1983年9月），頁60。
〔註218〕《藏書紀要》，第一則，〈購求〉，頁2。

－172－

臠，豈能保其必無？而毛聚爲裘，環斷成玦，亦足寶矣。但子集之遺，業已不乏，而經史之翼，終泯無傳，一也。漢唐世遠，既云無稽，而宋元名家，尚未表章，二也。好事之珍藏，靳而不宣，卒歸蕩子之魚肉；天府之秘冊，嚴而難出，卒飽鼠蠹之饕食，三也。具識鑒者，厄於財力，一失而不復得；當機遇者，失於因循，坐視而不留心，四也。同心而不同調者，多享敝帚而盻夜光；同調而不同心者，或厭家雞而重野鶩，五也。〔註219〕

至於求書之法，早在宋代的藏書家即有心得，據說當時：

求書之道有八，一曰即類以求，二曰旁類以求，三曰因地以求，四曰因家以求，五曰求之公，六曰求之私，七曰因人以求，八曰因代以求。當不一於所求也。〔註220〕

然此爲宋代藏書家求書之法，時日曠久，物換星移，到了明代則稍嫌過時，所以明代的藏書家在圖書徵集之法上，除了因襲上述八法外，另外又增加三種聚書方法。整述如下：

每檢閱一書，凡正文之所引用，注解之所證據；有涉前代之書，而今失傳者，即從其書，各爲錄出，所謂「舉馬之體，馬未嘗不立於前」，是一道也。《通典》及其所議論，《水經》與《水經注》，《世說》與其注說，皆宜分爲二書，並存宇宙，是亦一道也。某集有序某書若干首，某書之序刻於何年，存於何地，采即諸公序刻之文，而錄爲一目，自知某書可從某地求也，某書可向某氏索也。置其所已備，覓其所未有，則異本日集，重覆無煩，是又一道也。〔註221〕

雖有如上述的解決方法可供參考，但在實際執行的工作上，仍然是困難重重。明代前、中時期，吳地藏書家在進行圖書徵集的工作時，也必須克服一些困難。如楊循吉「獨購書甚富，既性所嗜，聞某所有異本，即夙夜求之。是時有故家傳藏之者，今悉散佚，閱其篇目索之，多不得矣。」〔註222〕當時書籍翻刻不多，碰到這種有目無書的問題，真不知教人從何蒐訪起。所以聚書是一項難事，求之不得，往往令人興嘆。不過，藏書家過人的意志力，卻也於此時展露無遺，尤其明代中後期蘇州的藏書家，更是爲人津津樂道。

〔註219〕《五雜俎》，卷一三，〈事部一〉，頁1088～1089。
〔註220〕宋·鄭樵，《通志二十略》（台北：世界書局，1984年10月八版），〈校讎略第一·求書之道有八論九篇〉，頁724。
〔註221〕傅振倫，〈校讎新論〉（《圖書館學季刊》，第五卷第二期，1930年6月），頁164。
〔註222〕《崇禎·吳縣志》，卷四八，頁49上。

　　錢謙益曾經不辭千辛萬苦地購求北宋本前、後漢書（非前所述王世貞家藏本），因為《後漢書》缺二本，售者減價求售，所以只花了三百餘金便買到。在錢謙益的心中，此書雖有殘缺，但是他仍然視若拱璧，寶愛異常。不過缺了兩本，總讓他有美中不足之感，於是決定要盡全力補齊，乃遍囑書賈替其尋書。後來有個一書賈停舟於烏鎮買麵吃，看見老板正拿著錢謙益所缺《後漢書》其中的兩本，馬上出數枚錢買下來，但是其中首葉已經被拿去包麵給對街的人，於是書賈又急急忙忙地去對街把它要了回來，並加以補全。然後再火速趕到錢家，「錢喜欲狂，款以盛筵，予之廿金，是書遂為完璧。」〔註223〕由這段故實來看，為了求得兩本書，花了這麼大的精神，足見當時錢謙益蒐集圖書的辛苦，所幸後來終能如願以償。

　　明代蘇州由於藏書風氣很盛，所以藏書家平常除了花費很多精神在進行一些藏書活動，諸如校讎、修補、閱讀、鑒賞、儲藏等工作以外，大部份的時間都用在訪書和購書之上。我們可由王時敏訪求〈秋山圖〉的掌故來略窺明代蘇州好事家的蒐訪行為，並藉以作為釐測藏書家訪書實況之參考。據說王時敏的老師董其昌（1556～1637）曾向王時敏說其生平所見黃公望（1269～1358）的畫作當中，以潤州張覲宸所藏《秋山圖》為第一。王時敏乃向董其昌討了一封介紹信，載幣親往潤州搜訪。至其家，主人張樂設宴以迎，並出示《秋山圖》供其賞玩。王時敏一見此圖，頓時神色無主，觀樂而忘聲，當食卻無味，不日便使人向主人說明不惜重金盼其割愛之意，不料主人峻拒。爾後王時敏想盡辦法希望主人能夠回心轉意，不斷地遣人和主人接洽，卻都遭到拒絕。後來他終於絕望，屢因求之不可得而長歎不已。甚至五十年後，仍然非常懷念這幀《秋山圖》。〔註224〕所以，當時蘇州藏書家崇尚奇祕的作風竟到這種地步，訪畫如此，訪書亦然，可見吳地藏書家徵集之難與聚書之力。

　　毛晉更為重金求書的表率。他為了求得善本書，曾經在其家門口張貼告示，上面寫著：「有以宋槧本至者，門內主人計葉酬錢，每葉出二佰；有以舊抄本至者，每葉出四十；有以時下善本至者，別家出一千，主人出一千二佰。」毛晉這種不惜利用重金以購書的方法，的確收到不錯的效果，於是湖州書商雲集其家門口，而當時常熟人也流行說：「三百六十行生意，不如鬻書於毛氏。」所以，毛晉利用這個辦法，「前後積至八萬四千冊，搆『汲古閣』、『目耕樓』以庋之。」〔註225〕

〔註223〕不注撰人，《牧齋遺事》，收入國粹學報社編，《古學彙刊》（台北：臺灣力行書局，1964年版），頁1459～1460。

〔註224〕《明末民族藝人傳》，頁955～957。

〔註225〕清・鄭德懋，〈汲古閣主人小傳〉，收入馮惠民、李萬健等選編，《明代書目題跋叢刊》

此外，「藏書家個人之間，相互傳鈔秘本以通有無，或親朋好友借閱共賞，更被視爲當然的聚書方法。」〔註226〕總之，明代吳中的藏書家在圖書的徵集工作上，除了借抄以外，重金購求爲其最具特色的求書方法。雖然不見得完全能夠藉此得書，但卻代表著明代蘇州藏書家在聚集圖書方面的努力，當可爲蘇州的時代區域特色表徵，亦足令後世好書者稱美不已。

2. 藏書的庋藏

明代蘇州的藏書家之中，只要稍具財力者，多半會興建樓閣來貯書，因爲他們相信惟有將書籍存放在經過精心設計而專門用來藏書的書樓裡，才能眞正保護他們心愛的藏書。以劉鳳的書樓爲例，孫樓指出：

> 思夫鼠蠹莫之能齧，濕暑莫之能浥，曷若爽而塏之，登諸重屋之上，陳諸竦棖之中，樓之其庶乎！……于是南向爲樓者三楹，高二十尺，衡二十有九尺，縱半之。右之偏，復爲一楹，以階下上，於是移所藏而藏焉。周遭高下通户竇外，罔非書者。〔註227〕

所以劉鳳爲了藏書，精心設計了一座書樓，專門用來庋藏書籍。又如王世貞的「小酉館」，「在『弇州園』『涼風堂』後，藏書凡三萬卷；二典不與，構『藏經閣』貯焉。『爾雅樓』庋宋刻書，皆絕精。」〔註228〕觀王世貞書樓之多，又各有其功用，其耗費心力之深，於此可見。劉鳳與王世貞，都是爲了保護藏書而興建書樓，若非經濟綽裕，實在無力爲此，故則兩家貲財之富厚，皆在上等。至於藏書處所之命名，往往也多有含意，且從這些含意當中，又可以端詳出有關藏書家藏書志向的一些蛛絲馬跡。今舉幾個明代蘇州藏書家的書樓爲例，透過考查這些書樓名稱的涵義之後，來略窺藏書家所蘊藏的藏書志向爲何。

明初時虞子賢書樓名稱之由來，乃因獲得朱子《城南雜詠》之眞蹟，他甚爲寶愛，遂構堂以貯之，顏曰：「城南佳趣」。蓋以所獲至寶來標識其所藏之書，很可能是爲了炫耀的因素。明中葉時，徐澄取其藏書樓名爲「望洋書堂」，因其家位於夾浦之南，瓜涇之上，放眼望去，松江與陳湖皆在目前，其山光水色清爽怡人，故以望洋爲遠眺江河之意。然其中意義之深遠，尚非僅如字面所呈現而已。根據吳寬的解

（北京：書目文獻出版社，1994 年 1 月北京第一版），〈汲古閣校刻書目〉，頁 867。

〔註226〕 李家駒，〈我國古代藏書樓的典藏管理與利用（下）〉（《教育資料與圖書館學》，第二五卷第二期，1988 年），頁 222。

〔註227〕 明・孫樓，《刻孫百川先生文集》（《四庫全書存目叢書》集部一一二冊，台南：莊嚴文化事業有限公司，1997 年 6 月初版，據北京大學圖書館藏明萬曆 48 年華滋蕃刻本影印），〈丌冊庋記〉，卷三，頁 1。

〔註228〕 《少室山房筆叢》，卷四，〈甲部・經籍會通四〉，頁 65。

釋云：

> 夫望洋者，莊子之寓言也，季止（徐澄）何取於斯？蓋水之爲物，孔
> 孟每舉以示人曰：「逝者如斯夫」；曰：「原泉混混，不舍晝夜」，此類是已。
> 若此雖出於莊子，吾固取其言宜季止之取也。大凡物不可以相形，形之則
> 有小大；學不可以相較，較之則有淺深。知其小，自以爲足而不窮其大，
> 觀物者之鄙也；得其淺，自以爲至而不造其深，學道者之陋也。以觀物之
> 妙而爲學道之助，此河伯之歎，非歎水也，歎道也。故其言曰聞道自以爲
> 莫己若者，我之謂也。吾故取其言，宜季止之取之也。〔註229〕

吳寬所言，「望洋」乃指「望道」而言，徐澄之所以名其書樓爲「望洋書堂」，乃急
欲藉藏書以近道者，爲勉勵問學之意。所以，徐氏之書很明顯是爲了讀書求道而藏。
至於崑山葉氏的「菉竹堂」，乃葉盛玄孫葉恭煥所建，再以葉盛遺留舊時所題的匾額
榜之，其意乃取〈衛風〉淇澳問學自脩之義，遂名爲「菉竹」。所以，葉氏也是希望
藉由藏書以進學得道，故其藏書志向亦爲讀書。

明中葉以後，藏書家劉鳳的藏書樓有名爲「扉載閣」者，亦含有特殊的意義。
他解釋說道：

> 扉者何？癖也；載者何？載籍也。載籍則何言乎癖？束而載之乎，癖
> 也。戶牖之間爲扆，內謂之家，大者謂之栱，長者謂之閣。閣謂有所置也，
> 何言乎置？當予之世，有所謂簡策者，則未知其爲韋竹之絕，與科斗之目。
> 與予何以嗜？嗜者邈古之遺尙，於是乎徵，則因以求之。〔註230〕

所以，劉鳳之所以將書樓取名爲「扉載閣」，乃自明其篤嗜藏書，希望取這樣的名字
能夠爲他帶來更多的奇祕古籍，聊以宣洩其癖。而趙琦美書樓名爲「脈望館」，即取
「蠹魚之食神仙字，能化爲脈望」〔註231〕之意，乃自我期許能夠因此而勤於讀書爲
學，雖如蠹蟲，然終有羽化蛻變之日，故其藏書志向，也是讀書。

明末清初，顧湄的書樓取名爲「陶廬」，因嘗「得宋刻蘇長公（蘇軾）所書《淵
明集》，藏弇齋中，名之曰：『陶廬』。」〔註232〕此則又如明初虞子賢的「城南佳趣」
者。而徐乾學的藏書處名爲「傳是樓」，也別具意涵。《國朝耆獻類徵初編》載：

> 先生（徐乾學）召諸子登樓而詔之曰：「吾何以傳汝曹哉？嘗慨爲人

〔註229〕《家藏集》，卷三二，〈望洋書堂記〉，頁 16 下～17 上。
〔註230〕《劉侍御集》，卷一五，〈扉載閣記〉，頁 1。
〔註231〕常熟市地方志編纂委員會辦公室編，《常熟史話》（常熟：江蘇古籍出版社，1989 年 3
月初版），頁 52。
〔註232〕《漁陽山人感舊集》，卷七，頁 331。

父祖者，每欲傳其土田貨財，而子孫未必能世富也。欲傳其金玉珍玩、鼎
彝尊罍之物，而又未必能世寶也。欲傳其園池臺榭、歌舞輿馬之具，而又
未必能世享娛樂也。吾方鑒此，則吾何以傳女曹哉？」因指書而欣然笑曰：
「所傳者惟是矣！」遂名其樓爲「傳是」。〔註233〕

蓋徐乾學之所以名其書樓爲「傳是樓」，乃希望子孫體會先人以書傳家之念，期盼子
孫皆能世守而讀之，藏書志向誠宏大而深遠。不過黃宗羲（1610～1695）對於「傳
是」之意有另一種解釋，他認爲「傳是樓」之名乃緣自乾學標榜自己能聚書、能讀
書、又能文章。他指出：

物常聚於所好，而常得於有力之強，二者正是難兼。至於書之爲物，
即聚而藏之矣，或不能讀。即有能讀之矣，或不能文。求是三者而兼之。〔註234〕

黃宗羲認爲徐乾學兼是三者而有之，又欲以此三者傳之子孫，故名其書樓爲「傳是
樓」。另外，清人邵長蘅（1637～1704）則認爲「傳是」之意乃在「傳道」，他說：

嘗誦昌黎文：「堯以是傳之舜，舜以是傳之禹，禹以是傳之湯，湯以
是傳之文、武、周公，文、武、周公以是傳之孔子，孔子傳之孟軻。」乃
喟然曰：「先生（乾學）所以名樓意在斯。」夫傳是者何？傳道也。〔註235〕

邵長蘅認爲古聖先賢所傳之道乃六經，而徐乾學所藏爲聖人之道，以聖人善傳與善
守六經之道，來敦勉其子孫善守其書，並使其知曉所傳之書正如同六經對時代及學
術之重要性。總之，不論「傳是」眞正的意涵爲何，徐乾學欲其子孫善守與善讀其
書的目的，是爲人們一致公認的主要意圖。

綜上所述，吳地藏書家在名其藏書樓時心中所抱持的志願，大多是爲了炫耀、
勸學或望子孫善守能讀，此三者應爲明代蘇州藏書家對其藏書最主要的期盼與心
願。至於藏書處之所以名爲堂、廬、閣、樓等不同的稱呼，據說也是有原因的，「這
一方面要看建築物的形式，有時候要看藏書家的身分。譬如有樓房的，通常稱某某
樓；如果是信佛的居士，可能用某某精舍。」〔註236〕

此外，明代吳地的藏書家，對於藏書室廬的建築架構亦頗爲考究，並且總結了
前人的經驗。文震亨指出：

居山間者爲上，村居次之，郊居又次之。吾儕縱不能栖巖止谷，追綺

〔註233〕《國朝耆獻類徵初編》，卷五七，〈卿貳十七〉，頁211～212。
〔註234〕《南雷文約》，卷四，〈傳是樓藏書記〉。收入清·黃宗羲，《梨洲遺著彙刊》（台北：隆
　　　　言出版社，1969年10月臺初版）。
〔註235〕《國朝耆獻類徵初編》，卷五七，〈卿貳十七〉，頁264。
〔註236〕劉兆祐，〈藏書章的故事〉（《國文天地》，第二卷第十期，1987年3月），頁53。

> 園之蹤，而混跡塵市，要須門庭雅潔，室廬清靚，亭臺具曠。士之懷齋閣
> 有幽人之致，又當種佳木怪籜，陳金石圖書，令居之者忘老，寓之者忘歸，
> 遊之者忘倦。〔註237〕

藏書家的居處要沉靜幽深，不論在山野或市區，其重點其實在於必須保持明代吳中文苑所崇尚之居家園林的性靈清趣，以適合藏書家全方位的生活內容。至於藏書的櫥櫝，吳中藏書家也相當考究。文震亨再度明確的指出：

> 藏書櫥須可容萬卷，愈闊愈古，惟深可僅容一冊。即闊至丈餘，門必
> 用二扇，不可用四及六。小櫥以有座者爲雅，四足者差俗，即用，足亦必
> 高尺餘，下用櫥殿僅宜二尺，不則兩櫥疊置矣。櫥殿以空如爲一架者爲雅，
> 小櫥有方二尺餘者，以置古銅玉小器爲宜。大者用杉木爲之，可辟蠹；小
> 者以湘妃竹及豆瓣楠、赤水櫟、古黑漆斷紋者爲甲品。雜木亦俱可用，但
> 式貴去俗耳。鉸釘忌用白銅，以紫銅照舊式，兩頭尖如梭子，不用釘釘者
> 爲佳。小木直楞，一則市肆中物，一則藥室中物，俱不可用。小者有內府
> 塡漆，有日本所製，皆奇品也。經櫥用朱漆式稍方，以經冊多長耳。〔註
> 238〕

至於藏書架的選用，也必須講究。文震亨又說：

> 書架有大小二式。大者高七尺餘，闊倍之。上設十二格，每格僅可容
> 書十冊，以便檢取。下格不可置書，以近地卑溼故也，足亦當稍高。小者
> 可置几上，二格平頭。方木竹架及朱墨漆者，俱不堪用。〔註239〕

此外，還有存放漢唐古籍所用之「廂」，也須注重。文震亨又說：

> 倭廂黑漆嵌金銀片，大者盈尺，其鉸釘、鎖鑰俱奇巧絕倫，以置古玉
> 重器，或晉唐小卷最宜。又有一種「差大式」亦古雅，作方勝纓絡等花者，
> 其輕如紙，亦可置卷軸、香藥、雜玩，齋中宜多蓄之，以備用。又有一種
> 古斷紋者，上員下方，乃古人經廂，以置佛座間，亦不俗。〔註240〕

以上大略爲明代蘇州的藏書家對於藏書處所的設置、佈局與藏書設備的選用所做的考量，足見他們對書籍庋藏的講究，也正因爲如此，所藏古籍才多半能歷久而不壞，確實發揮著保護古代文化的重要歷史作用。

〔註237〕明・文震亨，《長物志》(《古今說部叢書》，上海：上海文藝出版社，1991年5月版，據中國圖書公司和記1915年再版本影印)，卷一，〈室廬〉，頁1。
〔註238〕《長物志》，卷六，〈櫥〉，頁3。
〔註239〕《長物志》，卷六，〈架〉，頁3。
〔註240〕《長物志》，卷六，〈廂〉，頁3～4。

　　愛書護書之心，在蘇州藏書家之中屢見不鮮，甚至延及家人內侍，都因感染藏書家風而產生護書愛書之情。如黃省曾，曾經遇到鄰居發生火災，火勢很快地蔓延到他家裡，黃省曾於慌忙之中，不知所措，乃「謂俞氏（黃省曾妻）曰：『曷先徙？』俞氏曰：『典籍哉！乃君子之所以垂休揚名者。』於是舉家爭移書隙地，而後及衣笥。災雖寢，人服厥識。」〔註241〕這種全家護書，並能重書甚於衣笥財貨之心，在古代的傳統社會裡，實不多見。尤其對一名女子而言，殫心操持柴米油鹽之計已屬不易，而能以書為重，確實難能可貴。也正因為如此，更加顯現出蘇州的藏書家庭對書籍的執著與藏書家風對於家庭成員的感染力，這的確產生出一種愛書的純真，一種超乎平凡家庭而突兀出書香門第氣氛的特質。明代文人之所以會如此的護書，乃是一種文人的時代性格特徵使然。這種文化風尚瀰漫充斥於整個明朝，尤其到了明末，這種性格特徵愈益明顯，「晚明文人平生閒適遊觀賞玩，以細緻珍重愛敬的心對待萬物，這種態度，至死不逾。」〔註242〕也就是因為這種文化風尚，使得文人對所藏圖書的極度愛護，視同髮膚，間接地導致了明代中後期藏書風氣的極盛。

　　明代蘇州文人相信文物之所以能夠為人所聚積且流傳千古，乃因神人於暗中護持才有以致之。如張鳳翼便曾形容《星宿真形卷》圖曰：「流傳至宋，嘗入宣和內府，千餘年來，紙墨如新，神物呵護，詎不信然。又聞珍玩所集，足以致災禳，以茲圖愈於交精。然則訶護萬寶，又有賴焉。」〔註243〕就是基於這種崇拜古物的心理，對於古書祕本，當然也是抱持相同的敬意。如黃省曾遇朔望日，必陳五經焚香而拜，便是因嗜書而對古書產生敬愛之意，以故藏書家若能得到一本古書或祕籍，自然是非常地寶愛。當然，也就是因為藏書家崇敬與愛護書籍的心理，古書才能被妥善的保存下來。所以錢謙益便曾經說：「臧榮緒（415～488）陳經而肅拜，顏之推借書而補緝，此善藏之法也。」〔註244〕

　　明人在書籍的典藏與使用上，多半也遵守一些護書的法則。如「藏書於未梅雨之前，曬取極燥，入櫃中，以紙糊門外及小縫，令不通風，蓋蒸氣自外而入也，納芸香、麝香、樟臘可辟蠹。」而看書時，「勿捲腦，勿折角，勿以爪侵字，勿以唾揭幅，勿以作枕，勿以夾紙，隨損隨修，隨開隨掩，則無傷殘。」〔註245〕隨時做好護

〔註241〕明・黃省曾，《五嶽山人集》（台北：中央研究院藏明嘉靖間吳郡黃氏家刊本），卷三八，
　　　　　〈五嶽山人妻俞氏行略一首〉，頁12～13。
〔註242〕毛文芳，〈晚明文人纖細感知的名物世界〉（《大陸雜誌》，第九五卷第二期，1997 年 8
　　　　　月），頁7。
〔註243〕《處實堂集》，卷七，〈跋星宿真形卷〉，頁48。
〔註244〕《牧齋有學集》，卷二六，〈黃氏千頃齋藏書記〉，頁996。
〔註245〕《蕉窗九錄》，〈藏書〉，頁20～21。

書的工作。蘇州的藏書家如孫樓，平時對藏書更是「貫中以韋護，表以繭類，疊於櫝，藏亦珍矣。」〔註246〕而「錢遵王（曾）『述古堂』裝訂書面，用自造五色箋紙，或用洋箋」；「毛斧季（扆）『汲古閣』裝訂，書面用宋箋藏經紙、宣德紙染雅色、自製古色紙」，〔註247〕都是保護藏書不受侵蝕隳壞的有效辦法。尤其毛晉裝潢保護書籍之法，更是為人津津樂道。據說：

> 毛氏「汲古閣」，用伏天糊裱，厚襯料，壓平伏。裱面用灑金墨箋，
> 或石青、石綠、棕色、紫箋俱妙。內用科舉連裱裡，糊用小粉，用椒、白
> 礬、百部草細末，庶可免蛀。〔註248〕

這些護書之法，都是明代吳地藏書家在典藏書籍上所為的經驗與巧思。在他們日常的藏書生活裡，為了保護與保存心愛的藏書，往往必須創造出一些不錯的方法。所以，保護與庋藏書籍，在當時蘇州藏書家的藏書生活裡，必定也占去他們很多的時間與精神。

3. 藏書的利用

明代有位學者曾說：「率有富於青緗，而貧於問學；勤於訪輯，而怠於鑽研者。」〔註249〕這句話對吳地藏書家來說並不適用，因為他們除了勤於探訪徵集、護書典藏以外，對於自家所藏的圖書，也多半能善加利用。

就拿鑑別圖書來說，「夫藏書而不知鑑別，猶瞽之辨色，聾之聽音，雖其心未嘗不好，而才不足以濟之，徒為有識者所笑。」〔註250〕然而明代蘇州藏書家之中號稱善鑑者，比比皆是，如顧阿瑛、劉珏、史鑑、沈雲鴻、陸完、都穆、文徵明、文彭、張滂、王世貞、王時敏、王鑑、顧苓等人，都以善鑑而名震一時。

在讀書方面，明代蘇州藏書家幾乎全部都喜好讀書，僅以藏書徒充觀美者可謂寥寥無幾。如劉鳳誦讀之書，錢謙益得之而讚曰：「觀其丹鉛，考索大概，於篇中擷句，於句中擷字，而所擷之字，自一字至數字而止，如唐人所謂碎金薈蕞者耳。」〔註251〕若非善讀勤學者，何能至此？又如錢謙益為了盡讀其藏書，夏天因為蚊子多，索性將兩腿泡在兩個甕裡，繼續讀書。此外，明代蘇州的藏書家也大多能將閱讀之後所獲得的知識學以致用，如前述趙琦美，於書不徒讀誦而已，往往能將其落

〔註246〕《刻孫百川先生文集》，卷三，〈丌冊庋記〉，頁1。
〔註247〕《藏書紀要》，第五則，〈裝訂〉，頁26～27。
〔註248〕《藏書紀要》，第五則，〈裝訂〉，頁28。
〔註249〕《少室山房筆叢》，卷四，〈甲部‧經籍會通四〉，頁61。
〔註250〕《藏書紀要》，第二則，〈鑑別〉，頁5。
〔註251〕《列朝詩集小傳》，〈丁集中‧劉僉事鳳〉，頁484。

為實用。其藏書的內容涵蓋天官、兵法、讖緯、算曆，以至水利之書、火攻之譜、神仙藥物之事等各式各樣的專門學問，他都能加以閱讀融會，應用於日常生活之中。當任職南京都察院時，便曾以所藏《營造法式》修治公廨，費約而功倍。後遷太僕寺，也以所藏《相馬經》為選馬的依據，故人不敢欺。總之，明代蘇州藏書家在藏書閱讀方面，將當時吳中文人「博學」的形象，可以說發揮得淋漓盡致。

此外，明代吳中的藏書家又都非常喜歡校讎藏書，如葉盛、吳寬、王鏊、黃魯曾、錢謙益、趙宧光等，不勝枚舉。尤其是葉樹蓮，更以善於校讎而知名一時。後人讚道：

> 古今收藏書籍之人，不校者多，校者甚少，惟葉石君（樹蓮）所藏書籍，皆手筆校正，臨宋本、印宋鈔，俱借善本改正，博古好學，稱為第一。

〔註252〕
又有些藏書家喜歡將自己的藏書編為目錄，以供同好或後人參考，如葉盛的《菉竹堂書目》，而陸伸亦「按鄭、馬二氏例類分四部，編為目錄」；趙琦美有《脈望館書目》；錢謙益有《絳雲樓書目》；毛晉有《汲古閣書目》等。而錢曾依所藏之書而撰寫《讀書敏求記》，更是開創善本書志流行的風氣。〔註253〕曾有學者指出明代江浙的藏書家非常善於利用自己所藏圖書，「這些藏書家不僅家藏富有，而且利用也很突出，他們憑藉所藏典籍從事學習與工作、編輯書籍和進行學術研究，著述頗豐。因此，他們不僅僅是藏書家，還是文學家、史學家、校勘學家和版本學家。」〔註254〕

總之，明代蘇州的藏書家對其所藏的圖書，往往「有一定保管利用規則，他們大多精於校讎，故往往皆有善本。」〔註255〕並且他們認為「有收藏而未能識鑒，識鑒而不善閱玩，閱玩而不能裝褙，裝褙而不能銓次，皆非能真蓄書畫者。」〔註256〕所以在藏書的利用上，他們也都盡量讓藏書可以發揮應有的功能。而且透過他們對藏書利用以後又轉化出新的知識與學問，對於當時及後世的學術研究都甚有幫助。此外，從今日他們遺留下來的書目等著作來看，如錢曾《讀書敏求記》，是累積長期的藏書經驗與知識，尤其是必須對於自家所藏之書籍讀過很多次，並且多方比較之後，始克成之。因此，對於藏書的利用，亦為明代蘇州藏書家藏書生活的一部份。

〔註252〕《藏書紀要》，第四則，〈校讎〉，頁24。
〔註253〕吳哲夫，〈簡談善本書志〉《圖書與圖書館》，第三輯，1977年4月），頁18。
〔註254〕韓文寧，〈明清江浙藏書家的主要功績和歷史局限〉，頁141。
〔註255〕葉萬忠，〈蘇州歷史上的刻書和藏書〉，頁416。
〔註256〕《長物志》，卷五，〈書畫〉，頁1。

4. 藏書的流通

明代政府的藏書本來就有流通的情形，凡「國子監及各州軍、郡學，皆有官書，以供眾讀。」〔註257〕然其例則爲僅「許生員觀看，不許帶出學門」，〔註258〕所以並沒有普及到一般的老百姓。至於私家藏書，幾乎是祕不示人，如：「關中非無積書之家，往往束置庋閣，以飽蠹魚，既不假人，又不觸目。」〔註259〕但是明代蘇州地區的藏書家，以所藏圖書供應貧而無書的好學之士閱讀的情形則時有所聞。如吳縣金問（1370～1448），「家貧無書，從人借讀，無不通解」，〔註260〕後官至禮部右侍郎。其兄金聲，「亦好古嗜學，有麗澤之益。家貧無書，嘗從人假借，疾讀暗記，無所不達。其或損壞，必爲完整。」〔註261〕又如明初常熟人黃鉞，「好學，家貧無書，從市肆借觀，輒記憶不忘。建文庚辰（二年，1400）成進士，除刑科給事中。」〔註262〕又如吳縣徐禎卿（1479～1511），其「家甚貧，蓬絫而行，故未嘗有書也，而無不通，皆從他所觀」，〔註263〕後舉弘治十八年（1505）進士，官至國子博士。又如弘治時崑山黃雲，「家貧力學，嘗就藏書家借錄卷帙，甫畢，心口了然」，〔註264〕後官瑞州訓導。又如吳縣錢順民，「嘗從人假十三經、廿一史，讀盡即能記憶。」〔註265〕又如崑山龔埏，「工行草，其書每借之人，作行草謝之，抉奧摘微，號稱博雅。」〔註266〕凡此種種，例不勝舉。然較之關中，不論是藏書家或借書者，蘇州都顯得可愛且又富人情味，故書籍流通的情形勝於別處。

至於蘇州的藏書家之間，除了文會過從時的鑒賞品題與多人聚觀外，借觀的情形亦有，不過大都是爲了校書或抄書。在校書方面，如歸有光與周孺允。兩人爲好友，藏書互相交流。歸有光嘗向周孺允借書來校正自己家中藏本。據歸有光云：「予嘗從（周孺允）求《星槎集》以校家本，孺允并以此書（《瀛涯勝覽》）見示。蓋二人同時入番，可以相參考，亦時有古記之所不載者。」〔註267〕而抄書乃爲藏書家之間最常見的藏書流通方式，且「得書不僅購訪已也，購訪以外，尚有

〔註257〕《書林清話》，卷八，〈宋元明官書許士子借讀〉，頁443。
〔註258〕《書林清話》，卷八，〈宋元明官書許士子借讀〉，頁446。
〔註259〕《少室山房筆叢》，卷四，〈甲部・經籍會通四〉，頁63。
〔註260〕《正德・姑蘇志》，卷五二，頁13上。
〔註261〕《崇禎・吳縣志》，卷四一，頁一九下。
〔註262〕《明詩人小傳稿》，卷一三，頁495。
〔註263〕《續吳先賢讚》，卷一一，〈徐禎卿〉，頁1～2。
〔註264〕《江南通志》，卷一六五，頁29上。
〔註265〕《崇禎・吳縣志》，卷四八，頁60下。
〔註266〕《江南通志》，卷一六五，頁39。
〔註267〕《震川先生集》卷五，〈題瀛涯勝覽〉，頁115。

傳鈔。」〔註268〕

　　明時印刷術雖已盛行，往往卻因爲書籍難得，流傳稀少，「且或困於經濟，無力購置；更有秘本未刻，爲世罕見，因此每多交換互借，輾轉傳抄。」〔註269〕而明代江南的書價較之前代雖已降低，對於一般人來說仍然相當昂貴，部份原因是江南稅賦較重的緣故，所以「手工業者或書商，往往把稅務方面的負擔轉嫁到書籍的售價方面。」〔註270〕書價既昂，藏書家的經濟負擔必然也重，抄書便成爲節省開支的理想聚書途徑。明代自嘉靖以後，江南這種藏書家喜好以抄書爲聚書方法的原因如下：

> 　　對於買書來說，就是做官人家，也要量力而行。一位七品芝麻官的每月薪俸，僅能買幾部平常之書而已。由此可見，要想成爲一位藏書家也是不容易的事。……正由於書價的昂貴，並不是一般市民階層的人們所能承受的，所以，抄書不僅是藏書家聚書的重要手段，也是一般知識分子無力購求圖書，於是千方百計借書抄錄。同時，抄書也是一些爲生活奔波或窮愁潦倒的書生謀生的手段。〔註271〕

抄書於明代前期即有，如朱存理和邢參，兩人便以互抄爲藏書流通之法。有一次朱存理向別人借到了宋本《韻語陽秋》，便拿給邢參看，邢參馬上向朱存理取來找人抄了兩本，並將其中一本送給朱存理。錢曾便曾誇讚這種藏書的流通方式，譽爲藝林美談。朱存理與楊循吉亦爲好友，當時蘇州正流行抄書的風氣。「是時，吳中藏書家多以祕冊相尙，若朱性甫（存理）、吳原博（寬）、閻秀卿（起山）、都元敬（穆）輩，皆手自鈔錄，今尙有流傳者。」〔註272〕其實，明代蘇州這股崇尙奇書古籍，並且藉由傳鈔以流通各家藏書的風氣，「實君謙（楊循吉）倡之也。」〔註273〕當然，這股風氣也使得手抄本大大的流行了起來，也讓一些遺卷孤本得以流傳後世。

　　到了明季，藏書家喜好抄書的熱度仍未退卻。如張鳳翼曾因家藏《淳化帖》脫簡缺帙，「求得壽承丈（文彭）殘本，綴成完帖。」〔註274〕而錢謙益也嘗言朱存理的《野航詩集》，「今不傳。其文集手稿，余得之於錢允治功甫，錄其詩數章。」〔註275〕而馮舒、馮班兄弟，更是以癖好抄書而爲人喻之爲癡。《第六絃溪文鈔》載：

〔註268〕程登元，《中國歷代典籍考》（台北：五洲出版社，1968年9月臺一版），頁387。
〔註269〕吉少甫，《中國出版簡史》（上海：學林出版社，1991年11月第一版），頁163。
〔註270〕沈津，〈明代坊刻圖書之流通與價格〉，頁116。
〔註271〕沈津，〈明代坊刻圖書之流通與價格〉，頁117。
〔註272〕《靜志居詩話》，卷八，頁722。
〔註273〕《靜志居詩話》，卷八，頁722。
〔註274〕《處實堂集》，卷七，〈跋淳化帖〉，頁50～51。
〔註275〕《列朝詩集小傳》，〈丙集・朱處士存理〉，頁303。

　　　　馮己蒼（舒）昆仲，聞寒山趙氏（宧光）藏有宋槧本《玉臺新詠》，

　　未肯假人。嘗于冬月，挈其友艤舟支硎山下，于朔風飛雪中，挾紙筆，袖

　　炊餅數枚，入山逕造其廬，迺許出書傳錄。墮指呵凍，窮四晝夕之力，抄

　　副本以歸。旁人笑爲癡絕，不顧也，時傳爲佳話。〔註276〕

不過此時蘇州的藏書家在抄書方面，卻已經有了很大的突破。以往藏書家抄書無
非靠一己之力，頂多也只是倩人傭書，規模不大。但到了明末，毛晉「汲古閣」開
始大規模翻抄古籍，並且創造發展出類似今日影印效果的「影宋鈔」方法。他「用
上等紙張摹在宋刻或元刻之上描成抄本，所有行款、字體等完全和原書一樣。」〔註
277〕這種影摹的抄書技巧自毛晉開始，其後於蘇州也大爲風行。如錢曾曾經向人借
書影抄，他說：「《達夫集》，予借林宗（葉奕）宋槧本影摹，族祖求赤（錢孫保）又
從予轉假去，錄而藏于『懷古堂』。」〔註278〕不過蘇州抄書最足爲代表者，當然還
是毛晉的「汲古閣」。「當時『汲古閣』有抄書工匠二百名，抄了《極玄集》等很多
書。所抄之品，精美無比，與原刊酷似，非細審之，實難辨出，叫做『毛抄』。」〔註
279〕而許元溥與黃宗羲等人所創立的「鈔書社」，更是明代江浙藏書家之間集體傳抄
活動的最高潮。

　　據《藏書紀要》所列明代蘇州藏書家喜好鈔書且鈔本頗精者，有朱存理、錢穀、
錢允治、吳寬、柳僉、吳岫、王世貞、葉盛、趙琦美、葉樹蓮、王寵、文徵明、陸
師道、祝允明、沈周、史鑑、邢參、楊儀、楊循吉、顧元慶、都穆、俞貞木、趙宧
光、文彭、孫艾、馮舒、馮班、毛晉、陸貽典、錢曾、毛扆等人。〔註280〕且據學者
表示：「在蘇州產生的有名抄手，如朱性甫（存理）、錢叔寶（穀）、錢允治等人，他
們傳抄的書籍在清中葉仍是收藏家寶貴的對象。」〔註281〕直到今日，明代蘇州藏書
家抄本仍爲人所愛者計有吳抄（長洲吳寬叢書堂抄本）、葉抄（崑山葉盛賜書樓抄
本）、文抄（長洲文徵明玉蘭堂抄本）、沈抄（吳縣沈與文野竹齋抄本）、毛抄（常熟
毛晉汲古閣抄本）、錢抄（錢穀叔寶抄本）諸家。〔註282〕

〔註276〕《第六絃溪文鈔》，卷二，〈讀知不足齋賜書圖記〉，頁 36。

〔註277〕《中國出版簡史》，頁 164。

〔註278〕《讀書敏求記》，卷四，〈高常侍集十卷〉，頁 143～144。

〔註279〕葉樹聲，〈明代南直隸江南地區私人刻書概述〉，頁 222。

〔註280〕見《藏書紀要》，第三則，〈鈔錄〉，頁 16～17。此外，關於明代蘇州著名鈔書家，亦可
　　　　考見李清志，《古書版本鑑定研究》（台北：文史哲出版社，1986 年 9 月初版）書中之
　　　　〈明清著名鈔書家表〉，頁 265～270；以及劉兆佑，《認識古籍版刻與藏書家》（台北：
　　　　臺灣書店，1997 年 6 月初版），頁 62～64。

〔註281〕邱澎生，〈明代蘇州營利出版事業及其社會效應〉，頁 142。

〔註282〕《中國出版簡史》，頁 164。有關現存明代藏書家抄本名稱，亦可參見陳宏天，《古籍版

除了抄書以外，明季蘇州的藏書家也開始和外地的藏書家謀求藏書互通之約。如錢謙益曾經和福建兩大藏書家閩縣徐㷆與侯官曹學佺（1574～1647）有藏書互通之約，據載：

> 萬曆己卯（七年，1579），（徐㷆）偕其子（徐延壽）訪錢謙益，約以
> 互搜所藏書，討求放失，復尤遂初（袤，1127～1194）、葉與中（盛）兩
> 家書目之舊，能始（曹學佺）亦欣然願與同事，會亂旋卒。〔註283〕

其實錢謙益「絳雲樓」藏書早期祕不示人，乃因遭逢回祿之後，自悔書籍聚於一人，可能盡毀於一炬，才意識到古書恐將因此不傳。這次與徐、曹二人藏書互通之約雖無結果，後仍「深懲其失，而與崑山徐氏（乾學）、四明范氏、金陵黃氏（虞稷），共申借書之約，以使古人心血，藉傳鈔而廣布，得以不墜。」〔註284〕後來，錢謙益甚至認為將藏書公開讓人使用，才是善守藏書之法。〔註285〕

總之，明代蘇州藏書家對於藏書的流通所抱持的態度較之他處更為寬容，且藏書家的性格富於人情味。如萬曆十七年（1589）夏天，趙琦美曾向秦四麟借觀《文中子元經》，秦四麟舉以贈之；趙琦美則又告訴秦四麟最近獲得《錄異記》一書，秦四麟當場又向趙琦美借閱該書。趙琦美回去後沒有幾天，就抄一本《錄異記》回贈秦四麟。〔註286〕吳地藏書家以禮相待，又禮尚往來，達成藏書流通的目的，則吳地藏書家藏書的交流頻繁，亦當為明代蘇州藏書生活中重要的活動與特色之一。

三、藏書內容的崇尚

藏書是因為喜好與興趣，對於藏書的內容，藏書家也多各自有其特殊偏好，正所謂「凡為藏書家者，皆有嗜尚之癖者也。」〔註287〕或因物質條件的影響，或因時代風氣的崇尚，或因藏書家本人的嗜癖，都將影響著藏書家的收藏內容。如「宋代私家藏書，多手自繕錄，故所藏之書，鈔本為多。」〔註288〕這是因為物質條件的關係，藏書家幾乎沒有其他的選擇而產生的情況。至於明代蘇州的藏書家，

本概要》（台北：洪葉文化事業有限公司，1992年10月初版）書中之〈現存明清抄本及其特點〉，頁116～119。

〔註283〕《明詩人小傳稿》，卷五，頁162。

〔註284〕柳作梅，〈牧齋藏書之研究〉，頁79。

〔註285〕謙益曾說：「子又生子，孫又生孫，以守為守也。藏之名山，傳諸其人，以傳為守也。蔡中郎之盡歸王粲，廬山李氏之公人誦讀，此善守之法也。」見《牧齋有學集》，卷二六，〈黃氏千頃齋藏書記〉，頁996。

〔註286〕《士禮居藏書題跋記》，卷四，〈錄異記八卷〉，頁168。

〔註287〕《中國歷代典籍考》，頁383。

〔註288〕袁同禮，〈宋代私家藏書概略〉，頁186。

因為社會環境的變遷與文人風氣的影響，在他們的收藏內容之上，都呈現不同的個人偏好。其中尤其以崇尚宋、元版刻，更是別具特色，蔚為潮流，足稱為明代蘇州的藏書特色。

明初吳地的藏書並無特重宋、元刻本的偏好，蓋因去宋、元不遠，且元、明易代之際，蘇州受到戰火蹂躪的程度不大，故藏書家所藏宋、元刻本尚多。如虞氏為明初長洲最早的大藏書家族，自宋代虞允文至明代虞堪，積書甚富。朱存理嘗慕名而造訪，虞堪孫虞湜即隨意以數種宋版書贈之。朱存理曾述其所贈之書云：「所遺盛唐詩數家，莊、列、諸子等書，皆宋時紙版，經收藏之家凡幾，印章累累相屬。」〔註289〕蓋當時俞氏的收藏內容，宋本占了絕大部份，而當時宋版書似乎也不為人所重視，否則藏書家怎會有如此慷慨之舉。

到了明代中後期，蘇州文苑裡充斥與瀰漫著一片復古的氣氛。復古的原因，乃因政治環境的影響，以及對宋元以來文學的反省。〔註290〕「直切論之，是對明中葉以後日趨尖銳的種種社會矛盾的反映；遠而言之，則是對明初以來思想文化的高壓政策和萎靡不振之詩風文風的反動。」〔註291〕所以，在文人對於種種社會與學術現況極度不滿的情況下，產生復古的主張是可以理解的。而藏書家皆為文人，文壇上既然盛行復古的主張，自然在藏書上也以復古為取向，盡量以蒐集古書、古刻為主，形成一種崇尚奇祕的社會風氣。至於奇祕的內容，時人指出：

> 山巖屋壁之藏，牧豎之所間值。丹鉛星曆之譜，方技之所共珍。晉、梁隱怪之譚，好事之所掇拾。唐宋浮沉之業，遺裔之所世藏。……又如朝署典章，都邑簿記，地多遐僻，用絕迂繁，仕宦僅攜，商賈希齎。諸家悉備，此可缺如？又如畸流洽客，領異拔新，時出一編，人所未睹，非其知暱，餉遺何繇。凡此數端，皆極難致，必多方篤好，庶幾逢之。〔註292〕

所以明代士人之所以好奇炫博，實導因於前七子之復古運動，且「此種好奇之風氣，用於聚書，則專蒐祕笈異書。」〔註293〕明人又指出：

> 夫六經安往而非文章，豈其有一言之俚如俗儒者哉？豪傑之士病其衰弱，而欲返之先秦、西京之盛，文自老莊、屈、宋、左、馬、董、賈、

〔註289〕《樓居雜著》，〈記虞氏書冊〉，頁10。

〔註290〕簡恩定，〈明代文學何以走上復古之路？〉，收入《古典文學》第十集（台北：臺灣學生書局，一九七九年版），頁169～189。

〔註291〕廖可斌，《明代文學復古運動研究》（上海：上海古籍出版社，1994年12月第一版），頁1。

〔註292〕《少室山房筆叢》，卷四，〈甲部・經籍會通四〉，頁54。

〔註293〕《明代考據學研究》，第一章第三節，〈明代考據學之內容〉，頁32。

卿、雲，詩自建安、大曆以下，屏諸耳目之外。其於振古功最烈，而末
流遂有模儗剽剝之患，糕裘而狐袖，羊質而虎皮，梔黃而蠟澤，倍六經
遠矣。〔註294〕

而且他們認爲古書的優點，乃在於善本較多，不若時下所刻書籍舛誤甚多。根據他
們的看法，「唐以前，凡書籍皆寫本，未有摸印之法，人以藏書爲貴，人不多有，而
藏書者精於讎對，故往往皆有善本。」〔註295〕所以，當時只要是一些古書或祕籍出
現，馬上就會被藏書家收購庋藏。明人又云：

藏書者無問冊帙美惡，惟欲搜奇索隱，得見古人一言一論之祕，以廣
心胸未識未聞。致於夢寐嗜好，遠近訪求，自經書子史，百家九流，詩文
傳記，稗野雜著，二氏經典，靡不兼收。故常景耽書，每見新異之典，不
論價之貴賤，以必得爲期，其好亦專矣。〔註296〕

但是這些唐、宋之前的書籍數量不多，不能普遍滿足藏書家的需要，於是，他們漸
漸轉而崇尚宋、元刻本，以之爲主要收藏對象。當時宋、元版書籍不僅數量較多，
而且書籍製作的品質也較高。所以明代「書所以貴宋板者，不惟點畫無訛，亦且箋
刻精好，若法帖然。」〔註297〕況且「宋元刻書，雕鏤不苟，校閱不訛，書寫肥細有
則，印刷清朗，況多奇書，未經後人重刻」，〔註298〕以致造成明代蘇州藏書家也趨
之若鶩的盛況。雖然宋本並非全部爲善，間亦不乏錯誤乖舛者，如《四庫提要》評
宋本《劉隨州集》云：

編次叢脞頗甚，諸體皆以絕句爲冠，中閒古體，近體亦多混淆。……
不知何以舛繆至此，蓋宋本亦有善不善，不能一一精核也。〔註299〕

但是明代蘇州藏書家認爲雖然「宋板不必盡是，時刻不必盡非，然較是非以爲常，
宋刻之非者居二三，時刻之是者無六七，則寧從其舊也。」〔註300〕所以，明人對於
宋、元版刻的喜愛，依舊篤好不移。此外，當時藏書家搜集宋、元版書籍，也有因
類別而區分價格的高低。《蕉窗九錄》載：

海內名家評書次第，爲價之輕重，以墳典、六經、騷、國、史記、漢

〔註294〕《大泌山房集》，卷一二，〈于于亭集序〉，頁28～29。
〔註295〕《蕉窗九錄》，〈讎對〉，頁20。
〔註296〕明・高濂，《雅尚齋遵生八牋》（北京：書目文獻出版社，不注出版年，據明萬曆19年
　　　　自刻本縮印），卷一四，〈燕閒清賞牋・論藏書〉，頁410。
〔註297〕《五雜俎》，卷一三，〈事部一〉，頁1092～1093。
〔註298〕《雅尚齋遵生八牋》，卷一四，〈燕閒清賞牋・論藏書〉，頁410。
〔註299〕清・永瑢等，《欽定四庫全書總目》（台北：藝文印書館，1997年9月初版七刷），卷一
　　　　四九，〈集部・別集類二〉，頁2963。
〔註300〕《楹書偶錄・續錄》，卷三，〈宋本管子二十四卷十冊一函〉，頁378。

書、文選爲最，詩集及百家醫方次之，文集、道釋二書又其次也。〔註301〕
過沒多久，連宋、元刻本也被藏書家蒐羅殆盡。由於明代的兩次文學復古運動，「從
弘治中期到萬曆年間持續百年之久。一般文人都不滿足於四書五經和當時的詩
文，要求多讀古書，但是此時宋本古書已經很難買到。」〔註302〕在消費者強烈需
要且利潤豐厚的情形下，書籍流通市場上翻刻宋、元書籍，以及僞造古籍或宋、
元刻本的情形驟然大興，蔚成熱潮，自明初以來，可說此時最爲盛行。再加上由
於宋、元刻書品質較爲嚴謹，閱讀頗爲方便，於是朝廷刻書也開始傚效，列爲固
定格式，所以正德、嘉靖年間吳中的翻宋、仿宋熱潮，其發生的成因可以說是當
時文壇上復古運動的影響，以及「官定版式客觀上的推波助瀾作用。」〔註303〕尤
其蘇州文人自明初以來屢因文字獄而遭禍，致「使大批學者走上習古之路。」〔註
304〕再加上受到蘇州「尙趣」與「博學」、「好古」等傳統的影響，〔註305〕明代吳
地的藏書家對於此波收藏宋、元刻本的熱潮更是風行景從。如王世貞建「爾雅堂」
專收宋刻，其弟王世懋「亦多宋梓。」〔註306〕甚至稍後的錢謙益、毛晉、錢曾等
人，藏書更是以專收宋、元刻本爲主。至於蘇州當時則是翻刻宋、元版書籍的中
心，刻印品質極佳。據今人研究指出：「明正、嘉間，覆刻宋本之風頗盛，而以吳
中爲最著，且大率出於私家。蓋吳中富庶，人文蔚起，刻者有求精之力，而不必
期於牟利也。」〔註307〕

在一片復古風習以及崇尙宋、元刻本的文化氛圍之下，書籍僞造的情形也始於
明代，經常爲後世學者抨擊詬病。《第六絃溪文鈔》載：

> 妄改之病，唐、宋以前，謹守師法，未聞有此。其端肇自明人，而盛
> 于啓、禎之代。凡漢、魏叢書，以及稗海、說海、秘笈中諸書，皆割裂分
> 并，句刪字易，無一完善，古書面目全失，此載籍之一大厄也。〔註308〕

書業賈人不僅僞作書籍，甚至在銷售上，也採欺騙的卑鄙手段。例如「令人先聲指

〔註301〕《蕉窗九錄》，〈論書〉，頁 17。
〔註302〕《古籍版本概要》，頁 78。
〔註303〕李慶濤，〈關於明代中葉的翻宋仿宋刻書--兼談我省有關藏本及其著錄問題〉（《青海圖書館》，1981 年第一期），頁 22。
〔註304〕韓建新，〈明清時期江蘇私家刻書初探〉（《江蘇圖書館學報》，1987 年第三期，1987 年6 月），頁 47～48。
〔註305〕《明代蘇常地區出版事業之研究》，頁 74。
〔註306〕《少室山房筆叢》，卷四，〈甲部・經籍會通四〉，頁 65。
〔註307〕屈萬里等，《圖書版本學要略》（台北：中國文化大學出版部，1986 年 10 月增訂版），卷二，頁 59。
〔註308〕《第六絃溪文鈔》，卷一，〈校書說二〉，頁 23。

為故家某姓所遺，百計瞽惑」，甚至「多混名家收藏者」，〔註309〕以瞞天過海的方式誆騙販賣。而且「明季士風浮偽，喜以藏蓄異本為名高。其不能真得古書者，往往贗作以炫俗。」〔註310〕所以當時若非善鑒之人，往往受騙上當。雖然士人為求附會時尚，往往也會購買贗品收藏，不過明代蘇州的藏書家則對自己的藏書要求極高，其中又不乏博學精鑒者，雖好收藏宋、元祕籍，卻非僅為美化齋室而已。他們認為若是收藏贗品，則違背吳地文人尚趣的傳統，有失之庸俗之弊。所以他們強調：「蓄聚既多，妍蚩混雜，甲以次地，毫不可訛。若使真贗並陳，陳舊錯出，如入賈胡肆中，有何趣味？」〔註311〕

　　到了明末，宋、元古刻越來越少，蘇州藏書家開始重視明中葉以前的刻本。其實明代早期所刻的書籍本來價格十分便宜，到了明代中葉以後，才因藏書家之偏好而水漲船高，受商人哄抬而價值不菲。謝肇淛指出：

> 建安楊文敏（榮，1371～1440）家藏書甚富，裝潢精好，經今二百年，若手未觸者。余時購其一二，有鄭樵《通志》及《二十一史》，皆國初時物也。余時居艱，亟令人操舟市得之，價亦甚廉。逾三月，而建寧遭陽侯之變，巨室所藏，盡蕩為魚鱉矣；此似有神物呵護之者。今二書即百金索之海內，不易得也。〔註312〕

明末的藏書家們認為「明嘉、隆以前，去宋、元未遠，所刻古書，儘多善本」，例如當時「顧亭林（炎武）已甚重之。」〔註313〕蓋顧氏所尚者，乃明嘉靖、隆慶之前所印之覆刻宋本。又如明末之吳翽，亦不好宋本，家藏明人文集，竟達三千七百家之多。而毛晉除了專嗜宋、元之外，也兼收時下善本，而「此處所稱『時下善本』，應泛指明代所刻之書」〔註314〕。

　　由於書商作偽的情形非常嚴重，加上刻印不精，校讎不密，甚至妄加增改，而一些好書卻沒有被刊印發行，所以到了明末清初，蘇州有些藏書家「開始對抄錄書本有興趣了，並且視之為善本，爭相收藏。」〔註315〕如葉樹廉獨與世異，雖說當時蘇州如錢、毛諸家皆以宋、元刻本為貴，而葉樹蓮則獨好宋、元鈔本，此即與藏書家本身的特殊癖好有關。

〔註309〕《蕉窗九錄》，〈論書〉，頁 17。
〔註310〕《欽定四庫全書總目》，卷一二六，〈搜采異聞集五卷〉，頁 2519。
〔註311〕《長物志》，卷五，〈書畫〉，頁 1。
〔註312〕《五雜俎》，卷一三，〈事部一〉，頁 1091。
〔註313〕《書林餘話》，卷下，頁 665。
〔註314〕沈津，〈明代坊刻圖書之流通與價格〉，頁 114。
〔註315〕周克治，〈古書風貌〉，頁 20。

　　總之，明代蘇州的藏書，在不同的時期，藏書家有不同的偏好。大略明初尚廣博而不尚版本，正德、嘉靖以後崇尚宋、元，明末清初除了繼續崇尚宋、元刻本以外，更有崇尚手抄本與明初刻本的傾向。若以藏書家刻書來看，如「顧元慶大石山房刻印的《顧氏四十家小說》，所收全是自藏明代史料。毛晉父子藏書達八萬四千餘冊，其中尤多宋、元善本。」〔註316〕兩位不同時期的藏書家，對於藏書內容的崇尚也不相同，因此可以約略看出明代正、嘉和啓、禎這兩個時期吳中藏書家的藏書風尚與偏好。

四、蘇州藏書家的氣度與胸襟

　　根據今人研究指出，自古以來藏書家的胸襟大略有五種：一是「寧存書種，不苟富貴」；一是「祕藏深鎖，誓不借人」；一是「互通有無，求借必資」；一是「公開印行，傳存文化相火」；一是「佐資校勘，豐富中央藏書。」〔註317〕其中除了第二種屬於較爲自私而狹隘的藏書氣度外，其餘皆爲比較開闊的藏書襟懷。而明代蘇州的藏書家之中，正德、嘉靖以前，多爲氣度開闊者，從萬曆以後，則以自私小器型居多。

　　葉盛爲明代吳地大藏書家，蓄書甚勤。他雖遍訪藏書故家，然並不以巧取豪奪、不擇手段的聚書方式求書。例如他在朝爲官，當時長洲虞氏雖爲藏書故家，然家道已落，家藏圖籍如風中殘燭，隨時有散亡之慮。葉盛造訪其家，當時虞氏子孫當家者爲虞湜，貧窮且臥病在床。葉盛不但不爲掠販之舉，反薦舉虞湜子爲官，望其家道再興，俾其家藏書不散。朱存理說：

　　　　公於其家遺書一無所取，止持《丞相奏議》一部，付廣州守沈琮刊行。

　　　復見其幼子拳（應爲權），言於巡撫劉公，薦爲吳江縣陰陽學正術，葉公

　　　有詩示拳，眷顧之意甚至。〔註318〕

沈周以厚德著聞於吳中。據說他曾經用很多的錢購買古書一部，放在書齋裡面。有一天客人到他家拜訪，看到那一部書，便問他怎麼會有這一部書。沈周覺得非常疑惑，便反問客人爲什麼這樣問。客人回答說這本書本來是他的，不見已經很久了，不曉得怎麼會跑到沈周的家裡。沈周問客人說：「你能夠證明這本書是你的嗎？」客人回答在某卷某頁，他曾經記了某事在上面。沈周確定無誤，立即將書奉還給客人，

〔註316〕葉萬忠，〈蘇州歷史上的刻書和藏書〉，頁413。

〔註317〕見吳哲夫，〈古代藏書家的胸襟〉（《故宮文物月刊》，第六卷第一期，1988年4月），頁38〜45。

〔註318〕《樓居雜著》，〈記虞氏書冊〉，頁10。

並且沒有說出向誰買到的，也沒有去責備賣書的人。〔註319〕藏書家於書能有沈周這種寬宏大度者，實不多見。

楊循吉一生辛勤收書，無奈晚年子孫不肖，不好守其藏書。他喟歎的表示願將藏書贈送給朋友中好讀書者，而不願讓書給子孫拿去變賣。他有詩云：「奈何家人愚，心惟財貨先。墜地不肯拾，斷爛無與憐。朋友有讀者，悉當相奉捐。勝付不肖子，持去將鬻錢。」〔註320〕

以上為明中葉以前藏書家對於藏書方面所表現出來的胸襟與氣度，大多是屬於開闊與寬大的類型，誠不愧為明代吳中藏書先輩，風流足為後人效法。然至萬曆以後，吳地藏書家的氣度則多為自私而狹隘的類型，不復以往吳中先輩之餘韻。雖說也有流通書籍之約，然為聚書方法之一，不能與氣度相提並論。

錢允治曾經告訴錢謙益願意將自己的藏書舉以贈之，不料事後卻後悔而食言，令錢謙益感到非常生氣。錢謙益述云：

> 功甫名允治，介獨自好，不妄交接；口多雌黃，吳人畏而遠之。……一日語余：「吾貧老無子，所藏書將遺，不知何人？明日，公早來，當盡出以相贈。吾欲閱，更就公借之，何如？」余大喜，凌晨而往，坐語良久，意色閟默，不復言付書事。余知其意，亦不忍開口也。……無何功甫卒，藏書一夕迸散，鈔本及舊槧本皆論秤，擔負以去，一本不直數錢也。〔註321〕

趙琦美的器量更為狹窄。他性嗜典籍，多方積聚，因此「脈望館」以藏書著名吳中，然「所裒聚凡數萬卷，絕不以借人。」〔註322〕不料死後，「脈望館」藏書卻盡為錢謙益所有。據說：

> 錢謙益見刑部郎中趙玄度（琦美）兩世科甲，好積古書文畫，價值二萬餘金，私藏武康縣山間。後乘身故，欺其諸男在縣，離隔五百餘里，罄搶四十八櫥古書歸來，以致各男含冤，焚香咒詛，通縣盡知。〔註323〕

此說雖為媾罪之疏詞，然並非空穴來風。趙琦美曾以修宋以後四史之志未終，而託錢謙益以成之，並且承諾願以所藏書籍全數與之，然至死之日，仍未兌現其諾言。

〔註319〕《西園聞見錄》，卷一五，〈厚德〉，頁866。

〔註320〕《靜志居詩話》，卷八，頁721。

〔註321〕《牧齋初學集》，卷八四，〈題錢叔寶手書續吳都文粹〉，頁884。

〔註322〕《煙艇永懷》，卷三，頁102。

〔註323〕此段張漢儒所言本收入《虞陽說苑甲編》第五冊《張漢儒疏稿》，轉引自周法高，〈錢牧齋收藏之富與晚年家道中落之原因〉（《大陸雜誌》，第五八卷第四期，1979年4月），頁179。

後來錢謙益據趙琦美生前所言，強行掠奪其書，趙氏子孫在毫不知情的狀況下，但見家藏書籍無端爲人綑載以去，當然心有不甘。且由錢曾亦曾言及錢謙益此舉，致武康山中，白晝鬼哭。可見錢謙益爲了獲得趙氏家藏圖書而毫不留情，亦非胸懷大度之人。此外，他的藏書也是祕不示人，當時便有人罵他說：「好自矜嗇，傲他氏以所不及，片楮不肯借出，儘有單行之本，燼後不復見於人閒。」〔註324〕

至於明代蘇州藏書家爲何會由前期的寬大轉變成後來的狹隘，史料中並無明白之記載，不過筆者相信和明代正、嘉年間蟬林崇尚奇祕的風氣有關。因爲到了明末，由於稍早崇尚奇祕的風氣，使得一些古書祕本被人蒐購一空，因此古書變得相當珍貴罕見，後來的人要得到古籍並不容易，所以一旦得之，往往存放於私篋密室，重加鎖鑰而深藏不以示人。這種風氣到了清代更爲擴大，清人有云：「古書固不容吝，第得之太易，則人不知珍惜。昔人以鬻及借人，並稱不孝，良有以也。」〔註325〕清人甚至對藏書家自私的負面心態加以鼓勵。且「藏書要受到財力、見識、環境、機運等諸多條件之限制影響，缺一則無緣藏書矣，其難如此，又何怪愛書藏書之人視書如命呢？」〔註326〕尤其是在明代中後期，政治腐敗，物價騰貴，王世貞買一套前、後漢書，竟然需要變賣一座莊園；而後來的錢謙益購買這套書，也花了一千二百兩。至於毛晉購書，甚至按葉計價，古書之珍貴如此，怎能不讓藏書家視若拱璧，藏之惟謹呢？

雖說明末古書難得至此，蘇州藏書家中仍有豁達之例。如毛晉就屬當時蘇州藏書家中氣度之大者，「他不像當時一些官僚、地主藏書家，得了珍善本秘不示人、束之高閣，而是將珍本公之於世，作爲他校勘和出版的底本。」〔註327〕毛晉雖不以原書示人，其實乃出於保護古籍的愛書之心；而將其刊印出版，化身千萬，則秉持明代吳中藏書先輩之遺德，爲寬達與自私兩種心態之揉合而昇華者。此外，又如歸莊嘗刻其祖父歸有光所作之應試論策成書而公諸於世；由於其中不錄文集，應邑人要求，他也毫不吝嗇的將家藏秘本示諸世人，並提供家藏原刻鏤版。他說：「應試策論，昔年刻，文集置之不錄。既而以其便於後學，乃別刻單行。然鏤版麤惡，歲久復多損壞，茲以時尚論策，同邑諸陸諸君子謀重梓之。」〔註328〕雖然後來他拿出來的舊版無濟於事，但他這種樂於提供奇書祕本以佳惠藝林的作風，也堪爲當代藏書家之典範。

〔註324〕清·曹溶，〈絳雲樓書目題詞〉，頁2。
〔註325〕《第六絃溪文鈔》，卷二，〈藏書二友記〉，頁35。
〔註326〕殷登國，〈藏書癖〉，頁28。
〔註327〕華人德，〈明代中後期雕版印刷的成就〉(《蘇州大學學報》哲學社會科學版，1988年第三期)，頁118。
〔註328〕《歸玄恭先生年譜》，頁38，康熙3年甲辰條下。

第五章 蘇州私人藏書對生活與文化的影響

第一節 保持學術文化的傳承

　　文字爲人類智慧與經驗記載之始，從文字發明以來，人類的活動紀錄才較爲清楚。關於文字之重要性，明代崑山人王應電嘗曰：

> 王政之始，經藝之本也。粵昔大猷之時，氣化純完，文字闡揚，于是
> 經恒明，政日休。自時厥後，氣化漓而文字舛，六籍散而治教龐，蓋文字
> 之興衰，實與道化相爲倚伏，故聖者作之，明者述焉，昭代之所隆，而否
> 德之所略也。〔註1〕

而大量文字的結合，就成爲書籍。文字乃紀錄人類活動歷程的工具，最終承載人類知識與經驗者就是書籍。「從整體上說，圖書是人類物質生活及文化生活賴以進步重要手段，它可以幫助人們把社會實踐中所獲得的經驗傳播開來，並且保存下去，因此對於知識、經驗來說，它有累積性、傳遞性。」〔註2〕明人深知書籍的重要性，曾指出：

> 書之所載，人心醇疵貞僻之跡具焉。貞僻作於心，動於言行，而載之
> 書。讀之者感乎其心，隨所薰而化矣。……凡耳目睹記，方策記載，醇疵
> 貞僻，莫不有決擇取舍，浸灌磨礱之益，故曰多識前言往行，以畜其德也。〔註3〕

將書聚集起來，經過整理補葺，加以利用和妥善儲存以流傳後世，就是藏書，而其

〔註1〕 《國朝獻徵錄》，卷一一五，〈王應電傳〉，頁103。

〔註2〕 《中國書史》，頁5。

〔註3〕 明・歐陽德，《歐陽南野先生文集》（《四庫全書存目叢書》集部八一冊，台南：莊嚴文
　　　 化事業有限公司，1997年6月初版，據中國社會科學院文學研究所藏明嘉靖刻本影印），
　　　 卷四，〈壽州學藏書記〉，頁29～30。

中為私人之力所為者，就是藏書家。圖書自古以來，由於天然以及人為的災禍，往往容易散佚而不復存在於人世。明人謝鐸（1435～1510）嘗嘆曰：

> 嗟夫！自秦人坑焚之餘，天下之所謂文獻者，蓋已不能存什一於千百，其不足徵也久矣。君子生乎千百載之下，而欲考論於千百載之前，以盡知天下之文獻，不已難乎？〔註4〕

至於將散亡之書從浩瀚的人世間發掘出來加以聚集整理與補齊，正是藏書家對人類的主要貢獻之一。尤其政府藏書很容易因為朝代興替而散亡，因此在中國古代的社會裡，藏書家通常發揮出保存典籍以流傳後世的功能。

明代由於藏書事業的突飛猛進，大量的藏書家對於整個人類知識及經驗的縱向與橫向傳播，可以說相當重要。藏書家往往因為藏書眾多，閱過的書籍也較為廣泛，所以在當時文人皆好杜門著述以成風雨名山之業的時代背景裡，從事著述對於藏書家們來說，更是得天獨厚。他們通常在著作的內容上，以個人所好作為取決基準，有時還甚至會超越文壇的流行與傳統，所以更能從各種不同的文化角度來保持學術與知識的傳布。尤其當時蘇州是江南地區藏書事業的中心，更是扮演著極為重要的角色。如劉昌嘗欲編輯明代風雅廣選之文為一書，有鑑於「明興以來，作者日富，而編聚鮮人，乃力求彙訂，稍成倫敘，命為《大明文要》。起洪武，迄成化，得二十七帙，可五十卷」，俾「來者有志，當為權輿。」〔註5〕事雖未竟，然藏書家有志將所藏書籍加以整理消化，以供學術利用之情境，令人感動。而王世貞潛心著述，也曾將其所藏所閱之書籍轉化為著作。當其大作《弇州山人四部稿》問世時，明代學者便給予極高的評價與肯定，時人讚云：

> 當嘉隆萬曆之際，亡論藝士鴻流，薄海內外，無不思服。即嬰兒走卒，里婦擔夫，西南裔夷，江淮草木，靡弗知有弇州先生（王世貞）也者。遂使金石之藏，延互六合；珠璣之散，充斥八表。至四部二稿出，而古今著述，盡廢於我明矣！〔註6〕

此外又如顧炎武，也曾「取家藏經史，累朝實錄，及天下郡縣志書，一代奏疏文集，遍閱之，有得即錄，積四十餘帙，名曰：《天下郡國利病書》。」〔註7〕類似這樣的

〔註4〕 明‧謝鐸，《桃溪淨稿》（《四庫全書存目叢書》集部三八冊，台南：莊嚴文化事業有限公司，1997年6月初版，據原北平圖書館藏明正德16年台州知府顧璘刻本影印），卷四，〈郭氏文獻錄序〉，頁2～3。

〔註5〕 《蘇材小纂》，〈劉大參先生〉，頁26。

〔註6〕 明‧胡應麟，《少室山房類稿》（《續金華叢書》二九冊，台北：藝文印書館，1971年版，據原刊本影印），卷八一，〈弇州先生四部稿序〉，頁2。

〔註7〕 《國朝耆獻類徵初編》，卷四○○，〈儒行六〉，頁138～139。

例子，考之明代蘇州的藏書界，可以說是屢見不鮮。

　　明代吳地藏書家的書目，往往也能將當代專門類別的知識紀錄加以匯聚保存，成爲後世研究者入門的依據。如趙琦美「不僅在《脈望館書目》中著錄了一批戲曲、小說作品，還手抄手校元明雜劇二四二種，編成《脈望館抄校本古今雜劇》。」〔註8〕趙氏所爲，可說是保存了當代的學術類門，俾供後代研究者按圖索驥，居功厥偉。

　　在書籍的蒐訪與葺亡補遺的工作上，明代吳地的藏書家更是出錢出力，經年累月，爲保存中國學術典籍的傳承做出最大的努力。例如王世貞有鑑於「世所傳《孤樹裒談》，不知其人」，「又有《今獻彙言》、《皇明典故》與裒談相出入」，於是「時時從人間抄得之，因集爲書，凡百卷，曰《明野史彙》。」〔註9〕觀王世貞所爲，實爲有益人類學術文化傳承之舉。而趙琦美對於散亡圖籍的補葺，更是不遺餘力。《藏書紀事詩》載：

　　　　趙玄度（琦美）初得李誡《營造法式》，中缺十餘卷，遍訪藏書家，
　　　罕有蓄者。後於留院得殘本三冊，又借得閣本參攷；而閣本亦缺六七數卷，
　　　先後蒐訪竭二十餘年之力，始爲完書。圖樣界畫，最爲難事，用五十千，
　　　命長安良工，始能措手。令人巧取豪奪，溝瀆易盈，焉知一書之難得如此。〔註10〕

經過趙琦美長達二十年的努力，使得殘缺以久的《營造法式》得以復爲完璧，重新呈現在世人眼前。趙琦美之所以願意爲了藏書做出這麼多的犧牲與奉獻，就是因爲他將保持學術文化傳承的工作視爲自己應負的責任。錢謙益說：

　　　　（趙琦美）居恒厭薄世之儒者，以謂自宋以來，九經之學不講，四庫
　　　之書失次，學者皆以治章句取富貴爲能事，而不知其日趨於卑陋。欲網羅
　　　古今載籍，甲乙銓次，以待後之學者。損衣削食，假借繕寫，三館之秘本，
　　　兔園之殘冊，刱編韱翰，斷碑殘壁，梯航訪求，朱黃讎較，移日分夜，窮
　　　老盡氣，好之之篤摯，與讀之之專勤，蓋近古所未有也。〔註11〕

趙琦美於保存學術與文化傳播，不惜損衣削食，勤蒐力訪，透過藏書活動以保存人類知識與經驗的傳遞流布，堪爲蘇州藏書家的表率。

　　抄書不但是藏書家們流通書籍的主要方式，也是保障典籍傳承後世的重要方法。抄書對傳播學術文化的確有其重要性，今人研究指出：

　　　　個別人的鈔書匯合起來就成爲一種社會性的行動。鈔書是圖書流傳的

〔註8〕周少川，《古籍目錄學》（鄭州：中州古籍出版社，1996 年 1 月第一版），頁 166。
〔註9〕《皇明書》，卷三九，〈文學〉，頁 23。
〔註10〕《藏書紀事詩等五種》，卷三，頁 189。
〔註11〕《牧齋初學集》，卷六六，〈刑部郎中趙君墓表〉，頁 738。

第二條重要途徑，鈔書爲未及付梓的圖書提供了千百份副本，這些副本分

散在萬戶千家，這樣即使遭到戰亂兵火，它也絕不可能一散俱散。〔註12〕

明代蘇州藏書家喜好抄書者很多，已見前述，其中尤其是明末清初的毛晉，利用「影抄」的方法，不但將古書的原貌徹底的保留下來，而且沒有任意增刪。影抄的好處在於就算原刻本亡佚了，仍然能夠透過影抄本看到眞實呈顯的原書複本。所以，「影抄一般不像傳抄那樣容易產生遺漏等錯誤」，〔註13〕對於保存學術的功勞，較之刻印古書，實有過之而無不及。

明代吳地的藏書家在保存學術傳播的貢獻上，通常也表現在校勘的功夫上。其實校書有五難：一曰「不僞不漏之難」；二曰「資料不備之難」；三曰「資料太多之難」；四曰「無資料可憑之難」；五曰「資料是否可信之難。」〔註14〕而明代吳中的藏書家往往也都能一一克服這些困難，根據善本加以校讎勘誤，去蕪存菁，正本清源，對典籍與學術文化的保存做出非常重要的歷史貢獻。如《四庫提要》中載：

> 《馮氏校定玉臺新詠十卷》（兵部侍郎紀昀家藏本），國朝馮舒所校，
> 其猶子武所刊也。……徐陵《玉臺新詠》久無善本，明人所刻，多以意增
> 竄，全失其眞。後趙宦光得宋嘉定乙亥陳玉父刊本翻雕，世乃復見原書。
> 舒此本即據嘉定本爲主，而以諸本參核之，較諸本爲善。〔註15〕

趙宦光得善本即加以刊刻流傳，馮舒又據趙氏刻本及其他諸善本加以校勘，其侄馮武又再將馮舒校定本付梓流通，這正是明代蘇州藏書家對保存與傳承學術文化的最佳典範。爲了補全一書，透過數人之力，跨越時間界限而長期的通力合作，實在難能可貴。在中國古代文獻的保存工作上，也正因爲有這些藏書家的辛勤奉獻，古代文化才得以流傳至今。且「其精讎密勘，著意丹黃，秘冊借鈔，奇書互賞，往往能保存舊籍，是正舛誤，發潛德，表幽光，其有功於社會文化者亦至鉅。」〔註16〕

至於明代蘇州藏書家以刊刻一般典籍來保持學術文化的流通與傳播，更是貢獻卓越。所謂「刻書者傳先哲之精蘊，啓後學之困蒙，亦利濟之先務，積善之雅談也。」〔註17〕尤其是當時的蘇州，「基本上官刻本與家刻本的印書動機都是非營利性質」，

〔註12〕劉意成，〈私人藏書與古籍保存〉，頁 61。
〔註13〕《中國出版簡史》，頁 164。
〔註14〕王叔岷，〈論校書之難〉，頁 246～256。
〔註15〕《欽定四庫全書總目》，卷一九一，〈集部・總集類存目一〉，頁 3978。
〔註16〕吳晗，〈江蘇藏書家小史〉（《圖書館學季刊》，第八卷第一期，1934 年 3 月），頁 1。
〔註17〕清・張之洞，《書目答問補正》（台北：新興書局，1992 年 6 月版），卷五，〈勸刻書說〉，頁 217。

〔註18〕他們的主要用意乃在於將藏本化身千萬，裨便流傳，其保存典籍之心，令人千古都將爲之讚揚。且「事實上，我國古代文化與學術的發達和書籍的刊刻流傳，具有極爲密切的關係，而刊刻與流傳即是藏書家最有價值的貢獻。」〔註19〕明代蘇州的私家刻書相當興盛，尤其自中後期開始，更是一日千里。今人研究指出：

> 明代私家刻書在嘉靖以前尚屬不多，嘉靖以後才逐漸興盛，萬曆崇禎更加發達。正德嘉靖間，覆刻宋本之風氣頗盛，而以吳中私家刻書爲最著名。明代私家刻書，凡能據宋元舊本，精審校讎者，至今仍爲藏書家所珍視。〔註20〕

明代蘇州刻書業之所以如此繁興，當時藏書家的眾多是主要原因之一。〔註21〕其實「刻書與藏書，是互爲促進，互相因果的。」〔註22〕刻書滿足了藏書家的需求，造成藏書風氣的興盛；藏書風氣的興盛又給刻書業者帶來市場，使得刻書事業更加活絡起來。根據今人的研究指出：

> 明代私刻主要分布在江、浙兩省。這是因爲這兩個地區是私人藏書家聚居之地，藏書家有精良的版本作爲底本，刻書方便，質量也高，發展較快。〔註23〕

所以明代蘇州刻書事業的旺盛，藏書家應該是貢獻最多者。藏書家每以刊刻善本圖籍來保存古代典籍，俾便流傳後世，其「模印精工，校勘謹愼，遂使古來祕書舊槧化身千億，流布人間，其裨益藝林，津逮來學之盛心，千載以下不可得而磨滅也。」〔註24〕今人研究表示：

> 在明代，江蘇的藏書風氣很是普遍，因藏書而提倡刻書，如安國「桂坡館」（無錫）、顧元慶「大石山房」（蘇州）、王世貞「小酉館」（太倉）、毛晉「汲古閣」（常熟）等，都是當時著名的藏書家，而大多刻過書，不論在數量上質量上，都較官刻本爲優。〔註25〕

尤期是毛晉的「汲古閣」，更是明代蘇州藏書家刻書的翹楚。毛晉刻書的動機約略有

〔註18〕邱澎生，〈明代蘇州營利出版事業及其社會效應〉，頁140。
〔註19〕李家駒，〈我國古代藏書樓的典藏管理與利用（上）〉《教育資料與圖書館學》，第二五卷第一期，1987年），頁97。
〔註20〕潘美月，〈明代官私刻書〉，收入古籍鑑定與維護研習會專集編輯委員會編，《古籍鑑定與維護研習會專集》（台北：中國圖書館學會，1985年9月），頁126。
〔註21〕韓建新，〈明清時期江蘇私家刻書初探〉，頁46。
〔註22〕許培基，〈蘇州的刻書與藏書〉，頁211。
〔註23〕《中國書史》，頁198。
〔註24〕《書林餘話》，卷下，頁657。
〔註25〕沈燮元，〈明代江蘇刻書事業概述〉《學術月刊》，1957年第九期），頁81。

二：一是爲了刻書取值，販書圖利；一是爲了傳播學術與文化，保存古代典籍。學者指出：

> 毛晉縮衣節食，畢生的精力和金錢都用在購書刻書，一生共刻書六百五十餘種，版片十萬餘片，幾六千卷，八萬四千冊，數量之多，實居歷來私家出版事業之冠。所刊刻之書，上至漢唐，下至明清，經史子集無所不包，於古籍之傳播保存，居有極重要的地位。〔註26〕

據說毛晉家裡自備印書作坊，印匠二十人。且曾向其子毛扆說明：「吾縮衣節食，遑遑然以刊書爲急務，今板逾十萬，亦云多矣！竊恐祕冊之流傳，尚十不及一也。」〔註27〕「汲古閣」刻印古書的規模，確實不同凡響，其「保存文獻，有功藝林。」〔註28〕更值得一提的是，「『汲古閣』的不少書刻祖本宋元，并多經校勘。故『汲古閣』刻書，對於傳播古代文化，保留古代典籍，實有不可磨滅的功績。」〔註29〕且若與當時書坊所刻相互比較，毛晉以藏書家的專業從事刻書，對中國古籍的傳承，貢獻更偉。因爲他對自己刻印的書籍，都經過反覆地精校細審，擇善去蕪，而將善本流傳於世間，所以「他對文化事業的貢獻，遠遠超過歷史上與之同時的書商。」〔註30〕《藏書紀要》評曰：

> 汲古主人（毛晉）集大小各種宋刻《史記》一部，名曰：《百合錦史記》，以此對勘，方爲精詳而無錯誤者。〔註31〕

這種功夫，若非具備足夠的財力、富含深厚的版本目錄學基礎，以及本身充滿好事精神之藏書家有如毛晉者，一般市坊書賈，孰能爲之？尤其毛晉又好刊刻叢書出版，如《津逮祕書》，便是其一，至今仍然流傳於人間，並且獲得很高的歷史與學術評價。學者指出：

> 毛晉刻叢書之多，在於他本人不僅是刻書家，也是藏書家，肯出重價羅致善本，加上常熟名藏書家多，給他一個互借參証的好條件。因此，毛氏所刻多有秘籍佚典。毛氏刻書校勘不很精，但他在提倡文化和傳播古籍方面的貢獻是很大的。〔註32〕

〔註26〕林潛爲，〈毛晉《宋六十名家詞》初探〉（《大陸雜誌》，第九一卷第六期，1995年12月），頁42～43。
〔註27〕《書林清話》，卷七，〈明毛晉汲古閣刻書之二〉，頁387～388。
〔註28〕黃桂蘭，〈晚明文士風尚〉，頁149。
〔註29〕李致忠，〈明代刻書述略〉，頁149。
〔註30〕《中國古典文獻學》，頁213。
〔註31〕《藏書紀要》，第二則，〈鑒別〉，頁10。
〔註32〕韓建新，〈明清時期江蘇私家刻書初探〉，頁49。

毛晉勤於訪書聚書,並加以整理補全,彙成叢書而刊行之。叢書的特點在於同時收錄很多散佚的古籍,「就保存典籍和傳播文化而言,叢書作用更大,當其單本亡佚,在叢書中仍有保存流存。」〔註33〕

其實早在毛晉之前的正德、嘉靖年間,當時蘇州才剛剛興起崇尚宋刊元槧的風潮,有些藏書家便已經開始翻印古書。「這個熱潮,首先在當時文化最爲發達的以蘇州爲中心的地區發生,由文人倡導,家刻發起,延及官刻、坊刻,並很快地擴展到全國廣大地區。」〔註34〕當時如嘉靖時吳縣王延喆「恩褒四世堂」刻《史記集解索隱正義》,沈與文「野竹齋」刻《韓詩外傳》,袁褧「嘉趣堂」仿宋刻《大戴禮記》、《世說新語》和《文選注》;隆慶時崑山葉氏「菉竹堂」刻《雲仙雜記》和《清異錄》等,〔註35〕所刻皆爲明代蘇州藏書家刻書的精品與傑作。「由於他們都是大藏書家,注重善本並精加校勘,因而所刻書質量都很高,可與宋本媲美」,〔註36〕所以他們都對中國古代學術的傳承,做出了非常大的歷史貢獻,不但興起當時全國藏書家刻書的熱潮,並且讓我們得以在今日一些宋本皆已亡佚的情形下,重見宋本之原貌。

至於明代吳中書籍作僞的情形也確實非常嚴重,實際上多半是書賈所爲,並非藏書家之作。明代蘇州的藏書家對書籍多抱持發自內心的崇拜之意,〔註37〕且本身對書籍版本良窳又具專業的鑒別知識,加上明代文人普遍認爲刻書與校書若不嚴謹便是誤書的觀念下,故應不致作僞。間或稍有翻刻贋作者,多是爲了炫耀風流,並非蓄意造假,〔註38〕而這種情形也並不多見。此外,明代吳地藏書家多爲文會集團之成員,若因僞作古籍珍本而爲同好所知,又當如何能在集團中立足?況且一旦有過作僞的紀錄,就算其家眞的藏有秘籍珍槧,也必因個人的素行不良而容易遭人懷疑,失去其書應有的價值。所以明代「江蘇各地家刻,由於自己名望爲重,對於書稿進行精細校勘,選擇善本進行翻刻。」〔註39〕甚且「明正、嘉間,覆刻宋本之風頗盛,而以吳中爲最著,且大率出於私家。蓋吳中富庶,人文蔚起,刻者有求精之力,而不必期於牟利也。」〔註40〕故明代吳地藏書家刻書,其意乃在流通古籍與保

〔註33〕葉樹聲,〈明代南直隸江南地區私人刻書概述〉,頁226。
〔註34〕李慶濤,〈關於明代中葉的翻宋仿宋刻書─兼談我省有關藏本及其著錄問題〉,頁21。
〔註35〕《書林清話》,卷七,〈明毛晉汲古閣刻書之二〉,頁252~255。
〔註36〕《中國書史》,頁197~198。
〔註37〕如前述黃省曾拜《五經》之舉。
〔註38〕如王延喆僞刻《史記》,其意乃在炫耀其家刻工之精良,事見《書林清話》,卷一〇,〈明王刻史記之逸聞〉,頁542。
〔註39〕杜信孚,〈明清及民國時期江蘇刻書概述〉(《江蘇圖書館學報》,第七一期,1994年1月),頁54。
〔註40〕史梅岑,〈明代版本雕藝的文化價值〉,頁78。

存圖書，對其刻本的要求極嚴極精，往往是重質而不重利，並且相當謹慎地防止因為刻本的失陋而導致貽笑大方，進而有辱藏書家風，所以家刻本絕對不同於坊刻本，通常都是精品。有鑑於此，所謂「明人刻書而書亡」之論，對明代吳地藏書家而言，「固不宜當此惡詆也。」〔註41〕

所以，這些「明刻本不僅保存了有明一代學術、文化、科技等多方面的成就，記載多種內容的歷史資料；而且許多古代著作，依靠明代的重新刻版，方能延其一脈，流傳至今。」〔註42〕而「歷代學術文化得以薪傳發揚，也有賴於無數藏書家的點滴聚集，校刊鈔刻，才能在朝代更迭，或人事變遷中，藉典籍的保存，維繫民族文化於不墜。」〔註43〕不過，明代蘇州的藏書家不論在任何形式的藏書活動上所做的努力，當時經常被人認為是富人兼併聚積之舉，即所謂天下古物盡為一人所有之詆。但經過歷史的考驗之後，以今日觀之，卻是保持中國古代學術文化傳承的一個重要過程。今人對於古代藏書家的歷史貢獻，大多給予極高的評價，學者指出：

> 各藏書家之經營網羅也，或費手鈔之勤，或節衣食之費，得之艱而好之篤。情壹志專，珍護逾甚。儲藏裝修一切整理保管之法，無不加意考察，力求至善。雖聚散無常，而楚弓楚得，苟非如絳雲之炬，及裹物代薪之不幸，其他大抵轉相售購，仍多歸於好之而有力者之庫；其愛惜保護一如前也。……故今日之珍藏，實幸往昔藏書家，互相保留，以迄於今也。〔註44〕

藏書家對書籍的貢獻，大約有三：一是「收集圖書」；二是「鈔寫圖書」；三是「刻印圖書。」〔註45〕如果說明代是中國私人藏書風氣的擅場時代，則蘇州藏書家對保存中國學術與文化所做的貢獻之大，更是歷來絕無僅有的。

第二節　樹立蘇州文人生活文化的典範

想要探究一個地區的文人生活方式，最好的方法便是從文人的思想與日常的一舉一動入手。然而要將一段長時間裡所有文人的生活方式全數列舉說明，幾乎是不可能的事。明代蘇州地區向以藏書活動著稱，文人大多喜好藏書，以故藏書家輩出，代不乏人。而藏書家既為文人，則藏書家的生活文化正是文人生活文化的縮影。所以藉由藏書家所樹立的生活類型來看明代蘇州文人的地方生活文化，是非常有意義

〔註41〕《圖書板本學要略》，卷二，頁59。
〔註42〕冀叔英，〈談談明刻本及刻工〉（《文獻》，第七輯，1981年3月），頁211。
〔註43〕李家駒，〈我國古代藏書樓的典藏管理與利用（下）〉，頁220。
〔註44〕洪有豐，〈清代藏書家攷〉（《圖書館學季刊》，第一卷第一期，1926年3月），頁41。
〔註45〕劉意成，〈私人藏書與古籍保存〉，頁60～61。

的。尤其藏書家在文人集團中，通常扮演著非常重要的角色；而當時吳中主要的文人集團之首腦人物，也多為藏書家。所以，藏書家對於蘇州文苑的影響力，自然是非常深遠，甚至往往被蘇人視為吳中先輩風範，成為後人效法的對象。例如成化、弘治之間的王鏊，人稱：「上自廟朝，下逮閭巷，或師其文學，或慕其節行，或仰其德業，隨所見異稱，莫或瑕疵之。」〔註46〕且據《明史稿‧列傳》載：

> 吳中自吳寬、王鏊以文章領袖館閣，一時名士沈周、祝允明輩與並馳
> 騁，文風極天下盛。徵明及蔡羽、黃省曾、袁褒、皇甫沖（1490～1558）
> 兄弟稍後出；而徵明主風雅數十年，與之游者王寵、陸師道、陳道復、王
> 穀祥、彭年、周天球、錢穀之屬，亦皆以詞翰名於世。〔註47〕

上述諸人，除了皇甫沖兄弟與陳道復以外，皆有藏書之跡可尋，則藏書家之於吳中文苑風氣的闡發，自有其非常重要的領袖地位。此外，又如《國朝獻徵錄》所載：

> 吾吳文章之盛，自昔為東南稱首。成化、弘治間，吳文定（寬）、王
> 文恪（鏊）繼起高科，傳掌帝制，遂持海內文柄。同時若楊禮部君謙（循
> 吉）、都太僕元敬（穆）、祝京兆希哲（允明），仕不大顯，而文章奕奕，
> 顯然在人，要亦不可以一時一郡記。〔註48〕

誠如以上所述，明代吳地的藏書家不僅領銜吳中文苑，甚至影響整個江南地區的文士，所以吳中藏書家於文化上的重要地位，自不待言。

明初，蘇州藏書家顧阿瑛「開創了吳中文苑清脫出俗、風流儒雅的『玉山風』，此風波及甚廣，不僅顧氏一族承襲不衰，就連其他族姓也深受影響。」〔註49〕這種「玉山風」式的文人生活型態，可以說一直到明末都主導著吳中文苑的生活。然而明初吳地藏書家尚趣的方式即已非常寬廣，對於日常生活趣味的追求，並非僅以「玉山風」為唯一選擇，而是同時樹立很多種的文人生活品味。如阿瑛之友唐元，喜好載書野航，舟遊會友，而這種生活方式也為後世的吳地藏書家所傚效，如朱存理也有唐元之癖。約同其時，吳縣藏書家謝希顏亦過著有別於「玉山風」的生活方式。雖然「玉山風」在當時的蘇州地區相當盛行，但他卻不屑於這種高樓館樹、管笙絲竹的園林樂趣，反而喜歡松間林下的清隱生活。商輅（1414～1486）指出：

> 夫姑蘇為東南江海都會之地，民物之庶，衣冠之盛。而大家鉅族如希

〔註46〕明‧汪國楠，《皇明名臣言行錄新編》（《明代傳記叢刊》，台北：明文書局，1991 年 1月初版），卷二二，頁 599。

〔註47〕《明史稿‧列傳》，卷一六三，頁 433。

〔註48〕《國朝獻徵錄》，卷二三，〈南京翰林院孔目蔡先生羽墓誌〉，頁 26。

〔註49〕《吳越文化》，頁 180。

顏者豈少耶？崇臺高榭之絢麗，奇葩異卉之芬馥，管絃絲竹之嘔啞，日相
聚以爲樂，其於山川林壑之趣，蔑如也。惟希顏能脫去流俗，收景象於尋
丈間，以享夫優游之樂，宜其寓之於目，得之於心，而味之於詩，人不已
也。〔註50〕

以上「玉山風」、「野航風」與「松下風」等三種生活型態，皆於明初便爲藏書家所
樹立，後來的藏書家集團領袖如杜瓊、吳寬、王鏊、沈周、文徵明等人，其生活方
式皆脫離不了此三種類型，可說影響整個明代吳中文苑的生活文化甚鉅。

文徵明以後，黃省曾與王寵等輩，又以山人形象起而領導吳中科場失意的文人
生活。今舉王寵爲例，據《崇禎・吳縣志》載：

築草堂石湖之陰，岡迴徑轉，藤竹交蔭。每入其室，筆硯靜好，美酒
香茶，主人出而揖客，竟日揮塵，恍在閬風玄圃間，垂二十年。非歲時省
侍，不數數入城。遇佳山水，輒欣然忘去。或時偃息於長林豐草間，含醺
賦詩，倚席而歌，逸然有千載之思。〔註51〕

王寵之後的周天球，也塑造出隱居讀書而名重天下的高士形象，並確立其學術與社
會的崇高地位。劉鳳指出：

憲（成化）、孝（弘治）間以文命者，吳有吳文定（寬）、王文恪（鏊），
皆預國政，闡繹大猷，爰逮於今，文逾溢流其彰施之盛。若公瑕（周天球）
雖不踐位，名重九鼎，古於藝文，其始開也。〔註52〕

以上吳地的藏書家皆代表著不同時期的文人形象與生活方式。然而，明代蘇州地區
藏書家引領文人從事藏書生活最爲著名的地區，當是常熟，其地藏書風氣之盛，足
爲明代蘇州文人藏書生活的表徵。據清代常熟人黃廷鑑指出：

吾邑自明五川楊氏（儀），以藏書聞于時，厥後秦酉巖（四麟）、趙清
常（琦美）輩繼起，皆以購訪古籍爲事。至絳雲（錢謙益）而集其成，其
儲藏之富讎勘之精，稱雄海內。迨劫燒之後，尚有汲古毛氏（晉）、述古
錢氏（曾）兩家鼎峙；羽翼之者，有葉石君（樹蓮）、馮己蒼（舒）、陸敕
先（貽典）諸君子，互相搜訪，有無通假，故當時數儲藏家者，莫不以海
虞稱首。迨兩家陵替，諸書散佚，吾邑藏書之風浸微，然亦未嘗絕也。〔註53〕

明代常熟藏書家集團的交往脈絡亦自成體系，其成員皆爲當時著名的文人，深深影

〔註50〕《商文毅公集》，卷五，〈凝翠樓詩序〉，頁18。
〔註51〕《崇禎・吳縣志》，卷四七，頁47下～48上。
〔註52〕《劉子威集》，卷四一，〈壽周公瑕先生序〉，頁1～2。
〔註53〕《第六絃溪文鈔》，卷二，〈愛日精廬藏書志序〉，頁28。

響著地方的藏書風氣，蔚成文人主要的生活方式。明末常熟藏書家何大成，則融合
蘇州與常熟先賢的趣尚品味，在生活中以登山與抄書為主要內容。大成有詩云：「抄
書與游山，此樂可忘死」，〔註54〕故此又為蘇州文人生活類型之一種。

　　明代吳中藏書家所創立的生活文化，不但影響當地的文人，甚至影響到全國。「自
南北運河在永樂年間，全線貫通後，蘇州濱臨河道，因此文風尤易遠播，為四方所景
從，無形中成為明代的主導者。」〔註55〕如泰和人劉渽（1544～1614）中舉後，因崇
慕陶淵明之為人，故不仕家居，從事藏書活動，而其生活方式便取法吳中。據說其「家
有藏書、名賢墨跡數千卷；名園、花卉、奇石，半類三吳風致」，〔註56〕可見吳地園
林與藏書自有風格，蔚成一種區域生活文化，且為外地士人所效法與嚮往。甚至到了
清代，皇宮裡帝王的生活方式也可以看到吳地文化的影子。《新世說》載：

　　　　世祖嘗召修撰徐元文、編修張若靄、華亦祥入乾清宮。帝科頭跣足，
　　著單紗暑衫禪裙，曳吳中草鞋，命三人登殿，賜觀殿中書數十架。經史子
　　集，小說傳奇，無不有之。中列長几，商彝周鼎，歌窯宣爐，印章畫冊畢
　　具。廡下蘭花、茉莉百十盆。賜席地坐，從容問群臣賢否，時政得失，皆
　　謝以草茅新進，不能備知。因及書史古文，又問及近來名流社會。良久，
　　始遣出。〔註57〕

連皇帝的生活都感染到蘇州的氣息，所以明代吳地文人的生活文化，的確可以說是
一代區域生活文化的典範，為當時文人生活趣尚與品味的主流。而藏書家生於其中，
更是居於領導地位。

第三節　藏書派別與風格的樹立

　　明代吳地的藏書家眾多，聞名天下。透過家族、師承、朋友、姻親等社會關係，
又自成區域文人集團系統。到了晚明，更因藏書崇尚與藏書方式別具特色而形成流
派，並且深深影響著清代的私家藏書。

　　自宋代以後，中國的藏書以地域上來看，江南獨領全國之冠。而江南之中，又以
吳越藏書為中心樞紐。而「吳越之所以成為藏書中心點者，晚明實啓其端緒。」〔註

〔註54〕《懷舊集》，卷上，頁319。
〔註55〕吳智和，〈明代畫壇巨擘沈周與諸友的茶癖〉（《華學月刊》，第一一九期，1981年11月），
　　　　頁54。
〔註56〕《國朝獻徵錄》，卷一一四，〈孝廉約堂劉公墓誌銘〉，頁100。
〔註57〕《新世說》，卷六，〈寵禮〉，頁599。
〔註58〕袁同禮，〈清代私家藏書概略〉（《圖書館學季刊》，第一卷第一期，1926年3月），頁31。

58〕到了清代,「大抵收藏書籍之家,惟吳中蘇郡(吳縣、長洲)、虞山(常熟)、崑山;浙中嘉、湖、杭、寧、紹最多。」〔註59〕蘇州有這樣的成就,可說是受到明代藏書家樹立之藏書風範的影響。

蘇州爲明代全國私人藏書事業最爲興盛的地區,尤其到了正、嘉以後,更是引領全國的藏書風氣。且經有明一代的蘊蓄發展,常熟更是發展出別具地方特色的藏書派別。《鐵琴銅劍樓藏書目錄》載:

> 常熟藏書家遠有端緒。自明「萬卷樓」楊氏、「脈望館」趙氏、「絳雲樓」錢氏,遞相祖述,汲古毛氏實集其成;羽翼之者,述古錢氏。〔註60〕

其實明代吳地藏書家的風範足以影響後世者甚夥,而其中特別是常熟的藏書風氣,至明末已然蔚爲一種區域文化傳統,其影響直達清代前中期。如錢謙益、毛晉兩家藏書,「對明、清兩代藏書風氣有推波助瀾的功效。」〔註61〕以故有人說:「江南藏書之風,創自虞山『絳雲樓』、『汲古閣』爲最。」〔註62〕

常熟藏書派別的建立,乃爲錢謙益、毛晉等人所創。而派別形成的近因則是與蘇州正、嘉以後崇尙宋、元的藏書風氣有關。「明末清初的常熟錢、毛二家,都是齗齗於宋槧元刊和精校舊鈔冊籍的搜藏。承襲這種餘緒,漸使這種風氣很快的開展。」〔註63〕葉德輝指出:

> 自錢牧齋(謙益)、毛子晉(晉)先後提倡宋元舊刻,季滄葦(振宜)、錢述古(曾)、徐傳是(乾學)繼之。流於乾、嘉,古刻愈稀,嗜書者眾,零篇斷葉,寶若球琳,蓋已成爲一種漢石柴窯,雖殘碑破器,有不惜重貲以購者矣。〔註64〕

以故吳門自明季錢、毛二家藏書偏好宋、元版刻之後,一時蔚爲風尙,影響及於清代蘇州的藏書家,「皆好宋元刻本及舊鈔,吳門藏書風氣始終不衰,可說由牧齋(謙益)間接關係得以播下不少讀書種子。」〔註65〕

常熟派的特色表現於藏書活動上,有四項特徵,即是在收書、校書、抄書、鑒賞上自成風格。近人錢基博云:「明神廟間,吾宗牧齋尙書(錢謙益)收書特重宋板,

〔註59〕《藏書紀要》,第二則,〈鑒別〉,頁6。
〔註60〕《鐵琴銅劍樓藏書目錄》,〈張瑛後序〉,頁1505。
〔註61〕邱澎生,〈明代蘇州營利出版事業及其社會效應〉,頁143。
〔註62〕清‧繆荃孫,〈菦圃藏書題識序〉,收入《菦圃藏書題識》(《書目叢編》,台北:廣文書局,1988年8月再版),頁3。
〔註63〕衡門,〈談蘇州藏書家—黃丕烈〉(《出版界》,第二十九期,1991年3月),頁40。
〔註64〕《書林清話》,卷一○,〈藏書偏好宋元刻之癖〉,頁574。
〔註65〕羅炳綿,〈清初錢毛諸藏書家與學風考〉,頁252。

於煙煤膩蠹中，關此徑塗。而一脈相延，沾沾佞宋，則常熟毛晉子晉、錢曾遵王。」
〔註66〕關於明季吳中藏書家專好宋、元以致衍生成派的說法，近人梁子涵、柳作梅
皆曾有提及。梁氏說：「自從錢謙益、毛晉諸家先後提倡宋、元舊刻，季振宜、錢曾、
徐乾學繼之。」〔註67〕柳氏亦云：

> 迨乎蹊徑既闢，沾溉遂廣。門弟子衍其緒者，毛晉子晉，錢曾遵王，
> 其巨擘也。遵王因其所受，特撰《讀書敏求記》一書，以張其軍。既而汲
> 古秘籍，歸於崑山徐乾學，述古圖書，半售於泰興季振宜，傳是、延令，
> 亦均能衍其派。〔註68〕

錢謙益之派，爲在於圖書的徵集上專以宋槧元刻爲對象，而在藏書的內容上，
亦多以宋、元刻本爲主，與先前的藏書家雖好宋本，然所藏宋本不多稍有不同，此
乃爲明季吳中藏書偏好之一。至於在校書方面，如「毛晉本人有一定的學識，又活
動在常熟派校書風尚中，所以在翻刻舊本時，常表示遵守著『不敢妄改』、『不敢妄
補』的信條。」〔註69〕以故常熟派藏書家所校之書籍，多半比其他藏書家校本更爲
精整，尤爲後世藏書者寶愛。而在抄書方面，常熟派藏書家更是嗜好手抄本，尤其
特別發展出影抄之法。《天祿琳琅書目》載：

> 明之琴川毛晉，藏書富有，所貯宋本最多。其有世所罕見而藏諸他氏，
> 不能購得者，則選善手，以佳紙墨影鈔之，與刊本無異，名曰：「影宋鈔」。
> 於是一時好事家皆爭仿效，以資鑒賞，而宋槧之無存者，賴以傳之不朽。〔註70〕

在所有藏書家的手抄本之中，常熟派的影鈔本可說是最能保存古籍原貌者。至於在
書籍的鑒賞方面，常熟派更是有過人之處，且藏書家的專業，也都表現在這個功夫
上。顧廣圻（1766～1835）指出：

> 藏書有常熟派，錢遵王（曾）、毛子晉父子（晉、扆）諸公爲極盛，至
> 席玉照（鑑）而殿。一時嗜手鈔者如陸敕先（貽典）、馮定遠（班）爲極盛。……
> 常熟派能視裝訂、籤題、根腳上字，便曉屬某家某人之物矣。〔註71〕

若非藏書眾多、閱書無數、校讎甚勤，以及對於版本學和史學皆具有深厚的根底者，

〔註66〕錢基博，《版本通義》（《人人文庫》第八〇一冊，台北：臺灣商務印書館，1980 年 1 月
　　　　版），〈錢序〉，頁 2。
〔註67〕梁子涵，〈中國書藏的側面〉（《圖書館學報》，第七期，1965 年 7 月），頁 106。
〔註68〕柳作梅，〈牧齋藏書之研究〉，頁 78。
〔註69〕華人德，〈明代中後期雕版印刷的成就〉，頁 118。
〔註70〕《欽定天祿琳琅書目‧續目》，卷四，〈周易輯聞〉，頁 263～264。
〔註71〕清‧顧廣圻，《思適齋集》（北京：中華書局，1993 年 1 月第一版，據清道光年間上海
　　　　徐氏刊本影印），卷一五，〈題清河書畫舫後〉，頁 7。

實不足爲此。而明代藏書家中，首先倡導這種鑒書方式者爲錢謙益。錢謙益「每及一書，能言舊刻若何、新板若何、中閒差別幾何，驗之纖悉不爽。」〔註72〕而錢曾自幼便受錢謙益教養以至成人，毛晉也是錢謙益之門人，故常熟派之創始人，當爲錢謙益。

其實，常熟派肇因於佞宋佞元，然而這種風潮卻早在正德、嘉靖年間，便已是蘇州藏書界普遍存在的偏好，並且不限於常熟一地。今日學界公認的常熟派創始人錢謙益，實際上恰是承繼此風之緒餘，再加以發揚與推廣，進而促成常熟藏書派的誕生與定型而已。因此，我們可以將明代中後期吳地的藏書家，統統視爲「蘇州派」。「蘇州派」的藏書風格不但影響著清代的蘇州私人藏書，甚至其他地區也深受被染。清人江標（1860～1899）指出：

> 余嘗謂藏書有派，而蘇州爲最精。蘇州之精，前有毛（晉）、錢（謙益、曾），後有黃（丕烈）、顧（廣圻），今則知之者稀矣。……江陰藏書之派出自毛氏（晉），仍蘇州派也。〔註73〕

觀此，「蘇州派」藏書雖成於後世，實則啓萌於明正、嘉年間的蘇州私家藏書，並且自此引領著江南地區的藏書崇尚。而明末蘇州私人藏書派別的出現與成型，除了意味著蘇州藏書風氣繼續盛行以外，也代表著藏書專業知識的精益求精，藏書研究又向前邁進了一大步。

第四節　藏書推動學術的發展

藏書風氣的興衰，往往顯示出一地學術與讀書風氣之旺盛與否。而藏書風氣與讀書風氣的關係，根據吳晗（1909～1969）指出：

> 藏書之風氣盛，讀書之風氣亦因之而興，好學敏求之士，往往跋涉千里，登門借讀，或則輾轉請託，迻錄副本，甚或節衣縮食，恣意置書，每有室如懸磬，而弆書充棟者；亦有畢生以鈔誦秘籍爲事，蔚成藏家者。〔註74〕

則藏事業有利於學術發展，有憑有據。所以一個地區，「藏書的豐富自然爲薰育人才提供了優良的條件。」〔註75〕

〔註72〕清・曹溶，〈絳雲樓書目題詞〉，頁2。
〔註73〕《士禮居藏書題跋記續》，〈江序〉，頁1。
〔註74〕吳晗，〈江蘇藏書家小史〉，頁1。
〔註75〕王日根，〈論明清時期的商業發展與文化發展〉，頁23。

　　明代南、北地區的私人藏書狀況相差懸殊，藏書家或因藏書稀少，或不樂藏書與人流通，以故北方士子常常苦於無書可讀的窘境。例如明朝北京文人張詩（1487～1535）就曾因無書可讀，不得已乃上書欲向官府借書，其內容大致言：

　　　　成帝時，楊雄從上借書，上壯其志，盡發石渠之藏，雄乃竟無端涯之
　　　　辭，而冒天下之道，文章邪詭不羈，萬世稱善。吾今不向上公求之，無以
　　　　恢其曼衍瑰瑋之胸，次而肆爲森嚴戈甲之文辭。若遣一力士送書五車，否
　　　　則賓之堂下，就鄴架而讀之，得睹絕目之語，廣益之竅；談天地之符，而
　　　　搜鬼神之秘，是亦古今之奇矣。〔註76〕

北地文士缺乏典籍可讀的無奈膺塞於胸，令人同情。不過，他這種因無法忍受無書的遺憾而甘冒犯上之險的舉動，在當時讓很多人替他捏了一把冷汗。

　　而南方的情形較之北地，就有如天壤之別。尤其是蘇州，藏書家以書籍幫助他人從事著述與地方興學的例子屢見不鮮，從明初至清初比比皆是。如明初吳縣王行（1331～1395），家素貧賤，其父以幫人配藥爲生，而他也在父親那裡幫忙。當時藥行老闆喜歡藏書，所蓄甚富；老闆娘尤其喜歡聽人講稗官小說，於是王行默記了數本，有空就說給老闆娘聽，以致老闆娘非常看重他，認爲王行是個讀書的材料，後來更索性將家裡的藏書全部讓王行任意閱讀。過了三年，王行的文名大譟。洪武初，被郡學延爲訓導。〔註77〕又如錢謙益與顧炎武，也曾以藏書幫助文人從事著述工作。《清儒學案小傳》載：

　　　　吳炎，字赤溟，後改字赤民，吳江人，明諸生。國變後避跡湖州山中，
　　　　久之始出。與同縣潘力田（檉章）交莫逆，同撰《明史記》，定目：紀十
　　　　八、書十二、表十、世家四十、列傳二百。又疏遺軼，足感後人者得百事。
　　　　作《今樂府》，先成，錢牧齋（謙益）見之擊節，因助以藏書。亭林（顧
　　　　炎武）故與二子善，聞其作史，亦出先朝藏籍佐之。〔註78〕

錢謙益藏書，崇尚宋刻元槧，講究版本之學；對於明清實學的推動，也起擅揚之功。「當時文人多以詩酒書畫爲事，不務實學，牧齋首倡藏弆古籍，起領導作用，對此不無裨益。」〔註79〕所以，錢謙益對推動學術所做的貢獻，約略有四：一是藏書風氣之興起，二是版本學之始盛，三是藏書互鈔之發起，四是樸學研究之引發。〔註80〕

〔註76〕《國朝獻徵錄》，卷一一五，〈崑崙張詩人詩傳〉，頁63。
〔註77〕《國朝獻徵錄》，卷八三，〈訓導王行傳〉，頁122。
〔註78〕《清儒學案小傳》，卷一，頁196。
〔註79〕羅炳綿，〈清初錢毛諸藏書家與學風考〉，頁252。
〔註80〕柳作梅，〈牧齋藏書之研究〉，頁78～79。

而其族孫錢曾，承其流派，也極力鼓吹實學。他「不僅能收藏古籍善本，而且能讀，能針對當時學風，因而特別重視校勘。」〔註81〕錢、顧之外，三吳地區尚有藏書家因從事著作，爲其他藏家知悉，便提供自家所藏以共襄盛舉。例如徐乾學開書局於洞庭山，修纂《大清一統志》，曾經延請當時頗具盛名的金陵藏書家黃虞稷（1629～1691）前來幫忙，共成其事。黃虞稷家有「千頃堂」，藏書達八萬卷之多，且「與江左諸名士約爲『經史會』，以資流覽。」〔註82〕而康熙二十四年（1685）徐乾學的獻書之舉，更是對當時與後世的學術推動，做了很大的貢獻。據《國朝耆獻類徵初編》載：

> 詔購采遺書，乾學以《宋元經解十種》、李燾（1115～1184）《續資治通鑑長編》及《唐開元禮》，或繕寫，或仍古本，綜其體要條列奏進。得旨：「所奏進藏書、善本，足資考訂，俱留覽。」〔註83〕

當時徐乾學上貢之書很多，計有《易傳圖說》十五卷、《易傳》九卷、《讀易雜說》一卷、《大易集義》六十四卷、《大易粹言》十卷、《東萊書說》十卷、《尚書表注》十二卷、《毛詩集解》三十六卷、《春秋經筌》十六卷、《周禮訂義》八十卷、《論語集說》十卷、《續資治通鑑長編》一百六十八卷、《唐開元禮》一百五十卷，共十二部。〔註84〕而徐乾學所上之書，多爲內府所無，對於中央政府的藏書，助益良多。徐乾學並曾因守制家居，認爲近世喪禮積非成是，不復舊典；於是「蒐討古今喪紀因革興廢之由，分別部居，先經史，後群籍，而以近代通儒碩學之議論附之，并加案語，折衷諸說，成《讀禮通考》一百二十卷。」〔註85〕由於徐乾學家富圖籍，學識淹博，以故時稱其所著皆爲閎通淹貫，確實可傳者，尤其在「考辨議說之類，亦多與傳注相發明。」〔註86〕由此可見，藏書家以藏書做爲振興學術之用，對於學術推動與知識交流之裨益，的確有其不容忽視的功績。

至於明代蘇州藏書家的刻書，更是具有直接推動學術發展的積極作用。今人研究指出：

> 明中後期的家刻本盛行覆刻宋本書，當時覆刻技術精湛，有的能到亂眞的程度，在印刷術沒有發展到攝影複製的時代，覆刻無異是能把一部宋版書化身千萬的最好辦法。這樣，善本就可廣爲流傳，便利了學者，從而

〔註81〕 羅炳綿，〈清初錢毛諸藏書家與學風考〉，頁295。
〔註82〕 《清儒學案小傳》，卷四，頁550至551。
〔註83〕 《國朝耆獻類徵初編》，卷五七，〈卿貳十七〉，頁167。
〔註84〕 《池北偶談》，卷四，〈訪遺書〉，頁3。
〔註85〕 《清代樸學大師列傳》，頁683。
〔註86〕 《顏氏家藏尺牘附姓氏考》，頁770。

推動學術的發展。〔註87〕

正德、嘉靖以後，江南興起的覆刻宋、元版本熱潮，便是以蘇州爲中心而向外開展的，並漫延到整個江南地區以及全國。而蘇州又以毛晉「汲古閣」的刻書最具代表性，毛晉「家有『汲古閣』，多儲藏祕冊。自群經十七史，以及詩詞曲本，唐宋金元別集，稗官小說，靡不發雕，公諸海內，有功于藝苑甚鉅。」〔註88〕所以後人稱讚毛晉「開雕經史百家及祕本鈔傳之書，使古今典籍，不致盡散亡銷蝕者，晉實有力焉。」〔註89〕至於毛晉影鈔宋本之功，更是將一些不爲人知的版本公諸於世。影宋鈔「保存了很多宋版書的大致面目，對研究版本有非常重要的價值。」〔註90〕尤其在今日「毛鈔爲海內孤帙，雖群相仿效，而無能出其右者，此影響於後世板本之研究者也。」〔註91〕此外，毛晉又喜好編印叢書，他所編的叢書不但保存了文獻內容與版面系統的完整，並且藉其具有專題性質，亦促進學術研究的深入和發展。〔註92〕尤其是毛晉更好以刊印某類學科的專門論著，來引起世人對該學科進行深入的研究。例如他曾經刻印《宋名家詞》，便重新喚起當時文人對南渡詞人作品的重視。故學者指出：

> 毛晉以身爲藏書家之便，得以廣泛參閱各種詞集，並以刊刻流傳之使
> 命爲己任，乃亟力刊行《宋名家詞》。又不滿前代詞選之偏狹，於是多取
> 南宋詞人，俾世人能重視南宋詞之價值。〔註93〕

此外，徐乾學也是以刊印書籍而興起學風的蘇州藏書家。他的「『傳是樓』藏書甲天下，梓行唐、宋以來先儒經解，尤有功於學者。」〔註94〕尤其是他所刻的《宋元經解》，往往是以所藏善本進行校正，「實足津逮來賢，肇起熙朝樸學。」〔註95〕所以，明代蘇州的藏書對於擅揚地方學術風氣，可說貢獻卓著。再以明代蘇州的進士人數，〔註96〕以及《列朝詩集小傳》、《國朝詩人徵略初編》所列明代文人做統計，有明一朝，蘇州都是位居第一。〔註97〕所以，明代吳地號稱人文淵藪，實非虛名。然而「人

〔註87〕華人德，〈明代中後期雕版印刷的成就〉，頁121。

〔註88〕《昭代名人尺牘小傳》，卷一，頁34。

〔註89〕《江南通志》，卷一六五，頁44下。

〔註90〕葉樹聲，〈明代南直隸江南地區私人刻書概述〉，頁223。

〔註91〕袁同禮，〈清代私家藏書概略〉，頁32。

〔註92〕崔文印，〈明代叢書的繁榮〉（《史學史研究》，1996年第三期，1996年3月），頁62。

〔註93〕林潛爲，〈毛晉《宋六十名家詞》初探〉，頁48。

〔註94〕《國朝耆獻類徵初編》，卷五七，〈卿貳十七〉，頁182。

〔註95〕《國朝耆獻類徵初編》，卷五七，〈卿貳十七〉，頁211。

〔註96〕明代蘇州府進士共一〇二五人，占全國第一位，見范金民，〈明清江南進士數量、地域分布及其特色分析〉（《明清史》，第五期，1997年4月），頁8～11。

〔註97〕王樹槐，〈江蘇民性與近代政治革新運動〉（《中央研究院近代史研究所集刊》，第七期，1978年6月），頁58。

文淵藪形成的另一原因,則為藏書之豐富,尤以學術上之成就,其基礎完全建立在藏書之上。」〔註98〕

綜上所述,明代蘇州藏書家從明初到清初,於學術的推展工作上,確實具有偉大的成就。藏書家節衣縮食,廣徵博采,盡全力的將所有知識載體聚集到蘇州,且又不吝與人流通,誠為蘇人之幸。「他們博采精槧秘笈,廣搜古籍善本,建崇樓,築別館,百宋千元,縹緗插架,參稽互証,搜亡揭隱,在明代二百七十餘年間,不僅對吳下東南,而且對全國的學術文化都有極大影響。」〔註99〕

第五節 藏書活動所引發的相關學問與社會正面效應

明代蘇州的藏書家在從事藏書活動的同時,也引發出許多相關的學術研究。例如金石學,在明代蘇州藏書家多方的蒐羅與重視之下,到了清代更是大興。收藏金石碑刻對明代吳地的藏書家來說,也是一種相當重要的藏書生活趣尚,然僅為個人偏嗜,所以蘇州藏書家並沒有人人從事,不過卻仍是一秉明代吳地徵博訪祕的藏書家習性。

明時吳地藏書家,首先重視而喜好金石碑拓的收藏者為葉盛;約同其時的劉昌,也同樣有此偏好。劉昌曾經「視學河南,搜集殘碑,作《中州文表》,又作《河南志》。晚宦嶺南,作《炎臺記》;以家在吳中,作《蘇州雜志》」。〔註100〕除了蒐集碑刻以外,劉昌並將其裝訂整補,編為書冊,以供同好研究參考。其他藏書家如都穆、趙均、顧炎武、葉奕苞、葉樹蓮、顧苓等人,亦皆好收藏古金石碑拓之文,所以清代金石學的興盛,明代蘇州藏書家實為發微。

金石碑文對於一地古今人文事蹟與風氣的紀載,正可補充史料之不足,亦誠所謂「賞鑑家之於鼎彝碑版,僅視為一種美術品而已;而在學者觀之,則舉足供經史證佐。」〔註101〕只不過金石碑刻通常會因年久侵蝕、天災人禍而毀壞,或是埋沒於荒煙蔓草之間而不為人知。透過明代蘇州藏書家對於金石碑刻的蒐訪、拓印、整理與保存,大批金石刻文才足以流傳後世,形成專門學科。

明代蘇州書學的發達更是為後人稱羨,也形成書法方面的「吳門書派」。《明分省人物考》載:

〔註98〕王樹槐,〈江蘇民性與近代政治革新運動〉,頁65～66。
〔註99〕許培基,〈蘇州的刻書與藏書〉,頁217～218。
〔註100〕《姑蘇名賢小記》,卷上,〈大中大夫劉公〉,頁15～16。
〔註101〕《清代樸學大師列傳》,頁541。

> 吳書學自宋克（1327～1383）、允明（祝允明）逮寵（王寵），皆得魏
> 晉法，而寵道逸媚秀，時名尤歸之。〔註102〕

所謂「吳門書派」，乃承襲明代以前產於蘇州的一些書法名家的書學偏嗜，而總結奠基於明代的一門書法流派。明代的「吳門書派」和藏書家的關係相當密切，今人研究指出：

> 祝允明、文徵明、王寵，世稱明代中葉三大書家，他們上窺晉唐，近
> 師宋元，是吳門書派的奠基人。再如沈周、唐寅、文氏後人及其門生，都
> 是吳門書派和畫派〔註103〕的中間力量。〔註104〕

上述諸人，都是明代蘇州知名的藏書家，足證「吳門書派」和藏書的關係至為深厚，而這也應與藏書家們勤於抄書的嗜癖有關。除了藏書家為「吳門書派」的奠基者外，蘇州的藏書也是促使書學發達的原因。馮班指出：

> 書是君子之藝，程朱亦不廢。我於此有功，今為盡言之。先學閒架，
> 古人所謂結字也。閒架既明，則學用筆。閒架可看石碑，用筆非眞跡不
> 可。……貧人不能學書，家無古跡也，然眞跡只須數行便可悟。用筆閒架
> 規模，只看石刻亦可。〔註105〕

可見書法家必須收藏豐富的石碑眞跡，方可領悟書法之道；若無收藏，也必須想辦法借觀或搜訪。而搜藏這些碑拓眞蹟之人，往往都是藏書家。所以明代吳門書學之發達興盛，實在也是因為藏書風氣的熱絡而有以致之。

「吳門畫派」的成形也略如書學，其靈魂人物「明四家」〔註106〕之中，就有三人為藏書家。且顧起元（1565～1628）曾說：「我明以畫名世者，毋踰啓南先生（沈周），蓋能集諸家之大成，而兼撮其勝，擬之于詩」，故「至是乃信斯道之有所總萃也。」〔註107〕而王時敏也相當癖好繪畫，見有古人眞蹟，往往重價購藏亦在所不惜，並時取家藏宋、元諸名家作品臨摹，用為精進之法。《明末民族藝人傳》載：

> 先生（王時敏）之於畫道也，所謂婁東派之鼻祖，上續華亭之緒，下
> 導虞山之流。入清三十餘年，巍然如魯殿靈光。以是世之聞先生名者，多

〔註102〕《明分省人物考》，卷二三，〈南直隸蘇州府六〉，頁98。
〔註103〕有關吳門畫派之形成過程與影響，可參閱北京故宮博物院編，《吳門畫派研究》（北京：紫禁城出版社，1993年3月第一版）一書，此不贅。
〔註104〕吳趨，〈吳門書派及其特質〉，收入石琪主編，《吳文化與蘇州》（上海：同濟大學出版社，1992年3月第一版），頁四〇四。
〔註105〕《國朝書人輯略》，卷一，頁79～81。
〔註106〕「明四家」指沈周、文徵明、唐寅、仇英四人。
〔註107〕《爛眞草堂集》，卷一八，〈沈石田倣宋人畫十六幀跋〉，頁2969～2970。

視爲清代一大家，實則前明遺臣，始終完節之偉人也。〔註108〕

「婁東派」承「吳門畫派」之緒餘而發展，爲其分支。王時敏爲明朝遺民，於「畫能立宗開派，一代畫人，鮮有能越其範圍者」，〔註109〕即使入清以後，仍爲畫壇的領袖人物。其實明代蘇州的藏書家，往往也是書畫家，乃因書畫與藏書本是一體兩面。學者指出：

> 藏書家以其對藝術靈敏感觸而成爲書畫家，善本書籍不止爲文學作品，其文字與裝裱之典雅亦是藝術作品，書畫家常喜收藏，遂亦兼爲藏書家。……書畫家兼及藏書，經常可從藏書中洞察所蘊含的情景與哲理，而使其書法或繪畫轉趨深邃。〔註110〕

所以書畫與藏書互爲揚扢，書畫之興，也可說是藏書之功。

藏書與印學也有關聯。明代藏書家如吳寬、沈周、文徵明、唐寅等人均善治印，文彭甚至被譽爲印學之祖，開吳地印派先河。明末周亮工（1612～1672）言：「論印之一道，自國博（文彭）開之，後人奉爲金科玉律，雲礽遍天下。」〔註111〕文彭之後，藏書家如王寵、王穀祥、顧苓、趙宧光等人，也都師法文彭，人稱「吳門派」、「復古派」或「文彭派」。〔註112〕印章與書畫收藏有很深的關係，據說「古人於圖畫書籍，皆有印記，云某人圖書。今人遂以其印呼爲圖書。」〔註113〕到了明代，收藏書畫普遍都用印記，文彭指出：

> 其文有「某人家藏」、「某人珍賞」、「某郡某齋堂館閣圖書記」，印於所藏之書畫上，其理最通。其「宜子孫」、「子孫世昌」及「子孫永寶」，皆古鐘鼎款識，顧氏摹入印譜，用以爲收藏印亦可。〔註114〕

所以，在藏書風氣鼎盛的明代蘇州，藏書家們爲了藏書印記，也專力於探究印章之學。觀此，則明代吳門印學之開展，也可說是拜熱絡的藏書風氣所賜。

至於吳中藝林之所以會如此容易成風結派，除了文士個人的資質與才藝水準較高外，相信和吳地堅強而縝密的文人集團性格有很大的關連性。因爲透過濃密的家族、師承、友朋與姻親等關係牽連的情況下，吳中文人的文化要在當地衍生拓展，

〔註108〕《明末民族藝人傳》，頁937。

〔註109〕《清詩紀事初編》，卷一，頁73。

〔註110〕賴福順，《清代天祿琳琅藏書印記研究》（台北：中國文化大學出版部，不注出版年），頁162～163。

〔註111〕《明清印人傳集成》，頁20。

〔註112〕吳趨，〈吳門篆刻和碑刻〉，收入石琪主編，《吳文化與蘇州》，頁498～499。

〔註113〕明‧陸容，《菽園雜記》（《元明史料筆記叢刊》北京：中華書局，1997年12月第一版第二刷），卷一，頁10。

〔註114〕文彭，《印章集說》（台北：廣文書局，1987年3月再版），〈收藏印〉，頁12。

則更爲容易。

　　至於明代蘇州藏書家的刻書事業，更是引發出許多相關的學問，例如校讎學、考據學與版本學等。在校讎學方面，「刻書不擇佳惡，書佳而不讎校，猶糜也。」〔註115〕以明代蘇州刻書最有名的「汲古閣」來看，「毛氏『汲古閣』刻經史諸書，始以宋本對校，已洗有明一代刻書之陋。」〔註116〕而常熟派藏書家的精校精勘，更是爲清代喜好研究典籍的學者所承襲，進而形成校讎學。而在考據方面，明代考據學之所以興盛，當時刻書業的發達實爲主要原因之一。「明代之刻書，弘治、正德以前，多聚於閩中，厥後蘇州漸盛。」甚至有鑑於當時學術環境之流行與藏書家的好尚，「書坊皆能迎合士人之需求，多刻奇僻博雜之書。」〔註117〕書籍刊印既多，藏書家莫不以善本來做考據工作，這使得一些沿誤以久的書籍始獲訂正。雖說大量的刻印古書以致良窳正僞混雜，爲明季蘇州刻書之弊，並且造成考據上的許多困難。不過，「明代書業的惡風大半在南宋已經存在。『刻書而書亡』的指責，不應專對明人而發」，〔註118〕只是蘇州在明代才開始興起這類歪風。但是，由於蘇州的專業藏書家與善本古籍都非常多，加上考證風氣的盛行，所以雖然大量刻書，只要稍有錯誤之處，都會很快的被藏書家發現而指正。尤其是明末常熟派的藏書家，對於刻書的要求更爲嚴格。即便是抄書，常熟派的藏書家也喜歡透過影抄的方式爲之，不但將以往抄書時容易產生的錯誤降至最低，並且力圖保持書籍的原貌而加以複製。此外，他們所藏的宋本古籍也是質精量多，常常成爲其他學者進行考證時的範本依據。今人研究指出：

　　　　錢、毛諸家的重視宋元舊刻舊鈔，其實是保全古書本來面貌的最好方法。這也是他們特別重視宋元本的重要原因。有了許多像他們這樣的藏書家，對書籍的流傳保存作了許多功夫，給人們讀書訪書無限的方便，影響所及，造成風氣，考據學始能大盛。〔註119〕

而藏書家對於版本學的揚升更有貢獻。明代蘇州的藏書家對於藏書的版本非常注重，早在明代中葉以前的葉盛就已經開始講論版本。「從文獻上來看，最早敘及宋版的識別，應是明成化初年葉盛所著的《水東日記》。」〔註120〕尤其是明末的常熟派，

〔註115〕《書目答問補正》，卷五，〈勸刻書說〉，頁217。
〔註116〕《鐵琴銅劍樓藏書目錄》，〈宋翔鳳序〉，頁5。
〔註117〕《明代考據學研究》，第一章第二節，〈明代考據學風之興起〉，頁26。
〔註118〕潘銘燊，〈書業惡風始於南宋考〉（《香港中文大學中國文化研究所學報》，第一二期，一九八一年），頁276。
〔註119〕羅炳綿，〈清初錢毛諸藏書家與學風考〉，頁253。
〔註120〕昌彼得，〈如何鑒別宋版（上）〉（《故宮文物月刊》，第九卷第七期，1991年10月），頁

更以版本爲取決書籍收藏價值的依據，並開創清代版本學的先河。如錢曾所爲《讀書敏求記》，詳列書籍之解題、寫刻工拙、版刻源流，「在目錄學史中，實爲奠定版本學基礎之創作，善本目錄，莫之先焉。」〔註121〕而「版本之學，爲考據之先河，一字千金，於經史尤關緊要。」〔註122〕另一方面，從歷史上來看，「三吳古稱才藪，加以經濟雄厚，畫品日豐且精。富賈家藏書畫，賞鑑之風盛行。」〔註123〕正由於賞鑒之風的盛行，對於版本與眞贋的識別，藏書家必然具備更高的學問基礎。尤其當明代中葉吳地藏書家瘋狂競逐宋本書籍的同時，對文學與刻書都有很大的影響。首先是明中期的文學復古運動，造成了刻書風格上的改變。今人研究指出：

> 這種文學上的復古運動，影響了整個社會風氣，反映在刻書風格上也一洗前期舊式，全面復古。文學上的復古是復漢、唐之古，刻書風格上的復古是復宋之古。……明代正德以後，特別是嘉靖一朝，無論是官刻私雕，不但把宋元舊籍的內容照樣翻刊，而且在版式風格、款式字體上亦全面仿宋。〔註124〕

由於宋代以前印刷術並不普及，書籍多爲鈔本，閱讀時頗感不便；加上雕刻鈔本的字體於技術上較難仿照，所以覆刻宋本，自然是最佳選擇。另一方面，吳地藏書家皆爲文士，面對文學上的復古要求，收藏的偏好必然也隨之改變。且藏書家爲刻書業的主要消費者，業者不論是因爲自己本身的喜好（明代吳中私家刻書者往往即是藏書家），或是爲了應付顧客的需求，在刻書的風格上，自然也必須開始走上復古之路，所以才造成了覆刻宋本的流行風氣。不過，古書雖然不斷地爲人翻版問世，素質卻良莠不齊；再加上書籍作僞盛行，因此藏書家不得不藉由讀書或文會等資訊交流的方式，開始對書籍的版本與眞贋做一番討論研究，故而衍生專門學問，釀成版本學大盛的局面。甚至到了清代，明代吳地藏書家的抄本亦成爲版本學研究的課題之一。今人指出：

> 明清藏書家的許多鈔本，如明葉盛的「菉竹堂」鈔本，毛晉「汲古閣」鈔本，清錢曾的「述古堂」鈔本，朱彝尊「曝書亭」鈔本，都大爲後人所寶。鈔本書成爲版本學研究的一個支流，至有「毛鈔」、「錢鈔」之稱。〔註125〕

所以明代蘇州的藏書家不論在刻書與抄書上，都在考據學的領域裡，造成揚興鼓舞

88。
〔註121〕姚明達，《中國目錄學史》（台北：臺灣商務印書館，1988年2月臺九版），頁414。
〔註122〕《書林餘話》，卷下，頁665。
〔註123〕黃桂蘭，〈晚明文士風尚〉，頁153。
〔註124〕李致忠，〈明代刻書述略〉，頁157。
〔註125〕劉意成，〈私人藏書與古籍保存〉，頁61。

的作用。

　　值得一提的是，明代蘇州的私人藏書活動，往往也將藏書家們訓練成具有專業知識的人才。如明初的陸容，「少即有志經濟，如典禮、兵刑、漕運、水利之類，罔不究極其本末利害，手書之冊，爲施用之具。」〔註126〕這些都是需要藉由藏書眾多，再加上勤於閱讀而始克爲之，所以陸容「久任巡撫，經理京衛，選練禁兵，均平鈔法，愼重會議，皆鑿鑿中利害。」〔註127〕藉由熟讀藏書，陸容成爲政治與財經專家。又如前述的趙琦美，更是將《營造法式》與《馬經》拿出來從事於實際應用之上。凡此種種，都是因藏書而產生的個人專業知識，並引發明、清實學研究的勃興。

　　至於在其他社會效應的影響方面，藏書活動也造成地區市場經濟的繁榮。明代「藏書業與刻書、販書活動密不可分，而當時許多刻書、販書活動，都是圍繞著藏書而進行的。」〔註128〕有學者指出，明代蘇州的「藏書家對於蘇州書籍市場的貢獻，在於其透過其財力與辛勞，用種種方法將散布在全國各地的珍貴書籍吸引到蘇州」，〔註129〕這使得蘇州的書市更加熱絡活躍。如前面所述的毛晉出高價求書，天下之善本祕籍與書商行賈莫不群集常熟。同時毛晉又廣招刻工以刊書流布，〔註130〕影鈔善本複製書籍，延攬名家校讎題勘，不但經營出相當良好的地域藏書環境，也創造了很多的就業機會，進而帶動地區經濟發展，使得該地的居民大都從事圖書相關事業與工作，又大大助長了地域藏書風氣的活絡。同時，毛晉「爲了印書，他專門從江西訂造價格低廉的毛邊紙、毛太紙」，〔註131〕不但降低書價成本、促進區域間經濟流通，而毛邊與毛太紙也均因毛氏刻書而問世，至今沿用其名，對於中國造紙術的精進，又有推波助瀾之功。此外，毛晉所刊之書除了自己收藏或饋贈他人以外，並從事銷售，以故當時天下想要收藏善本書者，無不望走隱湖毛家，這同樣也促進了蘇州地方經濟的繁榮。所以，毛晉不僅鼓舞了蘇州的私人藏書風氣而產生更多的藏書家，也爲蘇州商業帶來了新氣象。當時不論是要賣書給毛晉，或是向其買書，或是出賣勞力與知識，或是參觀造訪「汲古閣」者，都齊集該地，造成區域經濟的繁榮景象。觀此，則私人藏書事業的社會效應與經濟貢獻，絕不容忽視。所以「蘇州

〔註126〕明・程敏政，《篁墩文集》（《四庫全書珍本》三集，台北：臺灣商務印書館，1972年版），
　　　　　卷五○，〈參政陸公傳〉，頁28。
〔註127〕《皇明詞林人物考》，卷四，頁590。
〔註128〕張民服，〈明清時期的私人刻書、販書及藏書活動〉（《鄭州大學學報》哲學社會科學版，
　　　　　一九九三年第五期，一九九三年5月），頁102。
〔註129〕邱澎生，〈明代蘇州營利出版事業及其社會效應〉，頁143。
〔註130〕有關明代吳地的刻工，可參見冀叔英，〈談談明刻本及刻工〉中之〈明代中期蘇州地區
　　　　　刻工表〉，頁217。
〔註131〕《中國書史》，頁198。

地區藏書家眾多以及刻書事業發達，是蘇州成為書籍商品流通市場中心地的主要原因。」〔註132〕

　　明、清時期，江蘇的木活字印書極為發達。在明代，木活字印書是以蘇州為中心，主要用於印刷文學方面的書籍。而木活字印書在當時是一種創新，並且很快地便為蘇州藏書家大肆運用於刻印各類書籍之上。由於「明、清江蘇私刻家勇於創新，發明或大量使用各種活字，印刷古籍，推動了印刷事業的發展。」〔註133〕而明代蘇州地區的活字印刷，當時也推廣到整個江南地區，造成流行，影響頗鉅。〔註134〕尤其是無錫、常州、南京一帶，更是明代活字印刷最為發達的地區。〔註135〕而蘇州因為是當時書籍最大流通市場的關係，這些活字印刷的產品，自然也以蘇州的銷售量為最。且因蘇州的藏書最為發達，書籍消費人口眾多，所以對於明代書籍印刷技術的推動，確實扮演著舉足輕重的角色。特別是明末蘇州藏書家刻書的普遍，使得當時我國在出版技術上、書籍形式以及著述體裁上，都產生很多耀人的創新和變化，〔註136〕功績卓越。

　　此外，明代蘇州的藏書家之中喜好歷史者亦不在少數，除了在蒐訪以及保存史料上對史學做出很大貢獻以外，並且時常提出一些改進史學的看法。例如王鏊有鑑於當時史官皆以後世修前世之史，弊端叢生，於是主張掌管國史的史官當為定職，並且必須是史官親自見聞而隨即紀錄，能夠據實記載而不受任何因素的箝制，方為信史。他指出：

　　　　古之所謂史者，皆世守之。人主所至，執筆以隨，言動皆親見而親書之，所謂信史也。後世人官雖具員，而無定職。人主動靜，邈不相及；政事行罷，不及與聞。惟易世之後，則紬前後奏書而分曹書之，且以宰臣兼領奏疏之語，果能實乎？分曹之人，果皆公乎？宰臣之意，果皆公且正乎？況生於數十年之後，追書數十年之前，其是非曲直，皆茫然無聞；或得之傳聞，已非其實。縱得其實，而亦莫能照其情偽，或奪于眾不得書，或迫于勢不敢書，或局于才不能書。故一時君臣謀議勳業，汩沒不傳，而奸險情態，亦無能發其微以為世戒。而監領者又往往以私好惡雜乎間，故曰不復有史矣。〔註137〕

〔註132〕邱澎生，〈明代蘇州營利出版事業及其社會效應〉，頁158。
〔註133〕韓建新，〈明清時期江蘇私家刻書初探〉，頁50。
〔註134〕參見葉樹聲，〈明代南直隸江南地區私人刻書概述〉，頁222。
〔註135〕許培基，〈蘇州的刻書與藏書〉，頁225。
〔註136〕袁逸，〈明後期我國私人刻書業資本主義因素的活躍與表現〉，頁129。
〔註137〕《皇明名臣言行錄新編》，卷二二，頁600～601。

王鏊認為國史若非專人專任，並且不受任何限制與影響而保持公正客觀的立場，那麼國史是一點價值也沒有的。楊循吉對於史學也有其主張，在正史方面，他曾冒著生命的危險請復建文、景帝之號，以正國史；並且他相當反對史官採用私人家乘譜牒為修史的參考，因為當時墓銘家乘的撰寫浮濫不實，已經不具人物傳記資料的可信度。他指出：

> 文壞於墓銘，不止也壞史矣。子孫乞言，無不稱為忠臣、孝子、慈母、烈婦、廉士、才子也。採家乘為國書，是名欺國，亦即欺天。〔註138〕

王鏊與楊循吉的史學主張影響了王世貞，〔註139〕他也講求治史的客觀性原則。他認為經過多方的網羅散佚、博采異聞，以及蒐集證據，才可持論是非，從事修史。在正史方面，他認為詞臣修實錄，只不過將以往臣言舊牘重新羅列而已，而修史的總裁官和翰林學士，各以其意刪削是非，很不公平。他更直接的指出當時的國史、野史與家史都沒有任何史料價值，說道：「國史人恣而善蔽真，野史人臆而善失真，家史人諛而善溢真，皆非史也。」〔註140〕尤其是當時的野史，他批評有三種缺失：

> 夫野史，稗史也。史失求諸野史之弊三：一曰挾郤而多誣。其著人非能稱公平，賢者寄雌黃於睚眥，若《雙溪雜記》、《瑣綴錄》之類是也。二曰輕聽而多舛。其人生長閭閻間，不能知縣官事，謬聞而遂述之，若《枝山野記》、《剪勝野聞》之類是也。三曰好怪而多誕。或創為幽異可愕，以媚其人之好，不覈而遂書之，若《客座新聞》、《庚巳編》之類是也。〔註141〕

明代蘇州藏書家閱過的書籍很多，學識深邃廣博，對於史學的看法大都要求公正與真實，不可加入個人之好惡，並且對於時下一些不講究史學方法的著作，都提出嚴厲的批判。

明末清初，蘇州的藏書家面對異族入侵中原的情形，大多是以修史為生涯寄託，往往大力蒐集史料加以儲藏，俾便他日修史之用。如趙琦美、錢謙益等人，皆是如此。錢謙益對宋以後四史的刪修相當有興趣，並且是以自家所藏為依據而進行的。又如《列朝詩集小傳》之作，更是錢謙益彙整其家所藏眾多的明人文集而成，此書對後世的文史研究者來說，於明人的傳記資料方面，正可補《明史》的不足。但「如果牧齋（錢謙益）沒有豐富的藏書，這部書也是做不成功的。」〔註142〕此外，他「在

〔註138〕《罪惟錄・列傳》，卷一三上，〈諫議諸臣列傳〉，頁124。
〔註139〕有關王世貞在史學方面的成就，可參閱包遵彭，〈王世貞及其史學〉(《新時代》，第五卷第八期，1965年8月)，頁27～31。
〔註140〕《皇明應諡名臣備考錄》，卷一○，〈文章名臣〉，頁539。
〔註141〕《皇明書》，卷三九，〈文學〉，頁23。
〔註142〕羅炳綿，〈清初錢毛諸藏書家與學風考〉，頁275。

史學方面的主要著作有《開國功臣事略》、《國初群雄事略》、《太祖實錄辨証》及大量有重要史料價值的碑傳之作。」〔註143〕錢謙益的著作，都是透過參考大量善本古籍，述作謹嚴，屬於非常有價值的史料。

　　入清以後，蘇州的藏書家仍然稟持前輩對治史的主張，認為史料應跳脫政治與人為因素的影響。如徐元文監修《明史》時，曾疏請將福王、唐王、桂王的史蹟列入，並從《宋史》之例，將三王列於明思宗後之附傳。此外，他還認為「明末諸臣，盡忠所事者，例當采拾，直書無隱。」〔註144〕其兄徐乾學，也藉藏書而有功於史學。《碑傳集》載：

> 其於史學，《宋元通鑑》草已成，方博採群書為目錄考異，尚未就。《明
> 史稿》中議大禮、三案、東林、禮學諸源流，皆公之特筆，足為實錄。而
> 《一統志》古今沿革、山川形勝、都邑、人物、田賦、戶口，考之詳而辨
> 之明，意在於為經世之書，以佐史家，尤有筆也。〔註145〕

明代蘇州藏書家對於史學的主張，歸納言之，大抵有公正、客觀、真實、博采群籍而仔細考證等原則。這些原則若不論政治因素，皆可為之。特別是對於藏書家而言，更容易具備了實現這些原則的條件。並且由於明代中後期蘇州藏書界興起的考據學風，使得藏書家對於史料的處理，抱持更為嚴謹的態度。所以如王世貞、錢謙益等人的文集與著作，至今仍為研究明史的重要材料。

〔註143〕王俊義，〈論錢謙益對明末清初學術演變的推動、影響及其評價〉（《中國社會科學院研究生院學報》，1996 年第二期），頁 53。

〔註144〕清‧陸言，《政學錄初稿》（《清代傳記叢刊》，台北：明文書局，1985 年 5 月初版），卷四，頁 273。

〔註145〕《碑傳集》，卷二○，〈康熙朝部院大臣下之中〉，頁 462～463。

第六章 結 論

　　明代蘇州承襲宋、元以來的藏書傳統，地區的藏書風尚至盛，在有明一代裡，出現了至少一百八十五位的藏書家。尤其明代中葉以後，更是不論任何階層，都喜好以藏書表示高雅的形象，更使得蘇州的藏書聲名洋溢全天下。

　　由於明代君主如太祖、成祖等採取的一系列文教政策，直接鼓動了明代士人從事藏書活動。而中期以降，蘇州城市經濟的一日千里，商業與貿易的發達，更為該區立下了良好的藏書經濟基礎。另一方面，圖書出版業的發達與印刷術的不斷改進提升，使得書籍來源增多，又讓藏書活動更形活絡。此外，蘇州自宋代以來即為人文薈萃之地，居民多喜讀書，也多識書，文化素質本來就很高。加上居民的消費能力很強，並且樂於從事藝文性消費品的購買，更是促使蘇州成為明代私人藏書翹楚的最佳條件。再者，文人尚趣及好古的地域風氣、天然及人文環境的影響，以及藏書為士人普遍的習性等因素，都是導致明代蘇州私人藏書事業發達的歷史動因。

　　本文所錄藏書家從明初到明末清初，共有一百八十五位。其中大部份出現於成化以後，而明代早期（洪武到天順）的藏書家只有三十二位，約占總數的百分之十七，足見成化以後，種種的社會因素和文化、經濟等因素，讓蘇州的藏書風氣在短短的一百年內躍升至全國首位。同時，成化以後的蘇州藏書家，對地域藏書風氣的成形與影響也較大。因此，本書第四、五兩章所論述的蘇州藏書生活以及藏書家的影響內容，大多是以成化之後的藏書家為代表。另一方面，今人針對明、清江浙藏書家所做的調查研究顯示，其主要功績僅有：「保存文獻」、「提供資料線索，推動學術研究」與「弘揚傳播文化」等三方面。〔註1〕而事實上除了這三項以外，根據筆者探究的結果，明代蘇州的藏書家對於地方學風的興起與樹立、區域經濟的發展與促進、人才的養成，以及專門知識與技術的建立和推動等方面的貢獻，也都是值得

〔註1〕韓文寧，〈明清江浙藏書家的主要功績和歷史局限〉，頁142～144。

今人加以注意的。

明代蘇州文人的藏書生活意境幽遠，結合了當時文苑生活之特色，或臨池戰魚，詩吟風月；或松下展卷，鎮日抄書；或文會相尋，題詠終日；或啜茶品泉，賞玩湖山；或灑掃樹藝，沐風觀花；或登高遠眺，訪勝尋幽。各式各樣文人居家性靈品味的結合，都能刻畫出一種桃源風骨的時代地域生活文化特質。

一如吳中文人所標榜的社集生活，蘇州藏書家也將藏書活動延伸至文會過從之中，終於結成龐大的區域藏書家集團體系，衍生各類有關藏書的文會生活。甚至吳中文苑生活文化的創始，也是導源於吳地藏書家的藏書生活。自顧阿瑛而後，在在顯示出文人與藏書性靈生活的逐漸開展。明初吳地承元末兵亂之後，雖說戰火為禍不大，然定鼎後藏書家卻能夠立即從威勢中脫穎而出，抱持不為君用，不仕於亂的吳地先賢尚隱風格，獨創清雅脫俗的藏書世界，對於生在明初的專制統治政權與文化恐怖之中的文人而言，著實難能可貴，並且為開創後來蘇州文人集團的成形與生活風格的樹立，譜出完美的序曲。

由於明代蘇州的藏書家充滿著好事的精神，因此在蘇州文人的生活圈中，無論品茶論泉、山水遊憩、書畫品題、文會社集等等各式各樣的生活方式，不外正表露著好事的時代性格特徵。而藏書活動正是一個顯例，它使人性純真的一面互相接觸，交迸出更高層次的生活趣味與意境。因此，在區域文人時代生活特質裡，明代蘇州的藏書家正可作為吳中文苑的靈魂。

至於在集團性方面，吳地藏書家是以家族、師承、文會、姻親等四種方式為主要根基而聚結成許多不同意涵的集團。而明代蘇州藏書界集團性之堅強，表現在不受時間與空間的限制。且藏書家集團的眾多，也可說是明代蘇州的文化特色之一。在血緣關係的家族體系之內，本文所錄明代吳地的藏書家族有四十家，以長洲和常熟為最多。在藏書家師承方面，明代吳地約有六大藏書家師承集團。值得注意的是，在師承集團的架構之下，成員中有些人是著名文人而不是藏書家，〔註 2〕則藏書家師承集團對於吳中文苑師承關係的影響也很廣泛。另一方面，從明初到明末的每一個藏書家集團，在時間的縱向上顯示出每一個不同時代的藏書家集團都是上一個集團的延續；而在時間的橫剖上，藏書家集團的關係交錯複雜，一些成員經常是跨越集團與集團、集團與地域，使得集團與集團之間又有交集，這的確是一個非常特殊而有趣的文人集團形態。此外，吳地的藏書家之間，具姻親關係者亦不在少數。明代藏書家的姻親關係雖與家族、師承、文會、友朋關係比較起來顯得薄弱許多，不

〔註 2〕 如文徵明的學生陳道復，徐乾學的學生韓菼（1637～1704），皆為著名文人而非藏書家，這種情形所在多有。由於本文對象乃以藏書家為主，因此對於這些文人並不列入。

過在串連藏書家與藏書家、藏書家與藏書家族、藏書家族與藏書家族的關係上，姻親關係仍然可以構成另一種社會角度的藏書集團，且這類集團在明代蘇州的藏書家集團裡，也仍然佔有一定程度以上的重要地位。若以蘇州藏書家的姻親集團體系和當時其他地區比較起來，結構便顯得相當紮實。本書根據集團性的分析研究結果，可以歸納出以下數點特色：

蘇州藏書的家族、師承、文會、姻親的集團性結構都非常堅強縝密。

藏書家的家庭經濟狀況良莠與家庭環境背景，對藏書事業的影響力及重要性是存在的；而仕宦、文學之家與富室，則爲明代蘇州藏書家最主要的出身背景。

明代吳地藏書家的師承結構，大略是以俞貞木、王鏊、蔡羽、劉鳳、顧雲鴻、錢謙益等人爲首，可分爲六個體系。而俞貞木集團自明初至明末一脈相承，人數最多，傳承最久，結構性最嚴密，爲吳中藏書家師承體系的代表。吳中藏書家的師承關係自成一區域系統，又與吳中文人集團相互配合，這些都是吳地藏書家的師承關係超越其他地區的集團性格特徵。

明代蘇州的藏書家，有一半以上形成藏書家集團。藏書家的文會交游自天順以後開始呈顯交錯複雜的情形，而於成、弘以後達到了高峰。

明代吳地藏書家集團皆有淵源，自天順以後，每個時代的集團首領或成員皆有傳承自上一個時代文會集團的情況，而同時代的集團也互有接觸，且藏書家個人的交往過從更使藏書家之間關係顯得交錯複雜而具有相當強烈的集團性特質。

藏書家的姻親關係，聯繫著藏書家與藏書家，或藏書家族與藏書家族，使得吳地藏書家或藏書家族之間的關係，透過這一層關係的連結，橫跨了時代的橫向與縱向，顯得更爲密切，更具集團性格。

總的來說，明代蘇州的文人好以結社交游團構文會，每以集團作爲廣結知名文士的途徑。藏書家本即文人，自然也好文會社集，導致明代蘇州出現甚多的藏書家集團，成爲主要的時代區域文化特徵。而不論從其家族集團、師生傳承、文會過從與姻親關係來看，吳地藏書風氣的推動與盛行，皆與這些不同類型的集團有著密切的關係。明代蘇州的藏書家便是藉由這四大社會脈絡，呈現出各種不同的集團風貌；而不同的集團再透過各種人際關係的連結，又呈現更爲大型的地域藏書家集團，此則爲明代蘇州藏書家在中國區域文化上的最大特色。

此外，明代江南地區於正、嘉年間以後，藏書家偏好收藏宋、元版本的風氣，更是由蘇州發端而起，進而在江南大盛且蔚成藏書流派，並影響全國及後來藏書家偏嗜宋、元版刻的習性。而藏書家的氣度與胸襟，也由明代前期的寬宏深厚，轉趨爲中後期以後的狹隘自私。再者，對於保存典籍並廣爲流傳、促進學術發展推動、

樹立吳中文人生活形象，以及其他社會與經濟等各方面所做的偉大貢獻，更是明代蘇州藏書家於中國的學術、文化與地方經濟上，有別於其他地區的藏書家而更顯璀璨耀目之處。影響所及，清代的私人藏書莫不奉明代蘇州的藏書家為正統，並且引領中國近世藏書事業的發展，朝向大型區域藏書家集團整合的時代邁進。

徵引書目

一、史　料

（一）一　般

1. 宋・葉夢得，《石林燕語》，一○卷，《叢書集成新編》八三冊（台北：新文豐出版公司，1985 年初版，據商務印書館排點《稗海》明商濬校刊本影印）。

2. 宋・鄭樵，《通志二十略》，三八卷（台北：世界書局，1984 年 10 月八版）。

3. 明・祝允明，《蘇材小纂》，四卷，《叢書集成續編》，（上海：上海書店，不注出版年，據明刻本影印）。

4. 明・尹守衡，《明史竊列傳》，八三卷，《明代傳記叢刊》（台北：明文書局，1991年 1 月初版）。

5. 明・文彭，《印章集說》，一卷（台北：廣文書局，1987 年 3 月再版）。

6. 明・文震亨，《長物志》，一二卷，《古今說部叢書》，（上海：上海文藝出版社，1991年 5 月版，據中國圖書公司和記 1915 年再版本影印）。

7. 明・文震孟，《姑蘇名賢小記》，二卷（台北：中央研究院藏光緒八年長洲蔣氏心矩齋校刊本）。

8. 明・王世貞，《明詩評》，四卷，《明代傳記叢刊》（台北：明文書局，1991 年 1 月初版）。

9. 明・王世貞，《弇州山人續稿碑傳》，八○卷，《明代傳記叢刊》（台北：明文書局，1991 年 1 月初版）。

10. 明・王兆雲，《皇明詞林人物考》，一二卷，《明代傳記叢刊》（台北：明文書局，1991年 1 月初版）。

11. 明・朱大韶，《皇明名臣墓銘》，八卷，《明代傳記叢刊》（台北：明文書局，1991年 1 月初版）。

12. 明・朱國楨，《皇明開國臣傳》一三卷，《明代傳記叢刊》（台北：明文書局，1991年 1 月初版）。

13. 明・朱謀垔，《續書史會要》，一卷，《明代傳記叢刊》（台北：明文書局，1991 年 1

月初版）。

14. 明‧何良俊，《四友齋叢說》，三八卷，《元明史料筆記叢刊》（北京：中華書局，1997年11月版）。

15. 明‧何喬遠，《名山藏》，不分卷（揚州：江蘇廣陵古籍刻印社，1993年11月第一版）。

16. 明‧李紹文，《皇明世說新語》，八卷（台北：國家圖書館藏明萬曆庚戌雲間李氏原刊本）。

17. 明‧沈周，《杜東原先生年譜》，一卷，《明清史料彙編》史部三七冊（上海：上海書店，1994年版，據雪堂叢刻影印）。

18. 明‧沈德符，《萬曆野獲編》，三〇卷，《元明史料筆記叢刊》（北京：中華書局，1997年11月第一版第三刷）。

19. 明‧汪國楠，《皇明名臣言行錄新編》，四四卷，《明代傳記叢刊》（台北：明文書局，1991年1月初版）。

20. 明‧汪顯節，《繪林題識》，一卷，《明代傳記叢刊》（台北：明文書局，1991年1月初版）。

21. 明‧林之盛，《皇明應諡名臣備考錄》，一二卷，《明代傳記叢刊》（台北：明文書局，1991年1月初版）。

22. 明‧周櫟園等編著，《明清印人傳集成》（台北：文史哲出版社，1997年7月初版）。

23. 明‧祝肇，《金石契》，一卷，《明代傳記叢刊》（台北：明文書局，1991年1月初版）。

24. 明‧耿定向，《先進遺風》，二卷，《明代傳記叢刊》（台北：明文書局，1991年1月初版）。

25. 明‧高濂，《雅尚齋遵生八牋》，一九卷（北京：書目文獻出版社，1988年版，據明萬曆十九年自刻本縮印）。

26. 明‧徐禎卿，《新倩籍》，一卷，《叢書集成初編》（上海：商務印書館，1937年六月初版）。

27. 明‧張大復，《吳郡張大復先生明人列傳稿》，不分卷，《中國史學叢書第三編》第三輯（台北：臺灣學生書局，1987年3月初版，據國家圖書館藏方氏清稿本清康熙間編者手稿本影印）。

28. 明‧張弘道等，《皇明三元考》，一四卷，《明代傳記叢刊》（台北：明文書局，1991年1月初版）。

29. 明‧張岱，《石匱書後集‧列傳》，五六卷，《明代傳記叢刊》（台北：明文書局，1991年1月初版）。

30. 明‧張昶，《吳中人物志》，一三卷，《四庫全書存目叢書》史部九七冊，（台南：莊嚴文化事業有限公司，1996年8月初版，據浙江圖書館藏明隆慶四年張鳳翼等刻本影印）。

31. 明·張萱,《西園聞見錄》,一○七卷,《明代傳記叢刊》(台北:明文書局,1991 年 1 月初版)。

32. 明·張瀚,《松窗夢語》,八卷,《元明史料筆記叢刊》(北京:中華書局,1997 年 11 月第一版第二刷)。

33. 明·陳盟,《崇禎閣臣行略》,一卷,《明代傳記叢刊》(台北:明文書局,1991 年 1 月初版)。

34. 明·陳濟生等,《天啓崇禎兩朝遺詩小傳》,一○卷(台北:世界書局,1985 年 2 月三版)。

35. 明·陸容,《菽園雜記》,一五卷,《元明史料筆記叢刊》(北京:中華書局,1997 年 12 月第一版第二刷)。

36. 明·陸容,《菽園雜記摘抄》,七卷,收入明·沈節甫,《紀錄彙編》(台北:臺灣商務印書館,1969 年 5 月臺一版,據明萬曆四十五年陽羨陳于廷刊本影印)。

37. 明·陸深,《豫章漫抄》,一卷,收入《筆記小說大觀》三八編(台北:新興書局,1985 年版)。

38. 明·焦竑,《國朝獻徵錄》,一二○卷(台北:臺灣學生書局,1965 年 1 月初版,據明萬曆四十四年錢塘徐氏刊本縮印)。

39. 明·項子京,《蕉窗九錄》(台北:廣文書局,1987 年 3 月再版)。

40. 明·項篤壽,《今獻備遺》,四二卷,《明代傳記叢刊》(台北:明文書局,1991 年 1 月初版)。

41. 明·馮復京,《明常熟先賢事略》,一六卷,《明代傳記叢刊》(台北:明文書局,1991 年 1 月初版)。

42. 明·黃儒炳,《續南雍志·列傳》,一卷,《明代傳記叢刊》(台北:明文書局,1991 年 1 月初版)。

43. 明·楊廉,《新刊皇明名臣言行錄》,四卷,《明代傳記叢刊》(台北:明文書局,1991 年 1 月初版)。

44. 明·葉恭煥,《吳下冢墓遺文續編》,一卷(台北:臺灣學生書局,1969 年 12 月初版,據國家圖書館藏善本影印)。

45. 明·過庭訓,《明分省人物考》,一一五卷,《明代傳記叢刊》(台北:明文書局,1991 年 1 月初版)。

46. 明·雷禮,《國朝列卿紀》,一六五卷,《明代傳記叢刊》(台北:明文書局,1991 年 1 月初版)。

47. 明·劉鳳,《續吳先賢讚》,一五卷,《四庫全書存目叢書》史部九五冊,(台南:莊嚴文化事業有限公司,1996 年 8 月初版,據中國科學院藏明萬曆刻本影印)。

48. 明·鄧元錫,《皇明書》,四五卷,《續修四庫全書》史部·別史類三一六冊(上海:上海古籍出版社,1997 年版,據明萬曆三十四年刻本影印)。

49. 明·鄧球,《皇明泳化類編·列傳》,二六卷,《明代傳記叢刊》(台北:明文書局,

1991 年 1 月初版)。

50. 明・蕭彥，《掖垣人鑑》（台北：文海出版社，1970 年 3 月初版）。

51. 明・閻秀卿，《吳郡二科志》，一卷，《叢書集成初編》（上海：商務印書館，1937 年六月初版）。

52. 明・謝肇淛，《五雜俎》，一六卷（台北：新興書局，1971 年 5 月版，據明萬曆刻本影印）。

53. 明・蘇茂相，《皇明寶善類編》，二卷，《明代傳記叢刊》（台北：明文書局，1991 年 1 月初版）。

54. 明・顧起綸，《國雅品》，一卷，《明代傳記叢刊》（台北：明文書局，1991 年 1 月初版）。

55. 明・顧璘，《國寶新編》，不分卷，《紀錄彙編》（台北：臺灣商務印書館，1969 年 5 月臺一版，據明萬曆刊本影印）。

56. 清・不注撰人，《五十輔臣考》，四卷（台北：國家圖書館藏舊鈔本）。

57. 清・支偉成，《清代樸學大師列傳》，《清代傳記叢刊》（台北：明文書局，1985 年 5 月初版）。

58. 清・王士禎，《池北偶談》，二六卷，《叢書集成三編》第六八冊（台北：成文出版社，1997 年版，據清代筆記叢刊本影印）。

59. 清・王士禎，《漁陽山人感舊集》，一六卷，《清代傳記叢刊》（台北：明文書局，1985 年 5 月初版）。

60. 清・王炳燮，《國朝名臣言行錄》，三〇卷，《清代傳記叢刊》（台北：明文書局，1985 年 5 月初版）。

61. 清・王啅，《今世說》，八卷，《清代傳記叢刊》（台北：明文書局，1985 年 5 月初版）。

62. 清・王鴻緒，《明史稿・列傳》，一八五卷，《明代傳記叢刊》（台北：明文書局，1991 年 1 月初版）。

63. 清・朱彝尊，《靜志居詩話》，二四卷，《明代傳記叢刊》（台北：明文書局，1991 年 1 月初版）。

64. 清・吳山嘉，《復社姓氏傳略》，一〇卷，《明代傳記叢刊》（台北：明文書局，1991 年 1 月初版）。

65. 清・吳修，《昭代名人尺牘小傳》，二四卷，《清代傳記叢刊》（台北：明文書局，1985 年 5 月初版）。

66. 清・吳德旋，《初月樓聞見錄》，一〇卷，《清代傳記叢刊》（台北：明文書局，1985 年 5 月初版）。

67. 清・李元度，《清朝先正事略》，六〇卷，《清代傳記叢刊》（台北：明文書局，1985 年 5 月初版）。

68. 清・李玉棻，《甌缽羅室書畫過目考》，四卷，《清代傳記叢刊》（台北：明文書局，

1985 年 5 月初版）。

69. 清‧李放，《皇清書史》，三三卷，《清代傳記叢刊》（台北：明文書局，1985 年 5 月初版）。

70. 清‧李濬之，《清畫家詩史》，二〇卷，《清代傳記叢刊》（台北：明文書局，1985 年 5 月初版）。

71. 清‧李桓，《國朝耆獻類徵初編》，《清代傳記叢刊》（台北：明文書局，1985 年 5 月初版）。

72. 清‧李集，《鶴徵前錄》，一卷，《清代傳記叢刊》（台北：明文書局，1985 年 5 月初版）。

73. 清‧沈佳，《明儒言行錄續編》，二卷，《明代傳記叢刊》（台北：明文書局，1991 年 1 月初版）。

74. 清‧汪琬，《堯峰文鈔》，五〇卷，《四部叢刊初編》二七七冊（上海：上海書店，1989 年 3 月版，據林佶寫刊本縮印）。

75. 清‧姜紹書，《無聲詩史》，七卷，《明代傳記叢刊》（台北：明文書局，1991 年 1 月初版）。

76. 清‧查繼佐，《罪惟錄‧列傳》，三二卷，《明代傳記叢刊》（台北：明文書局，1991 年 1 月初版）。

77. 清‧徐開任，《明名臣言行錄》，九五卷，《明代傳記叢刊》（台北：明文書局，1991 年 1 月初版）。

78. 清‧徐鼒，《小腆紀傳》，六五卷，《清代傳記叢刊》（台北：明文書局，1985 年 5 月初版）。

79. 清‧秦瀛，《己未詞科錄》，一二卷，《清代傳記叢刊》（台北：明文書局，1985 年 5 月初版）。

80. 清國史館，《清史列傳》，八〇卷，《清代傳記叢刊》（台北：明文書局，1985 年 5 月初版）。

81. 清‧張之洞，《書目答問補正》（台北：新興書局，1992 年六月版）。

82. 清‧張廷玉等，《明史》，《百衲本二十四史》（台北：臺灣商務印書館，1988 年 1 月臺六版，據清乾隆武英殿原刊本影印）。

83. 清‧張庚，《國朝畫徵續錄》，二卷，《清代傳記叢刊》（台北：明文書局，1985 年 5 月初版）。

84. 清‧張維屏，《國朝詩人徵略初編》，六〇卷，《清代傳記叢刊》（台北：明文書局，1985 年 5 月初版）。

85. 清‧陸言，《政學錄初稿》，八卷，《清代傳記叢刊》（台北：明文書局，1985 年 5 月初版）。

86. 清‧馮金伯，《國朝畫識》，一七卷，《清代傳記叢刊》（台北：明文書局，1985 年 5 月初版）。

87. 清・馮舒，《懷舊集》，二卷，《清代傳記叢刊》（台北：明文書局，1985 年 5 月初版）。

88. 清・黃宗羲，《南雷學案》，九卷，《清代傳記叢刊》（台北：明文書局，1985 年 5 月初版）。

89. 清・黃宗羲，《思舊錄》，一卷，收入《梨洲遺著彙刊》（台北：隆言出版社，1969 年 10 月臺初版）。

90. 清・黃宗羲，《梨洲遺著彙刊》（台北：隆言出版社，1969 年 10 月臺初版）。

91. 清・葉昌熾，《藏書紀事詩等五種》，《中國目錄學名著》第一集（台北：世界書局，1980 年 10 月四版）。

92. 清・葉德輝，《書林清話》，一○卷（台北：文史哲出版社，1973 年 12 月初版）。

93. 清・葉德輝，《書林餘話》，二卷（台北：文史哲出版社，1973 年 12 月初版）。

94. 清・鄒漪，《啓禎野乘》，一六卷，《明清史料彙編》五集一冊（台北：文海出版社，1968 年版）。

95. 清・褚亨奭，《姑蘇名賢後紀》，一卷，《叢書集成續編》二八冊（上海：上海書店，1994 年版）。

96. 清・趙經達，《歸玄恭先生年譜》，一卷，《明清史料彙編》史部三七冊（上海：上海書店，1994 年初版，據又滿樓叢書排印）。

97. 清・趙熟典，《國朝文會》（台北：國家圖書館藏清乾隆間平河趙氏清稿本）。

98. 清・潘介祉，《明詩人小傳稿》，一四卷（台北：國家圖書館，1986 年版）。

99. 清・鄭方坤，《清朝名家詩鈔小傳》，四卷，《清代傳記叢刊》（台北：明文書局，1985 年 5 月初版）。

100. 清・震鈞，《國朝書人輯略》，一二卷，《清代傳記叢刊》（台北：明文書局，1985 年 5 月初版）。

101. 清・錢林，《文獻徵存錄》，一○卷，《清代傳記叢刊》（台北：明文書局，1985 年 5 月初版）。

102. 清・錢儀吉，《碑傳集》，一六○卷，《清代傳記叢刊》（台北：明文書局，1985 年 5 月初版）。

103. 清・錢謙益，《列朝詩集小傳》，八一卷（台北：世界書局，1985 年 2 月三版）。

104. 清・閻湘蕙，《國朝鼎甲徵信錄》，四卷，《清代傳記叢刊》（台北：明文書局，1985 年 5 月初版）。

105. 清・顏光敏，《顏氏家藏尺牘附姓氏考》，一卷，《清代傳記叢刊》（台北：明文書局，1985 年 5 月初版）。

106. 清・竇鎮，《國朝書畫家筆錄》，四卷，《清代傳記叢刊》（台北：明文書局，1985 年 5 月初版）。

107. 清・顧廣圻，《百宋一廛賦》，一卷（台北：世界書局，1980 年 10 月四版）。

108. 清・龔立本，《煙艇永懷》，三卷，《明代傳記叢刊》（台北：明文書局，1991 年 1

月初版）。

109. 近人・姚永樸，《舊聞隨筆》，四卷，《清代傳記叢刊》（台北：明文書局，1985 年
5 月初版）。

110. 近人・孫靜菴，《明遺民錄》，四八卷，《清代傳記叢刊》（台北：明文書局，1985
年 5 月初版）。

111. 近人・徐世昌，《清儒學案小傳》，二一卷，《清代傳記叢刊》（台北：明文書局，
1985 年 5 月初版）。

112. 近人・張其淦，《明代千遺民詩詠》，二〇卷，《清代傳記叢刊》（台北：明文書局，
1985 年 5 月初版）。

113. 近人・盛叔清，《清代畫史增編》，三七卷，《清代傳記叢刊》（台北：明文書局，
1985 年 5 月初版）。

114. 近人・傅抱石，《明末民族藝人傳》，《清代傳記叢刊》（台北：明文書局，1985 年
5 月初版）。

115. 近人・閔爾昌，《碑傳集補》，六〇卷，《清代傳記叢刊》（台北：明文書局，1985
年 5 月初版）。

116. 近人・趙爾巽等，《清史稿・列傳》，二九八卷，《清代傳記叢刊》（台北：明文書
局，1985 年 5 月初版）。

117. 近人・易宗夔述，《新世說》，八卷，《清代傳記叢刊》（台北：明文書局，1985 年
5 月初版）。

118. 近人・蔡冠洛，《清代七百名人傳》，《清代傳記叢刊》（台北：明文書局，1985 年
5 月初版）。

119. 近人・鄧之誠，《清詩紀事初編》，八卷，《清代傳記叢刊》（台北：明文書局，1985
年 5 月初版）。

120. 近人・羅繼祖，《明宰相世臣傳》，一卷，《明代傳記叢刊》（台北：明文書局，1991
年 1 月初版）。

121. 不注撰人，《續名賢小紀》，一卷，《叢書集成續編》（上海：上海書店，不注出版
年，據明刻本影印）。

122. 不注撰人，《牧齋遺事》，一卷，收入國粹學報社編，《古學彙刊》（台北：臺灣力
行書局，1964 年版）。

（二）文　集

1. 明・于慎行，《穀城山館全集》，六二卷（台北：國家圖書館藏明萬曆三十五年周時
泰南京刊本）。

2. 明・文林，《文溫州集》，一二卷，《四庫全書存目叢書》集部四〇，（台南：莊嚴文
化事業有限公司，1997 年六月初版，據北京圖書館藏明刻本影印）。

3. 明・文徵明，《文徵明集》，三五卷（上海：上海古籍出版社，1987 年版）。

4. 明・文徵明，《甫田集》，三五卷，《景印文淵閣四庫全書》（台北：臺灣商務印書館）。

5. 明・王穉登，《王百穀集二十一種》，四十二卷（台北：國家圖書館藏明萬曆四十七年金陵葉氏刊本）。

6. 明・王世貞，《弇州山人四部稿》，一七四卷，《明代論著叢刊》（台北：偉文圖書出版社，1965年6月初版，據中央研究院藏善本影印）。

7. 明・王世貞，《弇州山人續稿》，二○七卷，《明人文集叢刊》一期（台北：文海出版社，1970年版）。

8. 明・王同祖，《五龍山人集》，一○卷（台北：國家圖書館藏明嘉靖末年崑山王氏德安刊本）。

9. 明・王衡，《緱山先生集》，二七卷（台北：中央研究院藏明萬曆間太倉王氏家刊本）。

10. 明・王錫爵，《王文肅公全集》，五五卷，《四庫全書存目叢書》集部一三六冊，（台南：莊嚴文化事業有限公司，1997年6月初版，據首都圖書館藏明萬曆王時敏刻本影印）。

11. 明・王鏊，《王文恪公集》，三六卷（台北：中央研究院藏明萬曆間震澤王氏三槐堂刊本）。

12. 明・申時行，《賜閒堂集》，四○卷，《四庫全書存目叢書》集部一三四冊，（台南：莊嚴文化事業有限公司，1997年6月初版，據北京大學圖書館藏明萬曆刻本影印）。

13. 明・朱存理，《樓居雜著》，一卷，《景印文淵閣四庫全書》集部（台北：臺灣商務印書館）。

14. 明・吳寬，《家藏集》，七七卷，《景印文淵閣四庫全書》集部（台北：臺灣商務印書館，1986年7月初版）。

15. 明・吳寬，《匏翁家藏集》，七七卷，《四部叢刊初編》集部二五五冊（上海：上海書店，1989年3月版，據商務印書館1926年版重印）。

16. 明・李東陽，《懷麓堂集》一○○卷，《景印文淵閣四庫全書》集部（台北：臺灣商務印書館）。

17. 明・李流芳，《檀園集》，一二卷，《四庫全書珍本》六集（台北：臺灣商務印書館，1979年版）。

18. 明・李維楨，《大泌山房集》，一三四卷（台北：中央研究院藏明萬曆金陵刻本）。

19. 明・李攀龍，《滄溟先生集》，三二卷，《明代論著叢刊》（台北：偉文圖書出版社，1976年5月版，據中央研究院藏明嘉靖刊本影印）。

20. 明・汪道昆，《太函集》，一二○卷（台北：中央研究院藏明萬曆十九年金陵刊本）。

21. 明・周用，《周恭肅公集》，一六卷，《四庫全書存目叢書》集部五五冊，（台南：莊嚴文化事業有限公司，1997年6月初版，據清華大學圖書館藏明嘉靖二十八年周國南川上草堂刻本影印）。

22. 明・林俊，《見素續集》，一二卷，《景印文淵閣四庫全書》（台北：臺灣商務印書館）。

23. 明・邵寶，《容春堂別集》，九卷，《四庫全書珍本》五集（台北：臺灣商務印書館，1974年版）。

24. 明・姚希孟，《公槐集》，五一卷（台北：國家圖書館藏明崇禎間蘇州張叔籟刊本）。

25. 明・姚希孟，《棘門集》，五一卷（台北：國家圖書館藏明崇禎間蘇州張叔籟刊本）。

26. 明・皇甫汸，《皇甫司勳集》，六○卷，《四庫全書珍本》三集（台北：臺灣商務印書館，1972 年版）。

27. 明・胡應麟，《少室山房筆叢》（台北：世界書局，1980 年 5 月再版）。

28. 明・胡應麟，《少室山房類稿》，一二○卷，《續金華叢書》二九冊（台北：藝文印書館，1971 年版，據原刊本影印）。

29. 明・茅維，《十賚堂甲集文部》，一二卷（台北：國家圖書館藏明萬曆末年吳興茅氏刊本）。

30. 明・唐時升，《三易集》，二○卷，《明代論著叢刊》第三輯（台北：偉文圖書出版社，一九七七年 9 月版，據國家圖書館藏明崇禎間刊本影印）。

31. 明・唐寅，《唐伯虎先生全集》，二○卷（台北：國家圖書館藏明萬曆四十二年吳趨何大成校刊本）。

32. 明・孫樓，《刻孫百川先生文集》，一二卷，《四庫全書存目叢書》集部一一二冊，（台南：莊嚴文化事業有限公司，1997 年 6 月初版，據北京大學圖書館藏明萬曆四十八年華滋蕃刻本影印）。

33. 明・徐學謨，《歸有園稿》，二九卷，《四庫全書存目叢書》集部一二五冊，（台南：莊嚴文化事業有限公司，1997 年 6 月初版，據天津圖書館藏明萬曆二十一年張汝濟刻四十年徐元嘏重修本影印）。

34. 明・徐縉，《徐文敏公集》，五卷（台北：國家圖書館藏明隆慶二年吳都徐氏家刊本）。

35. 明・徐顯卿，《天遠樓集》，二七卷（台北：國家圖書館藏明萬曆間刊本）。

36. 明・祝允明，《祝氏詩文集》，《明代藝術家集彙刊續集》（台北：國立中央圖書館，1971 年 6 月初版）。

37. 明・袁褧，《袁永之集》，二○卷（台北：國家圖書館藏明嘉靖二十六姑蘇袁氏家刊本）。

38. 明・袁宏道，《袁中郎全集》，四○卷（台北：偉文圖書出版社，1976 年 9 月版，據國家圖書館藏本影印）。

39. 明・商輅，《商文毅公集》，一○卷，《四庫全書存目叢書》集部三五冊，（台南：莊嚴文化事業有限公司，1997 年 6 月初版，據中國人民大學圖書館藏明萬曆三十年劉體元刻本影印）。

40. 明・張大復，《梅花草堂集》，一一卷，《四庫全書存目叢書》史部九五冊，（台南：莊嚴文化事業有限公司，1997 年 6 月初版，據明刻本影印）。

41. 明・張鳳翼，《處實堂集》，八卷，《四庫全書存目叢書》集部一三七冊，（台南：莊嚴文化事業有限公司，1997 年 6 月初版，據北京圖書館藏明萬曆刻本影印）。

42. 明・梅鼎祚，《鹿裘石室集》，五二卷（台北：中央研究院藏明天啓三年宣城梅氏刊本）。

43. 明‧陳文燭，《二酉園續集》，二三卷，《四庫全書存目叢書》集部一三九冊，（台南：莊嚴文化事業有限公司，1997 年 6 月初版，據北京大學圖書館藏明萬曆刻本影印）。

44. 明‧陳繼儒，《陳眉公先生全集》，六〇卷（台北：中央研究院藏明崇禎間華亭陳氏家刊本）。

45. 明‧章懋，《楓山章先生集》，九卷，《叢書集成初編》（上海：商務印書館，1935 年 12 月初版）。

46. 明‧程敏政，《篁墩文集》，九三卷，《四庫全書珍本》三集（台北：臺灣商務印書館，1972 年版）。

47. 明‧黃省曾，《五嶽山人集》，三八卷（台北：中央研究院藏明嘉靖間吳郡黃氏家刊本）。

48. 明‧葉向高，《蒼霞續草》，二二卷（台北：國家圖書館藏明萬曆至天啓間刊本）。

49. 明‧趙用賢，《松石齋文集》，二五卷（台北：中央研究院藏光緒二十八年趙氏承啓堂重刊本）。

50. 明‧劉鳳，《劉子威集》，三二卷（台北：國家圖書館藏明萬曆初年原刊本）。

51. 明‧劉鳳，《劉侍御集》，五二卷，《叢書集成三編》（台北：成文出版社，1997 年版，據國立中央圖書館藏《劉侍御全集》本影印）。

52. 明‧歐陽德，《歐陽南野先生文集》，三〇卷，《四庫全書存目叢書》集部八一冊，（台南：莊嚴文化事業有限公司，1997 年 6 月初版，據中國社會科學院文學研究所藏明嘉靖刻本影印）。

53. 明‧謝鐸，《桃溪淨稿》，八四卷，《四庫全書存目叢書》集部三八冊，（台南：莊嚴文化事業有限公司，1997 年 6 月初版，據原北平圖書館藏明正德十六年台州知府顧璘刻本影印）。

54. 明‧歸有光，《震川先生集》（台北：源流出版社，1983 年四月初版）。

55. 明‧嚴嵩，《鈐山堂集》，四〇卷，《四庫全書存目叢書》集部五六冊，（台南：莊嚴文化事業有限公司，1997 年 6 月初版，據北京大學圖書館藏明嘉靖二十四年刻增修本影印）。

56. 明‧顧起元，《嬾真草堂集》，五〇卷（台北：文海出版社，1970 年 3 月初版，據國家圖書館藏明萬曆四十二年刊本影印）。

57. 明‧顧紹芳，《寶菴集》，二五卷（台北：國家圖書館藏明萬曆間西晉趙標刊本）。

58. 清‧黃廷鑑，《第六絃溪文鈔》，四卷，《叢書集成初編》（上海：商務印書館，1936 年 6 月初版，據後知不足齋本排印）。

59. 清‧錢謙益，《牧齋有學集》，五〇卷《四部叢刊初編》集部（上海：上海商務印書館，1929 年版，據康熙甲辰初刻本縮印）。

60. 清‧錢謙益，《牧齋初學集》，一一〇卷，《四部叢刊初編》集部（上海：上海商務印書館，1929 年版，據明崇禎癸未刻本縮印）。

61. 清‧顧廣圻，《思適齋集》，一八卷（北京：中華書局，1993 年 1 月第一版，據清

道光年間上海徐氏刊本影印）。

（三）方 志

1. 清・黃之雋等,《江南通志》,二〇〇卷,《中國省志彙編》之一（台北：華文書局,
   1967 年 8 月初版,據清乾隆二年重修本影印）。

2. 清・金吳瀾等,《崑新兩縣續修合志》,五二卷（台北：中央研究院藏清光緒庚辰六
   年刊本）。

3. 明,黃佐等,《廣東通志》（台北：中央研究院藏明嘉靖四十年刊本）。

4. 明・周士佐等,《太倉州志》,一〇卷,《天一閣藏明代方志選刊續編》之二〇（上海：
   上海書店,1990 年 12 月初版,據明崇禎二年重刻本影印）。

5. 明・周世昌,《重修崑山縣志》,八卷（台北：成文出版社,1983 年 3 月臺一版,
   據明萬曆四年刊本影印）。

6. 明・牛若麟等,《崇禎・吳縣志》,五四卷,《天一閣藏明代方志選刊續編》之一九
   （上海：上海書店,1990 年 12 月初版,據明崇禎刻本影印）。

7. 明・余讓修等,《萬曆・衡州府志》（台北：中央研究院藏明萬曆二十一年刊本）。

8. 明・王鏊等,《正德・姑蘇志》,六〇卷,《天一閣藏明代方志選刊續編》之一四（上
   海：上海書店,1990 年 12 月初版,據明崇禎刻本影印）。

9. 明・湯日昭、王光蘊等,《萬曆・溫州府志》,一八卷,《四庫全書存目叢書》史部
   二一〇冊,（台南：莊嚴文化事業有限公司,1996 年 8 月初版,據溫州市圖書館藏
   明萬曆刻本影印）。

10. 明・聞人詮、陳沂纂修,《嘉靖・南畿志》,六四卷,《北京圖書館古籍珍本叢刊》
    史部地理類二四冊（北京：書目文獻出版社,1988 年版,據明嘉靖刻本影印）。

11. 明・鄧韍,《常熟縣志》,一三卷,《中國史學叢書》（台北：臺灣學生書局,1965
    年 11 月初版,據國家圖書館藏本影印）。

12. 明・姚宗儀,《常熟縣志》,二八卷（台北：中央研究院藏明萬曆間刊本）。

13. 清・鄭鍾祥等,《常昭合志稿》,四八卷（台北：中央研究院藏清光緒甲辰三十年活
    字本）。

14. 清・李銘皖等修・馮桂芬等纂,《蘇州府志》,《中國方志叢書》華中地方第五號（台
    北：成文出版社,1970 年 5 月臺一版,據清光緒九年刊本影印）。

15. 清・皇甫汸等纂、江盈科等修,《長洲縣志》,二四卷,《稀見中國地方志匯刊》一
    一冊,（金壇：中國書店,1992 年 12 月第一版,據明萬曆二十六年刻增修本影印）。

16. 清・顧炎武,《肇域志》,五〇卷（台北：國家圖書館藏清同治間鈔本）。

二、論 著

（一）專 書

1. 曹淑娟,《晚明性靈小品研究》（台北：文津出版社,1988 年 5 月初版）,356 頁。

2. 北京故宮博物院編,《吳門畫派研究》（北京：紫禁城出版社,1993 年 3 月第一版）,

366 頁。

3. 吉少甫，《中國出版簡史》（上海：學林出版社，1991 年 11 月第一版），523 頁。

4. 吳晗，《江浙藏書家史略》（台北：文史哲出版社，1982 年 5 月初版），234 頁。

5. 吳楓，《中國古典文獻學》，（濟南：齊魯書社，1982 年 10 月初版），258 頁。

6. 李清志，《古書版本鑑定研究》（台北：文史哲出版社，1986 年 9 月初版），359 頁。

7. 汪闇，《明清蟬林輯傳》，（香港：中山圖書公司，1972 年 12 月港初版），200 頁。

8. 周少川，《古籍目錄學》，（鄭州：中州古籍出版社，1996 年 1 月第一版），頁 243。

9. 屈萬里等，《圖書板本學要略》（台北：中國文化大學出版部，1986 年 10 月增訂版），175 頁。

10. 昌彼得，《版本目錄學論叢》（台北：學海出版社，一九七七年 8 月初版），330 頁。

11. 林慶彰，《明代考據學研究》（台北：臺灣學生書局，1983 年 7 月初版），612 頁。

12. 姚明達，《中國目錄學史》（台北：臺灣商務印書館，1988 年 2 月臺九版），429 頁。

13. 洪有豐等，《清代藏書家考》，（香港：中山圖書公司，1973 年 1 月版），91 頁。

14. 洪湛侯，《中國文獻學新編》，（杭州：杭州大學出版社，1997 年 9 月第一版第三刷），462 頁。

15. 常熟市地方志編纂委員會辦公室編，《常熟史話》，（常熟：江蘇古籍出版社，1989 年 3 月初版），176 頁。

16. 張荷，《吳越文化》，《中國地域文化叢書》，（瀋陽：遼寧教育出版社，1995 年四月第一版第二刷，258 頁。

17. 陳力，《中國圖書史》（台北：文津出版社，1996 年四月初版），363 頁。

18. 陳宏天，《古籍版本概要》（台北：洪葉文化事業有限公司，1992 年 10 月初版），152 頁。

19. 陳萬益，《晚明小品與明季文人生活》（台北：大安出版社，1992 年 5 月第二版第二刷），197 頁。

20. 程登元，《中國歷代典籍考》（台北：五洲出版社，1968 年 9 月臺一版，543 頁。

21. 陳寅恪，《柳如是別傳》（台北：里仁書局，1981 年 5 月初版），1224 頁。

22. 費振鍾，《江南士風與江蘇文學》，（長沙：湖南教育出版社，1995 年 8 月初版），362 頁。

23. 楊立誠·金步瀛等，《中國藏書家考略》（台北：文海出版社，1971 年 10 月初版），326 頁。

24. 廖可斌，《明代文學復古運動研究》（上海：上海古籍出版社，1994 年 12 月第一版），431 頁。

25. 劉兆佑，《認識古籍版刻與藏書家》（台北：臺灣書店，1997 年 6 月初版），332 頁。

26. 潘美月，《宋代藏書家考》（台北：學海出版社，1980 年四月初版），246 頁。

27. 蔡金重，《藏書紀事詩引得》，（北平：哈佛燕京學社，1937 年 9 月初版），98 頁。

28. 鄭如斯、肖東發,《中國書史》(北京:書目文獻出版社,1996 年 10 月第一版五刷),312 頁。

29. 鄭利華,《明代中期文學演進與城市型態》(上海:復旦大學出版社,1995 年版),212 頁。

30. 賴福順,《清代天祿琳琅藏書印記研究》(台北:中國文化大學出版部,不注出版年),254 頁。

31. 錢基博,《版本通義》,《人人文庫》八○一冊(台北:臺灣商務印書館,1980 年 1 月版),107 頁。

32. 簡錦松,《明代文學批評研究》(台北:台灣學生書局,1989 年 2 月初版),395 頁。

33. 徐雁·王燕均等,《中國歷史藏書論著讀本》,(成都:四川大學出版社,1989 年 10 月初版),750 頁。

34. 石琪主編,《吳文化與蘇州》(上海:同濟大學出版社,1992 年 3 月第一版),727 頁。

(二)論 文

1. 方行,〈明清出版業的資本主義萌芽淺談〉,收入平准學刊編輯委員會編,《平准學刊－中國社會經濟史研究論集》總第一輯(北京:中國商業出版社,1985 年 10 月第一版),頁 159～165。

2. 毛文芳,〈晚明文人纖細感知的名物世界〉(《大陸雜誌》,第九五卷第二期,1997 年 8 月),頁 1～8。

3. 王日根,〈論明清時期的商業發展與文化發展〉(《明清史》,第二○期,1993 年 5 月),頁 20～26。

4. 王叔岷,〈論校書之難〉,收入中華書局香港分局編,《文史論叢》(香港:中華書局香港分局,1974 年 3 月版),頁 246～256。

5. 王俊義,〈論錢謙益對明末清初學術演變的推動、影響及其評價〉(《中國社會科學院研究生院學報》,1996 年第二期),頁 48～57。

6. 王淑芬,〈明末清初蘇州城經濟與社會結構初探〉(《思與言》,第三三卷第一期,1995 年 3 月),頁 27～59。

7. 王樹槐,〈江蘇民性與近代政治革新運動〉(《中央研究院近代史研究所集》,第七期,1978 年 6 月),頁 51～94。

8. 包遵彭,〈王世貞及其史學〉(《新時代》,第五卷第八期,1965 年 8 月),頁 27～31。

9. 史梅岑,〈明代版本雕藝的文化價值〉(《藝術學報》,第四三期,1988 年 10 月),頁 73～92。

10. 吳大琨,〈筆談吳文化〉(《文史知識》,1990 年第一一期),頁 10。

11. 吳晗,〈江蘇藏書家小史〉(《圖書館學季刊》,第八卷第一期,1934 年 3 月),頁 1～67。

12. 吳哲夫,〈古代藏書家的胸襟〉(《故宮文物月刊》,第六卷第一期,1988 年四月),

頁 38～45。

13. 吳哲夫，〈簡談善本書志〉（《圖書與圖書館》，第三輯，1977 年 4 月），頁 17～26。

14. 吳智和，〈何良俊的史學〉（《明史研究專刊》，第八期，1985 年 12 月），頁 1～98。

15. 吳智和，〈明代畫壇巨擘沈周與諸友的茶癖〉（《華學月刊》，第一一九期，1981 年 11 月），頁 54～57。

16. 吳趨，〈吳門書派及其特質〉，收入石琪主編，《吳文化與蘇州》（上海：同濟大學出版社，1992 年 3 月第一版），頁 494～497。

17. 吳趨，〈吳門篆刻和碑刻〉，收入石琪主編，《吳文化與蘇州》（上海：同濟大學出版社，1992 年 3 月第一版），頁 498～501。

18. 吳璧雍，〈明版圖書特展〉（《故宮文物月刊》，第一○卷第九期，1992 年 12 月），頁 4～15。

19. 李致忠，〈明代刻書述略〉（《文史》，第二三集，1984 年 11 月），頁 127～128。

20. 李家駒，〈我國古代藏書樓的典藏管理與利用（上）〉（《教育資料與圖書館學》，第二五卷第一期，1987 年，頁 96～110。

21. 李家駒，〈我國古代藏書樓的典藏管理與利用（下）〉（《教育資料與圖書館學》，第二五卷第二期，1988 年，頁 219～235

22. 李慶濤，〈關於明代中葉的翻宋仿宋刻書——兼談我省有關藏本及其著錄問題〉（《青海圖書館》，1981 年第一期），頁 21～26。

23. 杜信孚，〈明清及民國時期江蘇刻書概述〉（《江蘇圖書館學報》，第七一期，1994 年 1 月），頁 54～55。

24. 沈津，〈明代坊刻圖書之流通與價格〉（《國家圖書館館刊》，八五年第一期，1996 年 7 月），頁 101～118。

25. 沈燮元，〈明代江蘇刻書事業概述〉（《學術月刊》，一九五七年第九期），頁 78～81。

26. 周克治，〈古書風貌〉（《故宮文物月刊》，第十卷第九期，1992 年 12 月），頁 16～24。

27. 周法高，〈錢牧齋收藏之富與晚年家道中落之原因〉（《大陸雜誌》，第五八卷第四期，1979 年 4 月），頁 29～32。

28. 昌彼得，〈如何鑒別宋版（上）〉（《故宮文物月刊》，第九卷第七期，1991 年 10 月），頁 88～93。

29. 昌彼得，〈如何鑒別宋版（下）〉（《故宮文物月刊》，第九卷第八期，1991 年 11 月），頁 82～89。

30. 林宜蓉，〈晚明文藝社會「山人崇拜」之研究〉（《國立臺灣師範大學國文研究所集刊》，第三九號，1995 年 6 月），頁 633～747。

31. 林潛為，〈毛晉《宋六十名家詞》初探〉（《大陸雜誌》，第九一卷第六期，1995 年 12 月），頁 42～48。

32. 邵曼珣，〈明代中期蘇州文人尚趣之研究〉（《古典文學》，第一二期，1992 年 10 月），

頁 177～199。

33. 邱澎生,〈明代蘇州營利出版事業及其社會效應〉(《九州學刊》,第五卷第二期,1992 年 10 月),頁 139～159。

34. 柳作梅,〈牧齋藏書之研究〉(《圖書館學報》,第五期,1963 年 8 月),頁 77～84。

35. 范金民,〈明清江南進士數量、地域分布及其特色分析〉(《明清史》,第五期,1997 年 4 月),頁 5～12。

36. 殷登國,〈藏書癖〉(《新書月刊》,第三期,1983 年 12 月),頁 26～28。

37. 翁同文,〈印刷術對於書籍成本的影響〉(《清華學報》,新六卷第一、二期合刊,1967 年 12 月),頁 35～43。

38. 袁同禮,〈宋代私家藏書概略〉(《圖書館學季刊》,第二卷第二期,1928 年 3 月),頁 179～187。

39. 袁同禮,〈明代私家藏書概略〉,收入洪有豐,《清代藏書家考》(香港:中山圖書公司,1973 年 1 月版),頁 73～80。

40. 袁同禮,〈清代私家藏書概略〉(《圖書館學季刊》,第一卷第一期,1926 年 3 月),頁 31～38。

41. 袁逸,〈明後期我國私人刻書業資本主義因素的活躍與表現〉(《浙江學刊》,八九年第三期,1989 年 5 月),頁 125～129。

42. 崔文印,〈明代叢書的繁榮〉(《史學史研究》,1996 年第三期,1996 年 3 月),頁 55～62。

43. 張民服,〈明清時期的私人刻書、販書及藏書活動〉(《鄭州大學學報》哲學社會科學版),1993 年第五期,1993 年 5 月),頁 100～103。

44. 張璉,〈明代專制文化政策下的圖書出版情形〉(《漢學研究》,第十卷第二期,1992 年 12 月),頁 355～369。

45. 梁子涵,〈中國書藏的側面〉(《圖書館學報》,第七期,1965 年 7 月),頁 103～112。

46. 許周鶼,〈論明清吳地儒士的商業意識〉(《蘇州大學學報》哲學社會科學版),1997 年第二期,1997 年 2 月),頁 120～124。

47. 許培基,〈蘇州的刻書與藏書〉(《文獻》,1985 年第四期),頁 211～236。

48. 郭英德,〈明代文人結社說略〉(《北京師範大學學報》社會科學版,1992 年 4 月號,1992 年 4 月),頁 27～34。

49. 陳寶良,〈明代的社與會〉(《明清史》,第三三期,1991 年 12 月),頁 33～48。

50. 陸樹楠,〈三百年來蘇省結社運動史考〉(《江蘇研究》,第一卷第三期,1935 年 7 月),頁 1～9。

51. 麥杰安,《明代蘇常地區出版事業之研究》,國立臺灣大學圖書館學研究所碩士論文,1996 年 5 月。

52. 傅振倫,〈校讎新論〉(《圖書館學季刊》,第五卷第二期,1930 年 6 月),頁 163～177。

53. 程偉，〈明清吳縣鄉鎮私家藏書述要〉（《江蘇圖書館學報》，1991 年第六期），頁 45～46。

54. 華人德，〈明代中後期雕版印刷的成就〉（《蘇州大學學報》哲學社會科學版），1988 年第三期），頁 115～121。

55. 馮瑞渡，〈蘇州歷代人才薈萃探微〉，收入石琪主編，《吳文化與蘇州》（上海：同濟大學出版社，1992 年 3 月第一版），頁 353～362。

56. 黃桂蘭，〈晚明文士風尚〉（《東南學報》，第一五期，1992 年 12 月），頁 139～158。

57. 葉公超，〈中國歷代藏書與現代圖書館〉（《中國圖書館學會會報》，第二六期，1974 年 12 月），頁 2。

58. 葉忠海、羅秀鳳，〈南宋以來蘇浙兩省成為中國文人學者最大源地的綜合研究〉（《華東師範大學學報》哲學社會科學版），1994 年第一期），頁 63～68。

59. 葉萬忠，〈蘇州歷史上的刻書和藏書〉，收入謝國楨等，《古籍論叢》（福州：福建人民出版社，1983 年 5 月初版二刷），頁 403～419。

60. 葉樹聲，〈明代南直隸江南地區私人刻書概述〉（《文獻》，1987 年第二期），頁 213～229。

61. 劉兆祐，〈藏書章的故事〉（《國文天地》，第二卷第十期，1987 年 3 月），頁 52～55。

62. 劉意成，〈私人藏書與古籍保存〉（《圖書館雜誌》，第三期，1983 年 9 月），頁 60。

63. 暴鴻昌，〈明清時代書齋文化散論〉（《齊魯學刊》，1992 年第二期），頁 98～102。

64. 潘光旦，〈近代蘇州的人才〉（《清華社會科學》，第一卷第一期，1935 年 10 月），頁 49～103。

65. 潘美月，〈明代官私刻書〉，收入古籍鑑定與維護研習會專集編輯委員會編，《古籍鑑定與維護研習會專集》（台北：中國圖書館學會，1985 年 9 月），頁 122～136。

66. 潘銘燊，〈書業惡風始於南宋考〉（《香港中文大學中國文化研究所學報》，第一二期，1981 年，頁 271～281。

67. 蔣鏡寰，〈吳中藏書先哲考略〉（《江蘇省立蘇州圖書館》，第二號，1930 年 7 月），頁 1～44。

68. 鄭利華，〈明代中葉吳中文人集團及其文化特徵〉（《上海大學學報》，第四卷第二期，1997 年 4 月），頁 99～103。

69. 鄭俊彬，〈強諫幹練文武兼備的一代奇才—葉盛〉（《明史研究專刊》，第五期，1982 年 12 月），頁 83～123。

70. 冀叔英，〈談談明刻本及刻工〉（《文獻》，第七輯，1981 年 3 月），頁 215～216。

71. 衛門，〈談蘇州藏書家——黃丕烈〉〉（《出版界》，第二十九期，1991 年 3 月），頁 40～43。

72. 衛門，〈藏書談「南瞿北楊」〉（《出版界》，第二十七期，1990 年 7 月），頁 43～46。

73. 鍾來因、朱亞平，〈顧元慶研究〉（《明清小說研究》，第六輯，1987 年 12 月），頁 183～204。

74. 韓文寧，〈明清江浙藏書家的主要功績和歷史局限〉（《東南文化》，九七年 2 月號，1997 年 2 月），頁 141～144。

75. 韓建新，〈明清時期江蘇私家刻書初探〉（《江蘇圖書館學報》，1987 年第三期，1987年 6 月），頁 46～50。

76. 瞿冕良，〈常熟藏書先哲考略〉，收入徐雁、王燕均等，《中國歷史藏書論著讀本》（成都：四川大學出版社，1990 年版），頁 674～750。

77. 簡恩定，〈明代文學何以走上復古之路？〉，收入《古典文學》第一○集（台北：臺灣學生書局，1979 年版），頁 169～189。

78. 羅炳綿，〈清初錢毛諸藏書家與學風考〉，收入陶希聖，《清代學術論集》（台北：食貨出版社，1978 年 4 月初版），頁 251～335。

79. 嚴迪昌，〈「市隱」心態與吳中明清文化世族〉（《蘇州大學學報》，1991 年第一期），頁 80～89。

80. 嚴迪昌，〈文化氏族與吳中文苑〉（《文史知識》，1990 年第一一期），頁 11～17。

三、書目題跋

1. 明·祁承㸁，《澹生堂藏書約》，《書目續編》（台北：廣文書局，1987 年 12 月再版）。

2. 清·永瑢等，《欽定四庫全書總目》（台北：藝文印書館，1997 年 9 月初版七刷）。

3. 清·孫從添，《藏書紀要》，《書目續編》（台北：廣文書局，1987 年 12 月再版）。

4. 清·曹溶，〈絳雲樓書目題詞〉，收入清·錢謙益，《絳雲樓書目》（《粵雅堂叢書》九冊（台北：國家圖書館藏清咸豐三年刻本），頁 1～3。

5. 清·莫友芝，《宋元舊本書經眼錄》，《書目叢編》（台北：廣文書局，1988 年 11 月再版）。

6. 清·彭元瑞，《欽定天祿琳琅書目·續目》，《書目續編》（台北：廣文書局，1991年 2 月再版）。

7. 清·黃丕烈，《士禮居藏書題跋記》（北京：書目文獻出版社，1989 年 8 月初版）。

8. 清·楊紹和，《楹書偶錄·續錄》，《書目叢編》（台北：廣文書局，1989 年 5 月再版）。

9. 清·潘祖蔭，《滂喜齋藏書記》，《書目叢編》（台北：廣文書局，1988 年 12 月再版）。

10. 清·錢曾，《讀書敏求記》，《叢書集成初編》（上海：商務印書館，1936 年 6 月初版）。

11. 清·繆荃孫，《藝風藏書題識》，《書目叢編》（台北：廣文書局，1988 年 8 月再版）。

12. 清·瞿鏞，《鐵琴銅劍樓藏書目錄》，《書目叢編》（台北：廣文書局，1989 年 7 月再版）。

13. 馮惠民、李萬健等選編，《明代書目題跋叢刊》（北京：書目文獻出版社，1994 年 1月北京第一版）。

四、工具書

1. 王余光、徐雁,《中國讀書大辭典》,(南京:南京大學出版社,1993 年 5 月第一版),
   1474 頁。

2. 王德毅,《中華民國臺灣地區公藏方志目錄》(台北:漢學研究資料及服務中心,1985
   年 3 月版),315 頁。

3. 國立中央圖書館,《明人傳記資料索引》(台北:國立中央圖書館,1978 年 1 月再
   版),1171 頁。

4. 不注編者,《中日現藏三百種明代地方志傳記索引》(台北:大化書局,1989 年六
   越再版),1522 頁。

5. 薛仲三等,《兩千年中西曆對照表》(台北:學海出版社,1993 年 11 月再版)。

6. 盧震京,《圖書學大辭典》(台北:臺灣商務印書館,1984 年 12 月修訂臺三版),
   237 頁。

7. 周駿富,《明代傳記叢刊索引》(台北:明文書局,1991 年 10 月初版),1249 頁。

8. 周駿富,《清代傳記叢刊索引》(台北:明文書局,1986 年 1 月版),2368 頁。

9. 國立中央圖書館,《四庫經籍提要索引》(台北:國立中央圖書館,1994 年 6 月版),
   1159 頁。

10. 李玉安、陳傳藝等,《中國藏書家辭典》,(武漢:湖北教育出版社,1989 年 9 月初
    版),373 頁。

11. 池秀雲,《歷代名人室名別號辭典》,(太原:山西古籍出版社,1993 年 8 月初版,
    530 頁。

12. 陳德芸,《古今人物別名索引》(台北:新文豐出版股份有限公司,1978 年 9 月初
    版,630 頁。

13. 張慧劍,《明清江蘇文人年表》(上海:上海古籍出版社,1986 年 12 月第一版),
    1791 頁。

14. 姜亮夫,《歷代名人年里碑傳總表》(台北:臺灣商務印書館,1993 年 11 月臺一版
    四刷),589 頁。

15. 中國社會科學院歷史研究所明史研究室編,《中國近八十年明史論著目錄》,(鎮江:
    江蘇人民出版社,1981 年 2 月初版),449 頁。

16. 國立中央圖書館特藏組,《國立中央圖書館善本書目》(台北:國立中央圖書館,1986
    年 12 月增訂二版),1887 頁。

17. 國立中央圖書館特藏組,《臺灣公藏方志聯合目錄增訂本》(台北:國立中央圖書館,
    1981 年 10 月初版),248 頁。

18. 漢學研究中心資料組,《漢學研究中心景照海外佚存古籍書目初編》(台北:漢學研
    究中心,1990 年 3 月初版),62 頁。

19. 曹婉如等,《中國古代地圖集・明代》(北京:文物出版社,1995 年 10 月初版),
    143 頁。

20. 譚其驤主編,《中國歷史地圖集・元明時期》(北京:中國地圖出版社,1996 年 6
月第一版第二刷)。

21. 國立中央圖書館,《中華民國期刊論文索引》(台北:國立中央圖書館,1970 年 1
月～1996 年 2 月)。

附錄一：明代蘇州藏書家知見表

編號	姓　名	里貫	出身	資料出處〈僅舉一種為例〉
1	顧阿瑛（1310～1369）	崑山	富民	明・焦竑《國朝獻徵錄》卷一一五〈顧仲英瑛傳〉
2	唐元（生卒年不詳）	吳縣	不詳	明・牛若麟等《崇禎・吳縣志》卷五〇
3	虞子賢（生卒年不詳）	吳縣	不詳	清・鄭鍾祥《常昭合志稿》卷三二〈藏書家〉
4	馬麐（生卒年不詳）	崑山	不詳	明・周世昌《重修崑山縣志》卷七
5	陳芳（生卒年不詳）	常熟	富農	明・章懋《楓山章先生集》卷六〈陳府君繼芳墓表〉
6	虞堪（生卒年不詳）	長洲	布衣	明・王鏊《正德姑蘇志》卷五四
7	虞鏞（生卒年不詳）	長洲	布衣	清・錢謙益《列朝詩集小傳》〈甲乾集・虞廣文堪〉
8	虞湜（生卒年不詳）	長洲	布衣	清・錢謙益《列朝詩集小傳》〈甲乾集・虞廣文堪〉
9	陳汝秩（1329～1385）	吳縣	薦舉	明・牛若麟等《崇禎・吳縣志》卷四八
10	陳汝言（？～1371）	吳縣	進士	明・焦竑《國朝獻徵錄》卷三八〈兵部尚書陳汝言傳〉
11	錢紳（生卒年不詳）	吳縣	舉人	明・王鏊《正德姑蘇志》卷五四
12	俞貞木（1331～1401）	吳縣	薦舉	清・沈佳《明儒言行錄續編》卷一
13	朱永安（生卒年不詳）	崑山	不詳	明・張大復《吳郡張大復先生明人列傳稿》〈朱吉子定安泰安永安傳〉
14	朱夏（生卒年不詳）	崑山	布衣	清・潘介祉《明詩人小傳稿》卷一三
15	陳繼（1370～1434）	吳縣	薦舉	明・王鏊《正德姑蘇志》卷五二
16	沈遇（1377～1448）	吳縣	薦舉	清・潘介祉《明詩人小傳稿》卷七

17	杜瓊（1396～1474）	吳縣	富民	明・沈周《杜東原先生年譜》頁一
18	沈方（生卒年不詳）	崑山	業醫	明・周世昌《重修崑山縣志》卷七
19	沈愚（生卒年不詳）	崑山	業醫	清・潘介祉《明詩人小傳稿》卷一
20	鄒亮（1406～1454）	長洲	薦舉	清・朱彝尊《靜志居詩話》卷七
21	劉珏（1410～1472）	長洲	舉人	明・張昶《吳中人物志》卷七
22	邢量（約1413～1491）	長洲	醫卜	明・張萱《西園聞見錄》卷二二〈畸人〉
23	陳鑑（1415～？）	長洲	進士	清・張萱《西園聞見錄》卷八〈好學〉
24	伊侃（1417～1448）	吳縣	進士	明・蕭彥《掖垣人鑑》前集卷九〈伊侃〉
25	葉春（生卒年不詳）	崑山	布衣	清・潘介祉《明詩人小傳稿》卷一三
26	葉盛（1420～1474）	崑山	進士	明・蘇茂相《皇明寶善類編》〈編中名公姓氏〉
27	趙同魯（1422～1503）	吳縣	不詳	清・錢謙益《列朝詩集小傳》〈丙集・朱處士存理〉
28	劉昌（1424～1480）	吳縣	進士	清・朱彝尊《靜志居詩話》卷七
29	沈周（1427～1509）	長洲	布衣	清・王鴻緒《明史稿列傳》卷一七四
30	史鑑（1434～1496）	吳江	布衣	明・吳寬《匏翁家藏集》卷七四〈隱士史明古墓表〉
31	張翼（1434～1512）	吳縣	布衣	明・牛若麟《崇禎・吳縣志》卷四九
32	吳寬（1435～1504）	長洲	進士	清・朱彝尊《靜志居詩話》卷八
33	陸容（1436～1497）	崑山	進士	清・查繼佐《罪惟錄列傳》卷一三上〈諫議諸臣列傳〉
34	陸伸（？～1508）	太倉州	進士	明・周士佐等《太倉州志》卷七
35	戴冠（1442～1512）	長洲	貢生	清・黃之雋《江南通志》卷一六五
36	朱存理（1444～1513）	長洲	富民	明・焦竑《國朝獻徵錄》卷一一五〈朱性甫先生存理墓誌銘〉
37	朱凱（？～1512）	長洲	富民	明・焦竑《國朝獻徵錄》卷一一五〈朱性甫先生存理墓誌銘〉
38	文林（1445～1499）	長洲	進士	明・尹守衡《明史竊列傳》卷九五
39	陳稷（1448～1494）	常熟	富農	明・徐縉《徐文敏公集》卷五〈明故贈湖廣道監察御史復清陳公配太孺人譚氏行狀〉
40	王鏊（1450～1524）	吳縣	進士	明・雷禮《國朝列卿紀》卷一八〈詹事府少詹事行實〉

41	伊彤（生卒年不詳）	吳縣	富民	明・牛若麟等《崇禎・吳縣志》卷四九
42	孫俊（生卒年不詳）	崑山	布衣	明・張昶《吳中人物志》卷九
43	謝希顏（生卒年不詳）	吳縣	布衣	清・馮舒《懷舊集》卷上
44	陳璇（生卒年不詳）	常熟	布衣	明・林俊《見素續集》卷一○〈明琴川處士陳清隱公墓表〉
45	虞震（生卒年不詳）	崑山	薦舉	明・周世昌《重修崑山縣志》卷七
46	徐澄（生卒年不詳）	長洲	生員	明・吳寬《家藏集》卷三二〈望洋書堂記〉
47	姜昂（生卒年不詳）	崑山	進士	明・周世昌《重修崑山縣志》卷六
48	邢參（生卒年不詳）	長洲	布衣	明・張萱《西園聞見錄》卷二二〈高尚〉
49	沈雲鴻（1450～1502）	長洲	布衣	明・文徵明《甫田集》卷二九〈沈維時墓志銘〉
50	孫艾（1452～1526）	常熟	布衣	明・鄧敏《常熟縣志》卷九
51	張安甫（1454～1537）	崑山	進士	明・王世貞《弇州山人續稿碑傳》卷一四八〈吳中往哲像贊有序〉
52	陸完（1458～1526）	長洲	進士	明・雷禮《國朝列卿紀》卷二六〈吏部尚書行實〉
53	楊循吉（1458～1546）	吳縣	進士	清・朱彝尊《靜志居詩話》卷八
54	都穆（1459～1525）	吳縣	進士	清・朱彝尊《靜志居詩話》卷九
55	祝允明（1461～1527）	長洲	舉人	明・尹守衡《明史竊列傳》卷九五
56	劉嘉緒（1468～1491）	吳縣	生員	明・牛若麟等《崇禎・吳縣志》卷四七
57	劉孫（生卒年不詳）	吳縣	不詳	明・牛若麟《崇禎・吳縣志》卷四七
58	文徵明（1470～1559）	長洲	薦舉	清・朱彝尊《靜志居詩話》卷一一
59	顧潛（1471～1534）	崑山	進士	明・張弘道等《皇明三元考》卷一三
60	顧夢川（生卒年不詳）	崑山	布衣	清・黃之雋等《江南通志》卷一六五
61	蔡羽（？～1541）	吳縣	監生	明・焦竑《國朝獻徵錄》卷二三〈南京翰林院孔目蔡先生羽墓誌〉
62	朱良育（生卒年不詳）	吳縣	貢生	清・葉昌熾《藏書紀事詩等五種》卷二
63	柳僉（生卒年不詳）	吳縣	不詳	清・葉昌熾《藏書紀事詩等五種》卷二
64	顧道隆（生卒年不詳）	長洲	布衣	明・錢謙益《牧齋有學集》卷三二〈顧君升墓誌銘〉
65	唐寅（1470～1523）	吳縣	舉人	明・王世貞《明詩評》卷二
66	錢同愛（1475～1549）	長洲	生員	明・過庭訓《明分省人物考》卷二二〈南

				直隸蘇州府五〉
67	袁翼（1481～1541）	吳縣	舉人	明・張萱《西園聞見錄》卷二二〈畸人〉
68	閻起山（1484～1507）	長洲	布衣	明・文徵明《甫田集》卷二九〈亡友閻起山墓志銘〉
69	張寰（1486～1561）	崑山	進士	明・王兆雲《皇明詞林人物考》卷六
70	沈世麟（1487～1528）	崑山	不詳	明・葉恭煥《吳下冢墓遺文續編》〈玄朗先生墓碣〉
71	黃魯曾（1487～1561）	吳縣	舉人	明・皇甫汸《皇甫司勳集》卷五四〈黃先生墓誌銘〉
72	顧元慶（1487～1565）	長洲	布衣	明・王穉登《王百穀集二十一種》卷下〈顧大有先生墓表〉
73	吳中英（1488～1538）	崑山	舉人	清・潘介祉《明詩人小傳稿》卷一三
74	楊儀（1488～？）	常熟	進士	明・姚宗儀輯《常熟縣志》卷一五
75	文彭（1489～1573）	長洲	貢生	清・朱彝尊《靜志居詩話》卷一三
76	黃省曾（1490～1540）	吳縣	舉人	清・朱彝尊《靜志居詩話》，卷一四
77	王延喆（生卒年不詳）	吳縣	蔭子	明・文徵明《甫田集》卷二八〈太傅王文恪公傳〉
78	王延素（1492～1562）	吳縣	蔭子	明・文徵明《甫田集》卷二八〈太傅王文恪公傳〉
79	王延陵（生卒年不詳）	吳縣	蔭子	明・文徵明《甫田集》卷二八〈太傅王文恪公傳〉
80	王寵（1494～1533）	長洲	監生	清・朱彝尊《靜志居詩話》卷十一
81	陸粲（1494～1551）	長洲	進士	明・王兆雲《皇明詞林人物考》卷七
82	陸延枝（生卒年不詳）	長洲	布衣	明・王兆雲《皇明詞林人物考》卷七
83	張滂（1496～1569）	長洲	舉人	明・皇甫汸《皇甫司勳集》卷五三〈明文林郎浙江台州府推官張公墓誌銘〉
84	陸采（1497～1537）	長洲	監生	明・焦竑《國朝獻徵錄》卷一一五〈天池山人陸采墓志銘〉
85	王穀祥（1501～1568）	長洲	進士	明・王兆雲《皇明詞林人物考》卷九
86	袁表（生卒年不詳）	吳縣	副兵馬	明・張弘道等《皇明三元考》卷一〇
87	袁裦（生卒年不詳）	吳縣	監生	明・牛若麟《崇禎・吳縣志》卷四八
88	魏希明（1502～1540）	崑山	監生	明・葉恭煥《吳下冢墓遺文續編》〈魏誠甫行狀〉

89	袁裘（1502～1547）	吳縣	進士	明・文震孟《姑蘇名賢小記》卷下〈世學憲袁先生〉
90	葉夢淇（生卒年不詳）	崑山	蔭子	明・張大復《梅花草堂集》卷四
91	葉良才（生卒年不詳）	崑山	不詳	明・王世貞《弇州山人四部稿》卷八四〈葉君傳〉
92	葉恭煥（生卒年不詳）	崑山	貢生	明・王世貞《弇州山人四部稿》卷八四〈葉君傳〉
93	楊舫（生卒年不詳）	常熟	薦舉	明・姚宗儀輯《常熟縣志》卷一五
94	瞿俊（生卒年不詳）	常熟	進士	明・王鏊《正德姑蘇志》卷五四
95	龔琚（生卒年不詳）	崑山	陰陽訓術	明・張大復《吳郡張大復先生明人列傳稿》〈龔琚孫震傳〉
96	顧德育（1503～？）	吳縣	布衣	清・徐泌《明畫錄》卷八
97	歸有光（1506～1571）	崑山	進士	清・朱彝尊《靜志居詩話》卷一三
98	周孺允（生卒年不詳）	崑山	不詳	明・歸有光《震川先生集》卷一五〈杏花書屋記〉
99	錢穀（1508～1572）	長洲	布衣	明・皇甫汸《皇甫司勳集》卷五一〈錢居士傳〉
100	黃姬水（1509～1574）	吳縣	生員	明・王兆雲《皇明詞林人物考》卷一一
101	陸師道（1511～1574）	長洲	進士	清・張萱《西園聞見錄》卷二〈孝順後〉
102	周天球（1514～1595）	太倉州	生員	明・牛若麟等《崇禎・吳縣志》卷五一
103	孫樓（1516～1584）	常熟	舉人	明・姚宗儀輯《常熟縣志》卷一五
104	劉鳳（1517～1600）	長洲	進士	清・朱彝尊《靜志居詩話》卷一二
105	王有壬（1518～1583）	吳縣	蔭子	明・張弘道等《皇明三元考》卷七
106	沈果（1521～1562）	崑山	布衣	明・歸有光《震川先生集》卷一九〈沈貞甫墓誌銘〉
107	何鈁（1525～1603）	常熟	舉人	明・錢謙益《牧齋初學集》卷五六〈故淮府左長史何公墓誌銘〉
108	何錞（生卒年不詳）	常熟	監生	明・姚宗儀輯《常熟縣志》卷一六
109	秦四麟（生卒年不詳）	常熟	生員	明・馮復京《明常熟先賢事略》卷一三〈文苑〉
110	孫胤伽（生卒年不詳）	常熟	監生	明・姚宗儀輯《常熟縣志》卷一五
111	王世貞（1526～1590）	太倉州	進士	明・林之盛《皇明應諡名臣備考錄》卷一〇
112	張鳳翼（1527～1613）	長洲	不詳	明・張鳳翼《處實堂集》卷七〈跋手摹淳化帖〉

113	孫七政（1528～1600）	常熟	監生	明・姚宗儀輯《常熟縣志》卷一五
114	文元發（1529～1602）	長洲	不詳	明・姚希孟《棘門集》卷五〈文起先生元配陸碩人行狀〉
115	王錫爵（1534～1610）	太倉州	進士	明・張弘道等《皇明三元考》卷一一
116	王叔承（生卒年不詳）	吳江	富民	明・王兆雲《皇明詞林人物考》卷一二
117	王世懋（1536～1588）	太倉州	進士	清・朱彝尊《靜志居詩話》卷一四
118	黃河水（1539～1581）	吳縣	生員	明・牛若麟等《崇禎・吳縣志》卷四八
119	錢允治（1541～？）	吳縣	布衣	清・褚亨奭《姑蘇名賢後紀》頁五
120	王士騏（1557～？）	太倉州	進士	清・朱彝尊《靜志居詩話》卷一六
121	趙宧光（1559～1625）	吳縣	監生	明・牛若麟等《崇禎・吳縣志》卷五一
122	顧天埈（1562～1628）	崑山	進士	明・張弘道等《皇明三元考》卷一
123	趙琦美（1563～1624）	常熟	蔭子	明・姚宗儀《常熟縣志》卷一四
124	繆國維（1566～1626）	吳縣	進士	清・李銘皖等《蘇州府志》卷四五
125	顧雲鴻（1567～1607）	常熟	舉人	姚宗儀輯《常熟縣志》卷一四
126	何德潤（1569～1622）	常熟	布衣	明・錢謙益《牧齋初學集》卷五五〈何仲容墓誌銘〉
127	馮復京（1573～1622）	常熟	生員	明・錢謙益《牧齋初學集》卷五五〈馮嗣宗墓誌銘〉
128	歸昌世（1573～1644）	崑山	布衣	盛叔清《清代畫史增編》卷二
129	文震孟（1574～1636）	長洲	進士	清・朱彝尊《靜志居詩話》卷一八
130	史兆斗（1576～1663）	長洲	生員	張其淦《明代千遺民詩詠》卷一〇
131	許自昌（1578～1623）	長洲	富民	明・李流芳《檀園集》卷九〈許母陸孺人行狀〉
132	錢謙益（1582～1664）	常熟	進士	趙爾巽等《清史稿列傳》卷二七一〈文苑一〉
133	譚應明（生卒年不詳）	常熟	富民	清・錢謙益《牧齋有學集》卷四六〈跋眞誥〉
134	譚應徵（生卒年不詳）	常熟	富民	清・錢謙益《牧齋有學集》卷四六〈跋眞誥〉
135	張維（生卒年不詳）	常熟	不詳	清・馮舒《懷舊集》卷下
136	何允泓（1585～1625）	常熟	生員	清・朱彝尊《靜志居詩話》卷一八
137	何大成（？～1643）	常熟	不詳	清・馮舒《懷舊集》卷上
138	吳岫（生卒年不詳）	吳縣	不詳	清・葉昌熾《藏書紀事詩等五種》卷三
139	張應文（生卒年不詳）	嘉定	監生	清・潘介祉《明詩人小傳稿》卷三

140	沈與文（生卒年不詳）	吳縣	布衣	清・黃丕烈《士禮居藏書題跋記》卷二《梁公九諫一卷》，
141	吳元恭（生卒年不詳）	長洲	舉人	明・牛若麟等《崇禎・吳縣志》卷四一
142	錢裔肅（1587～1646）	常熟	舉人	張其淦《明代千遺民詩詠》卷六
143	趙均（1591～1640）	吳縣	不詳	清・鄒漪《啓禎野乘》卷一四〈趙隱君傳〉
144	王時敏（1592～1680）	太倉州	蔭子	清・李桓《國朝耆獻類徵初編》卷四二八〈文藝六〉
145	馮舒（1593～1648）	常熟	生員	清國史館《清史列傳》卷七〇〈文苑傳一〉
146	錢謙貞（1593～1646）	常熟	生員	清・錢謙益《列朝詩集小傳》〈丁集下・錢秀才謙貞〉
147	錢孫保（生卒年不詳）	常熟	不詳	清・鄭鍾祥等《常昭合志稿》卷三二〈藏書家〉
148	錢孫艾（生卒年不詳）	常熟	不詳	清・馮舒《懷舊集》卷下
149	顧世峻（1595～1642）	長洲	貢生	明・錢謙益《牧齋有學集》卷三二〈顧君升墓誌銘〉
150	黃翼聖（1596～1659）	太倉州	薦舉	明・錢謙益《牧齋有學集》卷三一〈黃子羽墓誌銘〉
151	王鑑（1598～1677）	太倉州	進士	清・竇鎮《國朝書畫家筆錄》卷一〈順治朝〉
152	彭行先（1598～1689）	長洲	貢生	李放《皇清書史》卷一九
153	毛晉（1599～1659）	常熟	生員	清・潘介祉《明詩人小傳稿》卷五
154	金俊明（1602～1675）	吳縣	生員	清・李桓《國朝耆獻類徵初編》卷四七六〈隱逸十六〉
155	馮班（1604～1671）	常熟	生員	清國史館《清史列傳》卷七〇，〈文苑傳一〉
156	葛鼐（？～1679）	崑山	舉人	張其淦《明代千遺民詩詠》卷二
157	金侃（？～1703）	吳縣	布衣	清・竇鎮《國朝書畫家筆錄》卷一〈順治朝〉
158	吳翮（1610～1655）	吳江	貢生	清・朱彝尊《靜志居詩話》卷二一
159	錢陸燦（1612～1698）	常熟	舉人	清・吳德旋《初月樓續聞見錄》卷二
160	歸莊（1613～1673）	崑山	舉人	清・徐鼒《小腆紀傳》卷五八〈逸民〉
161	顧炎武（1613～1682）	崑山	生員	清・李桓《國朝耆獻類徵初編》卷四〇〇〈儒行六〉
162	顧韡（1615～約1700）	長洲	生員	清・李桓《國朝耆獻類徵初編》卷四七三〈隱逸十三〉
163	陸貽典（1617～？）	常熟	生員	清・鄭鍾祥《常昭合志稿》卷三二〈藏書家〉

164	陳煌圖（1618～1694）	常熟	進士	明・龔立本《煙艇永懷》卷三
165	顧苓（1626～？）	吳縣	貢生	清・吳山嘉《復社姓氏傳略》卷二
166	馮武（1627～1708）	常熟	不詳	李放《皇清書史》卷一
167	錢曾（1629～1701）	常熟	不詳	鄧之誠《清詩紀事初編》卷三
168	范必英（1631～1692）	吳縣	舉人	清・秦瀛，《已未詞科錄》卷三
169	徐乾學（1631～1694）	崑山	進士	清・李桓《國朝耆獻類徵初編》卷五七〈卿貳十七〉
170	徐元文（1634～1691）	崑山	進士	清・李桓《國朝耆獻類徵初編》卷八〈宰輔八〉
171	許心扆（生卒年不詳）	長洲	不詳	清・葉昌熾《藏書紀事詩等五種》卷三
172	許元溥（生卒年不詳）	長洲	舉人	清・吳山嘉《復社姓氏傳略》卷二〈南直蘇州府〉
173	葉奕（生卒年不詳）	常熟	不詳	清・錢曾《讀書敏求記》〈陸德明經典釋文三十卷〉
174	葉奕苞（生卒年不詳）	崑山	薦舉	李放《皇清書史》卷三一
175	葉樹蓮（生卒年不詳）	常熟	布衣	清・李桓《國朝耆獻類徵初編》卷四七〇〈隱逸〉
176	孫潛（生卒年不詳）	吳縣	不詳	清・鄭鍾祥《常昭合志稿》卷三二〈藏書家〉
177	錢純（生卒年不詳）	常熟	不詳	清・葉昌熾《藏書紀事詩等五種》卷四
178	顧湄（生卒年不詳）	太倉州	布衣	鄧之誠《清詩紀事初編》卷一
179	顧鈜（生卒年不詳）	常熟	貢生	清・葉昌熾《藏書紀事詩等五種》卷二
180	何名世（生卒年不詳）	吳縣	生員	明・牛若麟等《崇禎・吳縣志》卷四九
181	周履謙（生卒年不詳）	吳縣	業醫	明・牛若麟《崇禎・吳縣志》卷四七
182	黃紋（生卒年不詳）	吳縣	貢舉	明・牛若麟《崇禎・吳縣志》卷四五
183	浦杲（生卒年不詳）	嘉定	不詳	明・張昶《吳中人物志》卷九
184	龔時煥（生卒年不詳）	崑山	不詳	清・金吳瀾《崑新兩縣續修合志》卷二六〈龔時煥〉
185	毛展（1640～？）	常熟	布衣	清國史館《清史列傳》卷七一〈文苑傳二〉

明代蘇州府鄰近圖

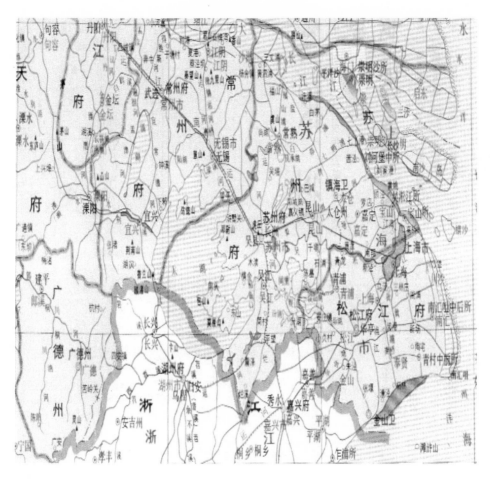

資料出處：譚其驤主編，《中國歷史地圖集・元明時期》，〈應天府附近〉，頁49。